中 华 学 术 译 丛

汉唐法制史研究

〔日〕冨谷至

著

周东平　薛夷风

译

中华书局

图书在版编目(CIP)数据

汉唐法制史研究/(日)冨谷至著;周东平,薛夷风译. —北京:中华书局,2023.10
(中华学术译丛)
ISBN 978-7-101-16345-2

Ⅰ.汉… Ⅱ.①冨…②周…③薛… Ⅲ.法制史-研究-中国-汉代-唐代 Ⅳ.D909.2

中国国家版本馆 CIP 数据核字(2023)第 178060 号

书　　名	汉唐法制史研究
著　　者	[日]冨谷至
译　　者	周东平　薛夷风
丛 书 名	中华学术译丛
责任编辑	孟庆媛
责任印制	管　斌
出版发行	中华书局
	(北京市丰台区太平桥西里 38 号　100073)
	http://www.zhbc.com.cn
	E-mail:zhbc@zhbc.com.cn
印　　刷	北京盛通印刷股份有限公司
版　　次	2023 年 10 月第 1 版
	2023 年 10 月第 1 次印刷
规　　格	开本/920×1250 毫米　1/32
	印张 14½　插页 2　字数 337 千字
印　　数	1-3000 册
国际书号	ISBN 978-7-101-16345-2
定　　价	88.00 元

本书是 2023 年国家社科基金重大项目"传承中华优秀传统法律文化研究"（23ZDA079）的阶段性成果

目　录

第一部　法典

第三部　犯罪

中文版序言

《汉唐法制史研究》中文版由中华书局出版发行。首先，我要衷心感谢出版社和编辑。特别要感谢周东平教授对中文版的策划与推进所给予的热情关心和全力支持。

我对 2016 年在日本出版的日文版《汉唐法制史研究》，有以下两个方面的遗憾与愧疚。

其一，曾为日本优秀出版社的创文社因各种原因停业。创文社是具有悠久传统的著名学术出版社，即使在东洋学领域，也出版过许多名著。随着创文社的停业，其出版物全部停刊，拙著《汉唐法制史研究》也就无法再出新版。

第二，因我个人原因，拙著日文版的粗心之误（careless mistake）多得令人难以置信，如引用不完整、书写错误，等等。究其原因，固然由于我必须在从京都大学退休之前出版这本著作，有匆忙之间完成的因素，但最重要的是，我天生注意力涣散在现实中反映出来，这实在令人难堪。

周东平教授译介了在日本已经很难获得的拙著，并非常细心地纠正了我的错误。他不惜花费大量的时间和精力，重新校对所有史料，指出引用的错误并加以纠正。对此，我深深的感谢难以言表。

基于上述，我决定将此次由中华书局出版的修订后的中文版

《汉唐法制史研究》代替原日文版作为正本。今后,包括日本的研究人员在内,参考拙著《汉唐法制史研究》时,请引用该中文版。

拙著题名为"法制史",实由"法典"、"刑罚"、"犯罪"三部分组成。其中,在"法典"和"刑罚"方面,积累了诸多先学的研究成果,已经达到很高的研究水平。然而,就"犯罪"而言,研究成果并不丰富。没有哪个研究者听闻《汉唐律令研究》《汉唐刑罚研究》这样的题名会觉得别扭,但对《汉唐犯罪史研究》之类的名称显然不熟悉,而且此类研究论著我也知之甚少。

违法行为可以分为"绝对的罪恶"和"相对的罪恶",属于后者的贿赂、卖淫、非法药物等"相对的罪恶"被定位为犯罪,是随着时代、国家、人们对善恶认知的变化而变化。分析和阐明这种相对的罪恶的构成要件,其变化取决于时间和空间的差异,正是历史研究本身,也是研究历史乃至研究人文科学的有效途径。

遗憾的是,我在很晚时才意识到该"犯罪法制史"的意义。因此,拙著的第三部分"犯罪"并未完成。然而,"日暮途远",对于现在毅力和智力已经减退的我来说,恐怕无望完成。

那么,对该犯罪法制史的研究就留给未来的年轻研究者吧。

冨谷至

2023 年初夏

凡 例

引用简牍的简序号、释文,依据下列各书版本,但也有某些订正释读之处。

1. 云梦睡虎地秦简

睡虎地秦墓竹简小组编:《睡虎地秦墓竹简》,文物出版社1990年版。

2. 江陵张家山二四七号墓出土汉简

张家山二四七号汉墓竹简整理小组编:《张家山汉墓竹简[二四七号墓]》,文物出版社2001年版。

彭浩、陈伟、[日]工藤元男主编:《二年律令与奏谳书》,上海古籍出版社2007年版。

[日]冨谷至编:《江陵張家山二四七號墓出土漢律令の研究》(譯注篇),朋友书店2006年版。

3. 居延汉简

谢桂华、李均明、朱国炤:《居延汉简释文合校》,文物出版社1987年版。

甘肃省文物考古研究所、甘肃省博物馆、中国文物研究所、中国社会科学院历史研究所编:《居延新简 甲渠候官与第四燧》(上、下),中华书局1994年版。

甘肃简牍保护中心等编：《肩水金关汉简》（壹），中西书局2011年版。

甘肃简牍保护中心等编：《肩水金关汉简》（贰），中西书局2012年版。

4. 敦煌汉简

甘肃省文物考古研究所编：《敦煌汉简》（上、下），中华书局1991年版。

张德芳著：《敦煌马圈湾汉简集释》，甘肃文化出版社2013年版。

5. 额济纳汉简

魏坚主编、内蒙古自治区文物考古研究所等联合整理：《额济纳汉简》，广西师范大学出版社2005年版。

其他出土简牍，请参照引用部分的相关注释说明。

序　论

中国的法律、刑罚制度在秦汉帝国时期就已经达到相当高的水平。此后历经三国、南北朝时期，在 8 世纪的唐王朝得到进一步完善，对东亚世界特别是朝鲜、日本的法制带来不可估量的影响，已是众所周知。本书旨在探寻魏晋南北朝时期法制在继承汉朝的基础上有所损益，直至唐朝法制形成的发展过程，并阐明中国前近代法制度的特征与开展，中国古代法制与中世纪法制的区别。

依据上述旨意，本书由以下所述的"法典"、"刑罚"与"犯罪"三部分构成。

第一部　法典

被称为"律令"的传统中国法律、法制度始于秦汉时期，到唐朝律令制度完成其发展。在历史教科书和概说书中，"律"被解释为刑罚法典，而"令"是非刑罚的行政法典。但这只符合唐朝的律与令的情况，而若作为对秦汉律、令的说明，显然是错误的。因为汉与唐的律、令，两者在词语之定义、法之形态与内容等方面全然不同。

第一章《通往晋泰始律令之路》，考察汉之律与令——由于律与令的法律形式是汉从秦所继受，并定型于汉帝国，故以后就不再区分秦与汉，统一以汉律、汉令的名称来解释说明皇权政治下的中国古代法是如何立法化的，是否将其编集成法典，最初作为典籍的法典于何时、经过怎样的历程而诞生，刑罚法规与非刑罚法规又怎样逐渐分离，及其主要原因。

汉朝的书写材料是简牍。汉律与汉令自然也是书写在木牍、竹简之上，法律形式、法律权威性，甚至法律条文的整理，皆与简牍这一书写材料有着密不可分的关系。换言之，或许可以说法律形式是由简牍这一书写材料决定的。

第一章是将简牍这一书写材料当作纵轴，把儒教经典置于横轴之上，在此坐标面上思考汉之律令的变化。法令，特别是由令编纂而成的律，拥有应当被遵守的法令的权威，而且，汉朝把经书与律置于同等地位，也保证了律之权威。在该阶段，经书已成为典籍，促进了律的法典化，律典嗣后于3世纪魏文帝时期以《魏律》十八篇的形式诞生。这是中国法制史上诞生的首部法典。

经书的影响远不止于此。儒教道德标准之一的"礼"是行为规范，对同样是规范的"法"产生莫大的影响。实际上，本书始终贯穿着的一个主题就是礼与法的关系，考察礼是如何影响刑罚与犯罪、礼与法的融合过程中是否产生过矛盾。法律规定中嵌入礼的规范，而且模仿已经典籍化的礼典，将法律作为典籍编纂，这点很明了。尤其是记载周朝理想性行政制度的《周官》即《周礼》在东汉以降颇受关注，为现实性行政法典的成立作出巨大贡献。

晋泰始四年（268）制定晋《泰始律》二十卷及《泰始令》四十卷。自此中国法制史上首次出现律与令两部法典。刑罚法典之律与行政法典之令的区别亦从此发轫，并一直延续至唐律与唐令。

可见晋泰始律令的诞生确实是中国律令史上划时代的事件。

第一部第二章《从汉律到唐律——裁判规范与行为规范》，从

与第一章不同的角度考察汉朝到唐朝之法令特别是律的性质的
变化。

完成度极高的唐律在处断现实的犯罪案件时在何种程度上被
适用？与精密的体系相应,要搜集到仔细检讨个别案件是否充分
满足律所规定的犯罪要件、再引用唐律正文之条文进行判决并引
发争论的这类资料,颇为困难。

另一方面,较之唐律早约一千年前的汉律,从留传下来的司法
关系文书的判决看,认真引用律的条文,并据以论断。

考察从汉律到唐律的变迁,不得不说这两部法典在性质上发
生很大变化。

变化是以存在于5至6世纪的少数民族王朝北魏为界开始
的,律由此转变了其性质。那么,是基于什么样的理由、背景,使得
其性质发生变化的呢。

第二章从"律之经书化"、"法适用之潜流"、"犯罪成立之要
件",以及"代替性质变化了的律之实用法典的诞生"这四个视角来
考究,得出的结论是:每个视角都具有双重的、有机的影响,使得汉
律的性质发生变化,并因此降低了唐律的实用性。

贯穿这四点的仍是儒教、礼制度。作为刑罚法规、刑事裁判准
则的律(汉律)逐步接近经典,且与经典同等相待。而且,律的正文
内容也受到经特别是礼经规定的影响,使得刑罚规范与伦理规范
逐渐形成一体,笔者试着将此解释为从"裁判规范"到"行为规范"
的变化。

第二章中论述的事项之一,是介于汉唐之间的北魏这一少数
民族政权吸收了此前的中国法律并推动胡汉融合,这顺应了礼法
合体、法典性质变化的潮流。少数民族政权的北魏以及北周的存
在,在第二部、第三部中有关刑罚、犯罪的考察方面也是重要的视

角。笔者认为北魏这一少数民族时期,带来法制史从古代向中世的转折点。

第二部　刑罚

笞、杖、徒、流、死的五刑被唐律规定为正刑,它们也被日本的《大宝律》采用,成为律令制下的日本刑罚。

然而,若说此类五刑是中国古代秦汉时期的正刑,却并非事实。汉律规定的正刑(法定正刑)中流刑、笞刑、杖刑这类刑罚或者未见其名称,或者未被定性为刑罚。第二部"刑罚"是考察汉至唐的刑罚制度,考证从汉的刑罚理念到隋唐异质刑罚体系的成立,同时指出自中国古代开始亘古不变、贯穿始终的刑罚理念。

第一章的死刑、第二章的流刑以及第三章的笞杖刑,均是从唐的五刑中将其分离出来,分别论述其由来并成为法定正刑的过程。既然说是五刑,就不得不谈到其中的刑罚之一的徒刑(强制劳役刑)。关于该劳役刑,从汉至唐都一直存在,但由于未能找到值得在此论述的重大变化,而且在考察流刑等其他刑罚的过程中也包含对劳役刑的考察,故不再单独设立专章论述之。

第一章《从终极的肉刑到生命刑——汉—唐死刑考》是论述死刑变迁的章节。从古代至中世纪甚至近代,死刑的执行形态大概只有腰斩、斩首与绞首这三种方式。也就是说,作为法定正刑的死刑是腰斩、斩首、绞首,即使斩首与绞首的执行方式所导致受到致命伤害的身体部位皆为"首",但斩断与绞杀中却存在着刑罚目的和理念的差别。

秦汉的刑罚是毁损身体刑与劳役刑的组合,毁损身体是指黥、劓、斩趾、腐、斩首等所谓斩断身体的某个部位,根据斩断所造成伤害的严重程度形成刑罚之轻重。这种被称为肉刑的毁损身体刑为何存在？这是因为刑罚的基本理念在于流放，斩断身体具有与正常相对的异形，使得流放行为具象化，正如刑与"型"、"形"通假所显示的那样，是一种象征的样态。

毁损身体刑废止于西汉文帝时期，取而代之的髡钳刑亦维持着该象征形态的性质。东汉王充将这些称作象刑，正是象征取代肉刑的意思。

其中，死刑依然保持着斩断的形式。这可以说是处于毁损身体刑的终极，亦可谓剥夺生命这一终极流放。在某种意义上，不伴随斩断的绞杀作为死刑执行形态的登场，是改变此前刑罚理念的标志性事件。

绞杀刑作为法定正刑的登场始于5世纪的北魏时期。北方少数民族的刑罚对此影响甚大。"从终极的肉刑到生命刑"——死刑的性质发生变化，这与唐朝的死刑有千丝万缕的联系，但胡汉融合所带来刑罚理念的变化，与其他五刑即流刑、笞杖刑的采用也不无关联。

然而，另一方面，存在着即使经过少数民族统治时期依然不变的中国刑罚之目的。回到死刑而言，确实法定正刑是指腰斩、斩首、绞首，但与之相关的还有二次性死刑，此即"尸体的处刑"，枭首、磔、车裂（辕）等就属于这类。这是杀害死刑犯后，对其尸体附加的处刑，亦可以说是二次性死刑。实际上，正是这种"尸体的处刑"才可谓是赋予前近代中国典型特征的死刑。此前的"活体的处刑"在变迁中淡化，残酷性变弱，是与该二次性死刑的存在有关。如此附加的死刑的存在，与中国古代甚至帝制中国共同认可的中国特有的刑罚目的及存在意义相关联。换言之，刑罚的目的不在于报应，而在于一般预防。被划分为"活体的处刑"的斩首、腰斩的死刑,是以杀害囚徒为目的的处刑,但执行须以在市场等公开场所为前提。而在"尸体的处刑"时,囚徒本身已不是处刑的对象,囚徒的遗体只是手段或者"道具"而已。这是为了告知一般民众不能触犯死罪的恐吓手段。处刑后的遗体以某种形式示众,是为了抑制犯罪和维持秩序。在这里,未曾见到世界其他国家刑罚原始形态所具有的报应要素。这也是本书各章会讨论的问题。

第二章《从迁徙刑到流刑》和第三章《笞杖的变迁——从汉的督笞到唐的笞杖刑》是论述唐五刑之笞刑、杖刑、流刑作为与汉之肉刑不同的刑罚,且均以北魏为界线登场的两个章节。

其中,流刑可谓伴随强制迁移的刑罚,从汉朝开始就存在"迁徙"这种法律措施,且其作为制裁的轻重也异于唐代。流刑的变迁,从秦汉至隋唐的刑罚体系的历史来看,受影响最大,可谓历经迁回曲折。随着肉刑废止的有期刑登场、宫刑消失,以及北魏引入新的刑罚理念,流刑正是沿着该过程所留下的痕迹变迁而来。

另外,关于笞刑,秦汉时至多是训诫、叱责形式的"督",而不属于伴有毁损身体的作为流放形式的"刑"的范畴。笞、杖、鞭之间没有严格的区分,也可以说不能将它们看作"刑"。职务上应予非难的行为是否应该认定为"罪"是件很微妙的事,假如将"罪"定义为可给予负面评价的行为,如果这是罪的话,或许政绩劣等也会被归类于此。

只是另一方面,说到笞杖是否与对杀人、伤害等所科处的刑罚同类时,我们不得不承认两者之间差别悬殊。从刑罚目的的角度来思考,笞刑与肉刑,或者笞刑与劳役刑都是不同的,笞刑可以说是叱责的具象化,也可以说是在不能满足主权者(皇帝)的要求,不能完美地实现皇帝的期待、命令时,迫使其服从相关指示、命令的强制措施。笞杖在北魏时作为正刑且处于死刑、流刑、徒刑之下的地位，由此笞、杖刑首次成为刑罚的种类。

在第二部"刑罚"的最后，设置了关于"腐刑与宫刑"的章节。阉割性器官的刑罚乍一看，很容易被看作反映刑，但并非如此。笔者考证后认为，腐刑是对男女间性犯罪所科处的刑罚的说法是后来受儒教影响而得出的观点，并非基于事实，进而提出腐刑和宫刑不是完全相同、可置换的刑罚之拙见。肉刑被废止后，宫刑还在皇帝颁发的赦令中被采用，之后才渐次消失。宫刑在皇权政治中登场，而作为皇权政治爪牙的宦官的存在，削减了其效力，并最终导致其消亡，真可谓极为"中国式的"刑罚。

第三部　犯罪

犯罪分为行为自体恶的"绝对性犯罪"（如杀人、窃盗）与无特定被害人之恶的"相对性犯罪"两种。贿赂罪、性犯罪（淫乱、奸淫）等行为就属于后者，但为何这些行为属于犯罪？在不同时代、不同地域，所实施的恶或不构成犯罪，也不成为处罚的对象。即使在同一社会、国家中，随着时代变迁，之前受称赞的行为也会变成被非难的恶。思考这个问题，无疑就是释明历史。

作为违法行为而被法律所规制的行为中，相对性的恶不能脱离伦理道德的基准进行考量。众所周知，在中国，儒教对政治、制度产生不可估量的影响，但规定于律中的犯罪在儒教的影响下，有些行为价值发生变化，有些行为却没有。中国的犯罪是在礼义（伦理道德）与违法行为的交错中展开的。

近年来，笔者认为，以犯罪诸形态、违法行为的认定为主题来考察历史的确是行之有效的历史研究方法，并以"犯罪法制史"——这既不是"犯罪学"（criminology），也不是"犯罪的历史"

(history of crimes)，而是思考怎样的行为会被认定为犯罪的研究——的重要性和进一步确立为目标。遗憾的是我的研究未臻完成。本部分未能展示体系化的犯罪法制史研究中有价值的成果，只能停留在第三部分的三个章节中有关犯罪的案例研究。

这部分所述的三章在中国犯罪制度史中具有与儒教伦理交叉的共通项。具体而言，最初被推奖的礼的行为，不久就作为被非难、被禁止的行为而定着于负面评价，作为违法行为被规定于律中的贿赂罪(第一章《礼仪与犯罪的夹缝——以贿赂罪为中心》)，在共同体中，只禁止某些特别情况下的"超越界限"的特殊行为；但在儒教性礼教被强化的过程中，一般普遍性的行为也作为违法行为而被禁止的奸淫罪(第二章《男女间的性犯罪——关于奸罪》)，这两种犯罪是儒教伦理对法律造成的影响作用于不同方向的犯罪构成之例。另外，本书所主张的中国刑罚具有的威慑、预防的目的，以及北魏法律的制定，还有唐律所具有的行为规范的性质，在一系列的流变中得到认可，同时还必须强调仍然受到儒教伦理的影响。

接着，在最后的第三章即实施复仇的《正义的杀人》中，考察中国法治在连儒教伦理也肯定杀人这种绝对恶、而无法调和犯罪行为与礼的实践时，通过认可由皇帝颁布的超法规措施，意欲回避矛盾。这在贴近东亚历史的独立性的同时，也注目于"正义是什么"、"东亚正义的概念"。

中国所谓的正义不是公平、平等，而是指符合信义、节义、忠义、孝义。这种信义、节义、忠义、孝义属于主观性的东西，不能与他者共有。也就是说，中国式的正义与"各得其所应得"的客观性分配正义无关，甚至可以说与分配正义相对立，乃至否定真正的正义。

　　这是第三章"正义的杀人"的小结。

　　由以上三部九章构成的本书《汉唐法制史研究》,是笔者这十年来接受科学研究费"东亚的法与习惯——围绕死刑的诸问题"(2002 年—2005 年度,基础研究 A)、"东亚的礼仪与刑罚"(2006 年—2010 年度,基础研究 S)、"东亚的犯罪与社会"(2010 年—2015 年度,基础研究 A),推进国际共同研究,并从中取得的一些个人成果。

　　此外,发表该成果时亦接受了 2015 年度科学研究费补助金(研究成果公开促进费),在此衷心感谢各位相关人士。

第一部　法典

第一章　通往晋泰始律令之路

序　言

关于中国古代法和法典的诞生，现在流传的是春秋时期鲁国昭公六年（前536）郑子产铸刑鼎 [1]，以及同样是鲁昭公的二十九年（前513），晋课赋税得一鼓（四石 =480 斤）铁，遂作刑鼎的事件。但是，它是一种怎样的规范，又具有怎样的强制力，尚不明确。

关于子产的刑鼎，据说是"制参辟，铸刑书，将以靖民"，但所制定的即铸入刑书的"参辟"，尚不明确是三个项目的禁令，还是由三

[1]　　三月，郑人铸刑书。叔向使诒子产书，曰："始吾有虞于子，今则已矣。昔先王议事以制，不为刑辟，惧民之有争心也。犹不可禁御，是故闲之以义，纠之以政，行之以礼，守之以信，奉之以仁；制为禄位，以劝其从；严断刑罚，以威其淫。惧其未也，故诲之以忠，耸之以行，教之以务，使之以和，临之以敬，莅之以强，断之以刚；犹求圣哲之上、明察之官、忠信之长、慈惠之师，民于是乎可任使也，而不生祸乱。民知有辟，则不忌于上，并有争心，以征于书，而徼幸以成之，弗可为矣。夏有乱政，而作《禹刑》；商有乱政，而作《汤刑》；周有乱政，而作《九刑》：三辟之兴，皆叔世也。今吾子相郑国，作封洫，立谤政，制参辟，铸刑书，将以靖民，不亦难乎？《诗》曰：'仪式刑文王之德，日靖四方。'又曰：'仪刑文王，万邦作孚。'如是，何辟之有？民知争端矣，将弃礼而征于书。锥刀之末，将尽争之。乱狱滋丰，贿赂并行。终子之世，郑其败乎？肸闻之：'国将亡，必多制。'其此之谓乎！"复书曰："若吾子之言，侨不才，不能及子孙，吾以救世也。既不承命，敢忘大惠！"　　　　（《左传·昭公六年》）

编组成的法典，由此引发各种各样的解释。

晋国的刑鼎亦如此。《左传·昭公二十九年》（前513）解说了晋国范宣子的刑书。

> 冬，晋赵鞅、荀寅帅师城汝滨，遂赋晋国一鼓铁，以铸刑鼎，著范宣子所为刑书焉。

> 仲尼曰："晋其亡乎！失其度矣。夫晋国将守唐叔之所受法度，以经纬其民，卿大夫以序守之，民是以能尊其贵，贵是以能守其业。贵贱不愆，所谓度也。文公是以作执秩之官，为被庐之法，以为盟主。今弃是度也，而为刑鼎，民在鼎矣，何以尊贵？贵何业之守？贵贱无序，何以为国？且夫宣子之刑，夷之蒐也，晋国之乱制也，若之何以为法？"

刑鼎是废弃"被庐之法"而制作的，且据说是"夷之蒐"时的法。所谓"被庐之法"，是指僖公二十七年（前633），晋侯在晋国的被庐之地阅兵时确定受秩禄的官职序列这一事件。[①] 所谓"夷之蒐"，是指文公六年（前621）在夷之地阅兵时，与赵盾被命令"制事典、正法罪、辟狱刑"[②] 相关的内容，但赵盾制定、修正、整理了什么法并不明确。再有，《左传》解说文公六年的这个赵盾之法

---

① 　冬，楚子及诸侯围宋。宋公孙固如晋告急。先轸曰："报施、救患，取威、定霸，于是乎在矣。"狐偃曰："楚始得曹而新昏于卫，若伐曹、卫，楚必救之，则齐、宋免矣。"于是乎蒐于被庐，作三军，谋元帅。

（《左传·僖公二十七年》）

② 　六年春，晋蒐于夷，舍二军。使狐射姑将中军，赵盾佐之。阳处父至自温，改蒐于董，易中军。阳子，成季之属也，故党于赵氏，且谓赵盾能，曰："使能，国之利也。"是以上之。宣子于是乎始为国政，制事典、正法罪、辟狱刑……

（《左传·文公六年》）

成为常法,百年后将其铸于鼎,但其所谓的"常法"、"法罪"的确切含义是什么? 我们现今所说的"法"、"法典"的定义是否可以满足它?

另外,还有如下的疑问。

虽说"民众依据法律条文进行讼争"①,但民众能够理解以篆书体(金文)刻于鼎的刑法的内容吗? 进而言之,若鼎之法文与一般青铜器铭文相同,按理应该铸于鼎的内侧。可为什么要将法文记载于谁都难以看得见的容器内侧呢?

更为疑惑的是为何不得不铸刑书于鼎,其理由是什么? 当时一般的书写材料已是竹简或者木简。那么不用简牍而非要用鼎的必要性何在? 鼎是祭祀时使用的器具,放入鼎的食物或酒是供奉天或祖先等祭祀对象的祭品。铸入鼎的文字从而也可以认为是人类向神灵传达的信息。若是如此,假如存在法文铸于鼎的内侧的话,那它不是面向人民大众的法典,而是面向神灵的宣誓文或是在神灵面前的誓言,将其看作具有誓约性质的东西或许更合适。②

无论如何,《左传》等书中看到的"法"不能直接翻译成"法典"。在今天能够确认被制定为条文化的规范的同时期的资料,是战国晚期、秦统一前夜的那个时期,被称作"律"、"令"等的法令。以下,试论述作为法令的"令"与"律"的形式和特征。

---

① 译者按:意即前引"民知争端矣,将弃礼而征于书"、"民在鼎矣"。
② 关于春秋战国时期的盟、誓是否与法(律、令)相关联,请参照拙著《中華帝国のジレンマ——禮の思想と法の秩序》,筑摩已书房 2016 年版。

一、令与令典

（一）既有学说的介绍

有关秦汉时代令的复原、性质及其编纂,程树德的《九朝律考·汉律考》与沈家本的《历代刑法考·律令》均广泛征引文献史料进行考证。而在日本,对令典的性质及其编纂予以详细且系统论述的,是中田薰的《中国律令法系的发达》、《〈中国律令法系的发达〉补考》。尽管两文所示的方向可加以若干修正,但直至今日,其学说仍是探讨该领域时应当参照的见解。

> 律与令这两个实施统治的根本性法典,始于汉代萧何的立法。说到律,是将传承而来的各篇次予以再编纂和整理;关于令,则是将历来仅表现为不过是一个个的单行法令,分类汇集成一部可与律相匹敌的法典。[①]

中田氏将令典的成立与汉初的萧何联系起来,并认为其被划分为甲、乙、丙等数编,各编安排依照《祠令》、《胎养令》、《养老令》等规定事项而被称为某令的众多法律条文。只是此类汉令尚未如律典一样达到有序化的法典,仅停留在前一皇帝死后,将其诏令依事情的轻重予以分类汇集并作成诏令集这样一个阶段,最终只是作为补充刑典即律典的副法。当然,天子的命令并非全部被追加编入令典中,附有著令用语(如"定令"、"著令"、"具为令"、"著于令"

[①] 中田薰:《支那における律令法系の発達について》《〈支那における律令法系の発達について〉補考》,收入氏著《法制史論集》(四),岩波书店1964年版。

等）的才说明是被编入令典中。

依循中田氏的学说并导入古文书学的视角，进而做出更精致考察的是大庭脩氏有关令及制诏的系列论考。[1] 大庭氏复原了汉代制诏的形式，并对其予以分类，既阐明汉代的立法程序，又通过作为诏令之令的形态、样式与书写格式，论述了令文的详情及其整理。有关大庭氏所提出的诸多见解，在本章下面的论述中将多有涉及和介绍。

堀敏一氏的若干论考，基于中田氏之说，论述了直至晋泰始律令的中国法史的演进。[2] 他首先就作为晋律令前提的秦汉律和令进行解释。他认为，在秦代，令作为单行法令出现，被略加法典化之后则成为律。至汉代，令已非单纯的单行法令，而是作为法典而成立。它将同类条文汇集为一书，因而也可以称为是从原来的令典中独立出来的"特别令书"。只不过令典虽然已经成立，但律与令之间并无实质性区别，该现象一直延续至曹魏的律令时代。魏时，律作为十八篇被一体化，而令的方面，尽管依据行政处理机关的差异而从繁杂的汉令中分类整理出《州郡令》《尚书官令》《军中令》，但令本身并未完全体系化。将律典与令典分别视为刑罚法规和行政法规并改造成体系性法典的是晋泰始律令，晋律与晋令的划时代意义即在于此，它受到由汉以降官僚制行政机构的发展所带来的影响。以上就是堀氏诸论的梗概。

上述先行研究成果均认为令典的编纂始于汉代。然而，近年

---

① 大庭脩：《秦漢法制史の研究》，创文社 1982 年版。
② 堀敏一：《晋泰始令の成立》，《東洋文化》第六〇卷，1980 年。此后，氏著有关律令的诸文全部收入《律令制と東アジア世界——私の中国史學（二）》，汲古选书 1994 年版。

来发表的宫宅洁的《汉令的起源及其编纂》,将令典的起源从汉代上溯至秦代,甚至是始皇帝统一秦之前。宫宅氏使用睡虎地秦简、江陵张家山汉简、居延汉简等 20 世纪出土的简牍史料,并就令典的起源作出如下结论:

> 所谓令典的出现,是"将个别命令积累起来予以分类而形成法典,而此法典则以'令'的形式为世人所认识",即"对诸命令加以分类整理"是其条件所在。在睡虎地秦简中,不用说律典,即便与律性质相异的"令"这样的规范也是可以确认的,并且它们以按照事项之别而被归类的诏令集的形式存在。汉时的令典编纂包括先根据事项之别将诏令区分开来,再对其中的每类事项的令从头到尾标明编号这两个程序。这种编纂程序,无非反映了令典因为时常追加的诏令成为法源而持续增加的性质,而各官署的令典无非是个别地形成。[①]

除了宫宅氏,同样利用睡虎地秦简和张家山汉简对秦汉律令作出概括性论考的,还有池田雄一的《论秦代的律令》[②]。池田氏主要聚焦于秦令,认为"令意指王令、皇帝之诏等一般命令,但同时亦作为律运用时的补充而存在。虽然必要时,人们会谋求令与律的一体化以获得适用的方便,但令不可能为律所吸收。律与令的区别是模糊的,令典的存在方式如何,尚缺乏确证"。与宫宅氏学说相比,池田氏对秦令典的认识是消极的。

---

① 宫宅洁:《漢令の起源とその編纂》,《中國史研究》第五卷,1995 年,第 122—124 页。

② 池田雄一:《秦代の律令について》,《中央大學文學部紀要》史學科四二,1997 年。

上文所介绍的各种学说,在令典的成立是始于秦还是始于汉这一问题上存在分歧。但无论从哪种主张来看,立论均非故弄玄虚、标新立异,当属合理的考证。

然而,它们相互之间确实有若干不同点,而我本人无论考察何种学说,总感觉其中有难以认同之处。这究竟缘何而起呢? 这恐怕是在思考"令"、"令典"为何物,令的编纂具体如何处理等问题上,诸家所理解的令的实态与令的编纂,甚至有关令典的考察存在不一致之处;再则,我自己所秉持的理解汉令、令典的方式,与诸家的认识有所悬隔所致吧。

因此,从下文开始,我试图以秦令的存在为问题的出发点,并就汉代令的实态与编纂,以及令典的存在等提出拙见。

(二)关于秦令的存在

秦的令典究竟是否存在? 睡虎地秦简确实记录了"令"、"不从令"、"犯令"、"法(废)令"等惯用语:

> 日食城旦,尽月而以其余益为后九月禀所。城旦为安事
> 而益其食,以犯令律论吏主者。 (《仓律》57)
> 令敤史毋从事官府。非史子殹(也),毋敢学学室,犯令者
> 有罪。 (《内史杂律》191)
> 伤乘舆马,夬(决)革一寸,赀一盾;二寸,赀二盾;过二
> 寸,赀一甲。●课驲騩,卒岁
> 六匹以下到一匹,赀一盾。●志马舍乘车马后,毋(勿)敢
> 炊饬,犯令,赀一盾。已驰马不去车,赀一盾。
>
> (《秦律杂抄》27—28)
> 百姓居田舍者毋敢酤(酤)酉(酒),田啬夫、部佐谨禁御

之,有不从令者有罪。 （《田律》12）

为作务及官府市,受钱必辄入其钱缿中,令市者见其入,不从令者赀一甲。 （《关市律》97）

官啬夫免,□□□□□□□其官亟置啬夫。过二月弗置啬夫,令、丞为不从令。 （《内史杂律》189）

其中,关于"不从令"、"犯令",秦简《法律答问》给出明确的定义:

可（何）如为"犯令"、"法（废）令"? 律所谓者,令曰勿为,而为之,是谓"犯令";令曰为之,弗为,是谓"法（废）令"殹（也）。（下略） （《法律答问》142）

所谓"犯令"可解释为违反禁止性行为,而所谓"法（废）令"则可解释为不履行作为义务。就此而言,秦简所提及的"令"是否可理解为与所谓的律相对的令或单行法令,所谓犯令又能否视为是对既存的单行法令的违反行为呢? 兹就前揭《关市律》、《田律》事例试加探讨。

这里所说的"不从令"即不履行作为义务的行为,是"为作务及官府市,受钱必辄入其钱缿中,令市者见其入"。而"居田舍者毋敢酤（酤）酉（酒）,田啬夫、部佐谨禁御之",也指向田啬夫、部佐不禁止酒的贩卖、不履行监督职务的行为。这些行为在律文中都有明确规定。堀敏一氏据此认为"明显反映了这些律原是单行法令的状况"[1]。

_____

① 堀敏一:《律令制の展開》,载前揭氏著《律令制と東アジア世界——私の中国史學（二）》,第11页。

堀氏之说以律与令应视为对置的法规为思考前提。确实,自晋律令以降,律与令已成为隶属于不同范畴的两类法典。但在秦时情况又如何呢? 至少,从秦代的这一条文对〈律称为令〉→〈律的前身残留着令的遗痕〉→〈令最初是单行法令〉这样一套逻辑展开而言,恐怕不能够说是充分的。

《法律答问》142 所见的“令曰勿为,而为之”、“令曰为之,弗为” 中的“令曰”,并不是指“令(典)之中”或“在令(典)里”这样的意思,而是意指“尽管具有‘勿为’、‘为之’这一命令形式”,而命令(禁止命令、履行命令)的履行、不履行则称为“不从令”、“犯令”。另外,所谓律是当为、禁止性规定,故在此意义上的律就具有命令的形态。也就是说,秦律条文中所示的“令”,并非单行法令之令在律文中留下的遗痕,而是律已将当为、禁止这一命令作为自身属性而包容在内了。

又,《语书》中也有“不从令”这一词汇:

> 今且令人案行之,举劾不从令者,致以律,论及令、丞。有(又)且课县官,独多犯令而令、丞弗得者,以令、丞闻。
>
> (《语书》7—8)

这里所见的“令”同样不是律的意思,其意思是命令,即“检举不遵从命令者,并以律处断”。

不过,在《语书》中也有一处暗示存在着作为法典的秦令。该段文字较长,逐录如次:

> 廿年四月丙戌朔丁亥,南郡守腾谓县、道啬夫:古者,民各有乡俗,其所利及好恶不同,或不便于民,害于邦。是以圣王

作为法度，以矫端民心，去其邪避（僻），除其恶俗。法律未足，
民多诈巧，故后有间令下者。凡法律令者，以教道（导）民，去
其淫避（僻），除其恶俗，而使之之于为善殹（也）。今法律令已
具矣，而吏民莫用，乡俗淫失（泆）之民不止，是即法（废）主之
明法殹（也），而长邪避（僻）淫失（泆）之民，甚害于邦，不便于
民。故腾为是而修法律令、田令及为间私方而下之，令吏明布，
令吏民皆明智（知）之，毋巨（矩）于罪。今法律令已布，闻吏
民犯法为间私者不止，私好、乡俗之心不变，自从令、丞以下智
（知）而弗举论，是即明避主之明法殹（也）……

（《语书》1—6）

从此处"法律令"与"田令"并列记录来看，"令"与"律"是
性质相异的特定规范，而且从"田令"这一根据事项分类的编目来
看，能导出确认令典存在的见解。

那么，"法律令"这三个字究竟为何会在此处出现呢？原因无
非在于此前的一段文字：

是以圣王作为法度，以矫端民心，去其邪避（僻），除其恶
俗。法律未足，民多诈巧，故后有间令下者。

这句话揭示了圣王所作的"法"、承法而来的"律"、为弥补法律不足
并应对民众的诈巧行为而下达的"令"这三个阶段的规范。

从这句话对法、律、令的论述来看，"令"确实是以一种与律性
质相异的特定规范的形态浮现。但是，倘若要问这是否属于"令
典"范畴的规范，情况就不是如此简单了。

在此，有关"令"这一语词不能忘记一个事实。那就是秦始皇

二十六年（前 221）秦统一以前的"令"，不是汉以降与"律"相对的
"令"，而是一个意指王者命令的词汇。它是在秦统一以后被"诏"
所代替的词汇。秦始皇二十六年统一之际下达的王命中，确定了
著名的"皇帝"称号，并把此前称为"令"者变更称为"诏"。

> 臣等谨与博士议曰："……臣等昧死上尊号，王为'泰皇'。
> 命为'制'，令为'诏'，天子自称曰'朕'。"王曰："去'泰'，著
> '皇'，采上古'帝'位号，号曰'皇帝'。他如议。"制曰："可。"
> （《史记·秦始皇本纪》）

　　睡虎地秦简为秦统一以前的遗存，因此秦简所见之"令"相当
于后来的"诏"，自然不能视同汉令、晋令中的"令"。亦即以秦简所
见之"令"直接解释律令之"令"，务必慎之又慎。
　　由此引出下一个问题，即使"令"是主权者（王）的命令（诏），
是否也经过分类、整理的程序呢？"诸命令经分类整理后，可视为
令典出现"，是宫宅氏的见解。他关注《语书》中的"田令"，并由此
得出令典出现的切实结论：

> 　　"故腾为是而修法律令、田令及为间私方而下之"，正是
> 《语书》中的"田令"这一名称，证明令典——将王命依事项分
> 类的单行法令确实存在。[1]

诚然，宫宅氏的见解或许是在关注田令及其前面所见的间令时提
出的。但在出发点上，我的想法与宫宅氏略有不同。

---

[1] 前揭宫宅氏论文，第 116、117 页。

　　这就是,无论是田令还是间令,其名称是否为依据事项分类予以规范的固有的法令名呢? 现在,假设田令并非固有的确定性令名,而仅仅意指"有关土地的王的命令",那么它只是一个表示诏令内容的普通名词,立法者恐怕并无依据事项分类的意识。因此,即使用"田令"、"间令"这样的用语,也不能证实法典的成立。

　　"某令"这一用语作为令名是何时而被确立、固定并成为固有名词的? 在这一问题上,仅仅确认"某令"这一用语的存在应当说是不充分的。这一问题也涉及对汉朝以降的汉令再作考察的必要性,我想在下一节考察汉令结束后再提出结论。

　　有关秦令,还遗留有一些信息。

　　江陵出土的汉简《奏谳书》中,引用了两条有可能是秦令的条文:[①]

　　　　令:所取荆新地多群盗,吏所兴与群盗遇,去北,以儋乏不斗律论。律:儋乏不斗,斩。⋯⋯

　　　　　　　　　　　　　　　　　　　　(《奏谳书》案例十八 157—158)

　　　　六年八月丙子朔壬辰,咸阳丞毃礼敢言之。令曰:狱史能得微难狱,上。今狱史举閵得微难狱。

　　　　　　　　　　　　　　　　　　　　(同上,案例二二 227—228)

　　第 157 简之令:"遇到盗贼时,官吏不仅未能捕获,而且还逃亡,那么将按照'儋乏不斗'律处以死刑";第 227 简之令:"狱史在处理疑难案件时应当报告",无论哪条令文都难以断定是依事项而分类整理的令典,而将它们视为诏令之一并无不适宜之处。因此

---

① 武汉大学简帛研究中心、荆州博物馆、早稻田大学长江流域文化研究所:《二年律令与奏谳书》,上海古籍出版社 2007 年版。有的释文是参考该书后修正而来。还有,简的序号、案件序号亦从该书。

可以说,江陵出土的这些资料也不能充分证明秦令的存在。[①]

(三)汉令诸问题

上一节探讨了所谓秦的令典究竟是否存在的问题。皇帝诏令经分类、整理后被命名为某令这一固有的令篇名——与其说我对此结论持怀疑态度,毋宁说这暗示着否定秦令存在的走向。本节将关注被认为沿袭秦法律制度的汉令、令典,并试就秦令存在与否问题给出结论。

下面的考察大体上将沿三个方向检讨:第一,汉令具有怎样的具体形态;第二,汉令的立法化;第三,汉令的编纂及其篇名。

1. 汉令的实态

如上一节所述,在秦始皇即位之时,此前的"令"这一名称被改成"诏"。在此意义上,汉令是指皇帝以"令"的形式特别公布的"诏",将其分类而成的诏令集就是令典,此乃中田薰氏的观点。

此后,大庭脩氏更为详细地考证了汉令具有诏的形式这一观点,而如实表现汉令形式的第一手资料则为20世纪出土的若干简牍。比如1959年武威县磨嘴子十六号汉墓出土的被称为《王杖十简》的十枚木简,就记录了被命名为《兰台令》第三三、《御史令》第四三的汉令。[②]

---

① 近年出土的里耶秦简中亦可见到若干载有"令曰"之简。

　　卅年二月壬寅朔朔日,迁陵守丞都敢言之,令曰恒以朔日上所买徒隶数。●问之,毋当令者,敢言之。　　　　　　　　　　　　（154A）

该"令"仍是命令、诏令的含义。

② 有关武威磨嘴子出土的《王杖十简》,参见拙文:《王杖十简》,《東方学報》京都六四,1992年。对以下《兰台令》、《御史令》的释读和解说,文中并未涉及。拙文只对两份制诏中孰为《兰台令》三三、孰为《御史令》四三作了考察,但如后面的注将要提到的那样,该论点需要订正。

《兰台令》第卅三,《御史令》第卌三,尚书令灭,受在金。
制诏御史曰:年七十受王杖者,比六百石,入官廷不趋;
犯罪耐以上,毋二尺告劾,有敢征召、侵辱
者,比大逆不道。建始二年九月甲辰下
制:诏丞相、御史:高皇帝以来至本二年,胜甚哀老、
小,高年受王杖,上有鸠,使百姓望见之,
比于节。有敢妄骂詈、殴之者,比逆不道。得出入官府
郎第,行驰道旁道。市卖复,毋所与,
如山东复,有旁人养谨者,常养扶持,复除之,明在
兰台、石室之中。王杖不鲜明,得更缮治之。

这里所举《兰台令》、《御史令》这两种令确实是制诏。

除了出土资料,文献史料也能说明这一点。如大庭氏已经分析过的文帝十三年颁布的废止肉刑制诏。[1]制诏正文中的"下令"、"不用此令"表明制诏即为汉令。现引用原文于此。

(遂下令曰):"制诏御史:盖闻有虞氏之时,画衣冠、异章服以为戮,而民弗犯,何治之至也! 今法有肉刑三,而奸不止,其咎安在? 非乃朕德之薄而教不明与? 吾甚自愧。故夫训道不纯而愚民陷焉,《诗》曰:'恺弟君子,民之父母。'今人有过,教未施而刑已加焉,或欲改行为善,而道亡繇至,朕甚怜之。夫刑至断支体,刻肌肤,终身不息,何其刑之痛而不德也! 岂为民父母之意哉! 其除肉刑,有以易之;及令罪人各以轻重,不亡逃,有年而免。具为令。"

---

① 大庭脩:《漢代制詔の形態》,载前揭氏著《秦漢法制史の研究》。

　　丞相张苍、御史大夫冯敬奏言："肉刑所以禁奸,所由来者久矣。陛下下明诏,怜万民之一有过被刑者终身不息,及罪人欲改行为善而道亡繇至,于盛德,臣等所不及也。臣谨议请定律曰:诸当完者,完为城旦春;当黥者,髡钳为城旦春;当劓者,笞三百;当斩左止者,笞五百;当斩右止,及杀人先自告,及吏坐受赇枉法,守县官财物而即盗之,已论命复有笞罪者,皆弃市。罪人狱已决,完为城旦春,满三岁为鬼薪、白粲。鬼薪、白粲一岁,为隶臣妾。隶臣妾一岁,免为庶人。隶臣妾满二岁,为司寇。司寇一岁,及作如司寇二岁,皆免为庶人。其亡逃及有罪耐以上,不用此令。前令之刑城旦春岁而非禁锢者,如完为城旦春岁数以免。臣昧死请。"制曰:"可。"[1]

　　这是有关废止肉刑并制定替代刑之令——该令究竟以何令为名称则无从得知,但上述全部引文即为其令文。

　　令即诏的事实因江陵张家山二四七号墓出土的汉律令而进一步增加了真实性。二四七号墓出土的所谓《二年律令》中,包括名为《津关令》的38支简牍。从以下所引可一目了然地看出,这些确实是以大庭脩氏曾明确指出的制诏的三种形式[2]为基础,并记有"制曰可"的皇帝命令为结尾的常套句式。

　　□、制诏相国、御史,诸不幸死家在关外者,关发繺(索)

之，不宜，其令勿窭（索），具为令。相国、御史请关外人宦为吏
若繇（徭）使、有事关中。　　　　　　　　　　　（《津关令》500）

不幸死，县道若属所官谨视收敛，毋禁物，以令若丞印封
椟槽，以印章告关，关完封出，勿窭（索）。椟槽中有禁物，视收
敛及封（者，与出同罪。●制曰：可。^①）　　　（《津关令》501）

廿二、丞相上鲁御史书言，鲁侯居长安，请得买马关中。
●丞相、御史以闻，制曰：可。　　　　　　　　　（《津关令》520）

九、相国下〈上〉内史书言，函谷关上女子廁传，从子虽不
封二千石官，内史奏，诏曰：入，令吏以县次送至徙所县。县
问，审有引书，毋怪。　　　　　　　　　　　　　（《津关令》502）

□□□等出。●相国、御史复请，制曰：可。

　　　　　　　　　　　　　　　　　　　　　　（《津关令》503）

然而，如《王杖十简》的令文所说那样的，令文本身还包含着
适用于大逆不道罪的罚则规定。又如废止肉刑令所展示的那样，
追加制定的单行法规也被称为"令"。再如《津关令》第520简那
样，也有以未包含罚则规定的认可为内容。那么，汉令既存有刑罚
法规与非刑罚法规两种，另一方面也有追加性单行法令，其与汉律
究竟有何不同，或者说两者的区别何在？对此一问题的考察将在
后文中展开。这里想指出的是，作为令文的形式，汉令有异于晋
令、唐令。汉令所具有的诏的文体，在唐令中完全看不到。

　　此乃先学大力提倡之所在。但在我看来，其中的某些说明产
生了误解，由此导致对汉令的理解发生混乱。

---

① 武汉大学简帛研究中心的《二年律令与奏谳书》（上海古籍出版社2007年
　版）中，可见501简后连接着499简。循此译之。

一般来说,与律相对的令这种法律形式,即使以皇帝的命令（王言）为来源,作为成文法条文也会对其有所修正,因此它已不是皇帝诏敕本身。但是,汉令却不同。在汉令中,皇帝的诏自身被称为"令",汉令表现为皇帝诏敕的形式,或者说,汉令即为诏敕自身。因此,"令包含着诏"或者"残存有诏的形式"的说明是不适当的。制书、策书、诏书等名称都是表示皇帝颁布文书种类的词汇,以它们为法源（这里是在行政、司法应准据、应援用之法律形式的意义上使用该术语）,并成为执行样态或作为规范的种类,可称为"令"。

概言之,皇帝的命令即为"令"。此乃完全承袭秦统一之前"诏＝令"这一关系,没有任何矛盾。

汉代的令中包含刑罚规定与非刑罚规定两者,追加性法规也被称为令的现象,从诏即为令的视角出发是极为自然的。更进一步说,汉令中还存在特别限定性的内容。如《封吴芮为长沙王诏》:

> 长沙王者,著令甲,称其忠焉。
>
> （《史记·惠景间侯者年表》）
>
> 制诏御史:"长沙王忠,其定著令。"　（《汉书·吴芮传》）

上面所引史料提到"长沙王忠,其定著令",及其被编入"令甲"的具体内容,据大庭氏考证,出自高祖五年（前202）二月的诏,即为了回报吴芮拥戴自己为皇帝的忠心,刘邦将长沙、豫章、象郡、桂林、南海等地封给吴芮,封建其为长沙王。①

我对大庭氏的结论没有异议。不过,由于"长沙王吴芮的忠

---

① 大庭脩:《"制詔御史長沙王忠其定著令"について》,前揭书。

心"毕竟是针对吴芮的功绩,相当于对个人的论功行赏。也就是说,这是特别限定的,恐怕不能视为具有规范那样的普遍性。"著令",与其说是公布法令,还不如说是彰显忠义,与后世令典的内容相比,性质有所不同。所谓特别限定的,在此可以指有关个人的事情,而性质相同的《二年律令·津关令》第502、503简关于女子廁之传的令亦是如此。

此外,还有宣帝元康三年(前163)六月颁布的令:

> 诏曰:"前年夏,神爵集雍。今春,五色鸟以万数飞过属县,翱翔而舞,欲集未下。其令三辅,毋得以春夏摘巢探卵,弹射飞鸟。具为令。"
>
> (《汉书·宣帝纪》)

以"具为令"结尾的事实表明这份诏也是作为汉令公布的。其内容是:"前年夏,象征祥瑞的鸟聚集于雍。今年春天,数以万计的五色鸟飞过三辅的属县,它们在高空中飞翔但没有落地。因此,命令三辅,禁止在春夏时节摘巢取卵和弹射飞鸟。"正如"其令三辅……"所揭示的那样,该令是仅适用于长安地区的限定性命令。如果说法令在一般情况下因适用于全国而具有普遍性的话,那么可以说宣帝元康三年六月的该汉令给人以一种别扭不适的感觉。

此种仅以特殊地域为适用范围的情形,在前揭秦令中同样存在:

> 令:所取荆新地多群盗,吏所兴与群盗遇,去北,以儋乏不斗律论。律:儋乏不斗,斩。……
>
> (《奏谳书》157—158)

可见,该令文也是以所谓荆楚这一新占领地为适用范围的法令,而不是具有全国普遍性、时间恒常性的规范。

自中田薰以来，人们认为"具为令"、"定著令"等词汇被称为著令用语，附有这种用语的诏则作为令典而被追加编纂。在此意义上，可以说前揭若干例子的诏是具备著令用语之诏，它们毫无疑问地作为汉令本身来公布。然而与后世的令相比，不仅仅其形态，即便内容上也令人感到别扭，原因何在呢？我想解释清楚这一问题的线索大概在于分析"具为令"、"定著令"等词汇所具有的含义，故有必要再度考察。

2. 著令用语

作为赋予皇帝命令（诏）以令的性质的法制用语，包括"定令"、"著令"、"具为令"、"著于令"、"著以为令"、"议为令"等。尽管它们都以制诏的形式被分别使用，但均意味着立法化的文辞则无可置疑。

这里所提及的立法化，无非是"为令"。那么所谓"为令"具体指什么，"著"又意味着什么呢？

有关"具令"、"著令"的意思，沈家本已从两个方面作出解说。[①]其一，他引用《汉书》的《杜周传》注"著谓明表也"、《张汤传》注"著谓明书之也"、《张良传》注"著谓书之于史"等，并依据《汉书·张良传》注"著令者，明书之于令也"一语，指出"著＝明"；其二，他又援引《国语·晋语》注、《一切经音义》及《字书》等提到的"著，附也"，认为"凡新定之令必先具而后著之，必明书而附于旧令之内"。

但是，如果将"著令"解释为"附加于令"，那么从其他用例来

---

① 沈家本：《律令二·具令　著令》，收入氏著《历代刑法考》，中华书局1985年版，第879页。

看就会出现错误。如《汉书·平帝纪》中可以见到如下诏书：

> 诏曰："夫赦令者，将与天下更始，诚欲令百姓改行洁己，全其性命也。……自今以来，有司无得陈赦前事置奏上。有不如诏书为亏恩，以不道论。定著令，布告天下，使明知之。"

"定著令，布告天下，使明知之"一语，基本是指"作为令而使之明确化，向天下公布，使人们熟知之"。《后汉书·张敏传》所记载的"著为定法"，也可以说是同类的含义：

> 夫轻侮之法，先帝一切之恩，不有成科班之律令也。……若开相容恕，著为定法者，则是故设奸萌，生长罪隙。

"著为定法"并不是指"附加于既有的成文法之上"，而是"将此前的判例《轻侮法》以成文法的形式予以明确"。"布告天下，使明知之"则可以看作是对"定著令"、"著令"的进一步说明。

从另一方面，明确"著＝明"的例子，是《王杖十简》令文末尾的"明在兰台、石室之中"一语。这句话也是著令用语，其意大概是"作为令而被明确化并保管于兰台、石室的书库中"。此外，《后汉书·蔡邕传》的"明设禁令"、《三国志·魏书·苏则传》的"明为禁令"及同书《郑浑传》的"明禁令"，亦同于此。

可以说，所谓"著令"的含义是"作为令而被明确化，令人周知"。那么，要明确、周知什么呢？毋庸赘言，当然是诏的主旨，即皇帝的意思。

大体上说，皇帝的诏可分为两种：其一是暂时性或一时性的命令，因此没有必要履行废止等程序；其二是作为命令发出的行政或司法方面的规定,具有长远的持续性,其效力在再次采取改废措施之前一直存在。

然而,如我们所见,汉令包含持久性与一时性、地域限定性的与全国性的各种令。特殊与一般之所以混杂在一起,是因为汉令即为诏本身,而皇帝之诏涉及的内容广泛多样。然而是否所有的诏均具有著令文言? 其实并非如此。如《津关令》中也还有没有著令文言之令(诏)。也就是说,必须考虑到著令文言并不是保证其为"令"的定式句型。

虽然著令文言确实意味着令的立法化,但却不是立法化上不可或缺的文言;而是用来加强命令的重要性,只是所谓命令的结尾用语。这可以说与"如律令"、"有教"、"有书"等置于文书最后的文末语、常套句所发挥的是同样的作用。[①]

回过头来说,汉令既为皇帝之诏,那么,表明皇帝之诏、并赋予其权威且作为法令要求遵守的强制力,将由什么来保证呢?

3. 汉令与简牍

作为法令的权威与强制力,不外乎是由于"皇帝"的存在。皇帝的存在,使得"令 = 诏"这一书式与当时的书写材料简牍之间有着密切关系。

前揭汉令之例,如《津关令》所示,诏是根据〈皇帝下发的审议命令〉+〈臣下的具申(上奏)〉+〈皇帝的认可(制曰可)〉、〈臣下的上奏文〉+〈皇帝的认可(制曰可)〉,或是〈制诏(集官)〉这样的书

---

① 冨谷至编:《漢簡語彙考證》,岩波书店 2015 年年版,第 447—451 页;氏著《文書行政の漢帝國》之《行政文書の書式・常套句》,名古屋大学出版社 2010 年版,第 172—187 页。译者按:前书已译为《汉简语汇考证》,中西书局 2017 年版;后书已译为《文书行政的汉帝国》,江苏人民出版社 2013 年版。

式而来。无论哪种情况，都伴随着表示皇帝认可、皇帝命令的"制曰可"、"制"。也就是说，通过"制诏"、"制曰可"这样的表现方式表明这是皇帝的命令。因此，可以说该王言是具有权威和强制力的象征语。换言之，表明法令的正是载有"制"、"制曰可"的公文书的书式。①

相关书式已在秦令中完成。前揭制定称号之令即如此：

> 臣等谨与博士议曰："古有天皇，有地皇，有泰皇，泰皇最贵。臣等昧死上尊号，王为'泰皇'。命为'制'，令为'诏'，天子自称曰'朕'。"王曰："去'泰'，著'皇'，采上古'帝'位号，号曰'皇帝'。他如议。"制曰："可。"
>
> （《史记·秦始皇本纪》）

还有《焚书令》也是同样的书式：

> "臣请史官非秦记皆烧之。非博士官所职，天下敢有藏《诗》《书》、百家语者，悉诣守、尉杂烧之。有敢偶语《诗》《书》者弃市。以古非今者族。吏见知不举者与同罪。令下三十日不烧，黥为城旦。所不去者，医药卜筮种树之书。若欲有学法令，以吏为师。"制曰："可。" （《史记·秦始皇本纪》）

---

① 在有的诏中，皇帝无须臣下具申，而是单方面下达命令。这种情况自然不存在"制曰可"，而是采取"制诏（某官）"的形式。因为"制曰可"是认可答申的文言。单方之诏是以"具为令"作结，但如《津关令》所示，它也是对臣下具申的结尾文言，由此可见，诏也不是确定不变的。不管怎样，"具为令"并没有那么重要。

"制曰可"是皇帝的王言,故其前提是以皇帝的手书为标志。另外,由于简牍这一书写材料所具有的特征,在臣下的具申简后,会附加载有"制曰可"的单独一支简。虽然秦简未遗留下该类实物,但从发现的汉简、石刻[①] 等可知,"制曰可"作为独立简,相对于记载此前臣下上奏的因简材较宽而称为"两行"——即可书写两行字的简,用的是被称为"札"的一行书写简来附加、编缀。这可以说是强调"制曰可"重要性的一种方式吧。此后不久,为进一步彰显权威的皇帝之诏,开始使用比通常的一尺简更长的一尺一寸的简,而且形成以"制"字——"命曰制"是秦始皇时被改变的用来表示皇帝命令的词——为抬头的格式。由此,"皇帝的命令"更加明确化,其作为应当遵守之令的法律形式自此完成。

关于皇帝的一尺一寸简与"制"抬头的制度成立于何时,我已经在另著中作过考证,[②] 在此只叙述结论:我推测该时期应是平定吕氏之乱、恢复皇帝权威的文帝初年,即公元前180年前后。

表明皇帝之诏,并且赋予其权威,以及作为法令具有应当遵守的强制力的功能,亦即使"令"明确化的,是体现皇帝命令的"制"字抬头的长一尺一寸的文书简的书式。这是简牍成为书写材料后才有可能的事。

4. 汉令的编纂与篇名

思考汉令的分类和整理,亦即汉令之编纂问题的线索,应当在于令的名称、篇名。在前揭秦令的场合,仅有《田令》《间令》等名称可以确认,但对于汉令来说,现在所知晓的情况要稍微详细一些。

---

① 参照《孔廟百石卒史碑》(京都大学人文科学研究所报告),永田英正编:《漢代石刻集成》,同朋舍1994年版。

② 前揭拙著:《文書行政の漢帝國》之《尺一詔の始まり》,第33—38页。

有关汉代令的名称可以分为三种。第一,冠以甲、乙、丙等干支的令,如甲令(令甲)等,可称之为干支令;第二,"挈令",冠以官署、郡县名,而称为诸如廷尉挈令、乐浪挈令等;第三,拥有类似于后世唐令的篇目、具有分类事项名称的令,可简称之为事项令。具有干支令、挈令及事项令这三种令名的汉令历来为人所知,但三种令名相互间的关系如何,目前尚无定论。

比如中田薰氏认为:将皇帝诏令依其规定事项的种类编纂而成的,是这里所说的事项令;根据先皇帝诏令的重要程度而分类为甲乙丙的,是干支令;将收录的诏令加以整理,官吏把与其职务相关的诏令汇集起来的,是挈令。①

宫宅洁氏在更详细地考察令的编纂顺序的基础上,提出应收入令典的诏令,首先被区分为事项令,进而划分出作为其上位概念的甲乙丙三大种类的解释。②

始于甲令的干支令是以什么为标准的?又是在哪个阶段被分类为甲、乙、丙三者的?由于事实不明之处甚多,如果说到结论的话,在资料缺乏的现阶段是无法解决的问题。在《汉书·宣帝纪》中可见如下之诏:"令甲,死者不可生,刑者不可息。此先帝之所重,而吏未称。今系者或以掠辜若饥寒瘐死狱中,……"对此处的"令甲",诸家都给出自己的注释:

① 前揭中田薰氏:《〈支那律令法系の発達について〉補考》。中田氏还认为,干支令中的诏令被编集并制成了特别令书。但是,甲令、乙令等干支令与依事项而分类的斋令、篹令之间有何种关系?干支令中是否有特别令?干支令中的特别令的编纂顺序如何?有关特别令书,他罗列了《公令》、《品令》、《水令》、《宫卫令》、《狱令》,却未提及《祠令》、《斋令》、《马复令》、《胎养令》。那么这些令之间的区别又在哪里?这些都不清楚。
② 前揭宫宅洁氏论文。

文颖曰："令甲者,前帝第一令也。"

如淳曰："令有先后,故有令甲、令乙、令丙。"

师古曰："如说是也。甲乙者,若今之第一、第二篇耳。"

但是,无论采取何种注释,干支令的实际情况都难说明确。如果甲、乙、丙是指令的序号,而甲令为"前帝第一令"的话,那么中田氏解释的"根据先皇帝诏令的重要程度而分类为甲、乙、丙",宫宅氏也主张"依据重要程度区分诏令"的意义,以及将这种分类法作为早期编纂令典之方针的意义,乃至现实中利用令典的便利性等,都会变得模糊不清。更根本的问题是,令的重要程度是以什么为标准? 对此,即使对下揭残存的少量干支令断片作出考察,我仍无法给出答案。

〈令甲〉

①长沙王忠　　　　　　　　　　　　　（《汉书·吴芮传》）

②女子犯罪,作如徒六月,顾山遣归。

（《汉书·平帝纪》如淳注）

女子犯徒遣归家,每月出钱雇人于山伐木,名曰雇山。

（《后汉书·光武帝纪》注）

③死者不可生,刑者不可息。　　　　（《汉书·宣帝纪》）

④诸侯在国,名田他县,罚金二两。

（《汉书·哀帝纪》如淳注）

诸王、列侯得名田国中,列侯在长安及公主名田县道,关内侯、吏民名田,皆无得过三十顷。诸侯王奴婢二百人,列侯、公主百人,关内侯、吏民三十人。年六十以上,十岁以下,不在数中。贾人皆不得名田、为吏,犯者以律论。诸名田、畜奴婢

过品，皆没入县官。　　　（《汉书·哀帝纪》及同书《食货志》）

〈令乙〉

⑤骑乘车马行驰道中，已论者，没入车马被具。

（《汉书·江充传》如淳注）

〈令丙〉

⑥箠长短有数。　　　　　　（《后汉书·章帝纪》）

令甲的①是上文已提及的长沙王的封建；②为平帝元始元年（1）五月公布的替代女性劳役刑的规定；③是引发文帝十三年（前167）肉刑改革之起因的缇萦上书中的言辞；[1]④为有关名田的规定。这些均为令甲所收入。令乙的⑤是有关在驰道中行走的令，《汉书·鲍宣传》所引如淳注，可能也是与之类似的内容：

令：诸使有制得行驰道中者，行旁道，无得行中央三丈也。

令丙⑥是有关实施笞刑之际，箠的尺寸和形状之令，出自景帝元年（前156）之诏，中元六年（前144）又有所修正。不过，⑥是景帝元年之令，还是此后的修正之令，无法确定。

从上面所列①至⑥这些条文片断来看，在以何为基准划分甲、乙、丙的问题上，其可凭借的根据目前一个都不清楚。即便以所谓

---

① 后文将会论证，甲令引用了"死者不可复生，刑者不可复属"（《汉书·刑法志》缇萦上书之语，同书《宣帝纪》作"死者不可生，刑者不可息"）这句话。尽管此句为废止肉刑之际上奏文中的言辞，但不能认为该甲令所说的是文帝十三年之文。大庭脩：《漢代の決事比試論》，前揭书，第353页。然而，所谓"死者不可复生，刑者不可复属"这句活，可以在相当于诏或上奏文的序言之处看到，因此不能说它是包含于构成法令正文的具体规定的语句。此点亦可说明当时的令即为诏文。

重要程度作出区分,那么为何①至④的规定就比⑤更为重要,而⑥又不如⑤重要呢? 再则,即使将时间因素考虑在内,甲令本身就包含从高祖时期的①至平帝时期的②,可见依据时间差而划分为三阶段似乎也是不合适的。

除此之外,文颖说"令甲者,前帝第一令也",中田氏或承袭此说,认为"把前帝的诏令……",但干支令为前帝诏令之编纂物,并没有明确的证据。《新书·等齐》曰:"天子之言曰令,令甲、令乙是也;诸侯之言曰令,令仪、令言是也",但从这句话也无法推导出前帝云云之意。

以甲、乙、丙等干支实施分类的现象为我们熟知的,是可称为目录学中最早采用四部分类的晋代荀勖的《中经新簿》,以及此前已经存在的曹魏郑默的《中经》。它们采取了甲部、乙部、丙部、丁部的分类方法。如果说这是在"具有不能以某一分类的名称加以称谓的因素,难以给予恰当名称时"[①] 所使用的分类方法,那么,尽管法令与书籍有所不同,但从它们都被收藏于宫中的石室、兰台这一点来看,[②] 它们相互间可能存在某些共通之处。这种可能性是指它们都是根据内容进行整理分类的,图书的甲乙部即是如此,由此我们类推之,只是,基准具体为何就不得而知。

为当下情况不明的干支令实态透露些许消息的是1989年出土于武威旱滩坡东汉墓的十七枚木简。[③] 下面列举相关的八枚简:

---

① 清水茂:《中国目録学》,筑摩书房1991年版,第31页。

②《隋书·经籍志》:"光武中兴,笃好文雅。明、章继轨,尤重经术。四方鸿生巨儒,负衾自远而至者,不可胜算。石室、兰台,弥以充积。"

③ 武威地区博物馆:《甘肃武威旱滩坡东汉墓》,《文物》1993年第10期。大庭脩氏已就这十七枚简牍撰写了论文,参见《武威旱灘坡出土の王杖简》,《史泉》八二,1995年。

　　制　诏御史：奏年七十以上，比吏六百石，出入官府不趋，
毋二尺告刻（劾），吏擅征召。　　　　　　　　　　　　　（武 1）

　　吏金二两，在田律。民作原蚕，罚金二两，令在乙第廿三。

　　　　　　　　　　　　　　　　　　　　　　　　　　　（武 6）

　　坐臧为盗，在公令第十九，丞相常用第三。　　　　　　（武 7）

　　不道在御史挈令第廿三。　　　　　　　　　　　　　　（武 8）

　　赦不得赦下蚕室在兰台挈令第☐。　　　　　　　　　（武 9A）

　　☐法在卫尉挈令☐。　　　　　　　　　　　　　　　（武 9B）

　　代户父不当为正，夺户，在尉令第五十五。行事大原武乡
啬夫☐。　　　　　　　　　　　　　　　　　　　　　　（武 10）

　　建武十九年正月十四日己亥下。　　　　　　　　　　（武 16）

据发掘报告书说，"武 16"标有建武十九年（43）的年号，但从出土
器物特征来看，墓葬的年代应为东汉中晚期。

　　十七枚木简似可分为类似《王杖十简》的王杖授受简"武 1"
数简和有关其他法令的数简，但由于这些简仅为断简，因此多有不
明之处。然而，这些简却为我们提供了有关令的新知识。

　　首先令人关注的是，这些简同时记录了干支令、挈令及事项
令，且均附有编号。

　　其次需要注意的是，"武 6"记载"吏罚金二两的规定在田律
中，而民罚金二两的规定在令乙中"（吏金二两在田律民作原蚕罚
金二两令在乙弟廿三），可见《田律》与《令乙》对置。据此可知，与
律相对的令是干支令，而且律并未编号。①

────────────

① 陶安あんど在《法典编纂史再考》（《東洋文化研究所紀要》一四〇，2000
　年）第 57 页指出，"令在乙"与"在令乙"不同，不能解释为"规定（转下页）

　　第三点是明确了挈令为何物。这些简记载了"御史挈令"（武8）、"卫尉挈令"（武9）、"兰台挈令"（武9），而前揭《王杖十简》中的"御史令第卅三"、"兰台令第卌三"，其正式令名无疑是"御史挈令"、"兰台挈令"。我们或许可以认为，冠以官署名的令均属于挈令的范畴。又，"武10"中的"尉令第五十五"也是冠以官署、官职名的挈令，肯定是"尉挈令"的略称。

　　在《王杖十简》中，有关王杖的规定被命之以兰台令、御史令。这不是说因"从兰台发布下来"、"对御史制诏"而采取了这样的名称。如果作"被兰台摘抄并收录"、"为御史所使用"之意来理解，那么一切都能毫无矛盾地获得解释。沿此思路，"武7"中的"丞相常用"，也可视为丞相府所常备的挈令的名称。① 再则，"武7"之记载表明，包含"坐臧为盗"条文的令同时隶属于"公令"和"丞相常用"这两种令的编目。我们于此可知的是，同一种令具有复数的

（接上页）在令乙中"，"令在乙"与"明在兰台、石室之中"一样，表示令之所在（冠以乙之记号的某种记录簿或是袋子）。

　　"令在乙"与"在令乙"的标记不同是显而易见的，"令在乙"与"在令乙"即便在意思上就有区别。虽然陶安氏指出"吏金二两在田律民作原蚕罚金二两令在乙第廿三"的"在田律"与"在乙第廿三"作为"不完全的对置"，可以不用确定"令乙"的所在，但我不能赞同。"吏金二两"与"民作原蚕罚金二两"是完全的对置，那么记载此内容的"在田律"与"在乙第廿三"也明显是对置。因此，所在并不是指场所，而必须看作是表示法令种类的意思。"不道在御史挈令第廿三"、"在兰台挈令第"、"在尉令第五十五"都与"在"字接续，都是指法令，"在乙"亦是如此。"明在兰台"并非表明的所在场所是兰台的含义，不言而喻，"明"与"令"在此无法相互对置。仅仅此处解释为"某种记录簿"或者"袋子"是非常唐突的。

① 总而言之，有关《王杖十简》所见的两个令，似乎应当是这样的：它们都是挈令；两者拥有两种挈令序号，其一为兰台令之卅三，其二为御史挈令之卌三。参见大庭脩，前揭论文。我想借此对拙文《王杖十简》的观点作出修正。

收录编号，表明多个官署出于各自的需要而保管有该令。《王杖十
简》中的令文也是以不同的收录编号表明为多个官署所保管。

概言之，所谓挈令或许可以视为各官署或郡县、特定地域所持
有和保管的相关法令。[1] 不过，在这种情况下应当留意的是，各官
署出于需要而持有、收录挈令是私人行为，还是收录挈令本身就是
具有义务性的公务行为？[2]

应收录令的选择是由各官署、各地方任意而为呢，还是作为应
保管的挈令而由有关机关颁发？此点并不明确。只是，如果要问
挈令是否仅在持有它们的官署、官吏间通用，回答是否定的。武威
县旱滩坡出土木简所记录的冠以中央官署名的挈令，是从西北河
西走廊的武威县出土的，而在敦煌 T15 遗址、D21 马圈湾遗址也发
现记有"大鸿胪挈令"、"大尉挈令"令文的简。

　　　　□龙勒写大鸿胪挈令津关　　　　　　　　（D2027）
　　　　▲大尉挈令盗县官县□□　　　　　　　　（D982）

从河西走廊的武威、敦煌的汉代烽燧遗迹均发现冠以中央官署名
的挈令。尤其值得注意的是，大鸿胪挈令是由龙勒县移写并发送
至玉门都尉府治下的 T15 遗址的，所以挈令并非仅在内部使用、保
管并被加以编号，而是包含了令编号并具有普遍性的规范。

那么，为各机关所摘录并附以整理编号的挈令是从何处摘抄

---

[1] 李均明、刘军：《武威旱滩坡出土汉简考述——兼论"挈令"》，《文物》1993
　　年第 10 期。
[2] 中田薰氏已指出"究竟是官撰还是私撰尚不明确"。见前揭氏著《〈支那律
　　令法系の発達について〉補考》，第 193 页。不过，由于不是编纂典籍，因此
　　所谓"官撰"、"私撰"之别不适用于此种情形。

出来的呢？很难想象皇帝所公布的诏令被各官署作为挈令而直接分类和散发。将问题的答案推测为从诏令中摘取出来的令的汇编，似乎更为自然。在此，考察将再次转向干支令。

也就是说，作为令的形式公布的诏被划分成甲、乙、丙，并附上甲令第某某、乙令第某某等整理编号保管起来。各官署从其中摘录并附上新的收录编号的，这就是挈令。因此，如下的情形自然就会出现：同一种令在干支令和挈令中具有不同的编号，还有，同一种令为多个挈令所收入并加以各不相同的令编号。

以上就是我对干支令和挈令的拙见。那么，对于以具体事项为名称的所谓"事项令"又应给予什么样的位置？

如果要先给出结论，那么我认为，像《金布令》《宫卫令》那样冠以令所规定内容的事项令名，作为固有篇名还是一种不成熟的名称。在《史记》《汉书》等文献史料，以及出土文字资料中确实存在众多事项令。沈家本的《历代刑法考·律令》列举了《任子令》、《田令》、《戍卒令》、《水令》、《公令》、《功令》、《养老令》、《马复令》、《禄秩令》、《宫卫令》、《金布令》、《斋令》、《卖爵令》、《品令》、《胎养令》、《祀令》、《祠令》等令名；程树德在《九朝律考》中又加上《狱令》、《箠令》、《缗钱令》。而在出土简牍资料中还可见《津关令》、《符令》等令名。

其中也含有后文试图考证的以"某某之令"这一形式表现的令。如果说它亦为单个的令，那么《妖言令》《察举令》《推恩令》《夷三族令》及《告缗令》等，也应当作为固有之令而予以收录。至少，没有根据可以明确区分"某某令"是固有名称，"某某之令"是抽象表现。还有，通过皇帝颁布诏而在已确定的事项令中加入内容的推测也不能成立。

现在，尝试对几个事项令展开探讨。

程树德和沈家本都提到《胎养令》这一汉令篇名,具体令文见《后汉书·章帝纪》元和二年(85)正月乙酉公布的诏:

> 诏曰:"令云'人有产子者复,勿算三岁'。今诸怀妊者,赐胎养谷,人三斛,复其夫,勿算一岁,著以为令。"
>
> (《后汉书·章帝纪》)

这里必须注意的是高祖七年(前200)春所发布的诏令,它规定民众在产子时可免除两年税役。

> 令郎中有罪耐以上,请之。民产子,复勿事二岁。
>
> (《汉书·高帝纪》)

《后汉书·章帝纪》所说的"令云"是否指高帝七年春之令,无法确定。从复除期限由两年变成三年来看,在三百年间有可能颁布过变更复除期限的令。然而,这两个令所涉及的内容都是与产子相关的复除。如果有事项编目存在,这两个令当然会被收入同一种事项令中。尽管此种事项令的名称可被推测为《胎养令》,但在上引的这两份诏中,却无法证明《胎养令》之名的令立法化。

在此,人们之所以会推想出"胎养令"这个名称,是因为《后汉书·章帝纪》所列的诏中有"赐胎养谷"一语,而且其本纪的论赞又记载了如下这些话:

> 章帝素知人厌明帝苛切,事从宽厚。感陈宠之义,除惨狱之科。深元元之爱,著胎养之令。　(《后汉书·章帝纪》)

这里的"胎养之令"是与"惨狱之科"相对出现的，因此不能视为表示单个令名的法律用语。论赞的作者肯定意识到本纪正文所提及的"胎养谷"，遂写下"胎养之令"数字，所以从高祖七年以来，所谓《胎养令》这种单个的事项令恐怕并不存在。因此，不能确认《汉书》中有《胎养令》之类的令名。

被称为《马复令》的令则是存在的。"马复令"一语见于《汉书·西域传》中所载的武帝诏：

> 当今务在禁苛暴，止擅赋，力本农，修马复令，以补缺，毋乏武备而已。　　　　　　　　　　　　（《汉书·西域传》）

此"马复令"果真是当时已确定的令的固有篇名吗？对此至少可以说，在后世注释家那里，"马复令"并非当然的令名，其证据在于孟康与颜师古所作出的不同解释。

> 孟康曰："先是令长吏各以秩养马，亭有牝马，民养马皆复不事。后马多绝乏，至此复修之也。"

与孟康提出的修正有关养马之规定的解释相对，颜师古将"复"视为免除徭役。

> 师古曰："此说非也。马复，因养马以免徭赋也。复音方目反。"

本来，所谓"马复令"的令名在《汉书·西域传》之外未能看见。不过，在汉文帝时代，晁错曾提议民间有车骑马一匹者可免除三人的徭役，^①武帝时期的"马复令"与此相关，所以颜师古的注解释其为有关养马的复免规定，这恐怕是无可非议的。也就是说，"修马复令"一语，意指"因为马匹数量不足，所以要重新认识和整理文帝时制定的对马匹所有者给予税役优待的政策"（此称"马复之令"）。我不认为它意为"修改《马复令》这一固有的令"。

这里再列举一个令，就是《王杖十简》中所说的"兰台令第卅三"和"御史令第卌三"。尽管它们是已经附有编号的挈令，但现在如从事项令具有确定的固有名称这一点上看，它们属于沈家本等人所提及的《养老令》则自不待言。有关对七十岁以上的老人给予几杖、赐予优遇始于何时，我已在另文中作出论述。^②可以推测相关法令是在西汉时发布的，此点姑且不论，而下列章帝章和元年（87）之诏，则为涉及养老的正式法令。

　　　　秋，令是月养衰老，授几杖，行麋粥饮食。其赐高年二人共布帛各一匹，以为醴酪。　　　　　　　　（《后汉书·章帝纪》）

此令是否如《王杖十简》一般为兰台挈令、御史挈令所收录，尚不可知。再有，它们被列入干支令的何处，处于甲、乙、丙的哪个令之下，亦不得而知。不过，章帝章和元年之诏确实是具有持续性效力的令，因为在三十年后发布的安帝元初四年（117）之诏，引用了章帝该诏之文，所谓"甚违诏书养老之意"即指章帝诏未必获得遵行。

----

① 《汉书·食货志》载："今令民有车骑马一匹者，复卒三人。"
② 前揭拙文《王杖十简》，第93—96页。

诏曰："……《月令》'仲秋养衰老,授几杖,行糜粥'。方
今案比之时,郡县多不奉行。虽有糜粥,糠秕相半,长吏怠事,
莫有躬亲,甚违诏书养老之意。其务崇仁恕,赈护寡独,称朕
意焉。"

（《后汉书·安帝纪》）

这里,我所关注的在于违反"诏书养老之意"这一措辞。不用
说,"诏书养老之意"是指"诏书提出的优待老人的规定"。只是,
此时的意识与其说汉令为法典,还不如说尚处于诏书为皇帝命令
的阶段。故而在此,"违反法令的行为——犯令"这一概念并不清
晰。其原因恐怕是,尽管皇帝的诏作为"诏令"而被收录,但尚未
升华为事项类固有令名的法典。所以,即使提到"诏书之意",也
不是举出单个的令名,《养老令》这样的令名还不能从史料上得到
确证。

可以明确指出以上《胎养令》、《马复令》及《养老令》三种具
有事项名的令,均非当时固有的法令名,而是出于方便称呼的所谓
通称,因此,冠以事项令名的法令并未被制定出来。当然,此处所
探讨的令名只是三种,可能会面临以管窥豹的责难。但是,即使考
察本章前述沈家本、程树德所列举的其他数种汉令的事项名称,也
可以说与上述三令相同。因此,在汉令的名称问题上,我认为以
"某某令"这样的事项令名为基础的立法是不存在的。①

───────────

① 《金布令》、《金布律》及《金布令甲》等与"金布"相关的法规名称的混乱,是
一直都存在的问题。参见中田氏前揭论文,第 196—197 页。对此,如果认
为"金布令"不是正式令名而只是通称,意为"与金布相关之令",那么矛盾
就消失了。也就是说,《金布律》自秦律以来一直存在。之后,有关金布的
诏令颁布,而进入甲令之中,其表现形式无非是"甲令中的有关金布的诏＝
金布令甲"。

再有，从其他方面也可以作同样的思考。

在居延出土的汉简中存在着被视为令文目录的简。A33 遗址出土了依据汉尺全长为三尺的断片，其中提到六种令。①

> 县置三老二　行水兼兴船十二　置孝弟力田卅三　征吏二千石以符卅二　郡国调列侯兵卌二　年八十及乳朱需颂系五十二。　　　　　　　　　　　（5.3+10.1+13.8+126.12）

此简记载了已成为令的诏令目录，这一点业已经过考证。但在这里，我思考的是，"县置三老二"以下诸名称所包含的意思。它们都是从诏书正文中摘取出来的。显然，此类令的命名最终都是从文中选出适当的言辞并被随意冠名的，从中读不出具有普遍且确定的命名意图。可是，这些名称显示了令的内容，它们相当于所谓的事项令名，那么《养老令》《胎养令》等名称理当在此有一定的位置。然而，所谓确定的事项令名并未被使用，其原因何在？别无其他，恐怕正在于事项令名尚未确立。②

---

① 有关此简，在大庭脩所撰《居延出土の詔書斷簡》（前揭氏著书）及《居延出土の令甲目録》（载《漢簡研究》，同朋舍 1992 年版）中有详细的介绍。

② 存在"功令"这一事项令名。确实存在很多记载"功令第卅三"的居延出土木简，且均被附加以编号，可以说功令已是确定的一般性的事项令名。另外，在《史记·儒林传》关于设置博士弟子员诏中，可见"请著功令。他如律令。制曰可"；在《汉书·刑法志》景帝中六年之诏中，可见"其定箠令"等事项令名。这一看，不就是确定了令名并在该令名下进行的立法吗？然而，此处不得不提及的是著令文言所具有的含义。"著功令"不是指"著写于功令之上——添加在功令上"，而是"功令明确且众所周知"。假如是前者的话，就必须证明已经确定的"功令"这种事项令的存在；若是后者，即使以"有关功（官吏的任用、升迁）之令"这种一般性普通名词命名也无不妥。亦即"功令"、"箠令"，未尝不可解释为如养老令一般被冠以相应的适（转下页）

那么，该目录简记载的又是何种令的目录呢？大庭氏将它视为甲令的目录，但如果考虑到令的内容多与地方行政有关，以及为何目录简是从 A33 即肩水候官遗址出土的，我认为，这些令是由郡国等特定地域所持有和保管的挈令。亦即某挈令的第二，是高祖二年（前 205）二月所发布的内容为在县乡设置三老之类的诏。"县置三老二"的意思无非如此。事项令名在这一时期尚未出现。

上述考证证明，汉代的令终究不能成为与法典名相称的典籍，另外还表明其并非附加共同的事项令名后进行整理的。如果从汉令作为书写于简牍之上的公文书之制诏本身来看，即使其公文书可以整理成文件，但只要还遗留着原有的书式，那么，想以典籍形式进行整理并编纂就颇为困难。

二、汉律诸问题

（一）有关汉律的通说

"律"这个词作为法律词汇使用起源于何时？由于出土的云梦秦简中发现了某某律这种律的篇名，故可确信在秦统一以前，"律"

（接上页）当名称。《二年律令》之"津关令"在这点上亦是如此，该津关令也被附以编号。但无论哪个，事项令之名称与编号只能是官署等为其附加的名称与整理编号。那么，为何此处附有编号呢？如先前居延出土的木简"县置三老二"、"置孝弟力田廿三"一般，在《挈令》下的令目录中，已可见在被适当命名的令名上附有编号。因此，居延汉简中所见的"功令册"（45.21，45.25，285.17，351.1，E.P.T56 :8，E.P.T51:466，E.P.T53:34，E.P.T56:93），并非功令这个令存在第一至第四五，而将某一挈令中的第四五视为有关功的令也许会更合适些吧。

作为法律词汇已经被使用。然而，《尚书·舜典》的"同律度量衡"（注：律法制及尺丈、斛斗、斤两，皆均同）、《尔雅·释诂》的"律，法也"与《左传·哀公十六年》的"无自律"（注：律，法也）中的这些"律"，经书将其解释为"法"，但此处的法是指"应遵守的基准"，而绝不是指法律 law。

众所周知，律在《尚书·舜典》的"律和声"、音律"六律"等音阶、音律的所谓法律上也有不同的含义。但是，这可以用所有的"基准"即度量衡的含义来概括，而且与不变的基准、"律，常也"这种《尔雅·释诂》的解字相关联。换言之，"应当遵守的不变的基准"在司法领域是法律、法典甚至刑法典，而在乐的领域即为音律、声律。

据说，律是从战国时期魏国李悝的《法经》开始，经秦商鞅的《六律》，再到汉萧何的《九章律》继承发展而来。对这一发展过程解说最为详细的是《晋书·刑法志》的如下记载：

> 是时承用秦汉旧律，其文起自魏文侯师李悝。悝撰次诸国法，著《法经》。以为王者之政，莫急于盗贼，故其律始于《盗》《贼》。盗贼须劾捕，故著《网》《捕》二篇。其轻狡、越城、博戏、借假不廉、淫侈、逾制以为《杂律》一篇，又以《具律》具其加减。是故所著六篇而已，然皆罪名之制也。商君受之以相秦。汉承秦制，萧何定律，除参夷连坐之罪，增部主见知之条，益事律《兴》《厩》《户》三篇，合为九篇。叔孙通益律所不及，傍章十八篇，张汤《越宫律》二十七篇，赵禹《朝律》六篇，合六十篇。

此处提及的《盗》《贼》《网》《捕》《杂》《具》六篇法规是李

悝的《法经》,萧何在此基础上增加《兴》、《厩》、《户》三篇,并制成由下列九篇组成的法典:

《盗》、《贼》、《网》、《捕》、《杂》、《具》、《兴》、《厩》、《户》

现在,我想对众所周知的这个事实特别再补充一点,即李悝《法经》与萧何《九章律》均以《盗律》为第一篇,《盗律》以下则排列有《贼律》与《网律》;《法经》将《具律》置于末尾,而《九章律》则以《户律》为最后,篇的顺序遂呈固定状态。

这点正是上揭"以为王者之政,莫急于盗贼"之下的文字所欲表达的内容。再有,《晋书·刑法志》对《魏律》十八篇的篇章顺序作如下解释:

(魏《新律》)其序略曰:……旧律因秦《法经》,就增三篇,而《具律》不移,因在第六。罪条例既不在始,又不在终,非篇章之义。故集罪例以为《刑名》,冠于律首。《盗律》……凡所定增十三篇,就故五篇,合十八篇,于正律九篇为增,于旁章科令为省矣。

《晋书·刑法志》所说的"篇",是《盗律》、《贼律》那样的单个法规的单位;所谓"章"则指单个法规所具有的条文。这一点可以从同《刑法志》论述东汉末律之实态的下列记载中获得明证:

……集类为篇,结事为章。一章之中或事过数十,事类虽同,轻重乖异。而通条连句,上下相蒙,虽大体异篇,实相采入。《盗律》有贼伤之例,《贼律》有盗章之文……

这里的"篇"显然是《盗律》、《贼律》等律的篇目，而《刑法志》所述"萧何律九篇"即由来于此。所谓"《贼律》有盗章之文"，则是说《贼律》中混入本该属于《盗律》的条文。"篇＝构成法典的编目"，"章＝法规条文"，可以说毫无疑义。循此立论，这里所见的"篇章之义"，是指渗透于各篇顺序中的含义、理念，而"篇章之义"的有无之所以会变成一个问题，就是因为《九章律》、《法经》乃至《魏律》是篇、章顺序固定，即所谓自身完结、拥有封闭体系的法典。

再有，《晋书·刑法志》曾提到萧何《九章律》直接传承自秦律——商鞅《六律》，这一点不容置疑。既然如此，我们不妨认为《六律》也有固定的篇次。

所谓秦律→汉律→魏律，即从六篇至九篇再增加至十八篇的律典，至晋《泰始律》而成二十篇。据《唐六典》所载，其篇次排列如下：

> 《刑名》、《法例》、《盗律》、《贼律》、《诈伪》、《请赇》、《告劾》、《捕律》、《系讯》、《断狱》、《杂律》、《户律》、《擅兴律》、《毁亡》、《卫官》、《水火》、《厩律》、《关市》、《违制》、《诸侯》

以上是基于文献史料所作研究的通说，自李悝《法经》开始即已完成法典化。

（二）单行、追加律

但在秦汉律中，除了六篇、九篇之律外，还存在为数众多的律。《九朝律考·律名考》列举了《越宫律》、《朝律》、《尉律》、《大乐律》、《左官律》、《钱律》、《田律》、《挟书律》等文献史料中所能见到的律名。近年来，从秦墓、汉墓出土的简牍，使颇多文献所未能窥

见的律名得以确认。比如,睡虎地竹简就记录了这样一些律名:

> 《田律》、《厩苑律》、《仓律》、《金布律》、《关市律》、《工律》、
> 《工人程》、《均工律》、《徭律》、《司空律》、《军爵律》、《置吏律》、
> 《效律》、《传食律》、《行书律》、《内使杂律》、《尉杂律》、《属邦
> 律》、《除吏律》、《游士律》、《除弟子律》、《中劳律》、《藏律》、
> 《公事司马猎律》、《傅律》、《屯表律》、《戍律》

睡虎地秦简是公元前 221 年秦始皇统一全国之前的记录。严格地说,它所记录的法规并非秦帝国的法律,但这一点通过此后出土且属于秦统一后记录的云梦龙岗秦简,可以确认二者有完全一致的田律,而在秦统一后曾编纂新律这一事情无法验证。毋宁说,以商鞅《六律》为基础的战国秦的律也被适用到秦新占领的地域中。所以可以认为,睡虎地秦律所记载的律名作为统一秦的法律完全被采用。

又,1984 年湖北省江陵县张家山二四七号汉墓出土了汉律竹简五百余枚。[①] 这批汉律所属年代为西汉初吕后时期,据竹简可确认的下述篇名自然是西汉时期的律名:

> 《贼律》、《盗律》、《具律》、《告律》、《捕律》、《亡律》、《收
> 律》、《杂律》、《钱律》、《置吏律》、《均输律》、《传食律》、《田
> 律》、《市律》、《行书律》、《复律》、《赐律》、《户律》、《效律》、
> 《傅律》、《置后律》、《爵律》、《兴律》、《徭律》、《金布律》、《秩

---

① 参考冨谷至编《江陵張家山二四七號墓出土漢律令の研究》之"譯注篇"、"論考篇",朋友书店 2006 年版。

律》、《史律》

这二十七种律是作为一种类的律的名称被单独记在一支简上，不系有条文。另外，报告书又提到，简文中还记录了《奴婢律》《蛮夷律》等律名。

除了题简所列二十七种律之外，二四七号墓出土的汉律竹简还包含名为《津关令》的令名简，第一简的背面则写有"二年律令"四个字。这一既包含了《九章律》中的七种律，又存有与睡虎地秦律相同的七种律名的《二年律令》，究竟具有什么样的性质呢？

正如已经指出的那样，不只是"二年律令"，包括从张家山汉墓同时出土的《奏谳书》在内，它们都不过是出于需要而抄录的条文。如果我们要问《二年律令》是否为依照一定的基准或方针而编纂的、具备如前所说的"篇章之义"的法典，答案是否定的。在我看来，二十七种律文不过是权宜性地汇集和收录了吕后二年（前187）时期的法规，不能视为编纂而成的法典，《二年律令》亦非具有普遍性的法典名称。

江陵张家山除了二四七号墓以外，三三六号墓也出土了汉律，已获得确认的律名则有十五种。据报告书所述，从该墓出土的文帝前元七年（前173）之历书可以推定三三六号墓的墓葬年代为文帝时期。

可以说，在吕后及文帝乃至武帝时期，除了高祖时代萧何所编纂的《九章律》以外，至少还存在具有二十多种篇名的汉律。其中既有如惠帝四年（前191）所废止的《挟书律》[1]那样从秦律继承而

① 《汉书·惠帝纪》载：惠帝四年"省法令妨吏民者；除《挟书律》。"大庭脩指出："被废止的《挟书律》，与秦以来的律无异，说明了汉继承秦律的事实。"前揭氏著：《秦汉法制史の研究》，第80页。

来的，又有《九章律》制定后追加或制定的新律，如以下律文所体现的《酎金律》即为一例：

> 　侯王岁以户口酎黄金，献于汉庙，皇帝临受献金以助祭。大祠曰饮酎，饮酎受金，小不如斤两，色恶，王夺户，侯免国。
>
> （《汉旧仪》）

《酎金律》规定，每年八月举行尝酒之祭时，诸侯王应当提供一定基准的助祭金，如不提供或者提供的未达到规定数额时，诸侯王的县或侯国将被削夺。这一法律是武帝时期作为财政重建政策的一环而被制定出来的。①

同样，武帝时期还制定了以抑制诸侯为目的的《左官律》。该律禁止朝廷官员与诸侯建立直接的君臣关系：

> 　景遭七国之难，抑损诸侯，减黜其官。武有衡山、淮南之谋，作左官之律，设附益之法。　（《汉书·诸侯王表》）

目前还可追加一点，即上文已经介绍过的史料《晋书·刑法志》所提及的"张汤《越宫律》二十七篇，赵禹《朝律》六篇，合六十篇"中的《越宫律》与《朝律》。这些由张汤、赵禹起草的律同样是后来追

---

① 有关此处所说的《酎金律》，虽然丁孚在《汉仪》中指出："《酎金律》，文帝所加"，即该律为文帝时代制定的法律，但《史记·孝文本纪》集解所引张晏注认为《酎金律》始创于武帝时代："至武帝时，因八月尝酎会诸侯庙中，出金助祭，所谓酎金也。"尽管在《高祖功臣年表》等年表中频频出现"坐酎金，国除"的文字，但这些情况全部集中于武帝时尤其是元鼎五年间，据此或可将《酎金律》解释为武帝时代作为财政重建政策之一环而制定的法律吧。

加的法规。①

那么,这些为数众多的律与《九章律》之间究竟有何关联?

以前我遵从关于《九章律》的通说,认为该律系萧何于汉初根据"篇章之义"制定的基本法,其他种种律则是此后追加制定的单行法规,并在此基础上开展自己的学说。② 此后,学界发表了几篇

① 有关《越宫律》二十七篇、《朝律》六篇,张建国氏曾提出一些重要观点:因为像《法经》六篇、《九章律》等描述的是带有法典含义的名称,所以才会出现复数的篇数。然而,像《越宫律》、《朝律》这样的名称,只是个别或具体的律篇名,显然与《九章律》的名称不同。《朝律》、《越宫律》各为一篇无疑,这也是可以理解的,但它们各含数篇却显得较为奇妙。本来,一律一篇是一种原则,一律数篇的情形,除了《晋书·刑法志》所提及的《越宫律》和《朝律》以外无从得见。进一步说,《越宫律》居然达到二十余篇,但与《越宫律》类似的晋律中的《卫宫律》却只有一篇。因此,像汉代如此众多篇数的《越宫律》的存在终究是不可想象的。参见张建国:《叔孙通定〈傍章〉质疑——兼析张家山汉简所载律篇名》,《北京大学学报》(哲学社会科学版),1997 年第 6 期。

这里,张氏提出《越宫律》、《朝律》问题的意图在于证明《晋书·刑法志》于此处的论述并未正确传达事实。张氏的目标首先对准了《朝律》、《越宫律》的篇数是六篇、二十七篇,这一构思不能不令人称妙。

在此种情况下,可以想见的可能性结论有:(1)如张氏所言,《晋书》的记载有误。(2)《朝律》、《越宫律》与《九章律》一样,也是律的总称。(3)解释为以《朝律》所代表的二十七篇律之意。还有目前可作为(4)的一种设想,即所谓《朝律》、《越宫律》等名称并非律之固有或正式的名称,这一观点或许也可以成立。《太平御览》卷六三八引用了张斐《律序》"张汤制《越宫律》,赵禹作《朝会正见律》",此处提到《朝会正见律》这样的名称,由此出现《朝律》并非正式律名的可能性,所以《朝律》二十七篇也可以解释为与"《新律》十八篇"、"《州郡令》四十五篇"同样的表现方式。

就拙见而言,(1)缺乏证明其结论的决定性材料;(2)所提到的总称之说也可质疑,因为"越宫"一词显得过于具体;虽然我在考虑(3)或(4)的解释也许是目前情形下最为妥当的结论,但包括新出土资料在内,今后仍有继续探讨的余地。

② 参考拙稿《晋泰始律令への道》第一部、第二部,《東方學報》第 72、73 卷,2000 年、2001 年。

相关论文，①自己也重新思考了这个问题，觉得以前的这种观点必须有所修正。我想再度检讨包括萧何《九章律》以及下述的汉律法典化问题。

首先，始于从令到律的编纂的考察吧。

（三）律的编纂

从出土的简牍以及文献史料反映的律之条文来看，也存在与令不同的法律形式：

（1）没有皇帝命令之诏的书式。

（2）与临时性、一次性的令不同，律的内容具有持久性。即只要律未被废止或修改，就仍具有效力。

（3）律的条文中也包含无处罚规定的行政法规。

然而，律并不是独自立法化而成，而是首先制定皇帝之诏的令，然后整理该类令并编纂为律。所谓整理，是指将令中具有持久适用性的法规作为"应当遵守的基准"，分门别类地置于《盗律》、《贼律》等单个篇名之下，在这个过程中，法律形式即由诏之书式变为所谓的法规的体裁。这种整理方式并非只限于刑事法规。云梦睡虎地秦律、江陵张家山二四七号墓出土的汉律等二十余篇篇名下的律，就是在此过程中形成的法规。由于令包含刑罚与非刑罚的命令，故律具有前述（3）的特点亦属自然之事。

---

① 参考陶安《法典编纂史再考》，《東洋文化研究所紀要》第 140 期，2000 年；滋贺秀三《中國法制史論集 法典与刑罰》，创文社 2003 年版，第 38—39 页。两篇文章都对萧何编纂《九章律》的事实存疑，他们认为《九章律》是西汉后期以降假托萧何而制定的。我对此亦认同。

云梦秦简的魏《户律》中残留有令形式,这点印证了律是由相关令转化而来;而下述的《二年律令·具律》中的82—85号简,则更加明确地证明了这点:

> 上造、上造妻以上,及内公孙、外公孙、内公耳玄孙有罪,其当刑及当为城旦舂者,耐以为鬼薪白粲。　(《具律》82)
>
> 公士、公士妻及□□行年七十以上,若年不盈十七岁,有罪当刑者,皆完之。　(《具律》83)
>
> ☑妻(?)杀伤其夫,不得以夫爵论。　(《具律》84)
>
> 吕宣王内孙、外孙、内耳孙玄孙,诸侯王子、内孙耳孙,彻侯子、内孙有罪,如上造、上造妻以上。　(《具律》85)

关于上揭82—85号这四支竹简,84号简是否位于83号简之后,值得怀疑,但82、83、85号三支简属于一个系列的条文当属无疑。上造以上的有爵者及其配偶、一定范围内的亲属(内公孙、外公孙、内公耳孙、内公玄孙)犯罪时,将本应处以肉刑、城旦舂刑的刑罚减为鬼薪白粲刑(82简);位于上造之下的最低级爵位的公士及其配偶、老人(七十岁以上)、未成年人(未满十七岁)犯罪应处肉刑者,减为完刑(84简);85简则规定诸侯王之子、内孙、耳孙,彻侯之子、内孙,及吕宣王之内孙、外孙、内耳孙、内玄孙犯罪时,也适用82简的规定,即85简形成了以82简的条文为前提而追加的特别项目。

该82简、83简的条文,实际上是惠帝即位(前195)那年发布的诏令。

> 十二年四月,高祖崩。五月丙寅,太子即皇帝位,尊皇后曰皇太后。赐民爵一级。中郎、郎中满六岁爵三级,四岁二

级。外郎满六岁二级。中郎不满一岁一级。外郎不满二岁赐
钱万。宦官尚食比郎中。谒者、执楯、执戟、武士、驺比外郎。
太子御骖乘赐爵五大夫,舍人满五岁二级。赐给丧事者,二千
石钱二万,六百石以上万,五百石、二百石以下至佐史五千。
视作斥上者,将军四十金,二千石二十金,六百石以上六金,
五百石以下至佐史二金。减田租,复十五税一。爵五大夫、吏
六百石以上及宦皇帝而知名者有罪当盗械者,皆颂系。上造
以上及内外公孙耳孙有罪当刑及当为城旦舂者,皆耐为鬼薪
白粲。民年七十以上若不满十岁有罪当刑者,皆完之。

(《汉书·惠帝纪》)

以上是惠帝即位时向庶民、官吏颁发的恩赐诏令,包括赐爵、举办
葬礼赐钱、营造墓地赐金、减税,以及减免刑罚等内容。恩典的授
予以诏书形式发布,即是令。它也成为在张家山出土简《具律》中
的一条。

那么,张家山出土的汉律具体属于哪个时期的呢?探知这一
问题的线索只能是 85 简。该简中提到的吕宣王是吕后元年(前
187)为吕皇后之父追加的称号,由此可知,85 简的条文应该是吕
后元年之后的立法。

　　太后临朝称制。复杀高祖子赵幽王友、共王恢及燕王建
子。遂立周吕侯子台为吕王,台弟产为梁王,建城侯释之子禄
为赵王,台子通为燕王,又封诸吕凡六人皆为列侯,追尊父吕
公为吕宣王,兄周吕侯为悼武王。　　　　(《汉书·外戚传》)

虽然将 82、83 简条文立法化的意图,可能是为了制定 85 简的给

予吕氏一族以优待的规定,但不管怎样,82、83、85简同时作为律成立,应该是妥当的。这样的话,惠帝元年(前194)发布的令,在八九年后即将其立法化为律。这些史料如实反映了令(诏)经过编纂加工成为律的《具律》篇中的条文这一事实。

据相关文献史料,景帝以后进行法令整理、编纂的情况如以下条文所示,此处记载的"更定",我认为反映的是像《二年律令》82、83简那样的律的立法过程。律令的删定、更定,是指整理具有单行且一次性命令性质之"令",分门别类地编纂到持久性之"律"中。

> 景帝即位,以错为内史。错常数请间言事,辄听,宠幸倾九卿,法令多所更定。　　　　　　　　(《汉书·晁错传》)
>
> 张汤以更定律令为廷尉。　　　　　　　　(《汉书·汲黯传》)
>
> 及至孝武即位,外事四夷之功,内盛耳目之好,征发烦数,百姓贫耗,穷民犯法,酷吏击断,奸轨不胜。于是招进张汤、赵禹之属,条定法令,作见知故纵、监临部主之法。
>
> 　　　　　　　　(《汉书·刑法志》)
>
> (宣帝本始四年夏四月)诏曰:"……律令有可蠲除以安百姓,条奏。"　　　　　　　　(《汉书·宣帝纪》)
>
> 宣帝时,于定国又删定律令科条。(《唐六典·尚书刑部》)
>
> 至元帝初立,乃下诏曰:"夫法令者,所以抑暴扶弱,欲其难犯而易避也。今律令烦多而不约,自典文者不能分明,而欲罗元元之不逮,斯岂刑中之意哉!其议律令可蠲除轻减者,条奏……"
>
> 　　　　　　　　(《汉书·刑法志》)
>
> 成帝河平中,复下诏曰:"……律令烦多,百有余万言,奇请它比,日以益滋,自明习者不知所由……其与中二千石、二千石、博士及明习律令者议减死刑及可蠲除约省者,令较然

易知,条奏……"　　　　　　　　　　　　　　(《汉书·刑法志》)

　　又见法令决事,轻重不齐,或一事殊法,同罪异论,奸吏得因缘为市,所欲活则出生议,所欲陷则与死比,是为刑开二门也。今可令通义理明习法律者,校定科比,一其法度,班下郡国,蠲除故条。　　　　　　　　　　　　(《后汉书·桓谭传》)

相关律之立法过程,至东汉亦无变化。

东汉章帝建初年间(76—83),曾发生过父亲被侮辱后,儿子将对方杀害的案件,本应处以死刑,章帝对其予以减刑的恩赦。此后这作为判例被继受,并在接下来的和帝时期,作为《轻侮法》朝着成文法化方向发展。对此,尚书张敏持反对意见。[①]

　　夫《轻侮》之法,先帝一切恩,不有成科班之律令也。……若开相容恕,著为定法者,则是故设奸萌,生长罪隙。……又《轻侮》之比,浸以繁滋,至有四五百科,转相顾望,弥复增甚,难以垂之万载。……故高帝去烦苛之法,为三章之约。建初诏书,有改於古者,可下三公、廷尉蠲除其弊。

　　　　　　　　　　　　　　　　　　(《后汉书·张敏传》)

所谓"著为定法",虽在其前段"班之律令"中使用"律令"一词,但实际上无疑是作为律来制定的。所谓的"令"则无须适用如此程序,而且"令"说到底只是诏敕,"定法"才相当于"律"。概言之,我们从中可以知道诏书不久就被成文法化(实际上《轻侮法》后遭反对,并未成立)的这种成文法化过程,诏书与"令"通过与此相同

────────────

① 有关《轻侮法》,本书第三部第三章《正义的杀人》第415页亦有涉及。

的程序编入律文中，或者形成另立门户的新律。

（四）律的法律形式

由令到律的编纂、修订，是从"臣下的上奏＋制曰可"的法律形式或者"制诏（集官）"这种诏所具有的公文书形式，到仅载明规定的所谓一般性法条文。但如此一来，赋予令的重要机能也就被削弱了。

令是行政上皇帝的命令。皇帝拥有立法权自不待言，而令最终只是皇帝一人的命令。正因为它具有一人之命令的性格，所以不具有永恒性、普遍性的绝对条件。

然而，正是皇帝命令给予令以效力、具有法的权威、赋予遵守法律的强制力。令的法律形式即为皇帝的诏书，它以"制"字抬头，简的长度比一般的简长，为一尺一寸，这种形态在视觉上显示了命令的威严，同时也作为应当遵守规范的担保。

如此，通过修订令而形成的律又如何呢？对律的法律形式而言，王言不可见，只有条文载于此。再有，律是由皇帝命令升华而成的国家规范。"律"的语义不是"皇帝的命令"，而是说明其具有"应当遵守的惯常基准"的性质，故被赋予恒常性与普遍性。但这样的话，皇帝的权威对律而言就不存在，赋予律以权威、使人遵守的强制力亦不复存在。由于令变成律，皇帝的个人影响也消失了。

在秦朝，法（律）不过是作为度量衡标准那样使用。法为度量衡这种观点见于《韩非子》。[①] 度量衡是为政者、官吏实施统治的道具，正如作为度量衡标准的量器、平衡器等是由各官府颁布的一样，各官府也颁布律。律具有"音律"之意，所谓的"同律度量衡"

---

① 参照拙著《韩非子——不信と打算の现実主义》，中央公论新社 2003 年版。

（《尚书·舜典》），是说作为判断某一事件的标准器所具有的性质。

在绝对权力之下，度量衡的有效性确实能得到保证，但度量衡器本身并不具有不可侵犯性。因此，在分配给各官府的标准器上刻上皇帝之诏。不管怎么说，秦统一仅持续十余年，赋予律以权威的任务就只能交给接下来的汉朝了。

我认为，汉朝是通过将律置于与儒家经书同等的地位来使其获得权威的。如前所述，"律"具有"常"这一语义。另外，"经"也是"常"，保证了其作为圣人不朽之大典的权威。通过"经＝律＝不朽的规范"这种等式关系，将其提升到比皇帝个人命令更高的水平上，故能赋予律以权威。

那么，这种附加权威从何时开始，又是通过什么表现出来的？在此，试以记载律的简牍长度为问题开始检讨。

律亦有"三尺"之称。这是因为它记载于三尺长度的简牍之上，但据别的史料，也会使用二尺四寸长度的简：

> 客有让（杜）周曰："君为天子决平，不循三尺法，专以人主意指为狱。狱者固如是乎？"周曰："三尺安出哉？前主所是著为律，后主所是疏为令，当时为是，何古之法乎？"
>
> （《史记·酷吏列传》）
>
> 二尺四寸之律，古今，一也。　　（《盐铁论·诏圣篇》）
>
> 如太守汉吏，奉三尺律令以从事耳，亡奈生所言圣人道何也！
>
> （《汉书·朱博传》）

此处的三尺与二尺四寸两者实际上是相同的，因为汉代的一尺长度等于周的八寸，即汉代的三尺相当于周的二尺四寸。比照周尺，故称律为三尺，亦为其另一种雅称。

二尺四寸也是记载经书的简的长度。① 在此,经书与律拥有同等的权威。王充《论衡》对此也有解说:"至礼与律,独经也"(《论衡·谢短》)、"或曰:固然。法令,汉家之经"(《论衡·程材》)。现在,我们重新考证一下律与经使用同等长度简的时期及其过程。

1959 年,在甘肃省武威县磨嘴子六号汉墓发现的《仪礼》,是由长度不一的甲、乙、丙三种简组成,长度在 55 厘米到 56 厘米(乙简稍短些,为 50.5 厘米),大致相当于二尺四寸。② 同是六号汉墓出土的《日忌木简》及《杂占木简》的长度为 23 厘米多。磨嘴子十八号墓出土的《王杖十简》,同样记载了成帝建始二年(前 31)之令,虽然东汉明帝永平十五年(72)以后才将它陪葬于此墓,但其长度是 23.2 厘米,也就是说,从磨嘴子出土的其他简牍的长度为汉一尺的角度来看,武威《仪礼》简的长度应是基于经书的二尺四寸。那么,经书是从何时开始使用二尺四寸简的呢?

据《论衡》与郑玄注中提及的二尺四寸之简长,可知该做法在东汉时期就已经确立。那具体又能追溯到什么时候呢?武威出土的《仪礼》是思考这个问题的线索之一,其书写年代推定为西汉后期的成帝时期。另外,1977 年安徽省阜阳双古堆一号汉墓出土了竹简《诗经》,该墓主是西汉的夏侯龟,他死于文帝十五年(前165),故可推测竹简的年代也在这前后。③ 尽管出土的简只残剩断片,但经过复原并推测的结果是,竹简长度在 26 厘米左右,而非二尺四寸(约 55 厘米)长。由此可知,经书简使用二尺四寸长度的简

---

① 参照前揭拙著《文書行政の漢帝國》之《第一编　簡牘の形態と機能》,第 45—48 页。

② 参照甘肃省博物馆、中国科学院考古研究所编《武威汉简》,文物出版社 1964 年版。

③ 参照胡平生、韩自强《阜阳汉简诗经研究》,上海古籍出版社 1988 年版。

是在西汉文帝末年至成帝年间。

从文帝到成帝这一阶段,与经书有关的事项中需要注意的是:武帝元朔五年(前124),基于公孙弘的上奏而制定了设置博士弟子员与任用经学习得者为官吏的规定等立法措施,儒学由此作为官吏应当学习的学问被立法化。根据《史记·儒林列传》中引用制定令的公文书的史料,我更倾向于认为:在该阶段,经书区别于其他书籍,并以书写于二尺四寸长的简的方式赋予权威。

接着我们回到二尺四寸之律这个话题。

律书写于二尺四寸简之上,"二尺四寸之律"、"三尺法"之语记载于《史记·酷吏列传》、《盐铁论·诏圣篇》的条文中。《酷吏列传》记载的"三尺安出哉"之豪言壮语出于杜周之口,他成为御史大夫是在武帝天汉三年(前98),由于杜周的该发言是在其成为御史大夫之前,故可知三尺律成立于武帝天汉年间之前。

将律书写于二尺四寸简之上,是为了使其与经书同位,并赋予其与经书同等的权威。从这点来看,律简的长度标准形成于二尺四寸的经书之后,即武帝时期元朔五年(前124)至天汉三年(前98)期间。

汉武帝时期,在公元前100年左右,通过将经书与律书写于同长度的简牍上,把儒学著作与法律置于同等地位,由此确立律作为应当遵守的规范所具有的权威。

而且,我认为这对以后律的法律形式也产生了很大的影响。

(五)律典的成立与《九章律》的关系

记载于云梦秦律、《二年律令》等史料中的律,其篇名已被确认的达到二十多种,而并非只有六种或九种。而且,我们不清楚这些篇章是依据怎样的原则从第一篇开始按顺序编纂的,或者说难以发现其具有"篇章之义"。自文帝、景帝时期就开始整理、编纂由文件集结的令，但这仅仅是将具有恒常性的同类的令归于某一篇名之下，而不再将律的各编整理为一部法典。因此，很难理解《九章律》为何依次是《盗律》、《贼律》、《网律》、《捕律》、《杂律》、《具律》、《兴律》、《厩律》、《户律》，而且也难以解释为何最初就选择这九种作为基本律（正律）。

《九章律》这一名称首见于《汉书·刑法志》：

> 汉兴，高祖初入关，约法三章曰："杀人者死，伤人及盗抵罪。"蠲削烦苛，兆民大说。其后四夷未附，兵革未息，三章之法不足以御奸，于是相国萧何据摭秦法，取其宜于时者，作律九章。

另外，王充《论衡·谢短篇》中也涉及有关《九章律》的问答：

> 法律之家，亦为儒生。问曰："《九章》，谁所作也？"彼闻皋陶作狱，必将曰："皋陶也。"诘曰："皋陶，唐、虞时，唐、虞之刑五刑，案今律无五刑之文。"或曰："萧何也。"诘曰："萧何，高祖时也，孝文之时，齐太仓令淳于(德)〔意〕有罪，征诣长安，其女缇萦为父上书，言肉刑壹施，不得改悔。文帝痛其言，乃改肉刑。案今《九章》象刑，非肉刑也。文帝在萧何后，知时肉刑也。萧何所造，反具(肉)〔象〕刑也？而云《九章》萧何所造乎？"

王充所见的《九章律》没有提及肉刑废止于文帝时期，而是规定制定髡钳刑（他称之为象刑，即取代肉刑而拟制的刑罚）作为刑罚以取代肉刑。由此对萧何制定《九章律》提出疑问。

确实，即使在王充时期的《九章律》中也可见肉刑废止后取而代之的新刑罚，但这应该是文帝废止肉刑以后的事。在此之前的《九章律》中的肉刑完全可以与髡钳刑等刑罚置换，如果《九章律》是王充时期的现行法，那么我们甚至可以说这种刑罚本身的变更是理所当然的。因此，王充以那时不存在肉刑就否定萧何《九章律》的论述是有问题的。

但是，可以肯定的是，东汉 1 世纪左右即王充、班固所处的时代，《九章律》确实存在，且是以"篇章之义"编纂的一部法典。进而它也与《晋书·刑法志》所引的《魏律序略》之"正律九篇"相关联。

> 凡所定增十三篇，就故五篇，合十八篇，于正律九篇为增，于旁章科令为省矣。[1]

"正律"意味着所谓的基本法，与之相对，追加、单行法一定就是"于旁章科令为省"中的"旁章"。

"旁章"一词，在《晋书·刑法志》有关秦汉法典编纂的论述中亦得以确认。

> 汉承秦制，萧何定律，除参夷连坐之罪，增部主见知之条，

---

[1] 滋贺秀三认为此处是"凡所定增十三篇，就故（沿用原有的）五篇"。滋贺秀三：《再び魏律の篇目について——内田智雄教授の批判に答えて》，《法制史研究》第 11 辑，第 173 页，注 10。但本文不从之。《晋书·刑法志》另载有"旧律因秦《法经》，就增三篇"，则在此理解为"凡所定增十三篇，就故（加上旧有的）五篇，合十八篇"亦是自然的。

益事律《兴》、《厩》、《户》三篇，合为九篇。叔孙通益律所不
及，傍章 ① 十八篇，张汤《越宫律》二十七篇，赵禹《朝律》六
篇，合六十篇。

如果说"六十篇"之数是由汉律《九章律》的九篇、旁章十八篇、
《越宫律》二十七篇、《朝律》六篇合计而成，那么"旁章"就理所当
然地应当归于律，我们也可以由此推测与《九章律》对应的"旁章"
是指位于"正律（《九章律》）外侧（旁）"的法规。

关于这个问题，张建国在其文中明快地论述道：正律与位于
其外侧的律构成的法体系自秦或汉初开始已经存在，恐怕难以否
定。② 然而，他并没有解释为什么是正律与非正律（旁）？为什么
从众多的律中只挑选出九篇？为什么只有《九章律》具备"篇章之
义"，而其他律只能独立成篇？又为什么《九章律》的名称只见于东
汉的史料中——至少在《史记》和西汉出土的文字资料里未获确
认？——等等的疑问。

滋贺秀三认为，《九章律》并非出自萧何之手，而是成立于武帝
之后的宣帝时期，这是因为那时法律学受儒学影响而被视为经书。

萧何的功绩在于更高效率的统治机构的建设……广泛涉
足包含众多篇目的行政等各领域的立法事业，但特别的是，不
包含九章等。……《九章律》的成立与法律学作为儒学的一
个分科而建立起来的地位相关联，该时期应是武帝之世结束、

---

① 译者按：《魏律序略》之"傍"作"旁"。
② 参照前揭张建国《叔孙通定〈傍章〉质疑——兼析张家山汉简所载律篇名》。
译者按：此处的张建国论述云云，是冨谷至对张氏该文相关内容的概括
总结。

宣帝之世开始之时。①

如今，我赞同该说。只是，滋贺氏说道："产生了视为经书的惯例"，我认为这是武帝以后儒学盛行的时代潮流作用的结果。滋贺氏使用了"惯例"这个含义略为暧昧的词语来说明，但我认为前文检讨的律被记载于与经书相同的二尺四寸简牍上这一事实，是其与经书相关联的最大原因。

在汉武帝时期的公元前100年左右，经书与律书写在同样长度的简牍上，儒学经书与法律也处于相同地位。而且，它对此后律的法律形式产生了极大的影响。在此之前，律的各条文都是被编集于单个篇名之下，但各篇并没有形成一部典籍。另一方面，经书已经典籍化，而拥有与经书相同简长及权威的律才开始模仿经典步入典籍化之路。在最初的阶段，搜集整理一些篇目置于"九"这个特殊数字下而制作了《九章律》这个律文集。这些搜集起来的篇目即便在命名为《盗律》《贼律》《网律》《捕律》《杂律》《具律》《兴律》《厩律》《户律》的法律中，也可以说它规定了中心事项的内容。另外，还有如下观点：

若《九章律》如通说般按《盗律》至《户律》的顺序编纂的话，那么难免有《兴律》《厩律》《户律》三篇仍是追加进来的印象。果若如此，律典最初如李悝的《法经》和商鞅的《六律》，是以"六"之数——相对于阳为礼而阴为法——之下，依次汇集从"盗"到"具"的六篇，由此产生"糜撍秦法"的萧何的九篇。

但是，东汉时期也未将所有的律整理编纂成一部法典。律典的立法化是在经过东汉这个阶段性过程后、新王朝的律编纂完成

────────────

① 前揭滋贺秀三《中國法制史論集 法典と刑罰》，第38—39页。

时,即魏《新律》十八篇的制定才标志律典的立法化。

三、曹魏的法令

(一)《魏律》十八篇

魏明帝太和三年(229),被视为受汉禅让而创立的曹魏制定了《新律》以取代汉律。但是,有关《新律》的制定,不知何故在《三国志·魏书·明帝纪》中没有清晰的记载,其基本史料则为《晋书·刑法志》以及《唐六典》的如下记载。其含义将留待后文详述,这里仅先引用原文:

> 其后,天子又下诏改定刑制,命司空陈群、散骑常侍刘邵、给事黄门侍郎韩逊、议郎庾嶷、中郎黄休、荀诜等删约旧科,傍采汉律,定为魏法,制《新律》十八篇,《州郡令》四十五篇,《尚书官令》《军中令》,合百八十余篇。其《序略》曰……凡所定增十三篇,就故五篇,合十八篇,于正律九篇为增,于旁章科令为省矣。 (《晋书·刑法志》)
>
> 魏氏受命,参议复肉刑,属军国多故,竟寝之。乃命陈群等采汉律,为魏律十八篇,增汉萧何律《劫掠》《诈伪》《毁亡》、《告劾》《系讯》《断狱》《请赇》《惊事》《偿赃》等九篇也。 (《唐六典·尚书刑部》)

取代汉律而新制定出来的由十八篇组成的魏律,从《晋书》的叙述来看,是在此前的五篇之上新追加了十三篇而成十八篇,所以相对于正律九篇来说,篇数是增加了。也就是说,这意味着单行律

（旁章律）被编入正律之中，增加了律典的篇数；由于魏新律的成立，单行律全部被整理并与正律统合在一起了。十八篇之律因此具有"篇章之义"。

> 今制新律，宜都总事类，多其篇条。旧律因秦《法经》，就增三篇，而《具律》不移，因在第六。罪条例既不在始，又不在终，非篇章之义。故集罪例，以为刑名，冠于律首。（下略）
>
> （《晋书·刑法志》）

虽然前文在思考"篇章之义"的意思时曾引用过这一史料，但若讨论制定魏律时以《刑名律》为律首的意义，我想再次确认的是，魏律是以《刑名律》为第一篇，并按规定顺序排列十八篇的律典。

那么，所谓的魏律是如何对汉《九章律》予以改造和追加而成为十八篇的呢？由于记载其经过的《晋书·刑法志》所引用之《魏律序略》的叙述并不清晰，因此尚无定论。比如，滋贺秀三氏就认为十八篇包括：[1]

> 《刑名》、《盗》、《劫掠》、《贼》、《诈伪》、《毁亡》、《告劾》、《捕》、《系讯》、《断狱》、《请赇》、《杂》、《户》、《兴擅》、《乏留》、《惊事》、《偿赃》、《免坐》

汉《九章律》指《盗律》、《贼律》、《囚律》[2]、《捕律》、《杂律》、《具

---

① 滋贺秀三：《曹魏新律一八篇の篇目について》，《國家學会雜誌》第六九卷七、八合号，1955 年。

② 译者按：即前文之《网律》，下同。

律》、《户律》、《兴律》、《厩律》等九种律,而《魏律序略》列出的包含这些篇名的新律篇名为:

　　《盗律》、《贼律》、《囚律》、《捕律》、《杂律》、《具律》、《户律》、《兴律》、《厩律》、《刑名》、《劫掠》、《诈伪》、《毁亡》、《告劾》、《系讯》、《断狱》、《请赇》、《兴擅》、《乏留》、《惊事》、《偿赃》、《免坐》(总计二十二种)

其中,《具律》改名为《刑名》,《兴律》与《厩律》被废止,所以还留有十九种律。可是,从十八篇这一数量上说,必定还要有一篇被删除。那么,最后没有名称的是哪一篇律呢? 这个问题来源于前揭《晋书·刑法志》中有关魏律的下列记载:

　　所定增十三篇,就故五篇,合十八篇,于正律九篇为增,于旁章科令为省矣。

这句话当如何释读,存在着若干不同的观点。比如滋贺氏把"就故"二字解释为"沿用原有的",所以就把这句话训读为"凡そ定める所、十三篇を増し、故に就ける五篇"(凡所定,增加十三篇,沿用原有的五篇)。[①]但是,这样解释似乎有些勉强。

　　(贾充)所定新律既班于天下,百姓便之。

　　　　　　　　　　　　　　　　　(《晋书·贾充列传》)

────────

① 滋贺秀三:《再び魏律の篇目について——内田智雄教授の批判に答えて》,《法制史研究》第 11 辑,第 173 页,注 10。

（程）邈所定乃隶字也。　　　　　　（《晋书·卫恒列传》）

华恒所定之礼，依汉旧及晋已行之制。　（《晋书·礼志》）

旧律因秦《法经》，就增三篇。　　　　（《晋书·刑法志》）

就汉九章，增十一篇。　　　　　　　（《晋书·刑法志》）

祈社稷山林川泽，就故地处大雩。　　（《隋书·礼仪志》）

明宗时就故陵置园邑。　　　　　　（《旧唐书·哀帝本纪》）

如果依循以上用例来训读《晋书·刑法志》中的那句话，那么，一般应将其释读为"定める所、十三篇を増し、故の五篇に就きて，合して十八篇"（所定，增加十三篇，附加旧有的五篇，合计为十八篇）。这样，"就故五篇"中的"就"是指"添加"、"附加"之意，[①] 因此"就故五篇"当被释读为"在此前存在的五篇上追加"，而整句话的意思则是："作为法典而被制定出来的律，十三篇为新追加的，又加上旧有的五篇，合计为十八篇。""所定增十三篇，就故五篇，合十八篇"的含义无非如此。

　　进一步的问题在于，此处的"故（旧有的）五篇"一语揭示了什么？可以想象的可能性答案为《盗律》、《囚律》、《贼律》、《捕律》、《杂律》、《户律》等六律中，去一为五。如果明确了去除者，那么十八篇的内容也就随之明了。

　　这里要再次返回文句的解释中。内田智雄氏主张，"故五篇"是指秦《法经》五篇（盗、囚、贼、捕、杂），这可从"故五篇"之"故"字的语义中获得证明。但即使五篇的内容最终演化成五种律（盗、囚、贼、捕、杂），其论证过程也是不能获得首肯的。

――――――――――

① 《孟子·告子下》中可见"所就"二字，原文为"陈子曰：'古之君子，何如则仕？'孟子曰：'所就三，所去三。迎之致敬以有礼；言，将行其言也，则就之。'"另，《说文解字·六编下》中亦可见"因，就也。"

　　内田氏认为,《晋志》的记载中存在着与"正律九篇"的"正律"区别开来的意识,所以回避了"旧律"这一表达方式,而说"就故五篇";"故(原来的)"、"就(附加)"这种表达方式,是将相对于"正律"的《法经》纳入视野。[①] 但是,这所说的"故"毕竟只是与"增"相对应,只是"新增(增)十三篇"与"原有的(故)五篇"的对举,因此语句的意思不应扩大至更广的范围。再则,即使论及"正律"与《法经》的对应性,由于作为基本法的"正律"与作为追加、单行法的"旁章"是以"于正律九篇为增"和"于旁章科令为省"这两个完全对应的语句表现的,因此必须承认,将此句的语义扩展至其他语句中是错误的。对这里所指出语句的解释不能超出这一范围:"在原有的五篇之上,新加十三篇。"

　　那么,这"五篇"是什么呢? 是"盗、贼、捕、杂、户",还是"盗、贼、囚、捕、杂"呢? 滋贺秀三氏主张前者,并认为《囚律》是被吸收了。其立论根据为:

　　　(1)从《晋书·刑法志》的说明来看,《囚律》原来的内容被全部移入他律,表明它并不只是分出,而是《囚律》自身的分解。

　　　(2)在魏律之后,由二十篇组成的晋律不存在囚律。[②]

有关晋律二十篇的制定经过,《晋书·刑法志》作出如下说明:

---

① 内田智雄:《魏律〈序略〉についての二、三の問題》,《同志社法學》第55、57期,1957年、1960年;《再び魏律〈序略〉について》,《同志社法學》第62期,1960年。
② 前揭滋贺氏论文。

　　就汉九章增十一篇，仍其族类，正其体号，改旧律为《刑名》《法例》，辨《囚律》为《告劾》《系讯》《断狱》，分《盗律》为《请赇》《诈伪》《水火》《毁亡》，因事类为《卫官》《违制》，撰《周官》为《诸侯律》，合二十篇。

又，《唐六典·尚书刑部》也列举了上面所论及的二十篇。

　　《刑名》《法例》《盗律》《贼律》《诈伪》《请赇》《告劾》《捕律》《系讯》《断狱》《杂律》《户律》《擅兴》《毁亡》《卫官》《水火》《厩律》《关市》《违制》《诸侯》

上面两种史料所确认的二十篇或新增之十一篇的细目并不一致。仅以《囚律》论，它在《唐六典》中确实无从得见。然而，即使《晋书·刑法志》也说"辨《囚律》为《告劾》《系讯》《断狱》……"，因此，即使《囚律》已完全消失，但在制定晋律二十篇时，仍列出《囚律》这一律名，对此问题应作何思考呢？诚然，晋律直接从汉律改造而来，而非魏律的延伸。但即便如此，这里所说的《囚律》云云，却暗示着在晋律制定的时间点《囚律》是存在的——如果《囚律》在魏律制定之时很快消亡，这里就不会含有《囚律》这一名称了。这一想法应该可以成立吧。

　　虽然使用颇大篇幅探讨了十八篇的详细情况，但遗憾的是，在推进到如上考证之后，我也无法得出比这更进一步的结论。就拙见而言，在现阶段的史料解读中，对《魏律》十八篇的确切内容尚不能获得决定性的解答。

　　不过，《魏律》十八篇所蕴藏的重要含义在于，对由正律（《九章律》）与单行律（旁章律）这一双重构造形成的汉律，通过将单行追加律吸纳入正律的方法,形成了新的由十八篇构成的正律。我认可由滋贺秀三氏提出的这一卓见。

(二)魏令与魏科

1. 魏令

有关魏令,《晋书·刑法志》记载魏制定了《州郡令》《尚书官令》《军中令》三种,共计百八十余篇。

> 删约旧科,傍采汉律,定为魏法,制《新律》十八篇,《州郡令》四十五篇,《尚书官令》《军中令》,合百八十余篇。

> (《晋书·刑法志》)

关于汉令,先前我已经指出,它不是采用依照事项分类编纂的令典形式,而是将皇帝之诏编以顺序号、予以文件汇编化了的产物。此种令的形态,即使在曹魏时也基本没有发生改变。

诚然,我们能看到所谓《罚金令》《减鞭杖令》《邮驿令》等应被称为事项令的令名,但不能确证它是基于这一名称而被立法化的法令。归根到底,它也是出于方便而附加的,与其他汉令的情形无异。

与汉令不同的是,所谓《州郡令》《尚书官令》《军中令》等令的分类名称应该是新出现的。虽然这三种名称并不是以其名称立法化的个别令名,而仅仅是把已经制定出来的令划分成三类的分类名,但这种名称的由来又是什么呢?① 这里,我想指出的是以《州郡令》为首的三种令与汉挈令之间的关系。

----

① 堀敏一氏将《唐六典》所列从《户令》到《杂法》的四十篇令大致划分为三类,并推测这三类大概可以与《州郡令》《尚书官令》《军中令》相对应。堀敏一:《晋泰始律令の成立》,《東洋文化》第 60 卷,1980 年。

阶段性地发布出来的令被类别化,而且被划分成三种,这别无其他,就是汉的《干支令》。现在,我想再次确认前面有关秦汉的律与令中的论述。

作为令而被公布出来的皇帝之诏,被划分成甲、乙、丙三者并附上整理编号。各官署或各郡县又从中选取出相关法令,附加上别的整理编号保管起来,此即为挈令。如果要问这些挈令是否在官署或郡县中具有独立的整理编号,从令的编号是共通的且具有普遍性,要由中央统一和掌握来考虑,答案又是否定的。

关于挈令还有更值得注意的问题,即在汉的挈令中,如《兰台挈令》《廷尉挈令》《大尉挈令》那样,是将官署、官职名置于挈令之前;而像《乐浪挈令》《北边挈令》那样,则把地名冠于其首。那么,现在作为魏新令的《尚书官令》和《州郡令》,不正是汉代冠以官署名之挈令与冠以地方名之挈令这二者的继承吗?

(1)在汉代,令被分类整理成甲、乙、丙三种;
(2)另外,中央官署与地方郡县又对相关法令予以汇集和整理。

我认为,这两者的合流,使魏的《尚书官令》、《州郡令》和《军中令》这三种分类成为可能。

还有,作为三令之一的《军中令》,是在东汉末至三国鼎立时期,魏曹操于战时状态下发布的令,所以又有"《魏武军令》"、"《魏武军策令》"、"《魏武战船令》"等名称,而此后依然有效的令则被汇集在《军中令》的名下。比如:

吾将士无张弓弩于军中。其随大军行,其欲试调弓弩者得张之，不得著箭。犯者鞭二百，没入吏。

（《通典》卷一四九引《魏武军令》）

不得于营中屠杀卖之。犯令，没所卖皮。都督不纠白，杖五十。

（《通典》卷一四九引《魏武军令》）

始出营，竖矛戟，舒幡旗，鸣鼓；行三里，辟矛戟，结幡旗，止鼓；将至营，舒幡旗，鸣鼓；至营讫，复结幡旗，止鼓。违令者，髠剪以徇。

（《通典》卷一四九引《魏武军令》）

军行，不得斫伐田中五果、桑、柘、棘、枣。

（《通典》卷一四九引《魏武军令》）

兵欲作阵对敌，营先白表，乃引兵就表。而临阵，皆无讙譁，明听鼓音，旗幡麾前则前，麾后则后，麾左则左，麾右则右。不闻令而擅前后左右者，斩。伍中有不进者，伍长杀之。伍长不进，什长杀之。什长不进，都伯杀之。督战部曲将拔刃在后，察违令不进者，斩之。一部受敌，余部不进救者，斩之。

（《太平御览》卷二九六引《魏武军令》、
同书卷三四一引《军令》）

可以肯定，正是因为汉朝挈令中没有包含这种针对战时状态的令，所以魏就单独设计了被称为《军中令》的分类整理名目。

魏时设立的《军中令》、《尚书官令》、《州郡令》等令的三种类别，是汉代的干支令与挈令的合二为一，其中又加入曹操战时的《军中令》。尽管魏令比汉令往前迈出一步，接近晋令与唐令，但它尚未形成法典的样态，与汉令一样，仍然是对皇帝之诏予以文件汇编的命令。

2. 魏科

有学说认为，在律、令这一法源分类的某一项目中，汉律存在

着被称为"科"的固有名称的法律形式或者法典,它是汉以来的一
种副法。

> 考汉法之名,有律,有令,有科。
>
> （沈家本:《汉律摭遗》卷一《目录》）

但是,滋贺秀三氏主张,在汉代不存在这种特别的法律形式,
即与汉律地位相同的汉科。①

我同意滋贺氏的说法。在汉令尚未形成法律形式或法典,只
不过是将诏照此收录的情况下,另存有汉科这种统一的固有法典,
终究是不可想象的。

不仅仅是汉代,即使是在曹魏,我对"魏科"这一"大型法律"②
的存在也同样持怀疑态度。

作为"魏科"之存在的明证而被提起的是下列三条史料:

> ①是时太祖始制新科下州郡,又收租税绵绢。
>
> （《三国志·魏书·何夔传》）
>
> ②昔魏武帝建安中已曾表上,汉朝依古为制,事与古异,
> 皆不施行。施行者著在魏科,大晋采以著令。宜定新礼皆如
> 旧。　　　　　（《通典》卷九十三、《晋书·礼志》）
>
> ③天子又下诏改定刑制,命司空陈群……删约旧科,傍采
> 汉律,定为魏法,制《新律》十八篇,《州郡令》四十五篇,《尚书

---

① 滋贺秀三:《漢唐間の法典についての二三の考証》,《東方学》第 17 卷,
　1958 年。

② 前揭滋贺氏论文,第 3 页。

官令》、《军中令》,合百八十余篇。　　　　　（《晋书·刑法志》）

此处所见到的"科"、"魏科"、"旧科"被理解为:它们是在魏受禅前、东汉王朝在名义上依然延续的时期,在魏国之内与令有所区别且具有特殊称呼的法典;魏王朝成立后,它们为新制定的魏的律令所吸收。

然而,这三条史料是否足够证明"魏科"的存在呢? ①所记载的,是东汉建安年间曹操向郡县下达新条例之事,而在这条史料之后接着又有何夔反对这一措施的意见:

> (何)夔以郡初立,近以师旅之后,不可卒绳以法,乃上言曰:"自丧乱已来,民人失所,今虽小安,然服教日浅。所下新科,皆以明罚敕法,齐一大化也。所领六县,疆域初定,加以饥馑,若一切齐以科禁,恐或有不从教者。有不从教者不得不诛,则非观民设教随时之意也。"

从这段"上言"来看,具体地说,曹操确实试图在"所领六县"施行新科,而且"所下新科"、"一切齐之科禁"等语词,也是在同一层面的意义上被使用。那么,"科"果真含有"特别的、大型的固有法"这一语义吗?

大体上说,"科禁"一语在魏之前,正如"科谓事条"(《后汉书·桓谭列传》注)所表达的,一般用来意指"法令"、"法的条文"。

> 五月丙辰……有司其申明科禁,宜于今者,宣下郡国。
> 　　　　　　　　　　　　　　　　　　　（《后汉书·明帝纪》）

　　（建武）十四年，群臣上言："古者肉刑严重，则人畏法令；今宪律轻薄，故奸轨不胜。宜增科禁，以防其源。"

（《后汉书·杜林列传》）

　　就此而言，即使曹操意欲发布新的条例，我们也没有确切根据来证明此时的"科"被赋予有别于光武、明帝时期语义的特殊含义。

　　即便是②所举的《通典》与《晋书·礼志》中的"魏科"，在我看来，也难以推断有特殊的意思。

　　②这段话是有关司马晋礼制的记载。提案的意思是说：尽管晋对五等诸侯的丧服之制完全沿袭魏制，但在制定新礼之际，应当恢复旧有的制度（汉的制度）。

　　诚如滋贺秀三氏所指出的，这里所说的"魏科"不是作为汉令被立法化的，而是在魏国或在魏王朝初期制定的法令；该魏科又为晋令所吸收。但是，仅用该史料，能够从中证明"魏科"是"与针对一事下达命令的诏有所区别"的"大型法律"吗？毋宁说，从"著在魏科"、"大晋采以著令"等语词中，我们似乎难以看出这一点——与将诏令作为法令而明文化的以往的汉令立法程序有所不同。

　　这一点对③关于"删约旧科，傍采汉律，定为魏法，制《新律》十八篇"同样适用。所谓"旧科"，即便将它解释为此前的法令、单纯的法令条文，也不会产生任何不适之处。

　　《晋书·刑法志》在叙述制定《魏律》十八篇之后，又有魏明帝时期修改魏时已不适用的汉旧律的记载。

　　改汉旧律不行于魏者皆除之……除异子之科，使父子无异财也……改投书弃市之科，所以轻刑也，正篡囚弃市之罪，

> 断凶强为义之踪也……斯皆魏世所改,其大略如是。

此处所提及的"异子之科"、"投书弃市之科",是魏律成立之前既已存在的法律。不难推测,"异子之科"是关于别居、分财的规定,"投书弃市之科"则为"如投书诽谤则处弃市"的法规。它们在魏《新律》制定之时被废止,但这里所说的"某某之科"应是指有关异子、投书的单个条文,而不是所谓"魏科"这种统一的大型法典。

魏《新律》成立之后,意指个别条文的"科"、"科律"仍然在使用。比如,曹魏王朝末期司马师掌握政权时,此前一直沿用的犯大逆不道罪时缘坐对象株连至已出嫁女性的这条法规被改定。此事的缘起,无非就是与司马师有姻亲关系的荀芝受到株连。

> 是时魏法,犯大逆者诛及已出之女。 (《晋书·刑法志》)

《晋书·刑法志》引用了提出改定该魏法建议的主簿程咸的上奏文,该奏文的最后如此作结:

> "臣以为在室之女,从父母之诛;既醮之妇,从夫家之罚。宜改旧科,以为永制。"于是有诏改定律令。

表明所谓应予修改的旧科就是"犯大逆者诛及已出之女"这一缘坐规定。

另外,廷尉钟毓在曹魏末年处理曹爽一族谋反案的上奏文中,也提出处断意见。

> (李)丰等谋迫胁至尊,擅诛冢宰,大逆无道,请论如法。

（《三国志·魏书·夏侯尚传子玄附传》）

随后就是持同样意见的朝臣们的言论：

> 丰等各受殊宠，典综机密……将以倾覆京室，颠危社稷。
> 毓所正皆如科律，报毓施行。

"毓所正皆如科律"中的"科律"，无非是指对大逆无道罪规定刑罚的条文。在其他案件中，如《三国志·魏书·三少帝纪·高贵乡公髦》记载的大将军司马文王上言中所见的"科律"，同样是指关于大逆无道罪的刑罚规定，由此可以证明上说。

> 科律大逆无道，父母妻子同产皆斩。济凶戾悖逆，干国乱纪……付廷尉，结正其罪。

以上考察了从汉末至魏末的史料中所能见到"科"、"科律"的含义。将曹魏受禅之际尤其是曹操魏国的时代，其所制定的法律称为"科（魏科）"——意味着是临时性的大型的法典这一意见，不仅从文献史料中无法得到证明，即使是在汉代的"科"与受禅以后的曹魏王朝的"科"之间，也不能认为不同于特殊的意义。因此，我认为，不存在可以称为魏科的这一特定的法律形式。

确实，在魏为东汉王朝藩国的阶段，曹操下达的命令不称"诏"，而仅仅是"令"。后来，在拥立明帝的后继者常道乡公时，臣下向皇太后作了如下上奏：

> 殿下圣德光隆，宁济六合，而犹称令，与藩国同。请自今

殿下令书,皆称诏制,如先代故事。

(《三国志·魏书·三少帝纪·高贵乡公髦》)

可见,藩国下达的命令称"令"而非"诏制",即使是在东汉末的魏国也没有发生变化。但是,"令"也可以作为法源而发挥机能,不必采用"诏"的形式,因此,"科"并不是所采用的特殊的法律形式。史料中见到的"科"一语,无论是在汉代、魏国还是魏王朝,都只是表示法规、法令、条文等的一般意义。

之所以无法断定是否存在魏科这种特别的法律形式或法典,不仅是因为无法从史料中获得证明,而且从法典形成过程得出推论:从汉令的形式看,即如本书第一部所探讨的,汉令尚未形成法典,只不过是将诏收录为文件集而已。在我看来,在令典尚处于不成熟、未完成的阶段,却另存着有别于律、令的新的单行法律形式,是无法想象的。无论是皇帝所下达的"诏",还是藩国内的"令",它们都不过是以主权者的命令为法源并将其收录的产物,即使曹操时代的《军中令》也同样如此。在魏的曹操时代,与前代一样仍处于令典的未形成状态,《尚书官令》、《军中令》、《州郡令》等分类,只不过是向令典靠近了一步。

四、晋泰始律令的成立

晋泰始四年(268)正月,颁布了前一年奏上的新律令。在上一节已不止一次引用过的《晋书·刑法志》对泰始律令的解释是:在《九章律》之上增加十一篇新律,律为二十篇,六百二十条,二万七千六百五十七字;令为四十篇,二千三百零六条。

根据《唐六典》的记载,二十篇的晋律为:

《刑名》、《法例》、《盗律》、《贼律》、《诈伪》、《请赇》、《告劾》、《捕律》、《系讯》、《断狱》、《杂律》、《户律》、《擅兴律》、《毁亡》、《卫宫》、《水火》、《厩律》、《关市》、《违制》、《诸侯》

这与以《囚律》取代《关市律》的《晋书·刑法志》的记述有所不同。

对于晋令，《唐六典·尚书刑部》则说"晋命贾充等撰令四十篇"，其内容就是下面的三十三种、四十篇的令：

《户》、《学》、《贡士》、《官品》、《吏员》、《俸廪》、《服制》、《祠》、《户调》、《佃》、《复除》、《关市》、《捕亡》、《狱官》、《鞭杖》、《医药疾病》、《丧葬》、《杂上》、《杂中》、《杂下》、《门下散骑中书》、《尚书》、《三台秘书》、《王公侯》、《军吏员》、《选吏》、《选将》、《选杂士》、《宫卫》、《赎》、《军战》、《军水战》、《军法》（33—38）、《杂法》（39、40）

可以确定的是，这四十篇令为具体事项名称的所谓事项令，而且也是此后的梁令（503）、隋《开皇令》（581）以及唐《永徽令》（651）等后续令典的最初形态。[①]

在这里，我最想强调的是，晋《泰始令》是具有从第一至第四十为止的令篇目固定的（尽管其顺序只能以《唐六典》记载的次序为线索）典籍（令典）。因此，《隋书·经籍志·史部》"刑法篇"列举了"晋令四十卷"。晋《泰始律》与《泰始令》的形成，无疑表

① 详见《唐令拾遗补》之《歷代令篇目一覽表》，东京大学出版社1997年版，第317—319页。

明律与令这两种法典首次在中国法制史上诞生了。①

那么,这两种法典之所以在 3 世纪中叶成立,其背景如何呢?
又是哪种力量于此间发挥作用而使得未成熟的汉、魏之令完成了
令典的样态呢?

我认为这里存在着外因和内因。前者涉及法令的编纂、典籍
的样态和书写材料;而后者即则关系到如何看待律与令是怎样的
法规,亦即关系到对法规的内容与法典的认识。

(一)外因——法典的形式

此处想再次确认一下有关汉代律与令的法律形式。

汉代的令是以皇帝下达的诏敕为法源,汉令的相关形式及整
理方式为其后的魏令所继承。尽管魏令的分类项目已从汉时的挈
令转变为《尚书令》《州郡令》《军中令》,但令的基本形式并未发
生改变,即皇帝的诏就是令,令又依据立法和发布的时间顺序而依
次编号并追加。

可以说汉令、魏令其令文的构成也好,汇集整理各令的方法也
好,采用的是把追加部分依次组合起来的形式。所以,被收录的令
文不是不能追加与变更的已完成的典籍,毋宁说它是以追加为前
提的未完成的文件集式的编纂物。这里所说的"文件集式"的性
质,实际上是当时的书写材料即简牍的特有机能,正是书写材料的
特征对令的条文及收录这两者产生了颇大影响。②

众所周知,与单独使用的检、楬、符等不同,简牍在书写内容为长

---

① 参见前揭堀敏一论文。
② 下文有关简牍的考证,拙著《文書行政の漢帝國》之"第Ⅰ編　簡牘の形態
　と機能""第Ⅱ編　書記のその周邊"(名古屋大学出版社 2010 年版)对此
　进行了详细的考察。

文的情况下,会采取编缀成册书的形式。其编缀方法则有两种。①

第一种为从末简往首简编绳,收卷也是将末简卷在里面。这意味着册书是以从首简开始翻和阅为前提,而且编绳从末简开始编联,表明书写分量从最初就已经确定了。也就是说,这种收卷的册书无非是在典籍的情况下采用的。

与此不同的另一种册书的编缀方法,是将首简置于内里并向末简编绳,收卷也从首简开始卷。与最初就已确定书写分量的书籍不同,这种收卷方法用于依次追加简牍的场合,其适用对象为账簿、名籍之类的书写物。换言之,后者即可视为具有文件集性质的册书。

在前文中我已指出,汉令文的形式及其编纂样态与当时的书写材料的特征密切相关。这种册书简的收卷方式,意味着君主与臣下的往来文书直接转化为诏并成为令,这个令(诏)又作为文件而被收录。而且,不仅是单个的诏(令),如挈令、干支令中所见,它们根据需要与内容而作为文件被整理,简牍这种书写材料对此产生了有效的作用。

此外,皇帝之诏写于一尺一寸的简牍上,并以"制诏"、"制曰可"之"制"字抬头记录。也就是说,皇帝的存在及伴随的法令的权威与简牍的长度密切相关。②

既然汉令为简牍这种书写材料所限定,那么,在书写材料本身发生变化时,令文的形式及令的编纂样态当然也会发生改变。书写材料的变化对汉令的形式产生了不容忽视的影响。

---

① 参照拙著《木簡、竹簡の語る中國古代》(增补新版),岩波书店 2014 年版,第 72—79 页。
② 参照前揭拙著《文書行政の漢帝國》之"視覺簡牘の誕生",第 29—49 页。

有关书写材料的变化,笔者在另一篇文章《关于3—4世纪书写材料的变迁——以楼兰出土的文字资料为中心》(《3世纪から4世纪にかけての書寫材料の變遷——樓蘭出土の文字資料を中心に》)①中,已就东汉末至西晋的简牍、纸质文书作过探讨。更详细的内容可以参看该文,现在,我想仅就与令典编纂有关的内容特意在此再作介绍。

东汉元兴元年(105),著名的蔡侯纸被献于朝廷,作为书写材料的纸就此登场,但如果说木简、竹简是否因此而不再使用,则绝非如此。在简牍向纸的过渡中,可以发现因书写内容的不同,变迁是渐次地、阶段性地发生的,即使在3世纪的魏晋时代,简牍依然与纸兼用并行。楼兰出土的纸与木简如实地反映了这种情形,而且从出土的纸是作为背面利用纸或练习用纸之后再被废弃这一点也可明确,纸在当时是贵重物品,恰巧显示木简也不是作为纸的代替物来使用的。

从与行政有关的簿籍来看,楼兰遗址出土有晋泰始年间的账簿、名籍,可以明确这是纸木并用的两种簿籍。不过,全国通用的正式户籍,在晋《泰始令·户令》的规定中,有明确记载书写于简牍之上的条文。

> 郡国诸户口黄籍,籍皆用一尺二寸札。
>
> （《太平御览·文部》所引晋令）

这里的"一尺二寸札",也有主张是短册状黄纸的意见,但它还是指

---

① 载富谷至编著:《流沙出土的文字资料(流沙出土の文字資料)》,京都大学学术出版会2001年版。

木简或竹简吧。如在汉简中也可见到这样的记载：

　　札长尺二寸当三篇　　　　　　　　　　　（EPT4 :58）

1996 年出土的长沙走马楼吴简，是大约比《泰始令》早三十年之前的三国孙吴嘉禾年间（232—238）的简牍。其中也有平民的名籍，它们被书写在一尺有余的简牍上。再则，在"正式户籍"意义上，"黄簿"这一词语同样可在走马楼出土的木牍中获得确认。①

　　户籍记载从简牍到纸的变化，必须等待因西晋末年之乱导致西晋户籍遭受毁坏，需要东晋王朝重新编订户籍的措施来实现。关于户籍固然如此，那么，公文书尤其是诏令又如何呢？

　　在楼兰 LA 遗址中确实出土了木简的公文书：②

　　　　泰始五年七月廿六日，从掾位张钧言，敦煌太守☑（189）
　　　　未欲讫官谷至重　不可远离当　须治大麦讫乃得（190）
　　　　要急请□曹□假日须后会，谨表言白，会月十二日。（192）
　　　　（西域长史营写鸿）驴书到，如书罗捕言，会十一月廿日，
　　如诏书律令。　　　　　　　　　　　　　　（679）③
　　　　写下诏书到，罗捕言，会三月卅日，如诏书。　　（710）
　　　　将敕　□□兵张远马始今当上堤，敕到，具粮食作物

① 王素、宋少华、罗新：《长沙走马楼简牍整理的收获》；胡平生：《长沙走马楼三国孙吴简牍三文书考证》，均载于《文物》1999 年第 5 期。
② 以下所列楼兰简的编号系根据林梅村《楼兰尼雅出土文书》（文物出版社1985 年版）中的编号。
③ "Ancient Khotan" Oxford, 1907 年所载的图中没有"西域长史营写鸿"这七个字。

> 诣部，会被敕，时不得稽留，谷斛 　　　　（549A）
>
> 五月三日末时起 　　　　　　　　　　　　（549B）

189、190 等简设有一字空格，这应该是出于编缀之用。又，679、710 是以"如诏书"这样的常用套语结尾的下行文书；549 也可见于其他楼兰简，如"八月谨案文书，今受敕□☒"（342），是属于"敕"的下行文书。

　　这里所说的上行文书、下行文书，在居延汉简、敦煌汉简中大量存在，是一种官署之间传递的文书。由于同样的常用套语、同样的形式在晋代的楼兰简中也得到确认，那么至少可以说泰始年间（265—279）西域都尉府管内的文书是使用简牍的。

　　但如果仅就皇帝发布的诏书而言，依据文献史料，可以确证从三国曹魏的时代开始，诏令已书写在纸上。

　　景初二年（238），弥留之际的魏明帝欲向燕王曹宇嘱托后事，但是，围绕着实力派曹爽及司马懿的处理问题，臣僚之间的对立不久就发展成为政变。而在此过程中，明帝屡次颁布内容各不相同的诏：

> 帝曰："曹爽可代宇不？"放、资因赞成之。又深陈宜速召太尉司马宣王，以纲维皇室。帝纳其言，即以黄纸授放作诏。放、资既出，帝意复变，诏止宣王勿使来。寻更见放、资曰："我自召太尉，而曹肇等反使吾止之，几败吾事！"命更为诏，帝独召爽与放、资俱受诏命。　　　（《三国志·魏书·刘放传》）

数诏中，如其中发出的一份"黄纸"所示，表明这是写在纸上的诏。

　　另一个事例发生在晋惠帝时期。相关记载见于《晋书》卷五十三《愍怀太子传》：

　　[晋惠帝元康九年(299)]十二月,贾后将废(愍怀)太子,
诈称上不和,呼太子入朝,……逼饮醉之。……因醉而书之,
令小婢承福以纸笔及书草使太子书之……太子醉迷不觉,遂
依而写之,其字半不成。既而补成之,后以呈帝。帝幸式乾
殿,召公卿入,使黄门令董猛以太子书及青纸诏曰:"遹(即愍
怀太子)书如此,今赐死。"……贾后使董猛矫以长广公主辞
白帝曰:"事宜速决,而群臣各有不同,若有不从诏,宜以军法
从事。"议至日西不决。后惧事变,乃表免太子为庶人,诏许
之。……太子至许,遗妃书曰:"……逼迫不得已,更饮一升。
饮已,体中荒迷,不复自觉。须臾有一小婢持封箱来,云:'诏
使写此文书。'鄙便惊起,视之,有一白纸,一青纸。催促云:
'陛下停待。'又小婢承福持笔研墨黄纸来,使写。"

　　在这段史料中,除黄纸之外还出现青纸、白纸等颜色各异的三种纸。
这里先不追问黄纸、青纸因颜色不同而有怎样的区分。[①]现在可以
充分确认的是,在西晋元康九年(299)时,诏书已经是写在纸上了。
　　从以上可见,自三国至晋的确是简牍向纸转变的过渡期。尽
管公文书仍会记载于简牍之上,但在朝廷中,皇帝颁布的诏书已使
用纸了。
　　由于书写材料的变化,制诏的书式也一定随着书写材料转为
纸质而发生变化。尺一诏,以"制曰可"之"制"字抬头——诏书的
"制可"、"制曰可"也同样存在于纸质诏书中。然而,它并非写于抬
头的位置——最重要的是,原来诏的形态是在上奏文中附加"制曰

① 详细的可以参照拙文《3世纪から4世纪にかけての書寫材料の變遷——
　楼蘭出土の文字資料を中心に》,《流沙出土の文字資料》,京都大学学术出
　版会2001年版,第477—526页。

可"一简进行编缀,现在诏书写于纸上无须如此繁琐,故成为必然趋势。既然制诏即为令,那么制诏书式的变化就意味着令之法律形式的变化。

如前所述的该时期,律已成为具有"篇章之义"的典籍。《魏律》十八篇究竟是使用了简牍还是纸张,是个微妙的时期。我想,即便当初使用的是简牍,但随着经书开始使用纸张那样,作为相对应存在的律也会被书写于纸上。只是,其使用的是否为纵向二尺四寸高的纸还是个很大的疑问。楼兰出土的纸的纵向高度依然是一尺(不到 23 厘米),^① 从使用纸滤具大批量制纸这一点来看,其尺寸不可能像简牍那样有长短差异的变化。经书与律典都书写于普通的纵向高度为一尺的纸上,二尺四寸的经书与律典因书写材料变为纸后就不复存在。而且,依书写材料长度而赋予经与律的权威也变得薄弱了。

在这种书写材料变化的潮流中,迎来泰始四年新律、新令的制定。那时,诏写在纸上,律典也纸质化,长度和其他纸张一样是高一尺。新编纂的令也是书写于纸上。因此,显然那时已经没有使用简牍的令。而纸不具有简牍所特有的诏书式、长度、文件形式,以及令的法律形式等特征要素。至此,诞生了作为典籍的令典——晋令四十卷。^②

然而,即使令的法律形式与律一样也典籍化了,若仅从书写材

① 参照拙著《流沙出土の文字资料》,京都大学学术出版会 2001 年版。
② 关于书写材料的变化和法典的成立,滋贺秀三在前揭《中國法制史論集　法典と刑罰》之"法典编纂の歷史"第 70 页的注(21)中论述道:"由笨重的简牍转向轻快的纸张给人们的精神带来某种飞翔,这与体系化法典的诞生存在着一定的关联。"我不理解为什么书写材料的变化会带来精神上的"飞翔",它与滋贺秀三认为的与材料轻重有关是一种怎样的因果关系。我认为物理上的变化带动机能变化,并由此产生新形态及新内容的观点更具现实主义。

料变化的角度,是无法解释刑罚法规的律与非刑罚的、行政法规的令及其内容存在区别的理由。诚然,法律形式相同的两种法典成立之时,内容上会有差别是很自然的。但即便如此,为何会是刑罚与非刑罚的差别呢? 这是因为在书写材料这一外因之外,还存在着内因。

（二）内因——礼与令

在晋武帝泰始四年(268)新律令制定之前四年的咸熙元年(264)七月,晋王司马昭(即后来的晋文帝)奏改法律,其中不仅涉及律令,也包含改定礼仪、官制:

> 秋七月,帝奏司空荀颢定礼仪,中护军贾充正法律,尚书仆射裴秀议官制,太保郑冲总而裁焉。　　(《晋书·文帝纪》)

一个国家的制度改革,当然不限于司法制度,还应包括行政、官制、礼制等在内的整体制度;而且,毋庸赘言,礼制伴随着法的整理,是汉代萧何整顿法制与叔孙通整饬礼制同时推进的传统政策的延续:

> 天下既定,命萧何次律令,韩信申军法,张苍定章程,叔孙通制礼仪,陆贾造《新语》。　　(《汉书·高帝纪》)

然而,与礼、法初创,儒学尚未被汉王朝所接纳的汉律制定时期相比,在历经四百年岁月之后制定晋泰始律令的时期,礼律关系所处的环境完全不同。礼与律两者紧密结合,理念性的礼影响着现实性的法,礼的规定已被作为法源而使用。①

――――――――――

① 关于礼与令、礼与律的关系,下章也会考察。

比如,在《晋书·虞纯传》中就有表示礼律交叉关系的如下记载:

> 又以纯父老不求供养,使据礼典正其臧否。太傅何曾、太尉荀顗、骠骑将军齐王攸议曰:"凡断正臧否,宜先稽之礼、律。八十者,一子不从政;九十者,其家不从政。新令亦如之。按纯父年八十一,兄弟六人,三人在家,不废侍养。纯不求供养,其于礼、律未有违也。"……司徒西曹掾刘斌议以为:"……礼,年八十,一子不从政。纯有二弟在家,不为违礼。又令,年九十,乃听悉归。今纯父实未九十,不为犯令。"

河南尹庾纯因得罪贾充被免官,贾充故意找碴,针对虞纯怠于侍养其父亲的行为提出控诉,引文就是其他人评议贾充之控诉的部分内容。这里所说的"新令"是指新制定的《泰始令》,而予以遵照的"礼律"之"礼",即"八十者,一子不从政;九十者,其家不从政"一语,见于《礼记·王制》及同书《内则》的记载:"凡内三王养老皆引年。八十者,一子不从政;九十者,其家不从政。"可见,礼典的条文成为法源,而且为新令所采用。

儒家及礼思想对晋律的影响已为祝总斌氏所指出。在其论文《略论晋律之"儒家化"》①中,祝氏以前揭庾纯之事件为始,列举了官吏的三年服丧、围绕复仇的礼与律之折中、继母如母(《仪礼·丧服》中的规定)、父子分家异财(《礼记·典礼》)等礼典理念为晋律条文所吸收的七个方面的例子,论证了这一点。

不难想象,礼与法的这种结合,是伴随着西汉武帝时期儒学的

---

① 祝总斌:《略论晋律之"儒家化"》,《中国史研究》1985 年第 2 期。

官学化、儒家所倡导的礼的理念向社会渗透而逐渐强化的。至东汉时期,在忠实遵行礼的规定的风潮中,儒家学徒应遵守的戒律,也在整个社会的法律规定中产生了影响。

比如,《周礼》明文记载的八辟被魏律立法入律。[①] 又如,《礼记·月令·仲秋之月》所载的"是月也,养衰老,授几杖,行糜粥饮食",则通过西汉末至东汉的授予王杖的汉令,即《御史挈令》第四十三、《兰台挈令》第三十三而法制化。可见,礼的规定成为律、令的法源,在东汉至魏晋的时代变迁中切实推进着。在这一潮流中,迎来了晋泰始年间新法律的制定。

此时,因为诏令已经书写于纸上,故新法规的编纂和集录也以纸为材料。就律而言,《魏律》十八篇已成为法典。由于令的编辑与集录也同样以纸为书写材料,于是,两种纸质法典就此诞生。在这种情况下,两者之间在内容上予以区别也是必然的。

作为主权者命令的中国法规,除了含有禁止或罚则性规定的刑罚法规外,当然也存在行政法规,而且这种行政法令随时代而增加也是当然的。礼是理想行政状态下的规定,它通过儒教的渗透而全部被引入现实的行政法规中。由此,礼典作为现实行政法典的模板,变得更贴近我们了。

我认为,与刑罚典不同的非刑罚、行政法典的产生,正是因为已经成为典籍的礼典的存在,对人们的意识予以颇大影响。而且,我尤其想指出在礼典中《周官》(《周礼》)的存在。

关于礼典的注释和编纂,《后汉书·儒林列传》中有如下的记载:

---

① 安田二郎:《"八議"の基本的研究》,收入氏著《前近代中國における官僚の法的身分と特權についての史的研究》,收入《平成七・八・九年度科學研究費補助金(一般基盤 B)研究成果報告》(代表者:安田二郎)。

《前书》鲁高堂生,汉兴传《礼》十七篇。后瑕丘萧奋以授同郡后苍,苍授梁人戴德及德兄子圣、沛人庆普。于是德为《大戴礼》,圣为《小戴礼》,普为《庆氏礼》,三家皆立博士。孔安国所献《礼》古经五十六篇及《周官经》六篇,前世传其书,未有名家。中兴已后,亦有《大》《小戴》博士,虽相传不绝,然未有显于儒林者。建武中,曹充习庆氏学,传其子褒,遂撰《汉礼》,事在《褒传》,……中兴,郑众传《周官经》,后马融作《周官传》,授郑玄,玄作《周官注》。玄本习《小戴礼》,后以古经校之,取其义长者,故为郑氏学。玄又注小戴所传《礼记》四十九篇,通为《三礼》焉。

作为兴盛于东汉时代的典籍的礼典,包括礼书、礼注释等,但它们不久就被视为现实的行政典籍。

兹引司马彪所著《续汉书·百官志》的序文于如次:

昔周公作《周官》,分职著明,法度相持,王室虽微,犹能久存。今其遗书,所以观周室牧民之德既至,又其有益来事之范,殆未有所穷也。故新汲令王隆作《小学汉官篇》,诸文偈说,较略不究。唯班固著《百官公卿表》,记汉承秦置官本末,讫于王莽,差有条贯;然皆孝武奢广之事,又职分未悉。世祖节约之制,宜为常宪,故依其官簿,粗注职分,以为《百官志》。

其中言及王隆《小学汉官篇》的胡广注,也谈到《周礼》与汉朝礼制、行政的关系。

前安帝时,越骑校尉刘千秋校书东观。好事者樊长孙与书曰："汉家礼仪，叔孙通等所草创，皆随律令在理官，藏于几阁，无记录者，久令二代之业，闇而不彰。诚宜撰次，依拟《周礼》，定位分职，各有条序，令人无愚知，入朝不惑。"……至顺帝时，平子为侍中典校书，方作《周官解说》，乃欲以渐次述汉事……顾见故新汲令王文山《小学》为《汉官篇》，略道公卿外内之职，旁及四夷，博物条畅，多所发明，足以知旧制仪品，盖法有成易，而道有因革，是以聊集所宜，为作诂解……

意即安帝时期的樊长孙指出，叔孙通所定的汉王朝礼仪制度与律令一起，都在司法官员处，藏于几阁而无所记录。因此，应模仿《周礼》的体裁来明确官位和职责，并按顺序而条文化，务使广为人知。从中可见，《周官》的解释、注释书籍产生后，又与堪比《周官》的《汉官》发生联系。在王隆的《汉官篇》、卫宏的《汉官旧仪》，以及《汉官仪》等系列书籍的背景中，应可透视《周官》的存在。

大致上说，《周官》并非仅记录周时理想官制的典籍，正如"惟王建国，辨方正位，体国经野，设官分职"这一《周礼·天官冢宰第一》的著名序文所指出的那样，它是对整体行政体系作出广泛解说的著作。可以说《周官》即是周的行政法规。前揭《续汉书·百官志》的作者司马彪，在晋《泰始令》成立时任秘书郎，他所说的"《周官》并不只是反映了一种周室牧民的理想，而且是在未来成为重要参考对象的规范"（所以观周室牧民之德既至，又其有益来事之范），如果将它当作晋泰始律令成立时已意识到《周礼》"有益来事之范"的史家之言，则具有更深刻的重要性吧。

在礼法交叉、令典这一新法典与律典对置的阶段，在以《周官》为礼典的意识下，令典得以产生，并具有现实的行政法典的性质。另一方的律典则作为规制违反命令应受惩罚的刑罚法规，特定化为刑法典,这就是律典与令典的区别所在。

以上就是我对礼与令、"作为行政理念典籍的礼典＝《周官》"、"对于新的非刑罚法典＝《泰始令》"——亦即行政法规令典之产生的内因所作的思考。①

小　结

教科书、概说书上都载明:律是刑罚法典、令是非刑罚即行政法典。日本的大宝律令、养老律令也是如此解说。这种解说虽不能说是错误的,但该定义对唐律、唐令是适合的,若对秦汉时期已存在的律和令却不适合。秦汉之律、令概略如下:

（1）若将法典定义为是法规各篇名按固定顺序排列编纂而成的话,那么秦汉时期还不存在律典、礼典。

（2）令是皇帝之诏,是具有诏书式的公文书。公文书的诏在文件化后即是令。

（3）皇帝之诏中既有临时性的诏,也有恒常性的诏。不限于伴随罚则的禁令。既有限定适用地域的诏,也有全国通用的诏。令的相关内容亦同此。

---

① 有关《周礼》与晋律令的关系,以及刑罚与非刑罚的区别,曾我部静雄氏已有论及。参见曾我部静雄:《中國律令史の研究》之"井田法と均田法",吉川弘文馆 1971 年版;《律令を中心として日中關係史の研究》之第一章第一节"《周禮》の施舍制度とその日唐に及ぼした影響",吉川弘文馆 1968 年版。对曾我部静雄氏主张《周礼》具有法典性内容且晋律令受到《周礼》的影响这一观点,我完全同意;但我不赞成曾我部静雄氏的另一个观点,即在《周礼》中存在着刑罚与非刑罚之别,《周礼·秋官》为刑罚法规。事实上,《周礼》应全部视为记载理想行政状态的行政类书籍。

（4）令中具有恒常性的内容编纂入律。这时，法律条文之体裁取代了诏之书式。只是，当时的律还没有限制在刑罚法规。

（5）令编纂入律时，在律中增加了个别篇名。但是，各个篇名是独立存在的，尚未进行整理并按顺序排列，亦即尚未法典化。

（6）律与令都书写于简牍上，具有与一般简牍不同的特殊的长度及书式，以此担保法令之权威。

秦汉律、令在发展为唐律典、令典的过程中，至少经历了两次划时代的转折。一次是曹魏律的制定，《魏律》十八篇开启了律典的立法化。

第二次是晋泰始四年（268）完成的晋《泰始律》二十卷和晋《泰始令》四十卷，的确给中国法典史上带来巨大变化。它们首次将法典划分为刑罚法规与行政法规二种。也就是说，唐律令以及日本律令是位于晋泰始律令这一延长线上。

相关的划时代转折是因何而发生的？本章以法令内容及法令形式为坐标轴，在此平面上进行思考。但留有以下问题尚待考察：泰始律令到唐律令的法典变化，以及汉律令与唐律令在法的实效性这点上有何区别，亦即汉、唐律令在法律形式及内容上作为两种不同的法的基本性质问题。

这些问题，将详见下一章《从汉律到唐律》。

第二章　从汉律到唐律

——裁判规范与行为规范

序　言

从秦王朝开始到20世纪清王朝止，帝政中国极其完备的法持续存在。在不同王朝虽然存在形式各异的法，但核心的法是律与令等法律、法典。何为律？何为令？虽不难看出因时代不同对其定义有所不同，在内容方面亦有差异，但在两千多年的历史发展中，"律"、"令"等词出现于史书，分别冠以各自王朝的称号如秦律、汉律、唐律、明律等的存在，已是明摆的事实。

其中众所周知的，即使编纂于7世纪中叶的唐朝基本法典唐律，不论在东洋或西洋，也是完成程度最高的法典，直至明清仍被继受，还有，该法典亦是日本《大宝律》、《养老律》之母法。

唐律的确是刑法典或刑罚法规。但作为刑罚法规，其实效性的边界到底在哪儿？在处断犯罪时，唐律在多大程度上被严格、忠实地适用？以及是否被执行？法典具备精致的法体系，与法典条文的规定实际上被严格地适用、运用是不同的。虽然我们往往容易认为存在完备的法就意味着法被完整地执行，但事实未必如此。本文试图从正面探究完成度极高的唐律的实用性这一问题。

虽然大约比唐律的时代早七八百年前，即公元前制定的秦律以及汉律均已散逸,不能像唐律一样窥视其全貌,但由于近年地下出土的简牍中保存有相当分量的汉朝法律,从中可以了解汉律的内容,以及汉律在裁判中的运用情况。简牍中所浮现的上述内容,不仅具有可与唐律匹敌的完成度,而且是两千年以前的法律条文,是不可思议的。还有,出土简牍中虽有断狱的律文,其功能程度又如何? 即使在思考汉律实用性方面,因为包含极为具体的资料,使以前不可能做到的与唐律的比较成为可能。

以"从汉律到唐律"为题目的本章,立足于法的实效性的观点,考证从汉律到唐律的变化,尝试从中是否可以明确中国古代、中世的律与令,乃至被追加的其他法规的特征与作用。

为此,本章拟由"汉律的适用"、"唐律的实效性"和"从汉律到唐律的变化"等三节构成。首先,试着探究汉代如何适用律以及令,并且是否被裁判、司法文书所引用。

一、出土汉简所见的汉律及其适用

（一）边境出土的汉简——居延、敦煌出土的木简

大约经过整个 20 世纪,分别从河西走廊的汉代遗址中出土了居延汉简（1930 年代出土）、居延甲渠候官遗址等出土新简（1970年代出土）、敦煌汉简（1900 年代出土）、敦煌马圈湾简（1970—80年出土）、敦煌悬泉置出土简（1990 年代出土）、肩水金关出土简（1970 年代出土）。时至 21 世纪的今日,这些出土简总数达到 10万枚左右,其内容涉及账簿、名籍、文书传达记录、信号传达记录、作业记录、命令书、报告书、书简等多个方面。

在对其内容进行分类时,不同的研究者有不同的观点和分类

方法,并没有特定的标准。其中,为数不少的研究者把上级机关下达的,以及下级部署上呈的相关文书分类为行政文书与司法文书。但笔者认为,在行政与司法未必有区分的汉代,这种划分实际上不甚妥当。在有关司法关系即裁判、论断的文书[①]中,律的条文被原封不动地引用。

①二月戊寅,张掖大守福、库丞承熹兼行丞事,敢告张掖农都尉护田校尉府卒人谓县,律曰,臧官物非录者以十月平贾计,案戍田卒受官袍衣物,贪利贵贾,贳予贫困民,吏不禁止,湎益多,又不以时验问　　　　　　　　　　　　　　　　（4.1）

［二月戊寅,张掖大守福、库丞承熹兼行丞事通过张掖农都尉护田校尉府向县说明。律有:"臧官物非录者以十月平贾计(不法取得金钱以外的官有物品时,以十月的标准价格计算[②])"。按:戍田卒从官领取袍、衣物,虽因贪利以高价格卖

---

① 有关汉代诉讼程序问题,随着简牍资料的增加,近年来如下揭论考等已予以详细的研究。有所谓犯罪的发生,犯罪嫌疑人的通缉令、逮捕、嫌疑人的讯问、罪状的自认,犯罪行为的确认、论断与刑罚的量定、疑罪的上诉、最终判决等若干阶段,在各个阶段存在着程序的名称和固有的文书。只是,有关本章引用的简牍、文献,属于其中的哪个阶段的程序、是怎样名称的文书,没有详述。尽管不能比定所有的引用资料,若能够确认该文书是到判决阶段为止时的何种文书的话,还是满足了论述的目的。

　籾山明:《中國古代訴訟制度の研究》,京都大学学术出版会 2006 年版。

　高恒:《秦汉简牍中法制文书辑考》,社会科学文献出版社 2008 年版。

　鹰取祐司:《漢代の死刑奏請制度》,载《史林》第 88 卷第 5 号,2005 年。

　鹰取祐司:《二年律令九三簡"診報辟故弗窮審"條についての一考察》,载冨谷至编:《江陵張家山二四七号墓出土漢律令の研究・論考篇》,朋友书店2006 年版。

② 关于这里的"平贾",后文第 137—139 页将会详细阐述。

买，或赊卖给贫困的民众，但吏不能禁止，变得越来越严重。
又，不能按时查问……］

②律曰：赎以下可檄，檄，勿征逮。愿令史移檄，官宪功
算，枲维蒲封　　　　　　　　　　　　（157.13，185.11）

［律有"赎罪以下的犯罪应该使用檄，不必根据檄责令自
首或逮捕"。但愿令史在将檄交给官时，查看一下出勤记录簿
（功算），并用麻绳封好……］

③更始二年四月乙亥朔辛巳，甲渠鄣守候塞尉二人，移氐
（氏）池，律曰□□□囗
　　□□□史验问收责报，不服移自证爰书如律令

（E.P.C：39）

（更始二年四月乙亥朔辛巳，甲渠鄣守候塞尉二人给氐池
县寄送文书。律有……，史讯问、收回债务后应向上报告。如
果不能接受，就报送自证爰书。如律令。）

④以兵刃索绳它物可以自杀者予囚，囚以自杀、杀人若自
伤、伤人而以辜二旬中死，予者髡为城旦舂及有

（E.P.S4.T2：100）

移人在所县道官，县道官狱讯以报之，勿征逮，征逮者，以
擅移狱论　　　　　　　　　　　（E.P.S4.T2：101）

（给囚犯以凶器、绳索等类可以自杀的物品，如果囚犯用
该物自杀、杀人或是自伤，造成他人伤害，若因此在二十日的
辜限内死亡，那么给予囚犯凶器的人将被处以髡为城旦舂之
刑。移送至其所属的县道官，在县道官的监狱里讯问时，不

必命令自首或者逮捕。要是这样执行了,就按未经许可擅自
移送监狱的规定处断。)

⑤言,律曰:畜产相贼杀,参分偿和。令少仲出钱三千及
死马骨肉,付循请平。 (D2011)

[(某人)说,律有"畜产相互杀伤时,以三分之一的价钱
赔偿和解。"请少仲把三千钱和已死之马的骨肉给循,请求评
定……]

⑥律曰:诸使而传不名取卒甲兵、禾稼簿者,皆勿敢擅予
(D2325)

(律有"名字未记录在证明书上的使者,要调配士兵、兵
器、禾稼簿的,未经许可不得给予"……)

⑦河平四年二月甲申朔丙午,仓啬夫望敢言之:故魏郡
原城阳宜里王禁自言:"二年戍属居延,犯法论,会正月甲子赦
令,免为庶人,愿归故县。"谨案,律曰:徒事已,毋粮,□(谨?)
故官为封偃检,县次续食给。法所当得。谒移过所津关,毋苛
留止,原城收事,敢言之。二月丙午,居令博移过所,如律令。
掾宣、啬夫望、佐忠。 (73EJT3 :55)

(河平四年二月甲申朔丙午,仓啬夫望申言:"据故魏郡原
城县阳宜里的王禁所说,河平二年戍守居延县,触犯法律被判
罪论刑,恰逢河平四年正月甲子发布的赦令,被免除刑罚成为
庶人,希望回归故县。"谨按,律有"在囚徒服刑完毕,没有粮
食的情况下,由其所在官署为其封印检察,县按顺序依次发放
粮食"。于是就按照法律规定适用。在此请求所经过的码头

关隘,允许通行。① 二月丙午,居〔延〕令博,送至将通过的机关。以上。掾宣、啬夫望、佐忠。)

⑧●《捕律》:亡入匈奴外蛮夷,守弃亭鄣逢(烽)隧者,不坚守降之,及从塞徼外来绛(降)而贼杀之,皆要斩,妻子耐为司寇作如 (D983)

(《捕律》:逃亡至匈奴等塞外蛮夷之地,应守备而放弃亭鄣、烽燧者,不坚守而降敌者,及从塞外来降却贼杀之者,皆处以腰斩,妻子耐为司寇,作如……)

⑨《捕律》:禁吏毋夜入人庐舍捕人。犯者,其室殴伤之,以毋故入人室律从事。 (395.11)

(《捕律》:吏不得在夜间闯入他人庐舍逮捕嫌犯。如有违反该禁令,且被房屋里的人殴伤的,则以"毋故入人室"律处断。)

⑩《囚律》:告劾毋轻重,皆关属所二千石官。 (E.P.T10 :2A)

(《囚律》:"告劾不分轻重,皆向所属的二千石级别的官员告劾。")

⑪☑□诏书,律变告乃讯问辤(辞) (E.P.T51 :270)

---

① 原文是"谒移过所津关毋苛留止原城收事敢言之","原城收事"的含义无法理解。留有一个小疑问:果真可以释读为"原"吗?这就像通行许可证(即身份证),作为常套句,记载"毋苛留止,如律令,敢言之"和"如律令"三个字的场合是通常的。

（☒□诏书：律有'若告变事，应当立即讯问，辞……）

在所见居延、敦煌出土的汉简里引用律的条文的以上 11 例中，既有在文书中引用律的简，也有只记载律的条文的④⑧⑨⑩。[①]在引用律的文书中，如①⑤极有可能是控告诉讼、司法关系的上行文书简。但就⑦而言，律涉及通行许可证，并作为通行许可与粮食供给的根据而被引用。

只是，以上述方式引用律的做法如实地说明：律的条文不限于一个裁判、判决，而是有任何要求、主张，或者获得许可的时候，都引用条文规定作为根据。这正是律的实效性所在。

进一步而言，边境出土的文书简中为何会存在只记载律文的简，如④⑧⑨⑩等是怎样的存在？这也许可以认为因为各官署均备有汉律，从而使得这些断片以如此形态被发现。但笔者并不这样认为。汉律的确具有官署常备的可能性，但出土的东西并不是这种法典。从其形式、书式、书体来看，并非典籍，而是把它看作出于某种需要将律的正文抄写而成的更为妥当。[②]那么，为何这么做？笔者认为是为了附加某些关联文书以证明该文书的内容的简而已。

---

① 引用汉简的④中虽看不到"律"这个词，但从其内容来看，应该是《贼律》的条文。这从包含在《二年律令》里的如下两个简可以明确。

斗伤人，而以伤辜二旬中死，为杀人。　　　　　　　　（《贼律》24）

□□□□为县官有为也，以其故死若伤二旬中死，皆为死事者，令子男袭其爵。毋爵者，其后为公士。毋子男以女，毋女　　　　（《置后律》369）

② 从《二年律令》、云梦秦律等所显示的律典条文的书式，特别是《盗律》《捕律》这些律的篇名的书写位置一般是在各篇的末尾；④的条文作为一个条文没有整合性，而是摘选、抄录两个条文，尚可阅读；还有⑧中的"●《捕律》"之"●"不是用于法典中的符号，正如本文所述，而是使用于附加文书的索引性条文中，这也可以作为一旁证。

将法律的条文附加于某些文书上，不仅律而且令的条文也是如此。比如说下面列举的简，虽是递交文书的标题简，但该简标注的名籍说明是依据"秋射"的试射来加减评定官吏工作（秋射二千石以令夺劳名籍）与作为其根据的令。附加"以令"之"令"来担保评定的正当性。

　　右秋以令秋射二千石赐劳名籍及令　　　　　　　（49.14）
●右秋射二千石以令夺劳名籍及令　　　　　　　（206.21）
●右以令秋射二千石赐劳名籍及令　　　　　　　（267.11）

而且，这时附加的令是《功令》。以下列举的简虽是关于候长、士吏的规定，但亦属于同类。还有，有关《功令》第四十五的出土，也是将文书附加于《功令》的结果。无独有偶，关于出土的日迹的赐劳令即《北边絜令》，笔者认为出于同一理由。①

　　●《功令》第卌五，候长士吏皆试射，射去堶帯弩力如发弩，发十二矢，中帯，矢六为程，过六，矢赐劳十五日。　　　（45.23）
　　（《功令》第四十五。候长、士吏皆试射，瞄准靶子，弩力如同发弩，共发射十二箭，以中六箭为基准，中六箭以上的，每箭赐劳十五日。）

　　●《功令》第卌五，士吏候长蓬隧长常以令秋试射。以六为程，过六赐劳，矢十五日。　　　　　　　　　　　　（285·17）
　　（《功令》第四十五。士吏、候长、烽隧长应经常依据令举

① 关于《絜令》，可以参照本书第一部第一章"通往晋泰始律令之路"。

行秋天的试射。以中六箭为基准,中六箭以上的,每箭赐劳
十五日。)

    ●《北边絜令》第四,候长候史日迹及将军吏劳,二日皆
当三日   （10·28）

    (《北边絜令》第四。候长、候史的日迹,以及将军、吏之
劳,二天皆当作三天。)

    ●《北边絜令》第四:候长候▨   （198·7）

(二)江陵张家山二四七号墓出土竹简——《奏谳书》

    以上是从边境的汉代烽燧出土的木简中,选取记载律和令的
简来说明引用条文的事实。以下开始列举的是与边境出土简不同
的、从古墓出土简牍中所见的引用律的情况。1983—1984 年从湖
北省江陵县张家山二四七号墓出土了一批题名为《奏谳书》的与
审判相关的文书。[①] 所谓的"谳"也以"请谳"一词出现在文献资
料中,指在下论断之际若有疑义,则仰仗于上级官署的判断。在一
连串有关请谳的文书中,载于最终简即二二八简的背面书写着"奏

[①] 关于《奏谳书》,可以参见张家山二四七号汉墓竹简整理小组编纂的《张
    家山汉墓竹简[二四七号墓]》,文物出版社 2001 年版;彭浩、陈伟、工藤
    元男主编的《二年律令与奏谳书》,上海古籍出版社 2007 年版。本文引
    用的二四七号汉墓出土汉律(二年律令)也使用上揭二书,以及冨谷至编
    的《江陵張家山二四七號墓出土漢律令の研究》(朋友书店 2006 年版)的
    注释。

谳书"这三个字的标题。^①

在此，围绕两个不同的事例与其论断来介绍由此展开的议论。

> ●胡丞憙敢瀮（谳）之，十二月壬申，大夫薜诣女子符，告亡。●符曰：诚亡，詠（诈）自以为未有名数，以令自占书名数，为大夫明隶，明嫁符隐官解妻，弗告亡。它如薜。解曰：符有名数明所，解以为毋恢人也，取（娶）以为妻，不智（知）前亡，乃后为明隶，它如符。诘解：符虽有名数明所，而实亡人也。●律：取（娶）亡人为妻，黥为城旦，弗智（知），非有减也。解虽弗智（知），当以取（娶）亡人为妻论，何解？解曰：罪，毋解。●明言如符、解。问解故黥劓，它如劈（辞）。●鞫（鞠）：符亡，詠（诈）自占书名数，解取（娶）为妻，不智（知）其亡，审。疑解罪毂（系），它县论。敢瀮（谳）之。●吏议：符有数名所，明嫁为解妻，解不智（知）其亡，不当论。●或曰：符虽已詠（诈）书名数，实亡人也。解虽不智（知）其请（情），当以取（娶）亡人为妻论，斩左止（趾）为城旦。廷报曰：取（娶）亡人为妻论之，律白，不当瀮（谳）。（案四 28—35）

（胡丞憙请谳。十二月壬申，大夫薜让女子符出面，控告其逃亡罪。）

> ●符曰："逃亡事实没有错。谎称未进行户籍登记，按要求自己申告后进行户籍登记，成为大夫明的奴隶。大夫明把符嫁给隐官身份的解为妻，并没有告知是逃亡者。其他的与薜

---

① 《奏谳书》为何作为随葬品收入墓中，还有该文书是实际发挥作用的公文书吗？这是必须研究的遗留课题。只是，本文所引用的简具有具体的人名、地名并由此展开议论。即便是拟制文书，或者是制作司法文书时参考用的模板书式，对于探究律引用方式的本文而言，一定也是一种有效的资料吧。

供述的一样。"解曰:"符的户籍登记在大夫明之处,我认为她不是有问题的人,故娶以为妻子。对她先逃亡此后成为大夫明的奴隶这件事一无所知,其他的与符供述的一样。"追问解和符,虽户籍登记明白,但这并不否认是逃亡者的事实。

●律规定:"娶逃亡之人为妻,处以黥城旦刑,即使不知情也不能减刑。"解虽然并不知情,但应以"以娶亡人为妻"之罪处断。有何辩解? 解曰:"这是事实,无辩解可言。"

●明:"如符之供述。讯问解时,以故意而受黥劓之刑,其他如供述。"

●审讯:符先是逃亡,尔后谎称并自己申告,进行户籍登记,解娶其为妻,且不知道她是逃亡之人。以上事实清楚。那么,应该如何处罚解? 以上是县的处断。现将此事上谳。

●吏议:符的户籍登记在明的名下,明将其嫁为解的妻子。解当时不知晓她是逃亡者,因而不应当对此论断。

●有人说:符虽然采用欺骗手段进行户籍登记,但事实上是逃亡者。即使解不知晓实情,也可以根据"娶亡人为妻"来论断,应该处以斩左趾为城旦之刑。

廷报曰:以"娶亡人为妻"论断。因律有明确的规定,不必奏谳。

以上案例中处断所根据的律是《亡律》,从同是二四七号墓出土的所谓《二年律令》中亦可确认。

取(娶)人妻及亡人以为妻,及为亡人妻,取(娶)及所取(娶),为谋(媒)者,智(知)其请(情),皆黥以为城旦舂。其真罪重,以匿罪人律论。弗智(知)者不□　　(《亡律》168、169)

（娶他人之妻，以及娶逃亡人为妻及嫁逃亡人为妻时，娶者与被娶者及媒人如果知晓实情的，皆处以黥城旦舂刑。若该逃亡人自身罪重的，则以"匿罪人律"论断，即使不知实情……）

169 简在"弗智者不"之后断简，但从《奏谳书》的条文可知后面应该是接续"弗智者，不〔有〕〔减〕〔也〕"。

另，前揭《奏谳书》案四中，廷尉拒绝了因不知实情而不能就此论断的议论："既然律明确规定：'即使不知情亦不能减刑。'那么，按此规定处断是理所当然的，这种情况本身就没有奏谳的必要。"总之，是依据律文而作的处断。

参照相关律文作出判决的做法称为"征文主义"，其表现以后会加以考察——参照后文第三节之（三）"从征文到曲当"——也可以从《奏谳书》其他有关案件中确认征文主义。

　　●七年八月己未，江陵丞（忠？）言：醴阳令恢盗县官米二百六十三石八斗。恢秩六百石，爵左庶长。恢曰：诚令从史石盗醴阳己乡县官米二百六十三石八斗，令舍人士五（伍）兴义与石卖得金六斤三两、钱万五千五十，罪，它如书。兴义皆言如恢。问恢：盗臧（赃）过六百六十钱，石亡不讯，它如辤（辞）。鞫：恢吏，盗过六百六十钱，审。当：恢当黥为城旦，毋得以爵减、免、赎。

　　律：盗臧（赃）直（值）过六百六十钱，黥为城旦；令吏盗，当刑者刑，毋得以爵减、免、赎，以此当恢。恢居郦邑建成里，属南郡守。南郡守强、守丞吉、卒史建舍，治。

（案十五 69—74）

　　[七年八月己未,江陵丞(忠?)言:"醴阳令恢盗窃官府
的米二百六十三石八斗。恢的俸禄是六百石,爵位为左庶
长。恢供述:'的确命令从史石盗窃了醴阳县己乡官府的米
二百六十三石八斗,还命令舍人士伍兴、义与石一起去贩卖,
得金六斤三两、钱一万五千五十。有罪,如上。'兴、义的供述
与恢相同。讯问恢后得知,窃盗赃款超过六百六十钱。石因
逃亡未能讯问。其他如供词。"审理:"恢身为官吏,窃盗赃款
超过六百六十钱的事实确凿。"判决:"判处恢黥为城旦,不得
以爵减而免、赎刑罚。"

　　律:"窃盗赃值超过六百六十钱,黥为城旦";令:"吏窃
盗,当处以肉刑者处肉刑,毋得以爵减而免、赎刑罚。"对恢的
处断就是参照此律。恢居住在郦邑建成里,属南郡守管辖。
南郡守强、守丞吉、卒史建舍,裁判。]

　　这个案件是根据律"盗赃值过六百六十钱,黥为城旦";令"吏
盗,当刑者刑,毋得以爵减免赎"的规定来处断嫌疑人恢。①

―――――――――

① 关于令"吏盗,当刑者刑,毋得以爵减免赎"中的"以爵减免赎"之解释,池
田雄一编:《奏讞書——中國古代の裁判記録》(刀水书房2002年版)一书
解释为"以爵减免刑罚后再赎"(第99页)。还有唐律中的"减、免、赎"三
者是并列的范畴,因此只能读作"以爵减、免、赎"。
笔者对以上两种观点均不赞同。若根据爵而减刑、免刑、赎刑的话,那么就
无法判断赎与减刑、免刑之间有何差异。
《二年律令·置后律》中有涉及"减爵"的内容。
　　☐先以长者,有爵者即之。爵当即而有物故,夺☐,以其数减后爵。其
自贼杀,勿为置后。　　　　　　　　　　　　　　　　　(《置后律》375)
《汉书·薛宣传》有"况与谋者,皆爵减完为城旦",可见"爵减"这一熟语。
另外,《二年律令·贼律》(38)载:"令毋得以爵偿、免除及赎",即有以爵免
除刑、赎刑。故此处应该读作"以爵减、免赎"。

我曾在拙著中引用过上述资料,[①] 文中对使役"令吏盗当刑者刑,毋得以爵减免赎"之"令"含义的解释是"命令官吏实施窃盗",但这是曲解。因为"谁命令官吏实施窃盗"的主体不明,而且该《奏谳书》记载的案件情况是,官吏恢未被教唆而自主实施窃盗,因他的官吏身份而不能以爵减刑。因此,此处应当解释为法令的"令"。《奏谳书》中其他地方也可以确认"令"的引用。

　　●●八年十月己未安陆丞忠刻(劾)。狱史平舍匿无名数大男子种一月。平曰:诚智(知)种无〔名〕数舍匿之罪,它如刻(劾)。种言如平。问平:爵五大夫,居安陆和众里,属安陆相。它如辟(辞)。鞠:平智(知)种无名数,舍匿之,审。当:平当耐为隶臣,锢,毋得以爵当赏(偿?)免。

　　●令曰:诸无名数者,皆令自占书名数,令到县道官,盈卅日不自占书名数,皆耐为隶臣妾,锢,勿令以爵偿免,舍匿者,与同罪。以此当平。

　　南郡守强、守丞吉、卒史建舍治,八年四月甲辰朔乙巳,南郡守强,敢言之,上奏七牒,谒以闻,种县论,敢言之。

(案十四 63—68)

　　(●●八年十月己未,安陆丞忠告劾:"狱史平隐匿没有户籍的大男子种一个月。"平承认:"我确实在知道种没有户籍的情况下隐匿了他。"种的供述与平相同。讯问平,他回答说:"爵位是五大夫,居住在安陆和众里,属安陆相管辖"。以上皆与供述一致。

_____

① 参见拙著:《秦漢刑罰制度の研究》,京都大学学术出版会 1998 年版,第 313 页。

审问:"平知晓种没有户籍,但放任不管将其隐匿。此事确凿。"

判决:"平耐为隶臣,处以禁锢,且不得以爵赎免罪。"

●令曰:"凡是没有户籍的人,都自己主动申告,令其到县道官处。超过三十日尚未自己申告的,皆耐为隶臣妾,处以禁锢,且不得以爵赎免罪。放任不管将其隐匿的,与之同罪。"据此,处断公平。

……)

就上揭《奏谳书》案十五有关醴阳令恢窃盗案的判决,不管哪个案例,都可以证明文书中忠实地引用律的条文这种征文主义的实际状况。

另外,以下是进一步的臆测:在此令明确记载的是,虽然律本来规定可以依据爵位高低免刑或赎刑,但有诏书规定官吏犯窃盗罪时不得以爵减免,并成为令。对恢的处断中,通过引用律与此令,明示这两种根据及应适用的法令。

《奏谳书》所体现的征文主义,虽然除此之外尚可引用若干事例,但现在暂且停留在上述数例上,而希望通过文献史料所确认的律的引用、征文,进一步增加这方面的实证。

(三)文献史料

西汉哀帝时,对博士申咸诽谤薛宣一事怀恨在心的宣之子薛况,为了阻止申咸被任命为司隶校尉,就贿赂一个叫杨明的人,委托他袭击申咸。杨明在宫门外持刀砍击其鼻子、嘴唇,致其重伤。

围绕这起案件的论断,御史中丞和廷尉的意见如下。

御史中丞众等奏："况朝臣，父故宰相，再封列侯，不相救丞化，而骨肉相疑，疑咸受修言以谤毁宣。咸所言皆宣行迹，众人所共见，公家所宜闻。况知咸给事中，恐为司隶举奏宣，而公令明等迫切宫阙，要遮创戮近臣于大道人众中，欲以鬲塞聪明，杜绝论议之端。桀黠无所畏忌，万众喧哗，流闻四方，不与凡民忿怒争斗者同。臣闻敬近臣，为近主也。礼，下公门，式路马，君畜产且犹敬之。《春秋》之义，意恶功遂，不免于诛，上浸之源不可长也。况首为恶，明手伤，功意俱恶，皆大不敬。明当以重论，及况皆弃市。"

廷尉直以为："律曰'斗以刃伤人，完为城旦，其贼加罪一等，与谋者同罪。'诏书无以诋欺成罪。传曰：'遇人不以义而见疻者，与痏人之罪钧，恶不直也。'咸厚善修，而数称宣恶，流闻不谊，不可谓直。况以故伤咸，计谋已定，后闻置司隶，因前谋而趣明，非以恐咸为司隶故造谋也。本争私变，虽于掖门外伤咸道中，与凡民争斗无异。杀人者死，伤人者刑，古今之通道，三代所不易也。孔子曰：'必也正名。'名不正，则至于刑罚不中；刑罚不中，而民无所措手足。今以况为首恶，明手伤为大不敬，公私无差。《春秋》之义，原心定罪。原况以父见谤发忿怒，无它大恶。加诋欺，辑小过成大辟，陷死刑，违明诏，恐非法意，不可施行。圣王不以怒增刑。明当以贼伤人不直，况与谋者皆爵减完为城旦。"上以问公卿议臣。丞相孔光、大司空师丹以中丞议是，自将军以下至博士、议郎皆是廷尉。况竟减罪一等，徙敦煌。宣坐免为庶人，归故郡，卒于家。

（《汉书·薛宣传》）

［现代译文略（下文若现代译文简单者亦同，不一一说明）］

该论断的过程中包含了本章在此后将要考察的几个问题。但在此只是想确认，廷尉论断中引用了律的条文的征文主义从《汉书》中也可以得到证明。

二、唐律的引用及其实效性

《唐律疏议·断狱律》第 484 条有如下规定：

> 诸断罪皆须具引律、令、格、式正文，违者笞三十。若数事共条，止引所犯罪者，听。

第 484 条明确规定，处断犯罪必须引用律、令、格、式等法典法规的条文。而且还规定，若条文规定有两个以上的情形时，（没有必要列举全文）可只引用与其相关部分的条文。可以说这更加表明条文适用的严格性。这也正如汉律中所见的征文主义。

再有，《名例律》是有关法律无明文规定的犯罪，进行当然解释时所适用的严格规定，这种情况下，必须列明依据的律文规定。

> 诸断罪而无正条，其应出罪者，则举重以明轻；其应入罪者，则举轻以明重。　　　　　　　　　　（《名例律》50）
> [凡是断罪时，若无适当的正文可引，应"出罪"（将罪排除出条文外，即减免）时，列举比之更重的罪行，那么罪行更轻的就应该减免；应"入罪"（将罪或罚引入条文中，即如实地适用相关条文）时，列举构成较轻罪行的犯罪，因所断之罪比之更重而须适用该处罚规定。]

从《名例律》《断狱律》的规定可以窥见，即使在唐代也实行引用律文规定的征文主义。但是，为何从今天遗留下来的资料中无法窥见这种真实状态，甚至难以查找到引用律的正文进行论断的明确的案例？

有关唐代司法、法制关系的出土资料，除了敦煌、吐鲁番出土的文献中有若干遗存外，比起汉代而言并不丰富。另外，关于裁判、判决关系的公文书也极其稀少。

其中，判牍作为司法关系的资料相当珍贵。唐代判牍收录于《文苑英华》的大约有 1060 个，还有从敦煌莫高窟也发现有 30 多篇案例。但众所周知的是，其中大部分"判"是作为吏部铨选的考试科目的书式、习作模本；并且随着时代的推移，它作为一种文学作品的趋势越来越强，如白居易、元稹撰写的判牍就是如此。[①]

具有这种性质的唐判如何作为现实的裁判资料发挥作用？这当然是必须研究的问题。但现在首先来探究唐判中律的征文状况。

在唐判（敦煌本）中，可以看到下面这个案例[②]，以下迻录原文。

①奉判：黄门缪贤，先娉毛君女为妇，娶经三载，便诞一男。后五年，即逢恩赦。乃有西邻宋玉，追理其男云，与阿毛私通，遂生此子。依追毛问，乃承相许未奸。验儿酷似缪贤，论妇状似奸宋玉。未知儿合归谁族。阿毛宦者之妻，久积标梅之欢，春情易感，水情难留，眷彼芳年，能无怨旷？夜闻琴

———————————

① 关于判牍的解读，可以参见大野仁：《唐代の判文》，载滋贺秀三编：《中國法制史 基本資料の研究》，东京大学出版会 1993 年版。

② 参见池田温：《敦煌本判集 三種》，载末松保和博士古稀记念会编：《古代東アジア史論集》下卷，吉川弘文馆 1979 年版。

调，思托志于相如；朝望危垣，遂留心于宋玉。因兹结念，夫
复何疑。况玉住在西邻，连甍（甍）接栋，水火交贸，盖是其常；
日久目深，自堪稠密。贤乃家风浅薄，本阙防闲，姿彼往来，素
无闺禁。玉有悦毛之志，毛怀许玉之心。彼此既自相贪，偶合
谁其限约。所款虽言未合，当是惧此风声。妇人唯恶奸名，公
府岂疑披露。未奸之语，实此之由。相许之言，足堪明白。贤
既身为宦者，理绝阴阳。妻诞一男，明非己胤。设令酷似，似
亦何妨。今若相似者例许为儿，不似者既同行路，便恐家家有
父，人人是男。诉父竞儿，此喧何已。宋玉承奸是实，毛亦奸
状分明，奸罪并从原赦，生子理须归父。儿还宋玉，妇付缪贤，
毛、宋往来，即宜断绝。　　　　　　　　　（伯希和文书　P3813）

在这个案件中，就孩子的处遇问题，在认定了奸淫之后，孩子归属
于奸淫对象的男性。这在唐令《户令》的如下条文中已经明确。

　　诸良人相奸，所生男女随父；若奸杂户、官户、他人部曲
妻、客女，及官私婢，并同类相奸，所生男女，并随母。即杂户、
官户、部曲奸良人者，所生男女，各听为良。其部曲及奴，奸主
缌麻以上亲之妻者，若奴奸良人者，所生男女，各合没官。

　　　　　　　　　　　（唐令《户令》，《宋刑统·杂律》所引）

但是，该判未引用令的条文，只是以"生子理须归父，儿还宋玉"
为"理"。假如当时存在征文主义，一般应引用的是《户令》而非
"理"。虽然这时应当依据的准则不是律而是令的规定，但这正佐
证了现实的法的条文被置换为观念上的道理，佐证了明确记载应
当适用条文进行判决的做法在消逝。

②长安县人史婆陀家兴贩，资财巨富。身有勋官骁骑
尉，其园池屋宇、衣服器玩、家僮侍妾，比侯王。有亲弟颉利，
久已别居，家贫壁立，兄亦不分给。有邻人康莫鼻，借衣不得，
造言违法式事。五服既陈，用别尊卑之叙；九章攸显，爰建上
下之仪。婆陀阛阓商人，旗亭贾竖，族望卑贱，门地寒微。侮
慢朝章，纵斯奢僭，遂使金玉磊砢，无惭梁、霍之家；绮縠缤纷，
有逾田、窦之室。梅梁桂栋，架迥浮空；绣桷雕楹，光霞烂目。
歌姬舞女，纡罗袂以惊风；骑士游童，转金鞍而照日。公为侈
丽，无惮彝章，此而不惩，法将安措？至如衣服违式，并合没
官；屋宇过制，法令修改。奢〔僭?〕之罪，律有明文，宜下长
安，任彼科决。且亲弟贫匮，特异常伦。室惟三径，家无四壁。
而天伦义重，同气情深。罕为落其一毛，无肯分其半菽，眷言
于此，良深喟然。颉利纵已别居，犹是婆陀血属，法虽不合征
给，深可哀矜。分兄犬马之资，济弟到（倒）悬之命，人情共允，
物议何伤。并下县知，任彼安恤。　　　　　　（伯希和文书 P3813）

律对此有明文规定的是《杂律》第 403 条和第 449 条。[1]但此判并
没有引用具体的律名及条文的内容，而且举出律文中没有的犯罪
名称——"奢〔僭?〕之罪"。

---

[1]　　诸营造舍宅、车服、器物及坟茔、石兽之属，于令有违者，杖一百。虽会
赦，皆令改去之，其物可卖者，听卖。若经赦后百日不改去及不卖者，论如
律。　　　　　　　　　　　　　　　　　　　　　　　　（《杂律》第 403 条）
　　诸违令者，笞五十，（谓令有禁制而律无罪名者。）别式，减一等。
　　　　　　　　　　　　　　　　　　　　　　　　　　（《杂律》第 449 条）
屋宇、车服等超过规定的或许可以称作"奢侈"，但唐律中没有"奢"这个
词。另外，与其说第 403 条是禁止奢侈的规定，更应该考虑是为了防止紊乱
社会身份秩序。

③元稹《错字判》(《文苑英华》卷512[①])

> 丁申文书,上尚书省按之。辞云:虽误,可行用。文奏或差,本虞行诈,此例可办,必有原情。苟异因缘之奸,则矜过误之罚。丁也方将计簿,忽谬正名,曾不戒于爱毫,遂见尤为起草。然以法存按省,误有等差。倘以百为千,比赐缣而难赦;若当五而四,纵阙马而何伤。苟殊鱼鲁相悬,宜恕甲由未远。按其非是,虽怀三豕之疑;诉以可行,难书一字之贬。请诸会府,弃此小瑕。非愚诉人,在法当尔。

元稹此判的内容,涉及唐律《职制律》第116条,是一起关于是否应该处罚上书中有文字错误行为的案件。

> 诸上书若奏事而误,杖六十;口误,减二等。口误不失事者,勿论。上尚书省而误,笞四十。余文书误,笞三十。误,谓脱剩文字及错失者。即误有害者,各加三等。有害,谓当言勿原而言原之,当言千匹而言十匹之类。若误可行,非上书、奏事者,勿论。可行,谓案省可知,不容有异议,当言甲申而言甲由之类。
>
> (《职制律》116)

很明显,元稹自身对唐律的条文和疏议皆熟记于心。元稹在判文中举出《唐律疏议》里解说日期的"申"和"甲"的区别,数量

---

① 关于元慎的《错字判》,可参考 Kerstin Storm "Decision on crimes in the Pan of Yuan Zhen(779-831)" Public Notion of Crime and punishment in East Asia —— Crime and Society in East Asia——(Co-edited by Itaru Tomiya and Reihard Emmerich,2012 Kyoto).

的"千"和"百"（疏议中作"十"）的错误，并以严厉的口吻提及随之产生的弊端与危害。

此判主张的精髓在于不能在以下两个条件的基础上进行处罚：①由于迂阔、粗心大意，非有意的过失；②因过失而发生，但未导致严重的后果。

但是，现在没必要再讨论该案件，因为唐律已明确记载其不能成为处罚的对象，也就是说从一开始构成犯罪的要件就不充足。

《职制律》第116条明确规定：不是奏呈皇帝的"上书"、"奏事"，而是上报给尚书省的文件有文字错误的，笞四十；"案省可知"其内容的，不受处罚。判是"上尚书"，既然尚书作出判断："虽误，可行用"，就无须议论，只要引用该条文即可。可是，元稹在此并没有引用唐律《职制律》的上述规定。尽管元稹如上面说明的那样依据《职制律》的条文并以之为参考，但为何不引用关键的条文来展开议论？虽然可以推测他为了追求文学性而忌避直接引用毫无文学性的律文，但如果说判牍是拟制的、形式上还未脱离裁判文书范畴的话，那么在处断犯罪行为的阶段，引用唐律的征文主义就变得薄弱，至少可以认为在处断犯罪时依据律的正文并引用之，已经不是文书的绝对必要事项了。

这里引用了三个案件的判，但还是没能从敦煌出土的判，以及收入《文苑英华》的多达上千个的唐判中发现引用律令条文的判。①

---

① 敦煌出土的史料（P3813）中，确认了包含不完整之判在内的十九道判，但其中引用律条文以"律云"形式出现的只有两例。一是"河南县丞便官钱事"之判，引用了《厩库律》中的"诸监临主守以官物私自贷，若贷人及贷之者，无文记，以盗论；有文记，准盗论"；二是拷问毒杀豆其谷遂案件的嫌疑人时，引用了《名例律》中的"诸犯罪时虽未老疾，而事发时老疾者，依老疾论；……犯罪时幼小，事发时长大，依幼小论"。可是，并非所有的（转下页）

那么，以《旧唐书》《新唐书》为代表的文献资料又如何呢？《汉书》《晋书》等确认了围绕案件论断的司法官上奏文书中的征文主义。然而，即使在唐代的典籍中记载了上奏文及诏里以"律云"形式引用律的条文，但是却很少有史料记载在裁判的论断中引用律、令的条文，并就案件是否适用该规定进行充分讨论的判例。[①]

虽然这方面的资料很稀少，但以下两例曾在论断中引用了律。

〈例A〉

> 贞观元年，迁大理少卿，时吏部尚书长孙无忌尝被召，不解佩刀入东上阁。尚书右仆射封彝议以监门校尉不觉，罪当死；无忌误带入，罚铜二十斤。上从之。胄驳曰："校尉不觉与无忌带入，同为误耳。臣子之于尊极，不得称误，准律云：'供御汤药、饮食、舟船，误不如法者，皆死。'陛下若录其功，非宪司所决；若当据法，罚铜未为得衷。"太宗曰："法者，非朕一人之法，乃天下之法也，何得以无忌国之亲戚，便欲阿之？"更令

（接上页）判都会引用据以定案的律、令，会引用的只是少部分。概言之，从中我们可体会到并非征文被附加了条件，而是征文主义有所后退了。泷川政次郎氏认为判文中拟律的部分被删除了。

唐代的判决书一定引用律令格式的条文作为断罪的根据吗，现存的判中没有一例明确引用律令格式的条文。难道这说明现存的判是根据臆想做出的？若非如此，那就是因为削去名士判决的事实和拟律的部分，只留下说理部分所致。 （泷川氏：《論龍筋鳳髓判》，载《社會經濟史學》10—8，1940年，第3页。）

而大野仁氏也这样认为，其理由有若干，可从。参见前揭大野氏《唐代の判文》，第270页。

① 《通典》卷一六六、一六七《杂议上·下》收录了关于裁判案件的议论。应予注意从汉至北魏、南朝梁时期围绕论断的议论中，很容易看到引用律文展开讨论的情况，但到了唐朝，这种征文主义就很难看到。

定议。德彝执议如初，太宗将从其议，胄又曰："校尉缘无忌以致罪，于法当轻。若论其误，则为情一也，而生死顿殊，敢以固请。"上嘉之，竟免校尉之死。　　　　　（《旧唐书·戴胄传》）

〈例 B〉

　　二年四月，刑部员外郎孙革奏："京兆府云阳县人张莅，欠羽林官骑康宪钱米。宪征之，莅承醉拉宪，气息将绝。宪男买得，年十四，将救其父。以莅角牴力人，不敢捽解，遂持木锸击莅之首见血，后三日致死者。准律，父为人所殴，子往救，击其人折伤，减凡斗三等；至死者，依常律。即买得救父难是性孝，非暴；击张莅是心切，非凶。以髫卝之岁，正父子之亲，若非圣化所加，童子安能及此？《王制》称五刑之理，必原父子之亲以权之，慎测浅深之量以别之。《春秋》之义，原心定罪。周书所训，诸罚有权。今买得生被皇风，幼符至孝，哀矜之宥，伏在圣慈。臣职当谳刑，合分善恶。"敕："康买得尚在童年，能知子道，虽杀人当死，而为父可哀。若从沉命之科，恐失原情之义，宜付法司，减死罪一等。"　　　　　（《旧唐书·刑法志》）

　　例 A 所言是长孙无忌不解佩刀入东上阁，而监门校尉未能察觉的案件。这虽是过失，但依律不得对皇帝有任何过失。这一点有《名例律》十恶中的"大不敬"之条 [1] 作为根据。《名例律》"大

---

[1]《唐律疏议·名例律》"十恶"条之六曰："大不敬。（谓盗大祀神御之物、乘舆服御物，盗及伪造御宝，合和御药误不如本方及封题误，若造御膳误犯食禁，御幸舟船误不牢固，指斥乘舆情理切害及对捍制使而无人臣之礼。）"

不敬"所说的错误是指负责御药、御膳、御舟之人的过错,由于这些严重影响皇帝的生命健康而适用重罚,故将其作为十恶之一纳入。案中引用《名例律》的部分是"臣子之于尊极,不得称误",只是为了说明对皇帝不得有"误";而不是要证明因长孙无忌、监门校尉犯了《名例律》十恶中的"大不敬",应依该规定予以断罪。长孙无忌最后只被罚铜二十斤但无明文依据这一点也是明确的,即便是该史料也难以说明唐代实行征文主义。本案中的律之引用,不是为了说明案件满足律的条文所规定的要件,而是为了方便更顺利地展开议论,毋宁说这表明其并不重视征文主义。

史料B亦同之。本书第三部第三章《正义的杀人》也引用了该史料,对复仇的研究颇具意义。本案中,欲救父之子的行为致人死伤,依律——即《斗讼律》:"诸祖父母、父母为人所殴击,子孙即殴击之,非折伤者,勿论;折伤者,减凡斗折伤三等;至死者,依常律。"——应适用杀人的常律,刑部员外郎孙革的上奏也以此为根据具申了意见。但本案中的律之引用,从此后他的意见来看,是为了向皇帝请求依至孝情况酌量减免犯罪的刑罚,他是以否定、不采用该律之条文为前提的,故无法据此确认实行征文主义的事实。[①] 倒不如说这一史料是后述的使征文主义后退之"超出法规定的灵活措施"——即"曲当"的案例。

的确,如果只因为资料有限而无法得到检验,就否定论断犯罪的司法关系文书未引用律的正文,未免太过简单,而且也难免危险的主观臆测之讥,笔者对此十分清楚。但是,尽管知道该批评,

---

① 本书第三部分第三章《正义的杀人》对此有所涉及。当时,关于复仇,论争激烈,再有,复仇的论断和皇帝的超法规举措之关系亦颇受关注。以此背景观察上文中的史料,我们可以认为,为了表明复仇的正当性,此处引用了本应否定的律内容。

笔者还是认为,唐代的判决文书中,引用唐律条文的征文主义很薄弱。也许存在引用律以外的法规、皇帝命令等制作判决文书的情形,或者很可能将判决依据的某些准则在文书中显示出来。但是,还是不得不说唐律的征文是极少的。

这是为什么呢? 这是因为汉律和唐律作为法典的性质发生了变化。实际上,通过文献资料追查引用律之正文判决的情况,就可以发现征文主义从北魏后半期开始逐渐衰落。

针对北魏延昌三年(514)和卖事件的议论,记录在《魏书·刑罚志》、《通典》卷一六七中。[①]

> (三年,尚书李平奏)冀州阜城民费羊皮母亡,家贫无以葬,卖七岁子与同城人张回为婢。回转卖于鄃县民梁定之,而不言良状。案盗律和卖为奴婢者,死。回故买羊皮女,谋以转卖。依律处绞刑。
>
> 诏曰:"律称和卖人者,谓两人诈取他财。今羊皮卖女,告回称良,张回利贱,知良公买。诚于律俱乖,而两各非诈。然回转卖之日,应有迟疑,而决从真卖。于情固可处绞刑……
>
> 三公郎中崔鸿议曰:按律,卖子一岁刑,五服内亲属在尊长者死,卖周亲及妾与子妇者流。盖以天性难夺,支属易遗,又尊卑不同,故殊以死刑。且买者于彼无天性支属,罪应一例。明知是良,决便真卖,因此流漂,家人不知,追赎无踪,永

---

① 以下的引用出自《通典》卷一六七,同文在《魏书·刑罚志》、《册府元龟》卷六一五也可看到。各种资料互有异同,还因版本不同而存在差异。而且,有学者指出《魏书·刑罚志》有脱页(参见内田吟风:《〈魏書·刑罰志〉缺葉考》,载氏著《北アジア史研究·鲜卑柔然突厥篇》,同朋舍1975年版)。但是,这对旨在阐明引用律进行议论的本文影响不大。

沈贱隶。按其罪状，与掠无异。

如上所见，该案件的议论认真地引用律的条文。暂且可以确认征文主义确实到6世纪初叶的北魏末年时仍被继承。[①] 之后，以北魏为分界线，律的性质发生了变化。笔者拟从以下五个方面思考该变化及其主要原因：（1）律和令；（2）律和经；（3）反征文主义的传统；（4）唐律条文的非实用性质；（5）新实用法规的诞生。希望借此使大家能够认同引用唐律条文的征文主义变得薄弱的这一事实。

---

① 南朝似乎也同样引用律文处断犯罪。比如，《通典》卷一六七记载的南朝宋时期的下面这起案件。

孔渊之大明中为尚书比部郎。时安陆应城县人张江陵与妻吴共骂母黄，黄忿恨自缢死，遇赦。律文："子杀伤殴父母，枭首；骂詈，弃市。妇谋杀夫之父母，亦弃市。遇赦，免刑，补冶。"

江陵骂母，母以之自裁，重于伤殴，若同杀科，则疑重；同伤殴及骂科，则疑轻。准制：唯有打母遇赦犹枭首，无骂母致死遇赦之科。

渊之议曰："夫题里逆心，仁者不入，名且恶之，况乃人事。故殴伤咒诅，法所不原，詈之致尽，则理无可宥。罚有从轻，盖疑失善，求之文旨，非此之谓。江陵虽遇赦恩，故合枭首。妇本义以，爱非天属，黄之所恨，情不在吴，原死补冶，有允正法。"

《通典》卷一六七还引用了南朝梁的下面这个案例。

沛郡相县唐赐往比村朱起母彭家饮酒还，得病，吐蛊虫十余枚。临死，语妻张，死后刳腹出病。死后，张手自破视，五脏悉糜碎。郡县以张忍行刳剖，赐子副又不禁驻，事起赦前，法不能决。按律，伤死人四岁刑，妻伤夫五岁刑，子不孝父母弃市，并非科例。

三公郎刘勰议："妻痛遵往言，儿识不及理，考事原心，非存忍害，谓宜哀矜。"

吏部尚书顾觊之议曰："法移路尸，犹为不道，况在妻子，而忍行凡人所不行。不宜曲通小情，当以大理为断。谓副不孝，张同不道。"诏如觊之议也。

三、从汉律到唐律的变化

（一）律和令的法典

在思考汉律和唐律法典性质的变化时，首先应追溯自汉至唐之间大约一千年的法典编纂历程。

关于从中国古代到中世的律令变迁，我在第一章《通往晋泰始律令之路》里探讨了秦汉律令的法的形式，还论及作为刑罚法规的律和作为行政法规的令这两种法典成立于 3 世纪的晋泰始律令，及其与此后的唐律、唐令的联系。

其内容概要大致如下。

汉令即是皇帝下达的诏，条文形式也保持着皇帝诏令原有的形态。这些令的汇集编纂、整理，只不过是简单地给文档标上号码后，不断地收集、补充进去，甚至连具体的事项名称都没有，也不具有法典的典籍形式，可以说汉令是不成熟的法令、法规。令既包含临时性的皇帝命令，也包含恒常性的皇帝命令，在适当的时候，汉律就将其中具有恒常性的内容编纂至固有的篇名之下。然而，在从律的第一篇到最终篇均具备固定的"篇章之义"的典籍即法典，并不存在。律从西汉末至东汉时期，受经书的影响，将主要的九种法规归于"九章律"名下，并以此为正律，其外缘还有诸多的单行律和补充律。这可以说是律法典化的第一阶段。不久，曹魏制定新律，完成了由十八篇构成的魏律，标志着律成为法典。只是，魏律与汉律一样，包含刑罚法规和非刑罚法规两大类，这点与唐律、令中所见的内容没有差异，但尚不能称之为刑罚法典。

曹魏的时代，部分令与汉令在形式和内容上均无变化，成为典籍化的令典还需要一些时间。

令作为典籍,且在内容上变为行政法规,是以晋泰始四年(268)的晋令四十卷为开端,至此,律典(刑罚法规)和令典(非刑罚、行政法规)两大法典成立。两大法典诞生的原因之一是书写材料由简牍变为纸张,晋令就随之从具有文件优势的简牍转为书写在已经运用于书籍领域的纸张上,由此,令典这种法典就产生了。另外,还有一个内在的思想因素。那就是兴盛于东汉时期的礼教主义,礼的理念被运用到现实的法令中。① 如果礼是理念具象化后的形式,那么行政领域的具象就是令(令典)。晋《泰始令》以前已经盛行的若干礼典,就是记载理想统治行政方式的经书。但在制定令典之际,作为行政法规的典籍也为其诞生贡献了一份力。晋泰始律令就在这两个潮流中产生。

这样的趋势一直延续到北魏、北周。众所周知,《周礼》记载了周朝理想的政治制度,那么将《周礼》援用至实际的行政过程中,虽然令更加趋近礼,但不仅令典,就是律也一样受礼的强烈影响。笔者认为,这可以定位为法典和经典的结合,甚或律典的经书化。

(二)经书化的律

西汉时期,简牍是根据书写内容决定其长度。一般的文书是一尺之札,皇帝的诏书是书写在一尺一寸的简牍上,比皇帝的命令更具权威的经书则用二尺四寸的简。相关简牍长度的确定与制度化并非一次形成的,而是根据书写内容与权威性在时代变迁中逐步形成的。一尺一寸的诏书简大约是在平定吕氏之乱后,为了重塑皇帝的权威而正式将其明确化;经书简的确定是因为武帝时经书地位高于其他书籍,伴随着设置博士弟子员这种立法化而采取

① 参照祝总斌《略论晋律之"儒家化"》,载《中国史研究》1985 年第 2 期。

的一种措施。故而律开始记载在二尺四寸的简上，即所谓的"三尺之律"，是在经书简的长度确定后不久，时间大约在公元前100年左右。律本身不含有皇帝的言论，因此，为了赋予无法写在一尺一寸简牍之上的律以令以上的法律权威，于是就将律视为与经书一样的永世大典，律的正文遂与经一样记载在二尺四寸的简上。如此，律和经书就具有同等的价值地位，这是律典经书化的第一步。[1] 这一点也是在第一章有所阐论的内容。

这样一来，律典被置于与经书对等的位置，不久之后律就被视作经书了。也就是说，作为实用书的律和作为思想书的经逐步一体化，当时的学者、法律家也把律视同经典，与经典一样作为训诂的对象。自此，律的性质也悄然发生变化。这一点可以从律的注解、律说等方面着手进一步考察。

律的注解是何时开始出现的？在某种意义上说，云梦睡虎地出土的《法律答问》210支简采取问答形式解释律文用语和解说个别案例的条文适用，也可以称作注解、律说。但是，这是出自法律家之手的独自的解释——与后文的"章句"——有所不同。

研究律、令的学者辈出，盛行解说律文的术语和内容的情况，是在东汉以后。永元六年（94），陈宠上奏整理后的律令内容中称"汉兴以来，三百二年，宪令稍增，科条无限。又律有三家，说各驳异"（《后汉书·陈宠传》），据说三大律学流派互相展开论驳争鸣。后来，郑玄、马融等的律学成为主流。

《晋书·刑法志》就魏明帝（226—239年在位）时期法律家及其解释（章句）的兴盛，有如下记载：

---

① 参见拙著《文書行政の漢帝国》第二章《視覺簡牘の誕生——簡の長さについての一考察》，名古屋大学出版社2010年版。

后人生意,各为章句。叔孙宣、郭令卿、马融、郑玄诸儒章句十有余家,家数十万言。凡断罪所当由用者,合二万六千二百七十二条,七百七十三万二千二百余言,言数益繁,览者益难。天子于是下诏,但用郑氏章句,不得杂用余家。

这里所述"后人生意,各为章句……",是说后来的学者述说各自的思考,分别撰写章句。共出现叔孙宣、郭令卿、马融、郑玄等十几家的章句,每家达到几十万言。论断犯罪时所应依据的规定达到二万六千二百七十二条……应该参考何者为好,十分为难。于是,规定只采用郑玄的章句,其余诸家之说一律不得采用。

之后,过了二十多年,也就是晋朝建立前夕,只采用郑玄章句的做法逐渐暴露出问题。

文帝为晋王,患前代律令本注烦杂,陈群、刘邵虽经改革,而科网本密,又叔孙、郭、马、杜诸儒章句,但取郑氏,又为偏党,未可承用。于是令贾充定法律,令与太傅郑冲、司徒荀𫖮、中书监荀勖、中军将军羊祜、中护军王业、廷尉杜友、守河南尹杜预、散骑侍郎裴楷、颍川太守周雄、齐相郭颀、骑都尉成公绥、尚书郎柳轨及吏部令史荣邵等十四人典其事。

(《晋书·刑法志》)

这样,令贾充修改法律后不久的泰始四年(268),公布了泰始律令。

围绕东汉至晋时期有关律学、律学家的一系列史料,在此想探讨几个问题。

首先,所谓的"章句",原意是文章和文节,但后来意指对一章或一句的注解,特别是指"章句学"所代表的儒家经典的注解,即训诂学。《汉书·艺文志》列举了有关《易经》的施、孟、梁丘三家的《章句》,有关《尚书》的《欧阳章句》三十一卷,大、小《夏侯章句》各二十九卷,有关《春秋》的《公羊章句》三十八篇、《穀梁章句》三十三篇等,还有西汉成帝时期张禹的《论语章句》。①

到了东汉时期,"○○章句"形式的经书注解书愈益增多。光武帝末年的中元元年(56),因五经章句过于繁多,于是下诏命令整理减少之,二十多年后的章帝建初四年(79),又召集诸儒讨论五经的各种学说,此即白虎观会议。②

"章句小儒"是当时用来揶揄拘泥于训诂之儒者的词汇。③但是这个揶揄说法正好从反面说明当时儒者的注解训诂是多么盛

---

① 《汉书·张禹传》:

初,禹为师,以上难数对己问经,为论语章句献之。始鲁扶卿及夏侯胜、王阳、萧望之、韦玄成皆说论语,篇第或异。禹先事王阳,后从庸生,采获所安,最后出而尊贵。诸儒为之语曰:"欲为论,念张文。"由是学者多从张氏,余家寖微。

② 《后汉书·章帝纪》:

十一月壬戌,诏曰:"盖三代导人,教学为本。汉承暴秦,褒显儒术,建立五经,为置博士。其后学者精进,虽曰承师,亦别名家。(李贤注,言虽承一师之业,其后触类而长,更为章句,则别为一家之学。)孝宣皇帝以为去圣久远,学不厌博,故遂立大、小《夏侯尚书》,后又立京氏《易》。至建武中,复置颜氏、严氏《春秋》,大、小戴《礼》博士。此皆所以扶进微学,尊广道艺也。中元元年诏书,五经章句烦多,议欲减省。至永平元年,长水校尉儵奏言,先帝大业,当以时施行。欲使诸儒共正经义,颇令学者得以自助。孔子曰:学之不讲,是吾忧也。又曰:博学而笃志,切问而近思,仁在其中矣。於戏,其勉之哉!"于是下太常,将、大夫、博士、议郎、郎官及诸生、诸儒会白虎观,讲议五经同异。

③ 《汉书·夏侯胜传》:

又从五经诸儒问与尚书相出入者,牵引以次章句,具文饰说。胜非之曰:"建所谓章句小儒,破碎大道。"建亦非胜为学疏略,难以应敌。

行。当然,章句是以儒学经典为核心,但也适用在与经书具有同等性质的律上,如应劭的《律本章句》和郑玄的《律章句》。

可以说"后人生意,各为章句。叔孙宣、郭令卿、马融、郑玄诸儒章句十有余家,家数十万言"及"但用郑氏章句,不得杂用余家"两句,恰当地描述了到白虎观会议时的儒学状况。律的章句即注解,以及律学家的姿态,可谓是经书训诂学者的延伸。

关于律的训诂情况,应该利用好现在仅存的对律的条文的少量注解——这也被称作"律说"并被正史的注解所引用——进行更加具体的研究。

1.

景帝、武帝时期,为了抑制诸侯而制定了"左官"、"附益"、"阿党"等法律,可惜这些法规的条文未能保留下来,其内容只能参考注释家的解释。其中,魏时张晏援引《律郑氏说》对"附益"的解释是"封诸侯过限曰附益"。

这种解释果真是"附益"的正确含义吗? 所谓"左官",应劭解释为"舍天子而仕诸侯",所谓"阿党",张晏认为是"诸侯有罪,傅相不举奏"。两者都是指诸侯身边的人效忠诸侯更胜于汉王室,所指对象为诸侯所用的身边臣子。那么,与之并列的"附益",按理也应当解释为违反法律实施有利于诸侯之事,其对象还是效劳于诸侯之人,或者与诸侯有关联的其他诸侯。"左官"、"附益"、"阿党"都是通过约束诸侯的追从者,以到达削弱诸侯势力之目的的法规。

而郑玄《律说》解释是"封诸侯",但"封邦建国"属于汉王朝专权决定的事项,把"附益"看成有关封建的规定是讲不通的。①

如今仍不清楚郑玄是在怎样的背景下对"附益"作《律说》的。在西汉景帝、武帝时期，"附益之法"旨在抑制王国的诸侯，而约300年后的郑玄所处的时代，诸侯王的权威业已消灭，那"附益之法"是否仍作为现行法规存在着，对此我明确秉持否定的态度。《律说》不是为现行法规的运用提供实用的、辅助性的法解释，而只是对儒者经书的条文、词汇的训诂，对法律运用并不产生影响。

关于对法律运用不产生影响这一点，下面的例子也可以说明。

---

① 《汉书·诸侯王表》：

　　景遭七国之难，抑损诸侯，减黜其官。武有衡山、淮南之谋，作左官之律，（服虔曰："仕于诸侯为左官，绝不得使仕于王侯也。"应劭曰："人道上右，今舍天子而仕诸侯，故谓之左官也。"师古曰："左官犹言左道也。皆僻左不正，应说是也。汉时依上古法，朝廷之列以右为尊，故谓降秩为左迁，仕诸侯为左官也。"）设附益之法（张晏曰："律郑氏说，封诸侯过限曰附益。或曰阿媚王侯，有重法也。"师古曰："附益者，盖取孔子云'求也为之聚敛而附益之'之义也，皆背正法而厚于私家也。"）诸侯惟得衣食租税，不与政事。刘宝楠《论语正义·先进篇第十一》的注释："郑注此云：求，冉有名也。季氏富矣，而求聚民财以增之。"虽然刘宝楠提及"郑云"，但该注解引用的却是《太平御览》卷四百七十一《人事部·富上》："又曰：季氏富于周公，而求也为之聚敛而附益之。子曰：'非吾徒也。小子鸣鼓而攻之，可也。'（求，冉有名也。季氏富矣，而求聚民财以增之。……）"并没有明确记载这就是郑玄注。

《汉书·高五王传》：

　　自吴楚诛后，稍夺诸侯权，左官附益阿党之法设（张晏曰："诸侯有罪，傅相不举奏，为阿党。"师古曰："皆新制律令之条也。左官，解在《诸侯王表》。附益，言欲增益诸侯王也。"）。其后诸侯唯得衣食租税，贫者或乘牛车。

《后汉书·丁鸿传》：

　　臣愚以为左官外附之臣（《前书》："左官附益阿党之法设。"左官者，人道尚右，舍天子而事诸侯为左官。外附谓背正法而附私家），依托权门，倾覆诡谀，以求容媚者，宜行一切之诛。

2.

> 二千石遣都吏循行苏林曰："取其都吏有德也。"如淳曰："《律说》：都吏今督邮是也。闲惠晓事，即为文无害都吏。"师古曰："如说是也。"
>
> （《汉书·文帝纪》）

这是如淳所引有关"都吏"的《律说》。汉律中涉及二千石官的属官"都吏"者，的确多达数条。

> ……气（乞）鞫者各辞在所县道，县道官令、长、丞谨听，书其气（乞）鞫，上狱属所二千石官，二千石官令都吏覆之。……
>
> （《二年律令·具律》116）
>
> （要求再审者在各自居住的县、道供述，县道官的令、长、丞认真受理，将再审请求写成书面文书，上诉到享有案件管辖权的二千石官。二千石官令都吏复审之。）

> 县道官令长及官毋长而有丞者节（即）免、徙，二千石官遣都吏效代者。唯（虽）不免、送（徙），居官盈三岁，亦辄遣都吏。
>
> （《二年律令·效律》347）
>
> （县道官令长，以及官无长而有丞者，若他们有被罢免或迁徙的变动，二千石官就派遣都吏去核验以待继任者。即使没有被罢免或迁徙的变动，但为官三年以上的，亦会派遣都吏……）

> 县道官所治死罪及过失、戏而杀人，狱已具，勿庸论，上狱属所二千石官。二千石官令毋害都吏复案，问（闻）二千石

官……   (《二年律令·兴律》396)

（县道官审理有关死罪以及过失、游戏杀人案件时，即使在审判中罪状清晰也不能擅自论断，应上报给所属的二千石官。二千石官命令与案件无利害关系的都吏复审，再向二千石官报告。）

关于都吏的职掌，存在若干个观点，其中有力的说法是如淳引用《律说》"今督邮是也。闲惠晓事，即为文无害都吏"的解释。

"督邮"是否等同于都吏，《律说》中的"今"指的是什么时候，至少应该是汉律为现行法的时代吧。假如是汉代，文中"今"的表达也很难理解：在汉代"都吏"与"督邮"并存，[①]可知汉代的督邮与都吏有别。因此，这至少应该是在如淳的时代，即进入曹魏以后才是自然可信的。进一步而言，笔者认为原本《律说》未解释"都吏"二字的含义。在汉律的条文或者行政、司法文书如前引《二年律令·兴律》第396简那样，均使用"毋害都吏"这四个字的惯用词。[②]"都吏"是负责监察、狱讼方面的工作这点固然

[①]《汉书·韩延寿传》：

（韩）延寿曰："县皆有贤令长，督邮分明善恶于外，行县恐无所益，重为烦扰。"

[②] 试举一个见于居延汉简"毋害都吏"的例子：

……始元二年中，主女孙为河间王后，与捐之偕之国。后丽戎、游从居主机桼弟，养男孙丁子沱。元凤元年中，主死绝户，奴婢没入诣官。丽戎、游俱亡。丽戎脱籍，疑变更名字，匿走绝迹，更为人妻，介罪民间，若死，毋从知。丽戎此时年可廿三、四岁，至今年可六十所。为人中壮，黄色、小头、黑发、隋面、拘颐，常戚额胸顿状，身小长，诈庱少言。书到，二千石遣毋害都吏，严教属县官令以下，啬夫、吏、正、父老，杂验问乡里吏民，赏取婢及免婢以为妻，年五十以上，刑状类丽戎者，……   (73EJT1 :1,1 :2)

没错，^①但冠之以"毋害"或"文毋害"之语有何意义？在《史记》、《汉书》的注中曾引东汉的应劭、服虔，魏的苏林，吴的韦昭，梁的萧该等人的注释。^②魏的如淳引用《律说》"都吏今督邮是也。闲惠晓事，即为文无害都吏"的解释，同样解说为"文毋害"，这样的解说真的正确吗？在此值得一提的还有应劭的注释："虽为文吏，而不刻害也"，但其所撰的《律本章句》如果作为该处的解释的话，则与如淳的解释有异：如淳所引《律说》"闲惠晓事，即为文无害都吏"中的"文"不是指"文法"，而是指"文德"、"慈爱惠民"（《逸周书·谥法解》："道德博厚曰文，慈爱惠民曰文"）。^③

关于律的条文的"文毋害"，在东汉，除了如淳引用的《律说》以外，还有各种解释，未形成统一的学说。这些解释不具有适用律的实效性，说到底只是注释家的一家之言，是犹如经书的解释一样性质的东西。在此基础上进一步推断，律的条文的解释之所以多歧义，正说明律容许多种多样的注释，故解释不确定，以及朝着即使不考虑解释的确定性与法实施的安定性亦无妨的方向引导。

《律本章句》虽是东汉献帝（189—220）时的产物，但在建安元

---

① 从下引居延汉简的简文，也可知悉都吏是执掌监察、逮捕、裁判等司法工作。

　　匿界中，书到遣都吏与县令以下，逐捕搜索部界中，验亡人所隐匿处，以必得为故最，诏所名捕重事，事当奏闻，毋留如诏书律令　　　（179·9）

②《史记·萧相国世家》：

　　萧相国何者，沛丰人也。以文无害，为沛主吏掾。（《集解》：《汉书音义》曰："文无害，有文无所枉害也。律有无害都吏，如今言公平吏。一曰，无害者如言'无比'，陈留间语也。"《索隐》，按：裴注已列数家，今更引二说。应劭云："虽为文吏，而不刻害也。"韦昭云："为有文理，无伤害也。"）

③ 将文毋害解释为"虽为文法之吏，而不刻害"，是我的误解。从语法构成来看，"文和毋害"是并列的，"文"并非"毋害"的修饰语，所以无法引出其中的特别含义或者"文法之吏"的解释。今从上注韦昭的解释"有文理，无伤害也"、"公平吏"。

年（196）应劭上奏的文书中，可以看到以下内容。

> 夫国之大事，莫尚载籍。载籍也者，决嫌疑，明是非，赏刑
> 之宜，允获厥中，俾后之人永为监焉。……臣累世受恩，荣祚
> 丰衍，窃不自揆，贪少云补，辄撰具《律本章句》《尚书旧事》、
> 《廷尉板令》《决事比例》《司徒都目》《五曹诏书》及《春秋
> 断狱》凡二百五十篇。蠲去复重，为之节文。
>
> （《后汉书·应劭传》《晋书·刑法志》）

对应劭而言，汉律和汉制度说到底是记载过去的制度、故事的
书籍，是推行政治时可资参考的书而已，不是指在司法事务中实际
处理诉讼案件时运用法规集和法律用语的定义。

3.

> 治河卒非受平贾者，为著外繇六月。如淳曰："《律说》：平贾
> 一月得钱二千。"
>
> （《汉书·沟洫志》）

如淳引用《律说》解释"平贾"这两字。说起"平贾"，汉律的规定
中确实可以散见该词。

> 发传所相（？）去远，度其行不能至者□□□□□长，官皆
> 不得释新成。使非有事，及当释驾新成也，毋得以传食焉，而
> 以平贾（价）责钱。非当发传所也，毋敢发传食焉。为传过员，
> 及私使人而敢为食传者，皆坐食臧（赃）为盗。
>
> （《二年律令·传食律》229、230）

刍稿节贵于律,以入刍稿时平贾(价)入钱。

(《二年律令·田律》242)

诸当赐,官毋其物者,以平贾(价)予钱。

(《二年律令·赐律》290)

有罚、赎、责(债),当入金,欲以平贾(价)入钱,及当受购,偿而毋金,及当出金、钱县官而欲以除其罚、赎、责(债),及为人除者,皆许之。各以其二千石官治所县十月金平贾(价)予钱,为除。　　(《二年律令·金布律》427、428)

亡、杀、伤县官畜产,不可复以为畜产,及牧之而疾死,其肉、革腐败毋用,皆令以平贾(价)贾偿。入死、伤县官,贾(价)以减偿。　　　　(《二年律令·金布律》433)

"平贾"也就是《二年律令·盗律》(80、230)等记载的"所平贾","平"通假"评",评价(平贾)就是评算物价的标准价格。平贾之意在汉律的条文中多有体现:"毋得以传食焉,而以平贾(价)责钱。"(230)"有罚、赎、责,当入金,欲以平贾(价)入钱,……皆许之。"(427)"亡、杀、伤县官畜产,不可以复以为畜产,及牧之而疾死,其肉、革腐败毋用,皆令以平贾(价)偿。"(433)

尚不确定如淳引用的《律说》是对哪个条文的注释。但是,对"一月得钱二千"这样确定的数值是否适用于汉律的条文,我颇为怀疑。《汉书·沟洫志》"治河卒非受平贾者,为著外繇六月"中,确实注解"平贾"是"月二千钱",该解说有一定的意义。但平贾随时间推移具有可变化性,钱二千的定额遂与律文"平贾"的语义乖离。而且,《汉书·沟洫志》所见的记载是西汉成帝时期的,那时钱的计算标准是以月为单位,但到了东汉建武三年(27),雇佣价格有时会以谷物按日计算,那么就不得不怀疑如淳所引《律说》之律的语义其正确程度究竟如何。①

> 恩子男钦,以去年十二月廿日,为粟君捕鱼,尽今年正月闰月二月,积作三月十日,不得贾直。时市庸平贾,大男日二斗为谷廿石…… （E.P.F22 :26）

《律说》是注释家的任意训诂,类似于竞相标榜自己学识高深的经书之训诂。比起法律实用层面的用语解说,《律说》更像是解说者以律的条文以及法制用语的解释来陈述自己的训诂学知识、表现自我的一种形式。

以上是以东汉末至三国、晋的《律说》为例,探究律注释的内容及其特征。从中显现出来的律注释的特点如下:

（1）律注释于东汉后期涌现出马融、郑玄等十余家的"律

---

① 关于"平贾"一词,《周礼·天官·小宰》:"七日,听卖买以质剂"郑司农解释:"质剂,谓市中平贾,今时月平是也。"对此,后郑即郑玄反论:"质剂谓两书一札,同而别之,长曰质,短曰剂,傅别质剂,皆今之券书也,事异,异其名耳。"同样,《周礼·地官·质人》:"凡卖价者质剂焉,大市以质,小市以剂"后附注解曰:"郑司农云:'质剂,月平贾也。质大贾,剂小贾。'玄谓:质剂者,为之券藏之也。大市,人民、牛马之属,用长券;小市,兵器、珍异之物,用短券。"现在如淳引用《律说》"平贾一月得钱二千",就是指"月平"。
至少可以确认经书的注释与律的注释是同一类型的。作为标准价格的平贾是否以月为单位计算,即平贾是否等于月平、月平贾? 笔者认为可因对象而异。

章句",但停留于注释家的各自解释层面,正如其"章句"之名称所示,是与经学书的注释、训诂学属于同一性质的。

（2）魏明帝时,关于律的诸家学说中,郑玄之章句应作为参考而被采用。但这是不是意味着郑玄的《律说》是对汉律的条文的正确解释呢? 非也。说到底只是训诂学者的私人解释罢了。

（3）郑玄、如淳引用《律说》等都是以汉律的条文为对象,该对象并非他们同时代的现行法规,律书只不过被作为记载过去的制度、故事的书籍来对待而已。

（4）因此,其作为辅助现行法规适用的实用性法解释参考书的特质薄弱,既非为了处理裁判案件而解释法律用语的定义,亦非为了确定犯罪而解说犯罪的构成要件。对律的条文之解释不固定且多歧,这也说明当时并未特别顾及司法事务的处理。

从以上四点可以推导出的结论是,律章句和经书的训诂一样,各个注释家将自己的训诂学知识从经书扩展到与之同一地位的律书上,意味着法典的经书化、典籍化。晋王（晋文帝）之所以偏向只采用郑玄的章句,或许就是因为律章句与适用律的实用性参考书越行越远。假如旨在建立法适用的安定性,那么就不可能出现"偏党"的批判。

笔者还想进一步指出：本应该作为实用性法律书的律,却被当作与经书注释一样的书籍来对待,这不仅使律文本身的实用性变得薄弱,而且开启了使断罪、判决时应当遵守的规范转向等同于经书的思想书、政治书之道。

2003 年,在甘肃省玉门花海发现五胡十六国中西凉、北凉时期

（360—400）的古墓,墓的棺盖上覆有书写于布制品的晋律。其最后可释读为"凡五二万二千四十言……诸侯律注第廿"的记载,这是书籍式的律注释情形。[1]

另外,南齐武帝时期,王植之将张斐（731 条）、杜预的注释（791 条）合并为一书,共 1530 条的律的注释。[2] 这可谓是律注集成的"书籍"。

（三）从征文到曲当

从本章的第一节开始,笔者多次使用"征文"、"征文主义"的言语展开论述。在此就该词汇的含义予以阐明:所谓"征文",是指在定罪量刑时,引用法特别是律之条文所规定的要件,辨别要件是否充足并作出处断。与之相对的词汇是"曲当",其含义是:仔细研究犯罪行为的事实情况乃至犯罪动机,以不排除偏离律文规定的灵活性进行定罪量刑。

"曲当"与"征文"见载于《晋书·刑法志》惠帝元康元年（291）晋三公尚书刘颂的上疏文。它引发一场讨论:在判决时是将法律的条文作为准绳权衡,还是考虑心理情感灵活处理。在讨论中这两个术语就作为相对的关键词出现。

尽管有些冗长,但还是想在此引用出自晋惠帝元康初年（291）

---

① 参见富谷至《近年出土した中國古代の法律》,载浦野聪、深津行德编著《古代文字史料の中心性と周緣性》,春风社 2006 年版。
② 《隋书·刑法志》:
　梁武帝承齐昏虐之余,刑政多僻。既即位,乃制权典,依周、汉旧事,有罪者赎。其科,凡在官身犯,罚金。鞭杖杖督之罪,悉入赎停罚。其台省令史士卒欲赎者,听之。时欲议定律令,得齐时旧郎济阳蔡法度,家传律学,云齐武时,删定郎王植之,集注张、杜旧律,合为一书,凡一千五百三十条,事未施行,其文殆灭。

三公尚书刘颂上疏的部分内容：

臣窃伏惟陛下为政，每尽善，故事求曲当，则例不得直；尽善，故法不得全。何则？夫法者，固以尽理为当，而上求尽善，则诸下牵文就意，以赴主之所许，是以法不得全。

刑尽征文，征文必有乖于情听之断，而上安于曲当，故执平者因文可引，则生二端。是法多门，令不一，则吏不知所守，下不知所避。奸伪者因法之多门，以售其情，所欲浅深，苟断不一，则居上者难以检下，于是事同议异，狱犴不平，有伤于法。

古人有言："人主详，其政荒；人主期，其事理。"详匪他，尽善则法伤，故其政荒也。期者轻重之当，虽不厌情，苟入于文，则循而行之，故其事理也。夫善用法者，忍违情不厌听之断，轻重虽不允人心，经于凡览，若不可行，法乃得直。

……"善为政者，看人设教。"看人设教，制法之谓也。又曰："随时之宜。"当务之谓也。然则看人随时，在大量也，而制其法。法轨既定则行之，行之信如四时，执之坚如金石，群吏岂得在成制之内，复称随时之宜，傍引看人设教人设教，以乱正典哉！何则？始制之初，固已看人而随时矣。今若设法未尽当，则宜改之。若谓已善，不得尽以为制，而使奉用之司公得出入以差轻重也。

……上古议事以制，不为刑辟。夏殷及周，书法象魏。三代之君齐圣，然咸弃曲当之妙鉴，而任征文之直准，非圣有殊，所遇异也。今论时敦朴，不及中古，而执平者欲适情之所安，自托于议事以制。臣窃以为听言则美，论理则违。然天下至大，事务众杂，时有不得悉循文如令。故臣谓宜立格为限，使主者守文,死生以之,不敢错思于成制之外,以差轻重,则法恒全。

……夫出法权制,措施一事,厌情合听,可适耳目,诚有临时当意之快,胜于征文不允人心也。然起为经制,终年施用,恒得一而失十。故小有所得者,必大有所失。

……忍曲当之近适,以全简直之大准。不牵于凡听之所安,必守征文以正例。每临其事,恒御此心以决断,此又法之大概也。

又律法断罪,皆当以法律令正文,若无正文,依附名例律断之,其正文名例律所不及,皆勿论。

以上引用的刘颂意见,不过是《晋书·刑法志》记载其上疏的一部分内容,疏文本身远比上揭引文来得长。摘抄的内容是想强调"征文之直准"(以引用律的条文为基准处断)与"曲当之妙鉴"(对个别案件根据实际情况和人情世故而细致灵活地处理)两者对峙时,主张只有前者才能保证法的机能,进而创造稳定的政治局面。该主张兴起于3世纪的西晋末期,但在刘颂展开该讨论时,征文在判决领域并未得到贯彻,相反,在个别案例中"曲当"的适用反而更加凸显。

律的条文不可能对应所发生的一切犯罪、案件。那么,究竟该如何适用法令呢？是尽可能避免类推适用、严格遵照明文规定呢,抑或是根据具体情况与动机状态灵活处理呢？这是围绕法的机能和安定性时常面临的课题。只是,比起"征文"来说,"曲当"的比重往往更多。

比起"征文"而言更偏向"曲当"的情况,在皇帝及高级官僚那儿是如此,在最初处理案件的下级司法人员那儿也是如此。在以皇帝为首的执政者看来,刘颂所谓"陛下为政,每尽善",是指赐恩施德的德治,细致灵活地处理案件,在表面上给人以实行德治的印象。然而,"曲当"这种超法规的灵活处置,一方面显示不受法律规制的皇权的绝对性,法沦为维持统治权力的工具。另一方面,在负责裁判的司法人员看来,"曲当"是作为一种对律的条文的曲解、任意解释而出现的。这就导致规避处罚、迎合权力等法的滥用,在处理宗庙、陵墓、宫殿等有关皇帝、王朝的案件时,表现得尤为显著。这就是从西汉时期开始常见于史书的所谓"舞文法"、"舞文弄法"。① 但与刘颂上疏相前后的晋尚书裴頠也认为目不忍睹的恣意用法、"曲议"是个大问题。②

———————————

① 《史记·汲黯列传》:

　　然御史大夫张汤智足以拒谏,诈足以饰非,务巧佞之语、辩数之辞,非肯正为天下言,专阿主意。主意所不欲,因而毁之;主意所欲,因而誉之。好兴事,舞文法,内怀诈以御主心,外挟贼吏以为威重。

② 《晋书·刑法志》中列举了如下几个恣意适用法的例子。

　　至惠帝之世,政出群下,每有疑狱,各立私情,刑法不定,狱讼繁滋。尚书裴頠表陈之曰:夫天下之事多涂,非一司之所管;中才之情易扰,赖恒制而后定。先王知其所以然也,是以辨方分职,为之准局。准局既立,各掌其务,刑赏相称,轻重无二,故下听有常,群吏安业也。旧官掖、陵庙有水火毁伤之变,然后尚书乃躬自奔赴,其非此也,皆止于郎令史而已。刑罚所加,各有常刑。

　　去元康四年,大风之后,庙阙屋瓦有数枚倾落,免太常荀寓。于时以严诏所谴,莫敢据正。然内外之意,金谓事轻责重,有违于常。会五年二月有大风,主者惩惧前事。臣新拜尚书始三日,本曹尚书有疾,权令兼出,按行兰台。主者乃瞻视阿栋之间,求索瓦之不正者,得栋上瓦小邪十五处。或是始瓦时邪,盖不足言,风起仓卒,台官更往,太常按行,不及得周,文书未至之顷,便竞相禁止。臣以权兼暂出,出还便罢,不复得穷其事。而本曹据执,却问无已。臣时具加解遣,而主者畏怂,不从臣言,禁止太常,复兴刑狱。……

　　去八年,奴听教加诬周龙烧草,廷尉遂奏族龙,一门八口并命。会龙狱翻,然后得免。考之情理,准之前训,所处实重。(转下页)

脱离征文而恣意适用律,往往包含"曲议"——"对条文恣意地扩大解释",与"曲当"——"灵活运用条文"这两个方面。[1]这是律之规定无法适用于所有案件的法自身所具有的内在一般特征,而当时的人也认识到这一点。

> 刑书之文有限,而舛违之故无方,故有临时议处之制,诚不能皆得循常也。　　　　　　　　　　　　　　(《晋书·刑法志》)

这是裴頠对恣意适用律的警告之语。正因为认识到这一点,"临时议处"才被肯定。但是,除了法本身具有的普遍性特征外,还必须指出的是,在中国的断狱实践中存在曲当优于征文的传统思想。

据说因为刘颂认为"征文"是"乖于情听之断",所以君主偏向"曲当",还不得不"虽不厌情,苟入于文,则循而行之","夫善用法者,忍违情不厌听之断"。这里的"情"是指心理情感,处断犯罪行为时,比起行为的结果,更注重考虑对犯罪行为的心理情感而予以判决。它往往容易被肯定的情形从刘颂疏文的字里行间亦可理解。

(接上页)今年八月,陵上荆一枝围七寸二分者被研,司徒太常,奔走道路,虽知事小,而案劾难测,搔扰驱驰,各竞免负,于今太常禁止未解。近日太祝署失火,烧屋三间半。署在庙北,隔道在重墙之内,又即已灭,频为诏旨所问。主者以诏旨使问频繁,便责尚书不即案行,辄禁止,尚书免,皆在法外。

[1] 所谓"曲议",《资治通鉴》卷八三《晋纪》引胡三省注:"曲议,谓曲法而议,自为浅深",该解释与"曲法"相通。所谓"曲法",《汉书·酷吏传》有"所爱者,挠法活之;所憎者,曲法灭之"之"曲法"。则"曲议"的意思就是"曲法审议"。即"曲当"之"曲"的肯定意思是"不细致直接地适用法律条文",与此相对,其否定含义是"恣意曲解法律条文"。虽然这与"曲"的字义或有出入,但与其作为"直"的反义词是相通的。

注重心理情感的动机主义来源于作为儒教原理的"春秋之义"。"原心定罪"(《汉书·薛宣传》,参照本章114—115页)、"原情定过"(《后汉书·霍谞传》①)是从西汉时期开始的在处断犯罪时经常提到的主张,若是基于善的意志,即使行为具有违法性,也不应当成为处断的对象。这也被后世所继承。

> 诸狱疑,若虽文致于法而于人心不厌者,辄谳之。
>
> (《汉书·景帝纪》)

这是景帝发出的允许请谳的诏书。奏谳行为的背景是"文致于法"(案情符合法律规定),即比起征文更承认曲当的适用余地。②《盐铁论》中儒者(文学)明确主张不应该处罚基于善的意志的违法行为。

> 故春秋之治狱,论心定罪。志善而违于法者免,志恶而合于法者诛。
>
> (《盐铁论·刑德》)

---

① 《后汉书·霍谞传》:

　　霍谞字叔智,魏郡邺人也。少为诸生,明经。……谞时年十五,奏记于商曰:将军天覆厚恩,愍舅光冤结,前者温教许为平议,虽未下吏断决其事,已蒙神明顾省之听。皇天后土,实闻德音。窃独踊跃,私自庆幸。谞闻《春秋》之义,原情定过,赦事诛意,故许止虽弑君而不罪,赵盾以纵贼而见书。此仲尼所以垂王法,汉世所宜遵前修也。传曰:"人心不同,譬若其面。"斯盖谓大小窊隆丑美之形,至于鼻目众窍毛发之状,未有不然者也。情之异者,刚柔舒急倨敬之间。至于趋利避害,畏死乐生,……

② 值得注意的是,此处的"若虽文致于法而于人心不厌者,辄谳之",与刘颂的"虽不厌情,苟入于文,则依而行之"相呼应。

《春秋决事》是《春秋》博士董仲舒向西汉武帝提出的判决案例，事实上是否为董仲舒下的论断尚存疑问，但揭示了凌驾于律条之上的原心定罪的论断法。

> 董仲舒决狱曰：甲父乙与丙争言，相斗，丙以佩刀刺乙，甲即以杖击丙，误伤乙。甲当何论？或曰：殴父也，当枭首。论曰：臣愚以父子至亲也，闻其斗，莫不有怵惕之心。扶杖而救之，非所以欲诟父也。《春秋》之意，许止父病，进药于其父而卒。君子原心，赦而不诛。甲非律所谓殴父也，不当坐。
>
> （《太平御览》卷六四〇《刑法部》）

汉律（《二年律令》）中，杀伤父母的，对子科以枭首的规定见于《贼律》：

> 子贼杀伤父母，奴婢贼杀伤主、主父母妻子，皆枭其首市。
>
> （《贼律》34）

殴打父亲导致伤害，如果适用上述规定，就可能处以枭首。前引《春秋决事》"或曰：殴父也，当枭首"的观点，其根据或许就在于此。

只是，律文规定的构成要件是贼伤，此处的"贼"是指"恶意而违法的行为"，果真如此，作为过失犯就不符合《春秋》疑狱的案例。可是，议论并非按此思路展开，而是"闻其斗，莫不有怵惕之心。扶杖而救之，非所以欲诟父也"；"《春秋》之义，……君子原心，赦而不诛。甲非律所谓殴父，不当坐。"可见，之所以不适用律之规定，不在于对"贼"行为的认定，而是因其行为的善意动机而予以赦免。这也正与《盐铁论》所说的"志善而违法者免"相呼应。

董仲舒的这个《春秋决事》，不在于其有实际判决的背景，可能性颇高的应该在于以主张注重动机的"《春秋》之义"为目的的对断狱的拟制议论。再有，编纂此书的时代是否是董仲舒所处的时代也十分可疑。"或曰：殴父也，当枭首"也意味着"伤父可能被处以枭首之刑，但……"，他们毫无在此引用律文展开议论的意识，可见一开始就是为引出"原心定罪"找个借口。不过，笔者在此想强调的是，在相关行文所展开的议论中，律的条文作为借口被埋没，善意动机的行为成为阻却违法性的理论，《汉书·景帝纪》"诸狱疑，若虽文致于法而于人心不厌者，辄谳之"，正与"曲当之妙鉴"相通吧。

容笔者就以下内容再赘言一二。

已经反复强调，所谓"征文"是指论断犯罪行为时，引用适当的法律条文，判断行为是否满足规定的要件，若满足就按规定的刑罚量刑。换句话说，法律如同裁量刑罚的度量衡，像用尺子测量刻度一样，应当成为处理案件的准则。①

---

①《韩非子·有度》：

巧匠目意中绳，然必先以规矩为度，上智捷举中事，必以先王之法为比。故绳直而枉木斫，准夷而高科削，权衡县而重益轻，斗石设而多益少。故以法治国，举措而已矣。法不阿贵，绳不挠曲。法之所加，智者弗能辞，勇者弗敢争。刑过不避大臣；赏善不遗匹夫。故矫上之失，诘下之邪，治乱决缪，绌羡齐非，一民之轨，莫如法。属官威民，退淫殆，止诈伪，莫如刑。刑重则不敢以贵易贱，法审则上尊而不侵。上尊而不侵则主强，而守要，故先王贵之而传之。人主释法用私，则上下不别矣。

《韩非子·用人》：

释法术而任心治，尧不能正一国；去规矩而妄意度，奚仲不能成一轮；废尺寸而差短长，王尔不能半中。使中主守法术，拙匠守规矩尺寸，则万不失矣。君人者，能去贤巧之所不能，守中拙之所万不失，则人力尽而功名立。参见拙著《韓非子》之《度量衡としての法》，中公新书2003年版，第109页。

法律是一种度量衡的观点，也见于《尔雅》晋郭璞注"《易》坎卦主法，法律皆所以铨量轻重"（《释言·坎》），在刘颂的时代亦得到确认。这可以认为是来自法家代表韩非子以来的观点。简而言之，"征文"渊源于法家思想，与《春秋》学——儒家"曲当"的思想背景相对立。对曲当的青睐，在标榜儒学的社会中，可以说是对法家潜在的疏远。

（四）关于犯罪成立的要件

围绕汉唐时期律的引用，特别是论断犯罪时引用律的条文的差异，从作为法典的律的地位、条文引用方式角度已考察如上。本小节对律所规定的犯罪，试图从犯罪成立要件方面阐述律的变化。下面择取两种类型的犯罪，其一是奸淫罪，其二是与现在的贿赂有关的犯罪。

本书在第三部"犯罪"篇中撰有《礼仪与犯罪的夹缝——以贿赂罪为中心》及《男女间的性犯罪——关于奸淫罪》这两章，并对这两种类型的犯罪进行考证。尽管详细内容可参照上述两章，但笔者仍觉得有必要在本章的行文中先行简述之。以下是对这两种犯罪的论述，请恕重复。

1. 奸淫罪

"淫"用来表示男女之间不正当的性行为，同义的还有"奸淫"、"淫乱"等熟语。

> 礼义不修，内外无别，男女淫乱，则父子相疑，上下乖离，寇难并至。
> 　　　　　　　　　　　　　　　　　　　（《荀子·天论》）

> 此《诗·齐风·南山》之篇，刺齐襄公与妹文姜奸淫之事。

（《礼记·坊记》注疏）

> 《载驱》，齐人刺襄公也。无礼义，故盛其车服，疾驱于通
> 道大都，与文姜淫，播其恶于万民焉。
>
> （《毛诗·国风·齐·载驱·小序》）

从以上史料可知，"奸"、"奸淫"、"淫乱"等的确是多用来描述男女
之间有关性犯罪的词。但是，"淫"、"奸"的原义未必限于指代性
行为。

史料中奸恶、奸人、奸臣、奸邪等用语不胜枚举，它并非指男女
之间的性犯罪，而一般是表示"恶"、"做恶事"的意思。

> 姦①，奸也，言奸正法也。 （《释名·释言语》）

淫乱、奸淫之"淫"，在今天也偏向于指称有关男女之间的性行为，
但其原义并非只限于此。

> 子曰："《关雎》，乐而不淫，哀而不伤。" （《论语·八佾》）

> 郑声淫，佞人殆。 （《论语·卫灵公》）

《论语》中所说的"乐而不淫"的意思是"快乐而不过度"，"郑声淫"
的意思是"郑国音乐正远离正统之乐"。由此可知，这里的"淫"

---

① 译者注：据《通用汉字规范表》，"姦"系"奸"之异体字。译文仅在引用原始
文献中有必要对两字作出区分时方保留"姦"字，其余引文及行文一律使用
"奸"字。

是指超过限度、超出容许范围的行为。《尚书·大禹谟》:"罔淫于乐",孔传:"淫,过也。"

因此,"淫"、"淫乱"、"奸淫"不只是指男女关系,还有"超越限度(淫)"、"一切行为过度为'奸'(奸淫)"、"过度而乱(淫乱)"等含义,如果是在男女关系上,那就是超越限度的性关系行为。

秦汉律中所见的应受责罚的男女之间的性行为也被称作"奸"并受到处罚,从江陵张家山汉墓出土的汉律及云梦秦律可以确认以下诸规定。

①奴与庶人奸,有子,子为庶人。

(《二年律令·杂律》189)

②奴取(娶)主、主之母及主妻、子以为妻,若与奸,弃市,而耐其女子以为隶妾。其强与奸,除所强。　　(同上190)

③同产相与奸,若取(娶)以为妻,及所取(娶),皆弃市。其强与奸,除所强。　　(同上191)

④诸与人妻和奸,及其所与,皆完为城旦舂。其吏也,以强奸论之。　　(同上192)

⑤强与人奸者,府(腐)以为官隶臣。　　(同上193)

⑥同母异父相与奸,可(何)论? 弃市。

(秦简《法律答问》172)

上述六例的①奴隶与庶人、③同产或同母异父、④与他人之妻,是在这样的男女关系的基础上实行的性关系行为,它们总体上可分为双方合意下实行的和奸与强制实行的强奸,但①—⑥的行为超出了容许的范围,其应受非难的"过度性",成为处罚的对象。但是,未婚男女的性行为未包含在内。另外出土的《奏谳书》中所载案件证实了这一点(本书 376—377 页)。

概言之,构成汉律规定的异性间之"奸"这种犯罪的不是性行为本身,而是超出异性间"分界"的行为,性行为只不过是超出此分界的原因罢了。所谓分界,是指奴隶与庶人的身份、同姓同产的血族、对父母之孝、夺取他人的所有物,侵害这些不可逾越、不可触犯的秩序、习惯、禁忌时,就构成"淫,过也"这种被视为男女间之"淫"的犯罪行为。

以上内容也是汉代律的领域中的奸淫。但是,另一方面,由于儒教伦理的浸透,有关男女之间交往的伦理规定影响了现实的法规定,没过多久,便将其引入法律条文中。也就是说,汉律规定的分界在不断扩大的同时,性行为本身也被赋予犯罪性。

儒教格外重视构成人际关系的身份、序列等重要事项,不破坏这些,是维持社会秩序的基本要求。"君臣"、"长幼"、"士庶"、"父子"、"兄弟"、"师徒"、"主从",乃至"男女"之分,均包含在内。更准确地说,首先是男女有别,其次是确定夫妇、父子及君臣之间的秩序。因此,扰乱男女之间的分界即"淫乱"(过度紊乱),将破坏家庭与国家的秩序。

> 夫礼,坊民所淫,章民之别,使民无嫌,以为民纪者也。故男女无媒不交,无币不相见,恐男女之无别也。
>
> (《礼记·坊记》)

> 敬慎重正,而后亲之,礼之大体,而所以成男女之别,而立夫妇之义也。男女有别,而后夫妇有义;夫妇有义,而后父子有亲;父子有亲,而后君臣有正。故曰:昏礼者,礼之本也。
>
> (《礼记·昏义》)

　　昏姻之礼,所以明男女之别也。夫礼,禁乱之所由生,犹坊止水之所自来也。……故昏姻之礼废,则夫妇之道苦,而淫辟之罪多矣。乡饮酒之礼废,则长幼之序失,而争斗之狱繁矣。丧祭之礼废,则臣子之恩薄,而倍死忘生者众矣。聘觐之礼废,则君臣之位失,诸侯之行恶,而倍畔侵陵之败起矣。

(《礼记·经解》)

　　有这样的条文:"男女不以义交者,其刑宫。"这是《周礼·吕刑》所附的唐代孔颖达注疏里引用的汉代伏生《尚书大传》之佚文。

　　男女不以礼交,谓之淫。(《小尔雅·广义》、《孔丛子》卷上)

　　《书传》曰:男女不以礼交者,其刑宫。

(《诗经·大雅·荡之什·召旻》注疏所引)

　　如上所述,其他史料在引用条文时,"义"变成"礼"。所谓礼,具体而言是指《仪礼·士昏礼》中规定的"纳采"、"问名"、"纳吉"、"纳征"、"请期"这五阶段的婚姻礼仪。这里所谓的"交",是指《礼记·曲礼》里所见的"交(交际)",或者是"以婚姻为目标而缔结的关系"。

　　也就是说,"男女不以义交者,其刑宫"的意思是:男女依照《士昏礼》规定的婚姻礼仪缔结婚姻是应有之义或礼仪;对无视这些礼仪而缔结婚姻之人处以宫刑,这种男女之间的交际即为"淫"。

　　男女不杂坐,不同椸枷,不同巾栉,不亲授。……男女非有行媒,不相知名;非受币,不交不亲。　　(《礼记·曲礼》)

这种严格的"男女有别"的规定,在《礼记》成书的汉代初期,作为应当掌握的士大夫伦理,只存在于经书的条文中。该伦理规范逐渐引入律中,演变成如有违反将伴随着罚则的规定。律书的经书化、律受到礼经规定的影响,导致扩大了男女之间犯罪的分界。那个时期,因晋泰始律令的成立而确立了方向,北魏、北周等少数民族国家制定的律令,加快了这一变化。

在这一变化潮流中,《唐律·杂律》出现了以下几条有关男女之间的罚则规定。

> 诸奸者,徒一年半;有夫者,徒二年。部曲、杂户、官户奸良人者,各加一等。即奸官私婢者,杖九十。奸他人部曲妻、杂户、官户妇女者,杖一百。强者,各加一等;折伤者,各加斗折伤罪一等。
>
> (《杂律》410)

> 诸奸缌麻以上亲及缌麻以上亲之妻,若妻前夫之女及同母异父姊妹者,徒三年;强者,流二千里;折伤者,绞。妾,减一等。
>
> (同上411)

> 诸奸从祖祖母姑、从祖伯叔母姑、从父姊妹、从母及兄弟妻、兄弟子妻者,流二千里;强者,绞。 (同上412)

> 诸奸父祖妾、伯叔母、姑、姊妹、子孙之妇、兄弟之女者,绞。即奸父祖所幸婢,减二等。 (同上413)

> 诸奴奸良人者,徒二年半;强者,流;折伤者,绞。其部曲及奴,奸主及主之期亲,若期亲之妻者绞,妇女减一等;强者,

斩。即奸主之缌麻以上亲及缌麻以上亲之妻者,流;强者,绞。

（同上 414）

诸和奸,本条无妇女罪名者,与男子同。强者,妇女不坐。其媒合奸通,减奸者罪一等。（罪名不同者,从重减。）

（同上 415）

《杂律》从第 410 条到第 414 条,根据性犯罪的要件分别规定了越来越重的罪名。也就是说,规定了奸已婚者、部曲、杂户、官户与良人、缌麻以上亲及缌麻以上亲之妻、妻前夫之女及同母异父姊妹这些类别的性交男女的身份、血缘等犯罪要件。它是基于汉律规定而制定的,但根据《杂律》第 410 条的规定"诸奸者,徒一年半;有夫者,徒二年"可知,未婚男女的性交也成为处罚的对象,并从此增加了一些要件,刑罚也越来越重。总而言之,唐律规定未婚男女间的性交属于犯罪。其原因不是因为伴随一定条件的性行为被视为超越分界行为的一种,而是因为当时认为性行为本身就包含犯罪性,只有满足限定性条件的性行为才能被容许。

以上围绕男女间的奸罪,探讨了从汉律到唐律的演变过程中儒教的礼规范的影响、礼的伦理规定被引入法的处罚规定中的相关问题。但在此,想重新追问下面这个问题:

唐律第 410 条规定未婚男女实施性行为的,应科以徒刑。但这样的规定是否能够有效执行?

2. 贿赂罪

关于汉律与唐律在贿赂罪上的关系,在第三部第一章《礼仪与犯罪的夹缝——以贿赂罪为中心》中列出下表(见下页)。

表格里载明的各条文的内容及汉唐律的详细比较,将在本书第三部中详述。这里只先行简要说明两律的差异及其变迁概要。

	I	II	III	IV
律	请托枉法	第三者请托枉法	行贿枉法	官吏受贿枉法
汉律	坐为宗正听请,不具宗室,耐为司寇。(人有私请求者,受听许之)(《汉书·王子侯表》)	诸为人请求于吏以枉法,而事已行,为听行者,皆为司寇。(《汉书·外戚恩泽侯表》)	坐行赇,髡为城旦。(《汉书·高惠高后文功臣表》)	《盗律》有受所监,受财枉法。(《晋书·刑法志》)吏坐受赇枉法。(《汉书·刑法志》)受赇以枉法,及行赇者,皆坐其臧(赃)为盗。(《二年律令·盗律》)
唐律	诸有所请求者,笞五十。(谓从主司求曲法之事。即为人请者,与自请同。)主司许者,与同罪。已施行,各杖一百。(《职制律》135)	诸受人财而为请求者,坐赃论加二等;监临势要,准枉法论。(《职制律》136)	诸有事以财行求,得枉法者坐赃论;不枉法者减二等。(《职制律》137)	诸监临主司受财而枉法者,一尺杖一百,一匹加一等,十五匹绞;不枉法者,一尺杖九十,二匹加一等,三十匹加役流。(《职制律》138)

官吏接受行贿者的请托收受金钱为其谋取利益而违犯法律的,称为"受赇枉法",无违法性的则称"受赇不枉法"。汉律的贿赂罪,只有在收受贿赂导致官吏违法行为时才成立,"受赇不枉法"不构成犯罪。亦即金钱等的授受本身不具有违法性,且官吏职务具有不可侵犯性,触犯该不可侵犯性也不等于行为不正。总之,因为不正行为与财物的授受具有因果关系,而且作为违法行为对价的所得财物不应该归其所有,所以,应视为赃物或盗窃所得。这就是汉代行受贿罪归属于《盗律》的法理。

即便是汉律,贿赂罪也具有倾向于官吏犯罪的身份犯性质。只不过它属于盗窃罪、不正(不法)得利(赃罪)的范畴,而且是授受金钱与违法行为具备因果关系的故意犯罪。这是当时该犯罪作为赃罪规定在《盗律》中,而未纳入官吏身份犯罪的框架内的相关原委。前面我提到汉律不处罚受赇(行赇)不枉法的行为,那是因为在不枉法中难以找到"不正(不法)行为⇔不法得利⇔窃盗"这样的关联。

而另一方面,唐律的《职制律》《杂律》对行受贿罪、赃罪作了相关规定——不管违法行为(枉法、不枉法)是否既遂,有无金钱、赃物的授受,只要有请托和官吏的承诺,渎职罪就成立。由此,即使没有授受金钱、违法行为未完成,也构成犯罪,应受处罚。授受赃物、完成违法行为只是加重刑罚的要件,即与奸罪的加重刑罚规定类似。唐律的这种变化是由何引起的?人们认为崇尚官吏清廉、廉洁的儒教伦理观对此多少给予了影响。

上述贿赂罪和奸罪共同体现的变化是性质上的。从违法行为之禁止与应当科处以相应罚则是具有现实性、实效性的刑法,到后来因受儒教伦理的强烈影响,逐渐向道德规范的方向变化。法律规范变为伦理规范,遂导致对违法行为严格执行刑罚所体现的刑法实效性的削弱。与对未婚男女性关系的处罚一样,对官吏违法行为的请托及其承诺,仅仅这样的行为就要实际处罚,笔者认为这不仅伴随取证困难的问题,实际上也是不可能实行的。

(五)新实用法典的诞生

北魏在使汉律贿赂罪、奸淫罪的规定向唐律方向发展中起到决定性的作用。早在建国二年(339)初,什翼犍(昭成帝)颁布法令——亦属族内之禁忌——就有"男女不以礼交皆死"的条款。①

这一条文让人想起先前"奸淫罪"一节中所述的《尚书大传》之"男女不以礼(义)交者,其刑宫",这些记在脑海中的东西容易回想起来。这里的"以礼"果真指儒教之礼吗,还是指鲜卑族的族内禁忌或习俗? 如今对此尚未能确定。但我们知道儒教经典的条文原封不动地援用了有关男女性犯罪的规定,对不是基于礼的男女之间的性行为科以死刑,这一点因现实法令的出现得以证实。

贿赂罪也一样。孝文帝太和元年(477),对接受请托受贿的官吏处以绞刑,孝文帝太和五年(481)制定的律规定"枉法(赃)十匹,义赃二百匹,大辟"。太和八年(484)俸禄制施行后,罚则规定更严罚化,表现为受赇枉法无论多少皆死刑,义赃一匹以上亦处死刑,处罚一时空前严厉。笔者认为,所谓义赃,是指赠贿一方基于礼义实践而提供的往来答谢,但总之在汉律属于盗窃罪范畴,其量刑最高为劳役刑而非死刑的贿赂罪,到了北魏,无论是枉法还是不枉法都可处以死刑。②

北魏律大概是受到礼的规定的影响,男女之间的奸罪、官吏的渎职罪都朝着近乎脱离现实的严罚化方向发展。由此,此前罚则规定的实效性减弱,也差不多可以预见到唐律的规定。

北魏自太祖道武帝以降,曾七次进行法典编纂,《魏书·刑罚志》对此的记载大致如下。③

---

① 《魏书·刑罚志》:
　　昭成建国二年,当死者,听其家献金马以赎;犯大逆者,亲族男女无少长皆斩;男女不以礼交皆死;民相杀者,听与死家马牛四十九头,及送葬器物以平之;无系讯连逮之坐;盗官物,一备五,私则备十。法令明白,百姓晏然。
② 参见本书第三部第一章《礼仪与犯罪的夹缝——关于贿赂罪》。
③ 参见滋贺秀三《中國法制史論集 法典と刑罰》,创文社 2003 年版,第65—66 页。

①太祖道武帝天兴元年（398）

令王德除酷法，约定科令。

②世祖（太武帝）神䴥四年（431）

命崔浩制定律令。

③世祖（太武帝）正平元年（451）

命游雅、胡方回改定律，凡三九一条：门诛四条、大辟
一四五条、徒刑二二一条。

④高宗太安年间（455—459）

增律七十九章、门房之诛十三条、大辟三十五条、徒刑
六十二条。

⑤高祖（孝文帝）太和五年（481）

诏中书令高闾集中秘官等修改律令旧文，凡八百三十二章，
门房之诛十有六，大辟之罪二百三十五，徒刑三百七十七。

⑥高祖（孝文帝）太和十六年（492）

依据太和十一年的诏修改量刑（"不逊父母"的量刑、删
除门房之诛等），四月丁亥发布新律。

⑦世宗（宣武帝）正始元年（504）

议定律令，完成《隋书·经籍志》所载的"后魏律二
十卷"。

从道武帝（398）至宣武帝（504）约一百年间，北魏律进行了
七次大规模的修订，其他小的修正也有多次，如前文提到的太和元
年（477）制定的对官吏受贿罪处以绞刑的立法。现在，仅就相关
律令修订的频率，与前后朝代相比，也更为突出。也许是汉人的制
度、文化的影响，使得这个少数民族国家迅速汉化，律令表现为更
加实用化。当然，汉人官僚在其中也起了一定的作用，如上述①—

⑦出现的王德、崔浩、高闾等人,他们就是效忠元魏王朝的汉人官僚。另外,我们不得不关注的、更为重要的是,频繁的修改是在不停地摸索,使律得以应对多种多样的犯罪案件。

公元504年,北魏制定了二十卷的《北魏律》。此后,修律之举在史书上找不到相关记载,该《正始律》遂成为基本法典并为北周、北齐所继受。《正始律》以令人眼花缭乱的修律速度,用了不到十年就完成,与《正始律》颁布后直至北周、北齐建立的半个世纪的沉寂形成鲜明的对比。笔者认为,《正始律》实施后,北魏时期律的特性、功能及发展方向皆发生了变化。换言之,就是放弃通过修改法典来应对多种多样的犯罪案件,而是以个别的法规、准则,根据案件具体情况灵活处理。这里所说的准则即为"格"。

"格"字原意是把树枝摆成格子形,从而也含有基准、规格之意,这个字义本身在汉代就已存在,①但作为一种法律形式或者法典名称,在北魏之前未曾有。关于格的由来,《唐六典》卷六《尚书刑部》"刑部尚书"条有如下简单的说明:

> 凡格二十有四篇。以尚书省诸曹为之目,共为七卷。其曹之常条但留本司者,别为《留司格》一卷。盖编录当时制敕,永为法则,以为故事。汉建武有《律令故事》上、中、下三篇,皆刑法制度也。晋贾充等撰律、令,兼删定当时制、诏之条,为《故事》三十卷,与《律》、《令》并行。梁易故事为《梁科》三十卷,蔡法度所删定。陈依梁。后魏以格代科,于麟趾殿删定,名为《麟趾格》。北齐因魏立格,撰《权格》,与律、令并行。

---

① 《礼记·缁衣》:"言有物而行有格也"(郑玄注:格,旧法也);《后汉书·傅燮传》:"由是朝廷重其方格"(李贤注:方,正也。格,犹标准也)。

先于格实行的《故事》是编集制诏而成,因为皇帝之诏成为法源,故将其视为法令集也无妨。《故事》由各官署掌管,作为行政、司法判断而适时援用的情形见于《晋书·刑法志》:

> 其常事品式章程,各还其府,为故事。

南朝将"故事"更名为"科"。"科"与科条、科令均表示成熟的法律条文,该名称在南朝各王朝作为代替编集制诏条文的"故事"而被使用。

所谓格,是相关的故事、科的别名。即对律、令处理不了的案件,皇帝临机应变而发布命令,格就是汇集这些命令并文件化,相当于汉代的"令"。

这样,律处理不了的案件就用格处理,这在前面刘颂的议论中可窥其一斑:

> 然天下至大,事务众杂,时有不得悉循文如令。故臣谓宜立格为限,使主者守文,死生以之,不敢错思于成制之外,以差轻重,则法恒全。

这里的"格",不是律令格式之格,即不是法律、法典的形式,而是更接近格的原意的"框架"、"基准"。关于《晋书·刑法志》里的"立格为限",可补充意译为:"因为有的案件不能援用律的条文,就设定一定的框架、基准,以免无章可循,然后司法官就在该框架内依据条文处断。"

只是我们必须注意的有两点:

（1）承认存在按历来的法无法处理的案件；

（2）在法之外设定更具现实性、灵活性的处理框架。

如果（1）是按律处理的话，那（2）就是"格"。也就是说，这里所说的"格"意味着代表遵循实际情况的适用基准。但笔者觉得这里的格就是法典形式——律令格式之"格"的原型。

作为法典形式的格的诞生，是以东魏孝静帝兴和三年（541）的《麟趾格》十五篇为标志。

关于《麟趾格》的史料，先行研究曾介绍过，为了便于确认，在此列举如下：

> （兴和三年）先是，诏群官于麟趾阁议定新制。冬十月甲寅，班于天下。　　　　　　　　　　　（《北史》卷五《孝静帝》）

> 东魏诏群官于麟趾阁议定法制，谓之《麟趾格》，冬十月甲寅，颁行之。　　　　　　　　　　　（《资治通鉴》卷一五八）

> 后魏以格代，于麟趾殿删定，名为《麟趾格》。北齐因魏立格，撰权格，与律、令并行。　　　（《唐六典·尚书刑部》）

> 暨皇居徙邺，民讼殷繁，前格后诏，自相与夺，法吏疑狱，簿领成山。乃敕子才与散骑常侍温子升撰《麟趾新制》十五篇，省府以之决疑，州郡用为治本。
>
> 　　　　　　　　　　　（《洛阳伽蓝记》卷三《景明寺》）

在此之前，北魏景明年间（500—503）的格（景明之格）与正始年间（504—507）的正始之格均非刑罚法规，而是有关官吏考课的规定，但格之名称确实已经存在了。[①]

正始初年，制定了作为刑罚法规的《正始别格》，以区别于此前作为行政法规的格。下面引用相关史料来说明。

[①]《魏书》卷二一《高阳王传》：

世宗行考陟之法，雍表曰："窃惟三载考绩，百王通典。今任事上中者，三年升一阶。散官上第者，四载登一级。闲冗之官，本非虚置，或以贤能而进，或因累勤而举。如其无能，不应忝兹高选。既其以能进之朝伍，或任官外戍，远使绝域，催督逋悬，察检州镇，皆是散官，以充剧使。及于考陟，排同闲伍。检散官之人，非才皆劣，称事之辈，未必悉贤。而考闲以多年，课烦以少岁，上乖天泽之均，下生不等之苦。又寻景明之格，无折考之文；正始之奏，有与夺之级。明参差之考，非圣慈之心；改典易常，乃有司之意。又寻考级之奏，委于任事之手；涉议科勤，绝于散官之笔。遂使在事者得展自勤之能，散辈者独绝披衿之所。抑以上下之闲，限以旨格之判，致使近侍禁职，抱轖屈之辞；禁卫武夫，怀不申之恨。欲克平四海，何以获诸？又散官在直，一玷成尤；衔使愆失，差毫即坐。徽纆所逮，未以事闲优之；节庆之赉，不以禄微加赏。罪殿之犯，未殊任事；考陟之机，推年不等。臣闻君举必书，书而不法，后代何观？《诗》云：'王事靡盬，不遑启处'，又曰：'岂不怀归，畏此简书'。依依杨柳，以叙治兵之役；霏霏雨雪，又申振旅之勤。若折往来日月，便是《采薇》之诗废，《杕杜》之歌罢。又任事之官，吉凶请假，定省扫拜，动历十旬，或因患重请，动辄经岁。征役在途，勤泰百倍。苦乐之势，非任事之伦；在家私闲，非理务之日。论优语剧，先宜折之。……武人本挽上格者为羽林，次格者为虎贲，下格者为直从。或累纪征战，靡所不涉；或带甲连年，负重千里；或经战损伤；或年老衰竭。今试以本格，责其如初，有爽于先，退阶夺级。此便责以不衰，理未通也。又蕃使之人，必抽朝彦。或历崄千余，或履危万里，登有死亡之忧，咸怀不返之戚，魂骨奉忠，以尸将命。先朝赏格，酬以爵品；今朝改式，止及阶劳。折以代考，有乖使望。非所以奖励《皇华》而敦崇《四牡》者也。

复寻正始之格：汎后任事上中者，三年升一阶；汎前任事上中者，六年进一级。三年一考，自古通经。今以汎前六年升一阶，检无愆犯，倍年成级。以此推之，明以汎代考。新除一日，同霑阶荣，下第之人因汎上陟，上第之士由汎而退。"

宣武帝永平元年（508），杨椿在任太仆卿时曾盗种牧田三百四十顷，按律应处刑五年。当时有人提出异议：按《正始别格》规定只需要除名，且宣武帝对此也颁布了新律，应当按照新律处断为宜。

> 永平初……久之，除都督朔州抚冥武川怀朔三镇三道诸军事、平北将军、朔州刺史。在州，为廷尉奏椿前为太仆卿日，招引细人，盗种牧田三百四十顷，依律处刑五岁。尚书邢峦据《正始别格》奏椿罪应除名为庶人，注籍盗门，同籍合门不仕。世宗以新律既班，不宜杂用旧制，诏依寺断，听以赎论。
>
> （《魏书》卷五八《杨椿传》）

新律是指正始元年（504）十二月颁布的律，《正始别格》是指在此之前不久颁布的格。对于杨椿案件，尚书邢峦提出正始格与正始律是紧接着制定的，两者的制定几乎没有什么时间差，应该依据格处断的意见。对此应如何处断暂且不论，从尚书的意见中我们可知，当时"格"已经具有与律同等的地位，且是与律并列的存在。我们甚至可以说这起案件标志着《正始律》是律、格交替时期的最后一部律。

此后，永平四年（511）颁布的格——"诸刑流及死，皆首罪判定，后决从者"，与太昌元年（532）颁布的《太昌条格》均可在《魏书·刑罚志》《魏书·出帝纪》中查找到。[①] 东魏孝静帝兴和三年

---

① 《魏书》卷一一《出帝纪》记载太昌元年（532）孝武帝议定条格诏：

理有一准，则民无觊觎；法启二门，则吏多威福。前主为律，后主为令，历世永久，实用滋章。非所以准的庶品，隄防万物。可令执事之官四品以上，集于都省，取诸条格，议定一途，其不可施用者，当局停记。新定之格，勿与旧制相连。务在约通，无致冗滞。

（541）的《麟趾格》十五篇是正始前后魏格潮流中的一部极具现实性、实用性的新法典。[1]

并且事实上，到北齐、北周，都是依据"格"来判决案件。

> 河清中，位南道行台，坐违格私度禁物，并盗截军粮，有司定处斩刑，家口配没。诏决鞭一百，除名配甲坊，蠲其家口。
>
> （《北史》卷五五《王峻传》；《北齐书》
> 卷二五将此事记于河清四年）

如此，格是根据时宜制定的"权时之法"（权格），因而是实用性颇高的准则。但是，随着时间的推移和犯罪案件的多样化，使得格的规定都无法应对。[2] 不久，北齐遂于天保初年修定《麟趾格》。

> （天保元年）八月……甲午，诏曰：魏世议定《麟趾格》，遂为通制，官司施用，犹未尽善。可令群官更加论究。适治之方，先尽要切，引纲理目，必使无遗。
>
> （《北齐书》卷四《文宣帝纪》）

---

[1]《魏书》卷一二《孝静帝纪》：

　　兴和三年（541）……冬十月癸卯，齐文襄王自晋阳来朝。先是，诏文襄王与群臣于麟趾阁议定新制，甲寅，班于天下。

[2]《北史》卷五五《郎基传》：

　　皇建初，除郑州长史，带颍川郡守。西界与周接境，因侯景背叛，其东西分隔，士人仍缘姻旧，私相贸易。而禁格严重，犯者非一。基初莅职，披检格条，多是权时，不为久长。州郡因循，失于请谳，致密网久施，得罪者众。

小结　从裁判规范到行为规范

以上分《出土汉简所见的汉律及其适用》《唐律的引用及其实效性》《从汉律到唐律的变化》三节,就汉律与唐律的性质差异及其实效性展开论述。

从秦汉律、令到唐律、唐令的大约一千年间,中国法、法典历经发展变化,最终完成了唐律、唐令这种体系严密的法典。无论在当时的世界上,还是与如今的刑法、行政法典相比,它都拥有毫不逊色的完成度。

然而完成度极高的唐律,在论断实际的犯罪案件中又被何种程度上予以适用? 是否与其严密的体系相对应,对具体案件逐一引用条文,并认真研究案件是否满足规定的犯罪要件呢? 实际上,至今尚未找到引用唐律正文的条文进行判决、讨论的相关资料。

另一方面,关于早于唐律七八百年的汉律,从现存的司法关系文书来看,判决时严格引用律的条文,并在此基础上展开论断。

汉律与唐律在实用性方面的差异,或许有人认为是因为留存下来的资料在质地上有所不同。但是,如果考察一下从汉律到唐律的变化历程,我们不得不承认这两种法典的性质大不相同,或者说发生了很大变化。

以公元5世纪至6世纪的少数民族王朝——北魏为界线,律的性质开始发生变化。那么,又是什么原因、什么背景使得其性质发生变化呢? 本章归纳了以下四点:"经书化的律"、"从征文到曲当"、"关于犯罪成立的要件"、"新实用法典的诞生",每一点都对律带来多重且有机的影响,使汉律性质不断发生变化,由此削弱了唐律的实用性。是为其结论。

　　在此就不再详细展开以上四点的视角，但贯穿其中的应该还是儒教、礼制度。作为刑罚法规、刑事裁判准则的汉律逐渐接近经典，还受到与经典同等的待遇。然后律的正文、内容也受到经特别是礼经规定的影响，于是刑罚规定与伦理规定逐渐融为一体。

　　原本，犯罪包括"行为本身恶"之绝对恶与"人为设定恶"之相对恶。对于杀人、盗窃这类绝对恶的犯罪，汉唐在构成要件方面的规定大同小异。但对于男女之间的通奸、贿赂，或者现代社会来说的毒品、卖淫嫖娼这类被害者难以特定的相对恶之"犯罪"，因时代或者地域的不同，在是否属于应受非难之恶、应受处罚之犯罪行为上具有可变性。换句话说，相对恶是一种被某个时代、某个地域的社会价值观所左右的行为，更多的是倾向于违反道德、伦理规范的行为。礼的规范进入律的条文的主要原因也正在于此。

　　礼之规定毫无疑问属于儒教的经书，与汇集法律条文编纂而成的律不同。但礼典和律典逐渐在融合。汉武帝时期记载律和经的简牍长度都是二尺四寸，使两者处于同等地位，可以说这决定了两者的交融甚至同化。在该背景下，随后出现的律典训诂将律作为政治思想书来处理，这使得律之实用性进一步退化。

　　伦理规范与其说是用来处罚违法行为，倒不如说是以实现理想道德为目的。重视心理情感主义——原心定罪——这种传统的儒家思想加速了律规定转向伦理规范的变化，且朝着否定作为度量衡的法律的方向运动。由于现实适用性的减弱和适应上的消极性，堪称儒教律典的唐律就不得不将其实效性方面的功能让渡给其他法规——即格这种新的法律形式。

　　关于格，梅原郁氏曾指出，它不是处于律之外起辅助作用的，而是代替律而发挥着主体性的作用，并且格是唐代法典编纂的核心这一新见解：

唐代的格是为了解决作为基本法典的律令处理不了的新问题,从临时发布的诸多诏敕(制敕、宣敕)中抽取一些具有恒久性、普遍性的东西,每隔一定时间编纂成法典。[①]（中略）

唐代的法典编纂的核心是格。……仁井田氏重视"格"是补充律和令不足之处的定义,在对开元《户部格》的条款说明中,也关注格与《开元令》的关系。但是,笔者认为,即使格在广义上具有补充作用,但其与律令体系的系列还是不同,这种观点应该会更恰当。虽然唐代律、令中包含部分不合现实的倒退内容,但其始终保持着极强的保守理念和缜密的构造。另一方面,社会现实特别是当时的皇权政治,具有与之截然不同的多种多样且畅通无阻的一个侧面。针对这些的规定以及给予违反者的罚则,至少就是唐代前半期的"格"。[②]

格与礼表里同一,又与地位同等于经书、具有非实用法典的律相对,应该被定位为实用法典。

如此,唐律改变了汉律所具有的性质。因此,笔者在行文中使用了"裁判规范"（norms of adjudication）和"行为规范"（norms of conduct）的概念。

裁判规范是裁判官解决纠纷时应依据的准则;而相对的行为规范则是规制一般社会中人们行为的规范,被定义为涉及道德规范、习俗、礼仪等行为的要求、规则。

汉律到唐律的变化就是裁判规范到行为规范的性质变化。

这就是本小结得出的结论。

------

① 参见梅原郁《唐宋時代の法典編纂》,载氏著:《宋代司法制度研究》,创文社2006 年版,第 763 页。
② 同上书,第 771 页。

第二部　刑罚

第一章　从终极的肉刑到生命刑

——汉—唐死刑考

序　言

前近代中国的死刑，也许经常给专业以外的人以残虐、苛酷、猎奇、非人道的印象。像炮烙、剥皮、醢（盐腌的肉酱）、菹（咸肉酱）、剖腹、镬烹（锅煮）等刑罚，确有想象的成分。

炮烙之刑究竟是史实吗？剖心而观之的行为果真存在吗？毋宁说，这些是为了刻意突出暴君而创作的，今且暂置不论。[①]

只是，在排除了私刑、皇帝的特别处刑等情形之外，仅以律所规定的刑罚（以下称为"法定正刑"）来看，中国的刑罚自统一国家秦朝之后，直至最后的中华帝国清朝为止，都极为单纯，且缺乏想象那样的残虐性。

唐律的《名例律》明确记载了两种死刑：绞与斩。斩是斩首，绞是绞杀（缢杀），原本均在市中公开执行。其规定见于《唐令·狱官令》：

> 诸决大辟罪，皆于市。五品以上犯非恶逆以上，听自尽于

[①] 这里所说的死刑的种类，请参考沈家本《历代刑法考·刑法分考》。另外，在那儿还列举了醢等刑罚在近世的宋元时期被执行的事例。

家。七品以上及皇族若妇人犯非斩者,皆绞于隐处。

绞与斩这两等死刑为后来的宋、明所继受。尽管宋代的凌迟、明代对官吏的杖杀是众所周知的,但以《名例律》为首的律条所列举的作为法定正刑的死刑,直至清朝为止仍然是斩、绞二等。[1] 只是,并不能说这二等的死刑从秦汉律开始就未发生变化,一直都是绞、斩而已。

这个结论在下文将有详细的考证,此处仅提示秦汉的法定正刑是腰斩和弃市两种。所谓的弃市,就是斩首,亦即切断首级的刑罚。总之,从秦汉时期直至20世纪初期的清朝,中国法定正刑的死刑仅有腰斩、斩(首)、绞(首)三种,从其种类来说没有多样性,从执行方法来说较简单,从残酷性来说,比起世界上的其他地区也不算什么。

然而,如果说古代中国或者帝制中国时期是个与残酷无缘的社会,中国史从极早的阶段便已脱离残酷性,我是不能同意的。但作为法定正刑的死刑,为何没有通常所认为的残酷性,其原因何在? 对此疑问,本章力图通过考究秦汉至唐代为止的死刑历史,给予若干解答。

一、汉代的死刑——死刑执行状况

(一)秦汉时期的死刑

秦汉时代死刑的法定正刑有枭首、腰斩、弃市。其中的弃市

---

[1]《清国行政法》第三章《诉讼程序》第3节第1款"刑罚的种类"中的"正刑"规定:"正刑乃律所规定的刑罚,有笞、杖、徒、流、死五种。"其中的死刑只列举绞、斩两种。

刑在"市"公开执行这点未变,但其执行方式历来是切断首级。如沈家本在《历代刑法考·刑法分考》之四"弃市"的按语中指出"汉之弃市乃为斩首刑"那样,汉代弃市的执行方式一般是砍头即斩首。

在程树德的《九朝律考》与沈家本的《历代刑法考》中,列举汉代死刑的名称、种类如下:

> 枭首、腰斩、弃市　　　　　　　　　　　(《九朝律考》)
> 腰斩、弃市、枭首、磔　　　　　　　　　(《历代刑法考》)

腰斩和弃市,以及枭首、磔等,是汉代被执行的死刑及其种类。所谓腰斩,从字面上看就是拦腰切断的刑罚;所谓弃市,不外乎公开执行死刑于市之意。《礼记·王制》所谓"刑人于市,与众弃之",亦有相同的表达。不过,《礼记·王制》完成于汉初,更有人确指为文帝时期,[①] 而"弃市"的刑名在秦律中已有规定,[②] 因此,《礼记·王制》这句话应是依照已经执行的弃市刑来解说的。

弃市刑是在市公开执行,此点当无异议,但其处刑方式究竟是

———————

① 《经典释文》在《礼记·王制》中有"卢云:汉文帝令博士诸生作此篇"的注释。还可参见武内义雄:《〈禮記〉研究》,载《武内義雄全集》第三卷,角川书店 1979 年版。

② 睡虎地秦律所见的弃市的条文如下:

　　士五(伍)甲毋(无)子,其弟子以为后,与同居,而擅杀之,当弃市。
　　　　　　　　　　　　　　　　　　　　　　　(《法律答问》71)

　　同母异父相与奸,可(何)论?弃。　　　(《法律答问》172)

笔者以为,从这两条归纳出弃市刑所适用的犯罪是不合适的。因为《法律答问》选取的是定罪量刑时遇到问题的案件,而怎样的犯罪必须适用弃市刑,并不能从一般案例中推导出来。

如沈家本所解说的、也是通常认为的切断首级即斩首,还是采取了其他做法? 进一步而言,即使假设是斩首,但斩首即身首异处有何含义? 对此迄今未有深入考察。

之所以提起该问题,是因为笔者最近的几篇研究论文提出有关汉律弃市执行方式的疑问,而且,关于死刑等级,也在整理此前不同学说的基础上提出自己的新观点。

本章首先整理、批判有关汉代死刑执行状况的先行研究,同时,提出自己的观点。然后,通过了解秦汉时期种种的死刑内容与轻重,来考察死刑在整个刑罚体系中所处的地位。

(二)秦汉死刑是绞杀刑吗?

中国的张建国氏主张秦汉弃市刑的执行方式并非斩首刑而是绞刑,日本的水间大辅氏亦同意张建国氏的该观点。[1]

以下分项介绍其论点,同时指出其存在的问题点。

1.

附于《史记·高祖本纪》"偶语者弃市"之《索隐》载有:"按:礼云'刑人于市,与众弃之',故今律谓绞刑为'弃市'是也。"[2]

我在本章的开篇就确认了司马贞撰写《史记索隐》的唐代,绞刑作为律的法定正刑而存在。《索隐》载:"今律谓绞刑为'弃市。'"虽然唐律条文中未能见到法定正刑之"弃市",但当时的一

---

[1] 张建国:《秦汉弃市非斩刑辨》,载《帝制时代的中国法》,法律出版社 1999 年版;水间大辅:《張家山漢簡〈二年律令〉による秦漢刑罰制度研究の動向》,《中國史學》14,2004 年版。

[2] 张建国在前揭论文的开头说明了沈家本和程树德两种学说的分歧。作为秦汉时代刑罚名称的弃市,其执行方式是绞刑,在引入该观点时举出此条文为证。现就"今律谓绞刑为'弃市'"这句话进行探讨。

般死刑就被称为"弃市",《旧唐书》也确认了这一点。[①]该弃市的
执行内容和律的条文规定的刑名是"绞刑",还有,当时即司马贞所
处的时代,将律明文规定的绞刑也称为弃市。

上述情况是以唐代为例阐述的注释,故不能以此论证汉代的
弃市也是绞刑。如果假设以汉至唐的死刑种类未发生变化为前
提——这是张建国和水间大辅两氏的观点——那么司马贞的注释
也许可以成为"汉律弃市 = 绞刑"这个等式的旁证。但是,如果汉
至唐之间死刑的等级与种类发生了改变,那么《索隐》的条文只能
看成是限于唐代的情况。

本来,关于这里引用的 1. 张建国氏强调程树德与沈家本两人
在有关执行方式的名称与刑罚名称的概念上存在分歧,由此可知
司马贞的注释并非具有那么重要的分量。作为张建国氏的汉绞刑
说的论据,毋宁说是下面 2. 所述的例子。

2.

《后汉书·章帝纪》载有下述赦令:

> (元和元年八月)癸酉,诏曰:"……其改建初九年为元和
> 元年。郡国中都官系囚减死一等,勿笞,诣边县;妻子自随,占
> 著在所。其犯殊死,一切募下蚕室;其女子宫。系囚鬼薪、白
> 粲以上,皆减本罪一等,输司寇作。亡命者赎,各有差。"

---

① 《旧唐书》卷一八三《武三思传》:
　　雍州人韦月将、高轸等并上疏言三思父子必为逆乱。三思知而求索其
罪。有司希旨,奏:"月将坐当弃市,轸配流岭外。"
《旧唐书》卷一八六《酷吏传》:
　　则天屡保持之。而诸武及太平公主恐惧,共发其(来俊臣)罪。乃弃
市。国人无少长皆怨之,竞剐其肉,斯须尽矣。

（章和元年九月）壬子，诏郡国中都官系囚减死罪一等，诣金城戍；犯殊死者，一切募下蚕室；其女子宫；系囚鬼薪、白粲已上，减罪一等，输司寇作。亡命者赎：死罪缣二十匹，右趾至髡钳城旦舂七匹，完城旦至司寇三匹；吏民犯罪未发觉，诏书到自告者，半入赎。

张氏着眼于"死罪"和"殊死"这两个词语，并展开以下论述。

《后汉书·光武帝》云建武三十一年"秋九月甲辰，诏令死罪系囚皆一切募下蚕室"，这里以所有的死刑为对象。与此相对，《章帝纪》区分了"减死罪一等"的"死罪"与"一切募下蚕室"的"殊死"。也就是说，有普通死刑（指前者，即"减死罪一等"的死罪）和殊死刑（指后者，即符合"一切募下蚕室"的死刑）两种。所谓"殊死"，若从"殊"="断""绝"这层含义来看，"殊死"是切断头部或腰部的刑罚，相当于汉律的"枭首"和"腰斩"。与之相对，一般的死刑即"非殊死"（＝不属于殊死之列的死刑），就应是不伴随断绝的"非斩"="绞杀"。

汉律将一般死刑命名为"弃市"，所以弃市刑的执行样态是绞杀。

章帝元和元年（84）八月、章和元年（87）九月之诏，确认了"减死"对象的死刑和表现为"殊死"的死刑两种死刑，我对此亦予以认同。诏书区分了迁徙至边境的减刑和宫刑两种，前者是张氏主张的一般死刑即弃市刑，后者是"殊死"的死刑。我们不妨说这是依据死刑种类而作的区分。①

但在《后汉书》中,具有相同书式的同类诏书曾多次发布。虽有些冗长,但还是在此列举如下:

①五月丙子,诏曰:"久旱伤麦,秋种未下,朕甚忧之。将残吏未胜,狱多冤结,元元愁恨,感动天气乎?其令中都官、三辅、郡、国出系囚,罪非犯殊死一切勿案,见徒免为庶人。务进柔良,退贪酷,各正厥事焉。"　　　　　　(《后汉书·光武帝纪》)

②七年春正月丙申,诏中都官、三辅、郡、国出系囚,非犯殊死,皆一切勿案其罪。见徒免为庶人。耐罪亡命,吏以文除之。
　　　　　　　　　　　　　　　　　　(《后汉书·光武帝纪》)

③冬十月癸酉,诏死罪系囚皆一切募下蚕室,其女子宫。

---

① "系囚"一词,究竟是指未决囚犯还是已决囚犯?例如以下条文:

冬十月甲辰晦,日有食之。令天下系囚罪未决入缣赎,各有差。

(《后汉书·孝灵帝经》)

其令中都官系囚,罪非殊死考未竟者,一切任出,以须立秋。

(《后汉书·质帝纪》)

从上述条文看来,系囚明显是指未决囚犯,只是,监狱也收押已决囚犯,从"系囚是还未被判决者"这种表达方式来看,将"系囚"看作是包含已决囚犯在内或许更恰当。以已经收押在监囚犯的减刑、逃亡或者未决杀人犯为对象,来解释减死一等的死刑和殊死的差异,这在道理上是成立的,但不太现实。

《后汉书·顺帝纪》中有类似的规定:

冬十月辛丑,令郡国中都官系囚殊死以下出缣赎,各有差;其不能入赎者,遣诣临羌县居作二岁。

《后汉书·质帝纪》:

其令中都官系囚罪非殊死考未竟者,一切任出,以须立秋。

由此观之,系囚是指被收监者,以未被收监来区分非殊死与殊死的观点是不能成立的。

（《后汉书·光武帝纪》）

④夏四月乙丑，诏令天下系囚自殊死已下及徒各减本罪一等，其余赎罪输作各有差。　（《后汉书·光武帝纪》）

⑤丙子，临辟雍，养三老、五更。礼毕，诏三公募郡国中都官死罪系囚，减罪一等，勿笞，诣度辽将军营，屯朔方、五原之边县；妻子自随，便占著边县；父母同产欲相代者，恣听之。其大逆无道殊死者，一切募下蚕室。亡命者令赎罪各有差。凡徒者，赐弓弩衣粮。　（《后汉书·明帝纪》）

⑥九月丁卯，诏令郡国中都官死罪系囚减死罪一等，勿笞，诣军营，屯朔方、敦煌；妻子自随，父母同产欲求从者，恣听之；女子嫁为人妻，勿与俱。谋反大逆无道不用此书。

（《后汉书·明帝纪》）

⑦八月辛酉，饮酎。诏郡国中都官系囚减死一等，诣敦煌戍。其犯大逆，募下蚕室；其女子宫。自死罪已下，至司寇及亡命者入赎，各有差。　（《后汉书·和帝纪》）

⑧九月，诏郡国中都官系囚皆减死一等，亡命者赎，各有差。

（《后汉书·顺帝纪》）

⑨己酉，令郡国中都官系囚减死一等，徙边；谋反大逆，不用此令。　（《后汉书·冲帝纪》）

关于系囚的这些诏令，涵盖了依恩赦放免的①②和减刑一等。说到减刑一等，首先分为对郡国、中都官的系囚减死罪一等的减刑④—⑨和以宫刑代替的减刑③。先前引用的《后汉书·章帝纪》元和元年八月、章和元年九月之诏："郡国中都官系囚减死一等，勿笞……其犯殊死，一切募下蚕室；其女子宫"，毋庸置疑属于④—⑨的范畴。这类诏令共通的特征是，在叙述完一般死刑的减刑规定

后,再附加例外的特殊规定。附加的内容分为采取其他替代措施
情况的⑤⑦和设有适用之外条款的⑥⑨。无论哪个,都是不同于
一般的特殊场合。换句话说,是有关比一般死刑更重的死刑的措
施。所以,这正是称之为"殊死"的刑罚。

那么,这里所说的"殊死"或者"犯殊死"是指什么? 张建国、
水间两氏认为是"斩刑",具体解释为枭首和腰斩两种刑罚。在这
点上,我的解释与此不同。

具有相同书式的⑤⑦,认为"其大逆无道殊死者","其犯大逆"
相当于"犯殊死"。还有,在设置减刑适用之外条款的⑥⑨中,"谋
反大逆"、"大逆无道"罪不能成为减死罪一等的对象。亦即大逆无
道罪属于特殊事例,可以说这一系列的诏令所述的殊死是以适用
于大逆无道罪的死刑为前提。⑤"其大逆无道殊死者"是指适用
于大逆无道罪的殊死刑,前述的元和元年与章和元年的"犯殊死"
想必也是以大逆无道罪为背景的规定。

一般与特殊,也就是归结为与一般死刑相当的罪和大逆无道
罪,前者的死刑是弃市,而后者的量刑是腰斩。① 张氏认为殊死是
斩刑,并将腰斩和枭首两种死刑包含在内。但是,汉律并未规定大
逆无道罪的主犯应处以枭首之刑。虽然妻、子有被处以枭首的,②

---

① 参见拙著《秦漢刑罰制度の研究》,京都大学学术出版会 1998 年版,第
　260—262 页。

② 　时相以下具知之,欲以伤梁长吏,书闻。天子下吏验问,有之。公卿治,
　奏以为不孝,请诛王及太后。天子曰:"首恶失道,任后也。朕置相吏不逮,
　无以辅王,故陷不谊,不忍致法。"削梁王五县,夺王太后汤沐成阳邑,枭任
　后首于市,中郎胡等皆伏诛。　　　　　　　　　　　　　(《汉书·文三王传》)
　　　是时治巫蛊狱急,内者令郭穰告丞相夫人以丞相数有谴,使巫祠社,祝
　诅主上,有恶言,及与贰师共祷祠,欲令昌邑王为帝。有司奏请案验,罪至大
　逆不道。有诏载屈氂厨车以徇,要斩东市,妻子枭首华阳街。贰师将军妻子
　亦收。贰师闻之,降匈奴,宗族遂灭。　　　　　　　　　　(《汉书·刘屈氂传》)

但汉律的规定是："律，大逆无道，父母妻子同产弃市"（《汉书·景帝纪》如淳注），即犯大逆无道罪的妻、子应处以弃市刑。这样一来，把处于腰斩下位的枭首与弃市置于同列地位的事实，与殊死＝腰斩、枭首的观点之间存在着龃龉。

张建国氏认为殊死为斩刑、非犯殊死为非斩即绞杀，显然以殊死和非殊死两种不同的死刑为前提来确定"殊"与"殊死"的语义解释。

"殊"具有"绝""斩"的含义，关于这点，《说文解字》四篇下"一曰断也"①，《左传·昭公二十三年》"断其后之木而弗殊"（杨伯峻注：此谓砍伐树木而不使断绝），韦昭注："殊死，斩刑也"（《汉书·高帝纪》注），颜师古注："殊，绝也，异也，言其身首离绝而异处也"（《汉书·高帝纪》注），各注释均有申说。诚然，我不否认"殊"字含有"断绝"的意义，或者说某些时代本来就是这么定义的。②然而，将惯用语"殊死"二字作为法律用语并将其定义为"斩断身体的死刑"这种狭义的执行样态，而且因为不属于殊死的死刑是"非殊死"、"死而不殊"，故将其解释为"不斩断"，从而得出作为一般死刑的弃市是绞杀的结论，真是正确的吗？

值得注意的是，诏令的原文并非"非殊死"，而是"非犯殊死"或"罪非殊死"。也就是说，"殊"和"非殊"之间并无关联。兹就张

---

① 这四个字在《说文解字》各版本中原本没有，而是由段玉裁依据陆德明的《经典释文》（《左传·昭公二十三年》）补充进去的。在《说文解字》的段注中，就可见"各本无此四字，依《左传释文》补"。

② 《二年律令》中亦可见"殊折"一词，就是"断"的意思。参见冨谷至编《江陵張家山二四七號墓出土漢律令の研究》，朋友书店2006年版，第128—129页。

　　钱径十分寸八以上，虽缺铄，文章颇可智（知），而非殊折及铅钱也，皆为行钱。金不青赤者，为行金。敢择　　　　　　　　　　　　　　　　（《钱律》197）

氏之说试予评论。

首先,要声明的一点是,《史记》《汉书》《后汉书》中所见的"殊死"用语并非法律用语,有时也在"死"、"决死"的含义上来使用。

> 韩信张耳已入水上军,军皆殊死战,不可败。
>
> (《史记·淮阴侯列传》)
>
> 晏等劝激兵士,殊死大战,遂破之。(《后汉书·段颎传》)

"殊死战"、"殊死大战"的意思是"以死相赌"、"不惧死"。之后,"死"的这种含义在有关司法的条文、诏书中逐渐向着死刑、死罪的方向使用。以下条文中的"殊死"是否应解释为斩刑或者特别死刑这种狭义的含义,我对此表示疑惑。

> 十二月甲寅,诏曰:……天下亡命殊死以下,听得赎论:死罪人缣二十匹,右趾至髡钳城旦春十四,完城旦春至司寇作三匹。
>
> (《后汉书·明帝纪》)
>
> 十五年春二月庚子,……诏亡命自殊死以下赎:死罪缣四十匹,右趾至髡钳城旦春十四,完城旦至司寇五匹;犯罪未发觉,诏书到日自告者,半入赎。　　(《后汉书·明帝纪》)
>
> 十八年春三月丁亥,诏曰:"其令天下亡命,自殊死已下赎:死罪缣三十匹,右趾至髡钳城旦春十匹,完城旦至司寇五匹;吏人犯罪未发觉,诏书到自告者,半入赎。"
>
> (《后汉书·明帝纪》)

这一系列的赎刑诏书明确规定,殊死以下的赎罪分为死罪、右趾、髡钳城旦、完城旦这几个层次。认为存在着殊死可分为两个等级，即其重者为斩刑，在其下位现在是一个名叫弃市的死刑，这反映了条文的内容吗？从字面解释条文，是在"殊死以下赎"的前提下，规定了死罪以下赎的具体内容。故我们应该理解为"殊死＝死罪"。

> 今汉道至盛，历世二百余载，考自昭、宣、元、成、哀、平六世之间，断狱殊死，率岁千余口而一人，耐罪上至右止，三倍有余。
> 　　　　　　　　　　　　　　　　　　　　　　　　　（《汉书·刑法志》）

该《刑法志》解说的含义也是"（每年）判决死刑的人口概率约是千分之一"，"二等级中更重的死刑是……"这种限定性解释的说法很不自然。这是因为"殊死"与"耐罪上至右止"相对，既然耐罪至右止涵盖了所有劳役刑，那么殊死就应该是所有类型的死刑。

现在试举一例：

> ……鸿嘉元年，定令："年未满七岁，贼斗杀人及犯殊死者，上请廷尉以闻，得减死。"
> 　　　　　　　　　　　　　　　　　　　　　　　（《汉书·刑法志》）

"贼斗杀人及犯殊死"意思是"贼杀、斗杀他人及犯应处殊死之罪"、"犯贼杀、斗杀为首的'殊死'罪"。[①] 令还规定：未满七岁的小孩犯相关死罪的，若上请廷尉，可以减免死刑。由此可知，《刑法志》对

---

① 关于"贼斗杀人及犯殊死"，首先举一个代表性的具体事例，接着揭示包含在该具体事例内的综合性名称，将其看作是当时律的一般表达。例如：
　　　"盗及者（诸）它罪，同居所当坐，"可（何）谓"同居"？ ●户为"同居"，坐隶，隶不坐户谓殹（也）。　　　　　　　　　　　　　（《法律答问》22）
它的意思也是"以窃盗罪为首的其他诸类罪"。

"贼杀"、"斗杀"和"殊死"规定了同等的量刑。贼杀的量刑是弃市，也见于《二年律令》的规定。

> 贼杀人，斗而杀人，弃市。其过失及戏而杀人，赎死；伤
> 人，除。　　　　　　　　　　　　　　　　　　　　　（《贼律》21）
> 贼杀人，及与谋者，皆弃市，未杀，黥为城旦舂。
> 　　　　　　　　　　　　　　　　　　　　　　　　（《贼律》23）

"殊死"依然意指弃市，[①]弃市和殊死显然并无不同。

总的来说，只有前文引用的《后汉书》之诏同时规定了"殊死"和"罪非殊死"。但依我来看，"殊"的原义是"不同"，由此引申开来就是"与其他不同"、"特殊的"、"异常"。[②] 由于"死"、"死刑"是超越其他状态、行为的处罚，所以我认为"殊"含有"死"、"死刑"的意思。《后汉书》里记载着作为与其他死刑不同的特别重刑："殊死——特别的死刑"、"罪非殊死——非特别重的死刑"，是可以理解的。

若是举其他例子的话，"极刑"、"大辟"等词也是指死刑。这在刑罚体系中是最重的终极刑罚，是最应当避免的刑罚。另外，如果在死刑的多种执行方法中使用了"极刑"一词，那就说明是死刑中最重的那种处罚。表示死刑含义的"极刑"、"大辟"和"殊死"均是相同指向的熟语，不含有表示死刑执行样态的语义。

尽管以上关于"殊死"的讨论可能给人有点散的印象，但归纳

---

① 这种情况下，虽然弃市刑＝殊死，但因为该"殊死"是死刑，而且是指一般的死刑，所以这里不考虑特别死刑＝腰斩的情形。

② 参见《吕氏春秋·贵己》"有殊弗知慎者"（注：殊犹甚也）。

起来就是"殊死"一词具有狭义和广义之分。狭义的限定性意思是指两种死刑中的重者,广义是指一般的死刑。"殊"字与一般相对,意指特别、特殊;而特殊的内容因与特殊相对的一般是指"一般的死刑"还是"一般的刑罚"而发生变化。

无论如何,我对将"殊死"解释成斩刑、"罪非殊死"解释成弃市刑,并以此作为法律用语的说法不能苟同。

3.

《后汉书·吴祐传》记载了以下轶事:

> 安丘男子毋丘长与母俱行市,道遇醉客辱其母,长杀之而亡,安丘追踪于胶东得之。祐呼长谓曰:"子母见辱,人情所耻。然孝子忿必虑难,动不累亲。今若背亲逞怒,白日杀人,赦若非义,刑若不忍,将如之何?"长以械自系,曰:"国家制法,囚身犯之。明府虽加哀矜,恩无所施。"祐问长:"有妻子乎?"对曰:"有妻未有子也。"即移安丘逮长妻,妻到,解其桎梏,使同宿狱中,妻遂怀孕。至冬尽行刑,长泣谓母曰:"负母应死,当何以报吴君乎?"乃啮指而吞之,含血言曰:"妻若生子,名之'吴生',言我临死吞指为誓,属儿以报吴君。"因投缳而死。
>
> (《后汉书·吴祐传》)

这个故事讲述的是毋丘长因母亲被人侮辱而犯下杀人罪,吴祐允许毋丘长与其妻在狱中共衾而寝,给予他生育后代的机会,毋丘长对此深表感激,之后便投缳而死。关于史料中所见的"投缳而死",张建国氏认为,(1)"缳"是指绳、绳环,那么"投缳"就是绞杀的意思。(2)在狱中囚犯会被戴上桎梏的刑具,另外为了防止自杀还实行严格的管理体制。因此,毋丘长并非自杀而死。(3)"至冬尽行刑"的意思是在死刑执行期即将结束之际,即在最后一日行刑,即使该史料也可以证明死刑(弃市刑)即为绞杀刑。

李贤对《后汉书·吴祐传》中"投缳"一词的注解是"谓以绳为缳,投之而缢也"。如此,解释为"上吊而死"也是正确的。但是,我对以该史料来证明汉代死刑为绞杀的证明力表示怀疑,并想从以下两个方面进行阐述。

首先,说狱中不可能自杀是不对的。关于犯罪嫌疑人的自杀,镰田重雄在《漢代官僚の自殺》[1]一文中列举了有关"下狱自杀"、"有罪自杀"的诸多史料,我本人之前也讨论过官僚的自杀问题。[2]文章中曾指出自杀的背景之一是强制性自决,还有为了逃避缘坐刑,但"下狱自杀"也不少见,或者不能否认它是一种普遍的现象。

张氏以居延汉简中记载的关于自杀的下述一条史料来说明当时有规定对帮助囚犯自杀的人实施严厉处罚。

> 以兵刃索绳它物,可以自杀者,予囚,囚以自杀,杀人若自伤,伤人而以辜二旬中死,予者髡为城旦舂,及有
>
> (E.P.S4.T2 :100)

该条文可能是《囚律》的规定,但我不同意凭此规定就能断定囚犯自杀的可能性很低。条文如此设计与实际发生的可能性大小无直接关联,因为禁令有时也可以解释为相关现象频繁发生。若是与前文提到的"下狱自杀"结合在一起理解,就更是如此。

---

[1] 参见镰田重雄《漢代政治制度の研究》,日本学术振兴会1962年版,第470—483页。
[2] 参见前揭拙著《秦漢刑罰制度の研究》,第278页。

另外,下面的观点可能有些讽刺性。前述的《吴祐传》记载了毋丘长咬碎手指并吞下的故事。但是我想,若是佩戴桎梏措施严格的话怎么可能做到? 当时,被收监的人可以写书信,我们知道也有以司马迁《报任安书》提及的任少卿为代表的若干个这方面的事例。

关于"投缳"一词,我想从别的视角来做些探讨。《后汉书》里,"缳"、"投缳"仅见于《吴祐传》,但"投缳死"、"投缳卒"在此后的史料中作为自杀的惯用语被频繁地使用。

> 挺以失职,内不平,作书谢所善公孙常。常,善数者也,以他事系,投缳死。 　　　　　　　(《新唐书·韦挺传》)
> 敬宗令大理正袁公瑜、御史宋之顺等即黔州暴讯。无忌投缳卒…… 　　　　　　　(《新唐书·长孙无忌传》)
> 会周兴等诬其与右鹰扬将军赵怀节反,捕系诏狱,投缳死。 　　　　　　　(《新唐书·黑齿常之传》)

众所周知,将"投缳而死"作为成语使用,应是范晔以其文采撰写《后汉书》时创作的。[1] 这一事实,即惯用句式的词汇、范晔的文章兼具文学性修辞的表达方式,并不能直接证明《后汉书·吴祐传》中毋丘长是死于自杀还是弃市刑,但令人犹豫不决的是按"投缳"字面意思解释,而且是在具体描述事件的前提下展开的论述。因此,不能将《后汉书·吴祐传》里对毋丘长临终时的描述作为断定当时弃市刑为绞杀的有力史料。

---

[1] 参见内藤湖南《支那史學史》,收入氏著《内藤湖南全集》卷 10,筑摩书房 1969 年版,第 152 页。

　　以上介绍了张建国氏关于"弃市＝绞杀"的主要论点，并阐述了我对此的一些看法。此外，水间氏补证了1999年至2000年在内蒙古额济纳旗出土的汉简中，发现了证明弃市刑为绞首刑的相关资料。

　　1999年至2000年考古发现的额济纳汉简，是指内蒙古自治区文物考古研究所通过调查额济纳河流域的汉代烽燧遗址，具体包括甲渠候官所属的第七、九、十四、十六、十七、十八燧，从而发现的五百余枚木简。①

　　现在还不确定记载了绞首刑的简牍究竟是其中的哪一枚，但人们认为可能是下述甲渠候官第九燧出土之简，因为该简里有"绞"字和"罪大逆"的词语。

　　　　两胁。谒（诸？）发兵之郡，虽当校均受重当［赏］，亦应其劳。大尹大恶，及吏民诸有罪大逆无道、不孝子，绞。蒙壹功，治其罪，因徙迁□皆以此诏书到大尹府日，以……

　　　　　　　　　　　　　　　　　　　　　　　　（2000ES9SF4 :7）

　　上述2000ES9SF4 :7之简的意思是，绞杀犯重罪之人时减轻其刑罚。②因而我认为将该简视为证明绞刑是汉代法定刑的资料，

───────────

① 参见魏坚主篇《额济纳汉简》，广西师范大学出版社2003年版。

② 有人认为简文"大尹大恶及吏民诸有罪大逆无道不孝子绞"的断句是"大尹大恶，及吏民诸有罪大逆无道，不孝子，绞"，意思应该解读为对"大恶"、"大逆无道"、"不孝"的量刑为"绞"。因而有学者凭借该简牍认为它是证明作为正刑的绞杀刑存在的有力资料，其原因即是对该简文作了如上解读。但是，我不赞成将该简文断句读成"大尹大恶，及吏民诸有罪大逆无道，不孝子，绞"，并解释为应被处以绞刑的犯罪是以大尹大恶为首的诸行为的观点。假如这样解读是正确的，那么对"大逆不道罪"的处罚也是绞杀（转下页）

也是不妥当的。

（三）绞刑与弃市

《史记》《汉书》乃至出土文字资料中，"绞"字是在怎样的意义上使用呢？此处试予探索。

首先，绞有搓捻、相交扭结而成的绳、缠绕之意。居延汉简等记载的数目甚多的"绞"，均作为绳索的意义来使用。[①]

　　鞻瞀十二条毋组●十一空毋韦绞●毋缣毋四緤

（14·23）

　　今日入绞廿五☑ （146·92）

《说文解字》第十篇下："绞，缢也"，将绞解释为缢死之意。因意为用绳索交叉系紧头部，故"绞"字由"糸"与"交"的偏旁构成。

如果是交叉绳索的话，所谓绞就是绞紧首级勒死，是 strangle，而不是悬吊首级的 hang。吊死、吊杀称之为"经"，《论语·宪问》

（接上页）刑，而正如该简的"大尹"一词所示，它属于王莽时期的简。当时，大逆无道罪是犯罪体系中最严重的一种罪，量刑时也是被处以两种死刑中最重的那种死刑。现在，如果大逆不道罪适用绞刑，那么就不得不思考一般死刑即弃市刑应适用于何种情况。而且，可以就此得出王莽时期不存在斩首刑的结论，这也很令人费解。基于此，我不赞同将该简文解释成记载犯罪和相应刑罚的条文。

退一百步而言，若硬是认为大逆无道＝绞杀（我依然认为这很不合逻辑），那么，它一定是在王莽时期极其有限的特殊情形下才适用的规定。因此，即使该简文也无法证明汉代的弃市就是绞首。

① 绞有靴子的鞋垫之意，见林已奈夫《漢代の文物》，京都大学人文科学研究所1976年版，第38页。居延汉简中的绞也具有这一意义的可能性。只是，无论如何无法确认其为刑罚名。

所谓"自经于沟渎而莫之知也"，《荀子·强国》所谓"救经而引其足也"等，这里的"经"明系吊死。在睡虎地秦简《封诊式》中，有题为"经死"的爰书，是对悬吊首级而自杀的尸体的勘验文书。

由此可见，"缢死"、"绞杀"是 strangle，"经"则是 hang。但不久之后，两者的区别渐趋泯灭，归并为"绞首而死"之意。上引《论语·宪问》条所附南朝梁皇侃疏云"自经，自缢也"的注解，还有《荀子·强国》唐代杨倞注也有"经，缢也"的解释，说明了与其相关的变迁。

经、绞、缢，确实意义接近起来了。但它们在汉代的史料中，尚未有作为刑罚执行或标记为刑罚名称之例，全部限于他杀或者自杀意义上的死亡。兹以"绞"为例，列举相关记载于如下：

> "绞杀侍婢四十余人"　　　（《史记·建元以来侯者年表》）
> "缢而杀之"　　　　　（《史记》之《吴太伯世家》《楚世家》）
> "绞杀从婢三人"　　　　　（《汉书·景十三王传》）
> "绞杀胸臆"　　　　　　　（《汉书·宣元六王传》）
> "自绞死"（《汉书》之《陈万年传》《赵广汉传》《王莽传》）
> "以绶自绞死"
> 　　　　　（《汉书》之《武五子广川王传》《广陵厉王传》）

关于自杀，尤应重视"以绶自绞死"。绶是官吏随身佩带的近两丈长的印绶、佩玉的绶带，汉代形成了佩绶制度。由此，绞与汉代官吏的自杀也就密切相连。

总之，从秦汉时期相关资料中"绞"的意义来看，可知绞杀不是秦汉死刑的执行方法。还有，弃市的内容也没有绞首杀害的方法。律所举的弃市，是以首级为目标的斩首刑。以下是对其证据的检验分析：

1. 史书的注释

首先，试举最早的东汉时期注释家对弃市的说明，其例是郑玄的《周礼·秋官·掌戮》"掌戮，掌斩杀贼谍，而搏之"的注释：

> 斩以鈇钺，若今腰斩也；杀以刀刃，若今弃市也。

对此，张建国氏认为，该注释只是对于《周礼·秋官·掌戮》本文中列举的斩、杀两种死刑等级，说明汉代也有腰斩、弃市的两种死刑，但其与执行方法没有直接关系；水间氏亦表示认同。[①] 亦即"杀以刀刃"不过说明了《周礼》"杀"这种死刑执行方法，刀刃与弃市并没有联系。

然而，我以为这样的解释难免有牵强之嫌。既然说明死刑有两种，怎么样也会言及其执行方法吧？郑玄的注释在某种程度上沿袭了《国语·鲁语》和《汉书·刑法志》序文中的"大刑用甲兵，其次用斧钺，中刑用刀锯，其次用钻凿，薄刑用鞭扑"。《国语》的条文在多大程度上真实地反映了现实另当别论，但处刑的区别就是在执行之际所使用的刑具不同则应无疑义。在此背景下，考虑到郑玄没有将"刀刃"与"弃市"的关系完全割断的注释方法，以及通常人们对"斩以斧钺，若今腰斩也；杀以刀刃，若今弃市也"的理解，应该能够得出弃市是使用刀刃的刑罚这一结论，也就可以解释用刀刃是与汉代的弃市相当的刑罚。

其次，反过来说，《周礼》一书如果是后代特别是秦汉时期编纂的东西，那么，也许可以说《周礼·秋官·掌戮》郑注"斩以鈇钺"、

---

① 前揭张建国、水间大辅两氏论文。

"杀以刀刃",实际上恰恰反映了秦汉时期执行腰斩、弃市的状况。

再次,还可以例举同是东汉刘熙《释名·释丧制》中记载的:"市死曰弃市。市,众所聚,言与众人共弃之也。斫头曰斩,斩腰曰腰斩。斩,暂也,暂加兵即断也。"

此处的"斫头曰斩,斩腰曰腰斩",分别列举了"斩"和"腰斩"两种死刑,说明斩首刑仍然存在。由此可以断定,对东汉人而言,死刑有两等,即腰斩、弃市,或者腰斩、斩,刑具为鈇钺与刀刃,斩的身体部位为腰与首级。那么,为何是两种呢?诚如张建国氏也曾指出的那样,汉代死刑的刑罚种类有腰斩、弃市以及枭首三种。对此种观点我亦曾留意,详细的考证留待下文。

但是,要论及"刀刃"与"弃市"是否关联,只能说读罢郑玄的这个注释条文仍无定论。因此,关于"刀刃"的检讨,试图从其他方向予以考察。

2. 欧刀

据《后汉书·虞诩传》李贤注:"欧刀,刑人之刀也",知欧刀为处刑时使用的刀具。也有说廷尉向囚犯宣布犯罪行为,使其确认,当死刑执行之际,欧刀置于身前,棺木置于身后。[1] 还有"伏欧刀"(《后汉书》之《种暠传》《虞诩传》《陈蕃传》)、"受欧刀之诛"(《后汉书·陈忠传》)等说法。

这种欧刀是用于腰斩刑吗?答案是否定的。兹试以《陈蕃传》中记载的"伏欧刀"为例,说明如下。

---

[1]《后汉书·袁安传》记载:"峻假名上书谢曰:'……廷尉鞫遣,欧刀在前,棺絮在后'。"参见鹰取祐司:《漢代の死刑奏請制度》,《史林》第 88 卷第 5 号,第 116 页,2005 年。只是,这是《后汉书》描述张峻临刑时的表现,是在死刑即将执行时的修辞,实际上,果真置欧刀于眼前与否,仍有值得检讨之处。但欧刀为执行时的刑具则无疑义。

"二郡太守刘瓆、成瑨考案其罪,虽经赦令,而并竟考杀之。宦官怨恚,有司承旨,遂奏瓆、瑨罪当弃市。"对此,陈蕃独上疏抗议曰:刘瓆和成瑨"纠而戮之。虽言赦后不当诛杀,原其诚心,在乎去恶。……如加刑谪,已为过甚,况乃重罚,令伏欧刀乎!"①

此处可以清楚地确认弃市与欧刀的关系。

鞭打、髡钳刑图

(《山东诸城汉墓画像石》,《文物》1981年第10期,第18页,图五上半部)

①《后汉书·陈蕃传》:

前太原太守刘瓆、南阳太守成瑨,纠而戮之。虽言赦后不当诛杀,原其诚心,在乎去恶。至于陛下,有何惓惓?而小人道长,营惑圣听,遂使天威为之发怒。如加刑谪,已为过甚,况乃重罚,令伏欧刀乎!

另外，还有山东省诸城县汉墓出土的画像石。在残存的6块细线阴刻画像石中，有一块刻有鞭打、髡钳的刑罚，并且也能看到仿佛是斩首的图像。①

该画像石除了有关刑罚执行的图像外，还描绘了舞乐、百戏、庖厨、宴饮等场面。刑罚与娱乐并存的空间，极有可能是市。如果该画像描绘的是东汉时期市的场面的话，也可以说明在市中公开处刑的弃市，就是以刀刃为执行方法的斩首吧。

综上，我认为：史书的注释、处刑的欧刀，以及画像石描绘的刑罚执行场面，均有力地证明了汉代弃市的执行方法是斩首。

同时，在"弃市＝绞刑"的观点缺乏论据的条件下，根据汉代的绞、绞杀的实际状况，以及"弃市＝斩首"的有关史料的可靠性，我进而作出结论：作为秦汉正刑的弃市的执行方法，就是切断首级的斩首刑。

（四）斩刑——其在刑罚上的地位

上面颇费周章地考证了汉代称为弃市的一般的死刑就是斩首。也许有人认为，这纯粹是为了考证而考证，因为弃市究竟是绞杀抑或斩首，不过是死刑执行方法的不同，犯不着如此执着地考证。

其实，我之所以如此重视这一细节，是因为把死刑看成是斩首还是绞杀，乃事关中国古代死刑原理的重大问题。假如认为死刑是绞杀的话，那么，为什么要采取绞首处死的方法呢？它与其他的死刑如腰斩、枭首又具有怎样的内在联系呢？这些问题将难以解答。如是斩首，同样需要解答这些疑问。对于中国古代的死刑在

_____

① 任日新：《山东诸城汉墓画像石》，《文物》1981年第10期。

其刑罚体系、刑罚原理中占据怎样位置的问题,如果不从其执行状况进行考证是无法明了的。再有,必须看到从斩首变为绞杀的事实正是其刑罚的执行原理发生变化所致,故应该考虑在何时、因何种理由而导致其变化。如果汉代死刑的法定正刑为腰斩、弃市,则这个过程将更加明晰。

磔、枭首、车裂、腰斩、弃市

在秦汉时期的史料所举出的诸种死刑(不限于汉律、秦律所规定的法定正刑)中,主要有磔、枭首、车裂、腰斩、弃市等。此处先从确认其执行状况展开讨论。

【磔】

《汉书·景帝纪》中二年(前148)有"改磔曰弃市,勿复磔"的记载,《历代刑法考》中也列举到"磔"的处刑,甚至秦律、汉律(如张家山汉墓出土《二年律令》,见下文所举)也同样规定有磔刑,如:

> □来诱及为间者,磔。亡□　　　　　　　　　(《贼律》3)
> 钱财,盗杀伤人,盗发冢(塚),略卖人若已略未卖,桥(矫)相以为吏、自以为吏以盗,皆磔。　　　　　(《盗律》66)
> 劫人,谋劫人求钱财,虽未得若未劫,皆磔之;罪(或作"完")其妻子,以为城旦舂。其妻子当坐者偏捕,若告吏,吏……　　　　　　　　　　　　　　(《盗律》68)

由于《二年律令》的年代当属景帝中二年以前,故此处"磔"这一刑名的确认不成问题。

关于磔的解释主要有:

> 磔,辜也。(段玉裁注:"凡言磔者,开也,张也,刳其胸腹

而张之,令其乾枯不收。"）　　　　　　（《说文解字》五篇下）

　　师古曰:"磔谓张其尸也。"　　　　　　　（《汉书·景帝纪》注）

　　掌斩杀贼谍而搏之。（郑玄注:"搏"当为"膊诸城上"之"膊"字之误也。膊,谓去衣磔之。）　　（《周礼·秋官·掌戮》）

　　杀王之亲者,辜之。（郑玄注:"辜之,言枯也,谓磔之。"）

　　　　　　　　　　　　　　　　　　（《周礼·秋官·掌戮》）

　　"磔"有"开也"、"张也"之意,详言之,乃张其尸而晒之。段玉裁的解释是"刳其胸腹"而曝晒其内脏,但不知所据者何。尸体因长时间曝晒而干缩枯死,故与"辜"、"枯"等词联结。至于"搏"、"膊"等词,据《说文解字》四篇下有"膊,薄脯,膊之屋上",可知是锤打成薄状的肉干。故或指曝晒干枯的死尸类似于肉干,或指如制作肉干一样曝晒尸体使其干枯。《春秋左传·成公二年》有"杀而膊诸城上",也就是将杀害的尸体置于城壁上曝晒之意。

　　无论哪一条材料中的磔刑,都不是将人绑在柱子上刺死之刑（crucifixion）,而是张开尸体曝晒之刑（exposal）。

　　只是,景帝中二年诏曰:"改磔曰弃市,勿复磔。"现在对其正确的内容有点弄不明白。我考虑或许有以下两种可能性:

　　（1）迄今为止的磔刑全部被弃市所吸收,不再执行磔。
　　（2）磔在刑名上与弃市的名称相统一。

如是（1）的话,弃市刑为公开的死刑,执行后有一定的时间放置遗体而曝晒之,由于磔刑在执行方式上与弃市刑相比基本不变,故将磔刑从法定正刑中废除。如作（2）的解释的话,磔在刑名上也称呼为弃市刑。换言之,伴随磔刑废止的是刑的减轻呢,还是因其实际状态相同而整顿法定正刑的名称使其一体化？目前尚未有明确答案，这一问题留待将来进一步检讨。

【枭首】

枭，是长大后将母鸟吃掉的不孝之鸟，故夏至前后捕获枭而曝晒之，作枭羹于五月五日赐予百官，引以为戒。①

> 枭，不孝鸟也，日至，捕枭磔之。
>
> （《说文解字》六篇上）

所谓的枭首，有如曝晒枭这种鸟的头部一样，故谓之"枭首"于"狱门"之刑。②《史记》《汉书》等史料中，此类记载甚多。例如：

> 至栎阳，存问父老，置酒，枭故塞王欣头栎阳市。
>
> （《史记·高祖本纪》）
>
> 天子曰："李太后有淫行，而梁王襄无良师傅，故陷不义。"乃削梁八城，枭任王后首于市。 （《史记·梁孝王世家》）
>
> 汉召彭越，责以谋反，夷三族。已而枭彭越头于雒阳下，诏曰："有敢收视者，辄捕之。" （《史记·栾布列传》）
>
> 乙巳，皇后陈氏废，捕为巫蛊者，皆枭首。……六月，丞相屈氂下狱要斩，妻枭首。 （《汉书·武帝纪》）

---

① 孟康曰："枭，鸟名，食母；破镜，兽名，食父。黄帝欲绝其类，使百吏祠皆用之。破镜如貙而虎眼。"如淳曰："汉使东郡送枭，五月五日作枭羹以赐百官。以其恶鸟，故食之也。" （《汉书·郊祀志上》）

② 《史记·秦始皇本纪》集解曰："县首于木上曰枭。"正义："枭，古尧反。悬首于木上曰枭。"

有司奏请案验，罪至大逆不道。有诏载屈氂厨车以徇，要
斩东市，妻子枭首华阳街。 （《汉书·刘屈氂传》）

此外，《二年律令·贼律》中也确实规定了枭首刑：

子贼杀伤父母，奴婢贼杀伤主、主父母妻子，皆枭其首市。
（《贼律》34）

何休认为："无尊上、非圣人、不孝者，斩首枭之。"（《春秋公羊
传·文公十六年》何休注）若从《贼律》的规定来看，相关解释确
有可能。但枭首的适用未必仅限于不敬罪、不孝罪。作为不孝的
象征，不是设置了枭首，而应从刑罚的特殊性即斩首并施加枭首来
考虑较为妥当。还有，关于枭首，必须注意：《贼律》中有"枭其首
市"、《史记》中有"枭任王后首于市"、"枭彭越头于雒阳下"之类的
表述。这里的"枭首"二字是作为法定正刑的名称固定下来了吗？
仍存疑问。例如，比起下引"当某刑"这一表述形式的律文中所见
的量刑规定，不得不令人思考其中的不同。①

有罪当黥，故黥者劓之，故劓者斩左止（趾），斩左止（趾）
者斩右止（趾），斩右止（趾）者府（腐）之。女子当磔若要（腰）
斩者，弃市。当斩为城旦者黥为舂，当赎斩者赎黥。
（《具律》88）

————————

① "当某刑"这一表现是法定正刑的刑罚用语，磔刑在此也有"当磔"的记载。
然其若是法定正刑的名称的话，则不是宣告刑的名称，但是否意味着"改磔
曰弃市，勿复磔"呢？

换言之,也许可以说此处的刑罚名称与准刑名不同。这一问题姑且留待后面再论述。

【车裂】

所谓的车裂,如字面含义所示,是用车牵引人的身体,致其开裂的刑罚,亦称"轘"。《说文解字》十四篇上:"轘,车裂人也。"《释名·释丧制》:"车裂曰轘。轘,散也,肢体分散也。"

该刑罚在战国乃至秦时期,曾适用于下引的商鞅、苏秦、嫪毐等案件的关系人。有史料证明此后的北魏、北周亦有适用,但作为汉律的法定正刑不曾存在。

> 秦发兵攻商君,杀之于郑黾池。秦惠王车裂商君以徇,曰:"莫如商鞅反者!"遂灭商君之家。
>
> （《史记·商君列传》）
>
> 苏秦且死,乃谓齐王曰:"臣即死,车裂臣以徇于市,……"
>
> （《史记·苏秦列传》）
>
> 毐等败走。即令国中:有生得毐,赐钱百万;杀之,五十万。尽得毐等。卫尉竭、内史肆、佐弋竭、中大夫令齐等二十人皆枭首,车裂以徇,灭其宗。及其舍人,轻者为鬼薪。
>
> （《史记·秦始皇本纪》）

关于车裂,还想解释一下。"车裂人也"、"肢体分散也"固然是车裂的执行状况,但不是将活着的人用车引裂其身体,而是将其杀害后,用车引裂其尸体,并且是在市场中公开执行的。

上引商鞅、苏秦的例子均说明其为死后的措施。所谓"车裂以徇",如"师古曰:'徇,行示也'"、《周礼·地官司徒》郑玄注:"徇,举以示其地之众也"所说的,有使其在大众面前展示之意。

其实，"磔"亦有"车裂"的解释。如《荀子·正论》"斩断枯磔"杨倞注："磔，车裂也"，以及《史记·李斯列传》索隐："磔，谓裂其肢体而杀之"之类，皆作此解。正确地说，用车作刑具的车裂与曝晒遗体的磔并不一样，但两者都是公开行刑的。使被斩首的遗体或开裂或枯死，在损伤尸体这点上则是共通的，两者之间也存在一定的交叉之处。

枭首是曝晒首级之刑，磔也是在一定时间内展示尸体而曝晒之的刑罚，只不过二者在曝晒身体的一部分（首级）还是全身上有所不同。[①]而车裂本来的目的并不是分解尸体，应该是为了使人见其遗体而加深印象，故利用车为刑具。"车裂以徇"和"以徇"的表述形式，不由得令人联想到在枭首时亦复如此（《史记·秦始皇本纪》所谓的："枭首，车裂以徇"）。那么，这类磔、车裂、枭首的刑罚其目的何在？答案显然是意在"以徇"。详情此处暂且不表，留待后面再论述。此处先回来论述关于斩首与腰斩刑罚的起源。

【斩首和腰斩】

众所周知，切断首级的斩首行为，不仅是作为法定正刑来执行的一种刑罚，而且在应对外敌的军事行动中，也作为制裁乃至杀戮的手段来执行，在战斗行动中"斩首某级"的记载不胜枚举。

即使是宫刑，也同样作为军事行动的一环，将捕获的敌人去势，其目的或作为防止敌人再实施侵犯行为的手段，或作为使外敌灭族的手段而暂且实施的。此外，也有将敌人的耳朵割下来的

---

① 《说文解字》六篇上："枭，……日至，捕枭磔之"，使用"磔"字解说枭，本身就意味着枭与磔两个字具有同义性。

"聝"这样的行为。① 这些无非与腰斩、斩首一样，都是军事行动中的处置措施。1978 年青海省大通上孙家寨 115 号汉墓出土的木简中，其内容是与军事有关的规定，其中可以看到有关捕虏、斩首、腰斩的断简。

　　　　七十人率斩首捕虏　　　　　　　　　　　　　　（279）

　　　　从军斩首捕虏爵禅行至右更　　　　　　　　　　（267）

　　　　斩首捕虏者勿赐爵　　　　　　　　　　　　　　（269）

　　　　虏者皆腰斩□　　　　　　　　　　　　　　（271）②

　　以死刑为首的肉刑（毁损身体刑），作为在战争中制裁敌人的情形是共同的。那种对外部的刑罚（族外制裁）进而被对内部的刑罚（族内制裁）所援用的观点，也许就导源于此。

　　另外，如滋贺秀三所指出的那样，"刑"字最初的意思是对肉体刻上特定的"形"或"型"，它是从共同体中被驱逐出来的烙印。③

---

① 在与聝同义上的聅也有制裁之意。如《诗经·大雅·皇矣》曰："攸聝安安"的毛传曰："聝，获也。不服者，杀而献其左耳曰聝。"又如《尚书·康诰》孔传曰："聅，截耳，刑之轻者。"但其究竟是杀害捕虏并割下耳朵，还是只实施比斩首更轻的刑罚聅刑，现在仍不太明确。另外，为何割耳，以及它是否作为应得奖赏的证据而代替首级等问题，尚待检讨。

② 参见李均明、何双全编《秦汉魏晋出土文献 散见简牍合辑》，文物出版社1990 年版。这些简因为是断简，具体内容已不得其详。那么，腰斩是对捕虏的处置措施吗？ 在捕虏的处置问题上，对违反了什么样的军律的士兵才处以腰斩的刑罚？ 是否还有其他的情形呢？ 只是，此类史料体现了无论作为军事上处罚的腰斩，还是作为制裁敌人的斩首，都属于军事行动中的措施而存在。

③ 滋贺秀三：《刑罰の歴史》，收入氏著《中國法制史論集 法典と刑罰》，創文社2003 年版，第 312 页。

这一观点亦可成立。

或是战争中制裁外敌，或是驱逐共同体成员，应从哪里探求刑罚的起源？再有，以对外敌制裁的手段，来作为驱逐共同体成员的象征、烙印的刑罚，其最初形态究竟如何，将来有必要再予检讨，此处从略。但无论如何，斩刑（斩首和腰斩）确实是古代刑罚的根基所在。这正是滋贺秀三所说的刻上"形"的情况，而刻的具体措施不外乎切断身体的某部分。从而可以断定，没有刻上形的绞杀在中国古代刑罚中要发现其存在的位置是颇为困难的。

（五）两种死刑

以上论述了腰斩、弃市、枭首、磔以及车裂等刑罚执行状况及若干历史背景。对此，应注意到在死刑的名称和死刑的执行方式上存在两种不同的方向性，其一是表现杀害方法的名称，其二是表示杀害后尸体的处理。具体区别如下：

（1）杀害方法：腰斩、斩首、弃市
（2）杀害后尸体的处理：车裂、磔、枭首

（1）不用说是表明如何杀害死刑囚犯的方法之名称，后代增加的绞刑亦属此范畴。本来，对于弃市来说，与纯粹表明杀害方法的"斩"的命名原理不同，也许是将重点置于行刑场所的名称。果真如此，则意味着"在市场弃杀"的死刑执行方式，原本就没有涉及尸体的处理问题。再有，弃市和斩首作为汉代死刑的名称，其意义相同，由于法定正刑的斩首称为弃市，故将其归类于此。

（2）则不是杀害的方法，而是意味着尸体在众目睽睽之下公开的方法和状况的名称。如果说死刑的第一要义就是剥夺囚犯的生命,以及考虑到现代社会的死刑制度对致死后的囚犯尸体已经不存在加害措施,那么,(2)的存在可谓极为特殊,它正是中国自古以来持续的死刑原理和性格的固有表现。(1)和(2)是怎样的关系呢?为何附加(2)呢?为了回答这些问题,此处首先考察关于(1)的死刑。

前面已多次指出,斩首(弃市)和腰斩因切断身体的部位是头部或者肢体部分而不同。若根据滋贺秀三的观点,"刑"字最初的意思是对肉体刻上特定的"形"或"型",它是从共同体中被驱逐出来的烙印。可见作为"刑"的形态之一的死刑具有的烙印,不单纯是剥夺生命,断绝的体现也是必要的,这就是"斩"的执行状况。

再有,我想强调秦汉的死刑是肉刑的一种。"五刑"一词经书就有,其内容是墨、劓、刖(刖)、宫、大辟(《尚书·吕刑》《周礼·秋官·司刑》。《周礼》中"刖"作"刖"。两者均是斩趾刑)。秦汉时期作为法定正刑的肉刑,由轻到重分别是黥、劓、斩趾、宫、死,与所谓的五刑相对应。在所谓的五刑亦称肉刑的这些刑罚中,为何加入死刑这一种类,不外乎它也是毁损身体的一种刑罚罢了。身体的毁损或烙印,是由刺面的黥→割鼻的劓→斩断脚部的斩趾→切断生殖器官的宫→切断头部的斩首→切断肢体的腰斩等,逐步加重其毁损程度,最终达到致命的伤害,即所谓的"斩"。

在《二年律令》中又有"刑尽"之语:

> 有罪当耐,其法不名耐者,庶人以上耐为司寇,司寇耐为隶臣妾。隶臣妾及收人有耐罪,繫(系)城旦舂六岁。繫(系)日未备而复有耐罪,完为城旦舂。城旦舂有罪耐以上,黥之。其有赎罪以下,及老小不当刑、刑尽者,皆笞百。城旦刑尽而盗

臧（赃）百一十钱以上，若贼伤人及杀人，而先自告也，皆弃市。

（《具律》90—92）

人、奴婢有刑城旦春以下至罨（迁）、耐罪，黥颜（颜）頯畀
主，其有赎罪以下及老小不当刑、刑尽者，皆笞百。刑尽而贼
伤人及杀人，先自告也，弃市。有罪　　　　（《具律》122）

这里所谓的"刑"是肉刑之意，指原来按程度设定的黥、劓、斩
趾等肉刑都执行完毕之意。

还有，肉刑向重的方向按阶段执行亦可参考下引第88简：

有罪当黥，故黥者劓之，故劓者斩左止（趾），斩左止（趾）
者斩右止（趾），斩右止（趾）者府（腐）之。女子当磔若要（腰）
斩者，弃市。当斩为城旦者黥为春，当赎斩者赎黥。

（《具律》88）

囚犯的处刑，分阶段切除身体的部分而逐渐加重。死刑（斩
首、腰斩）说起来其程度已达到极致的状态，汉代法定正刑的死刑
可谓终极的肉刑，也可以说是"刑尽"吧。

但这是对属于（1）的处刑而言。作为死刑的样态，还有以毁
损尸体为内容的（2）的执行。（2）是在囚犯被杀害后所附加的，
属于尸体的处理问题。与（1）具有因杀害方法而命名为终极的肉
刑的性格相比，其目的也不一样。还有，经过（1）之后附加（2）的
执行方式，首先执行的是斩首、腰斩，在杀害囚犯后，再附加曝晒尸
体、使其枯死、用车毁损等附加措施。

枭首、磔等刑罚是附加性死刑，或者也可以说应进入追加死刑
的范畴。从而，将其置于与（1）的主刑同一水平线上论其轻重的

做法,有过于简单化之嫌。本来,对斩首(弃市)附加枭首等,也许有人就以为枭首是比弃市更重的死刑。但对这一问题,必须从主刑和附加刑并科的重叠关系中去思考。至于把枭首作为主刑去与弃市相比较的做法,本身就是错误的。

我在先前已指出,"枭首"二字作为法定正刑的名称是否固定下来是存在疑问的。若比起"当某刑"这一表述形式的律文所见到的量刑规定,不得不想起其在表现上的有所不同。还有磔刑与弃市刑的关系,如上所述,"磔"在某种程度上被弃市吸收了。再有,在确定汉代死刑的种类上,沈家本、程树德为首的各家的说法未必一致,即使在后来魏晋以还的时代,同样存在暧昧之处。对此,若站在将死刑分为两个范畴的观点上,可能更容易理解。

二、魏晋的刑罚——弃市刑

如上所述,汉、唐的死刑种类虽都分为二等,其实不同。换言之,汉代的腰斩、弃市(斩首),在唐代变为斩(斩首)和绞。其变化的焦点在于对同样犯罪的量刑上,汉代为腰斩的犯罪,在唐代变成斩首。

以下是关于相似的死刑犯罪的汉律与唐律之比较。

（A）以城邑亭障反,降诸侯,及守乘城亭障,诸侯人来攻盗,不坚守而弃去之,若降之,及谋反者,皆要(腰)斩。其父母、妻子、同产,无少长皆弃市。其坐谋反者,能偏(徧)捕,若先告吏,皆除坐者罪。　　　　　（汉律《二年律令·贼律》1、2）

（a）诸主将守城,为贼所攻,不固守而弃去,及守备不设,为贼所掩覆者,斩。　　　　　（《唐律疏议·擅兴律》233）

（B）伪写皇帝信玺、皇帝行玺，要（腰）斩，以徇。

伪写彻侯印，弃市；小官印，完为城旦春☐

（汉律《二年律令·贼律》9、10）

（b）诸伪造皇帝八宝者，斩。太皇太后、皇太后、皇后、皇太子宝者，绞。　　　　　（《唐律疏议·诈伪律》362）

（C）擅（矫）制，害者，弃市；不害，罚金四两。

（汉律《二年律令·贼律》11）

律，矫诏，大害，要斩。　　（《汉书·功臣表》如淳注）

（c）诸诈为制书及增减者，绞。

（《唐律疏议·诈伪律》367）

如果分别比较（A）和（a）、（B）和（b）、（C）和（c），则一目了然。汉代的腰斩刑在唐代为斩首刑，汉代的斩首刑在唐代为绞刑，总的来说是减轻了一等。即汉代的腰斩和弃市（斩首）的二等死刑，在唐代被置换为斩（斩首）和绞的二等死刑。

那么，晋朝的情况又是如何呢？在汉律和晋律之间，对类似的犯罪所给予的相关处罚规定目前能够确认。有关放火的条文就是适例。

贼燔城、官府及县官积冣（聚），弃市。贼燔寺舍、民室屋庐舍、积冣（聚），黥为城旦春。其失火延燔之，罚金四两，责

（汉律《二年律令·贼律》4）

贼燔人庐舍积聚盗，赃五匹以上，弃市；即燔官府积聚盗，亦当与同。　　　　　　　　（《晋书·刑法志》）

若在官府的积聚处放火(晋律增加窃盗行为),均适用弃市。

"弃市"这一刑罚名称在《晋书》等史料中不胜枚举,此处无暇一一确认,但至少从"弃市论"、"有罪弃市"、"当弃市"这类表述形式来看,其无疑为法定正刑。兹试举数例。

> 六月,邺奚官督郭廙上疏陈五事以谏,言甚切直,擢为屯留令。西平人麹路伐登闻鼓,言多祆谤,有司奏弃市。帝曰:"朕之过也。"舍而不问。   (《晋书·武帝纪》)
>
> 冬十一月癸丑,雷。梁州刺史杨思平有罪,弃市。
>
>   (《晋书·安帝纪》)
>
> 廷尉华恒以嵩大不敬弃市论,嶷以扇和减罪除名。
>
>   (《晋书·周俊传子嵩附传》)
>
> (桓)玄又奏:"道子酗纵不孝,当弃市。"诏徒安成郡,……
>
>   (《晋书·会稽文孝王道子传》)

沈家本在《历代刑法考·刑法分考四》"绞"中,认为曹魏的弃市刑的执行方式是绞杀。其结论当从下列史料的考察中得出。

《晋书·刑法志》记载东晋周顗(269—322)关于恢复肉刑的议论中,有如下意见:

> 肉刑平世所应立,非救弊之宜也。方今圣化草创,人有余奸,习恶之徒,为非未已,截头绞颈,尚不能禁,而乃更断足劓鼻,轻其刑罚,……

同志还记载晋张斐的奏文,对弃市和斩刑是这样表述的:

枭首者恶之长，斩刑者罪之大，弃市者死之下，髡作者刑之威。

沈家本曰：

所谓"截头绞颈"，就是斩首、绞杀，加诸后引张斐的奏文，可知晋代存在着"斩刑""弃市"的二等死刑。如果斩刑是斩首的话，比其更轻的"弃市"当为绞杀。晋之刑法，议自魏代，可以知其继受了曹魏的刑罚，故曹魏之弃市亦绞刑也，亦即死刑为斩首和绞杀（弃市）的方式可以说是从曹魏开始。只是"绞"刑的名称始见于北周、北齐，至此才成为正刑的名称，此前一直使用弃市之名。根据《左传·哀公二年》"若其有罪，绞缢以戮"的杜预注："绞，所以缢人物。"则"绞"尚未做为杀害的方法，类似于纽的解释也旁证了"绞"作为刑罚名称在晋代尚未固定下来。[1]

沈家本力倡弃市刑的执行方式为绞杀始于曹魏时期。但在《晋书》中，其是否作为正刑之名姑置不论，即使以"绞"确为"绞杀"之意来使用的杜预，不过是确认了作为杀害方法意义上的"绞"。据《左传·昭公元年》的传文"十一月己酉，公子围至，入问王疾，缢而弑之。"杜预注："缢，绞也。孙卿曰：'以冠缨绞之。'"[2]杜预认为，所谓绞，就是以绳纽勒紧头部，或者勒紧头部的绳纽，这

---

[1] 译者按：可参见沈家本：《历代刑法考·刑法分考四》"绞"，中华书局1985年，第135—138页。但"弃市者罪之下"，"罪"字误。

[2] 此为杜预所引《荀子》，然今本《荀子》无此条。杨伯峻怀疑这是把《韩非子·奸劫弑臣》的"因入问疾，以其冠缨绞王而杀之"混入《荀子》的结果。

种理解是正确的。

如此,作为法定正刑之名的绞在晋代不曾出现,那么沈家本认为绞杀作为死刑执行的方法也业已施行的见解,可以说是正确的吗? 我对此难以认同。至少不限于这里所举的杜预的注解,即使从所有的杜注中,也没有看出当时即晋朝的死刑执行方法是绞杀的意思。程树德认为,杜预注中"绞所以缢人物"的解释,恰好反映了绞为弃市的内容、为晋代死刑执行方法之一的情形在杜预的脑海中不曾有印象的旁证。[1]

不仅杜预的注释。在《晋书》为首的相关史料中,能够证明绞杀是晋朝法定正刑的,仅有《刑法志》中"截头绞颈"这一孤证。而且,这句话果真是以当时所执行的两种死刑(斩首和绞首)为前提的吗? "即使杀害极恶犯罪人"[2]只是单纯的修辞,若解释为它说明了两种死刑,那可能存在以没有具体化的修辞来推测严格的法制状况的危险性。再说一次,(不是作为刑罚的)绞首致死的杀害方法并不是特别的、可珍贵的,只不过是普通的杀害方法而已。

现在必须指出,在考虑这个问题时,不能无视其与腰斩刑的关系。汉代的腰斩刑和弃市刑已被序列等级化了。假设魏晋的弃市刑为绞杀刑的话,其与腰斩刑的关系、死刑的序列等均成问题。

魏晋时期存在腰斩刑是没有疑问的:

> 改汉旧律不行于魏者皆除之,更依古义制为五刑。其死刑有三,髡刑有四,完刑、作刑各三,赎刑十一,罚金六,杂抵罪

---

[1]《九朝律考·晋律考》"晋刑名"条曰:"杜预晋人,若晋已用绞,不容仅以缢人物为释,是晋无绞刑明矣。"

[2] 译者按:意即前引对习恶之徒截头绞颈。

七，凡三十七名，以为律首。又改《贼律》，但以言语及犯宗庙园陵，谓之大逆无道，要斩，家属从坐，不及祖父母、孙。至于谋反大逆，临时捕之，或汙潴，或枭菹，夷其三族，不在律令，所以严绝恶迹也。 　　　　　　　　　　　（《晋书·刑法志》）

帝召百僚谋其故，仆射陈泰不至。帝遣其舅荀顗舆致之，延于曲室，谓曰："玄伯，天下其如我何？"泰曰："惟腰斩贾充，微以谢天下。"帝曰："卿更思其次。"泰曰："但见其上，不见其次。"于是归罪成济而斩之。 　　　（《晋书·文帝纪》）

及赵王伦篡位，齐王冏谋讨之。前安西参军夏侯奭自称侍御史，在始平合众，得数千人，以应冏，遣信要颙。颙遣主簿房阳、河间国人张方讨擒奭，及其党十数人，于长安市腰斩之。 　　　　　　　　　　　（《晋书·河间王颙传》）

上引第一条史料是《晋书·刑法志》关于曹魏时期大逆无道罪的处罚规定，第二、三条史料分别是晋文帝时和八王之乱时执行腰斩刑的记载。在此特别引人瞩目的是曹魏时期处罚大逆无道罪的规定与汉代的相关规定并无变化。因为在汉代，若犯大逆无道罪，正犯腰斩，应缘坐的家属弃市（斩首）。而据上引《晋书·刑法志》可知，曹魏时犯该罪的正犯仍然处以腰斩刑。此外，从曹魏末甘露年间（256—259）司马文王的上书言及大逆无道之事，可以确认存在父母、同产、妻子（所谓的三族）处以斩刑的规定。

戊申，大将军文王上言："……科律大逆无道，父母妻子同产皆斩。济凶戾悖逆，干国乱纪，罪不容诛。辄敕侍御史收济家属，付廷尉，结正其罪。"

（《三国志·魏书·高贵乡公髦传》）

此处的"大逆无道,父母妻子同产皆斩",说明犯该罪的家属应被处以斩即斩首刑。再者,它如实地反映了弃市刑就是斩首。

另外,笔者还试图从别的方向提示晋代执行斩首的有关史料。

《晋书·刑法志》关于泰始三年(267)改定律令的内容中有:

> 减枭斩族诛从坐之条,除谋反適养母出女嫁皆不复还坐父母弃市。

此处的"枭斩"不是"枭首"、"腰斩"。①

《晋书》中还能看到其他几条关于"枭斩"的史料。

> 俄迁征虏将军,监关中军事,领西戎校尉,赐爵通吉亭侯。为政暴酷,至于治中别驾及州之豪右,言语忤意,即于坐枭斩之,或引弓自射。西土患其凶虐。
>
> ……桓温遣朱序讨勋,勋兵溃,为序所获,及息陇子、长史梁惮、司马金壹等送于温,并斩之,传首京师。
>
> (《晋书·济南惠王遂传》)
>
> 时怀帝恶(东海王)越专权,乃诏晞曰:"朕以不德,戎车屡兴,上惧宗庙之累,下愍兆庶之困,当赖方岳,为国藩翰。公威震赫然,枭斩藩、桑,走降乔、朗,魏植之徒复以诛除,岂非高识明断,朕用委成。"
>
> (《晋书·苟晞传》)

上引"言语忤意,即于坐枭斩之"、"枭斩(公师)藩、(汲)桑"

---

① 内田智雄:《譯注中國歷代刑法志(補)》(創文社 2005 年版)将其译为:"减枭首、腰斩、族诛、从坐的条项……"。我对同书所作的"解說"中,因在此处是否展开拙说的问题上颇为踌躇,故终未展开论述。

的"枭斩",并不是指"枭首"、"腰斩"等独立的个别的行为,而是斩其首而曝晒之,甚至就是斩首之意而已。如对"于坐枭斩之",就难以解释为"在座位上枭首、腰斩"。事实上,济南王勋最后的结局是"并斩之,传首京师",亦可作为"斩"不是腰斩而是斩首的一个旁证。

总之,魏晋的死刑与汉代相同,依然以腰斩和弃市(斩首)为法定正刑,在这个阶段,尚未将绞杀刑作为死刑之一。

三、北朝的死刑——绞刑的出现

(一)北魏的刑罚

作为法定正刑的绞刑,目前能够在史料上得到明确确认的是从北魏时期开始的。北魏太武帝神䴥四年(431)命令崔浩制定律令,[①]作为法定正刑的绞杀刑才正式出现。

> 世祖即位,以刑禁重,神䴥中,诏司徒浩定律令。除五岁四岁刑,增一年刑。分大辟为二科,死斩,死入绞。大逆不道腰斩,诛其同籍,年十四已下腐刑,女子没县官。害其亲者轘之。为蛊毒者,男女皆斩,而焚其家。巫蛊者,负羖羊抱犬沉诸渊。
> (《魏书·刑罚志》)

死刑(大辟)分为"死"和"斩",此"斩"乃"斩首"之谓,对于大逆不道罪则另设特别重刑"腰斩"。此外,"腐刑"、"轘刑"、"焚其家"、

---

① 据《魏书·世祖本纪》、《北史·魏本纪》:神䴥四年,"冬十月戊寅,诏司徒崔浩改定律令"。可知其确切年代为神䴥四年。

"负羖羊抱犬沉诸渊"等刑罚,在该《刑罚志》所举神麚四年律令中均可确认。

至于绞首刑,在其后的高祖孝文帝太和元年(477)七月庚子,制定了三等的死刑。《魏书·高祖本纪》、《北史》卷三记载:"七月庚子,定三等死刑。"三等的死刑显然包含了太武帝时已是正刑的绞杀(死)。同《刑罚志》记载了太和元年的如下情况:

> 高祖驭宇,留心刑法。故事,斩者皆裸形伏质,入死者绞,虽有律,未之行也。太和元年,诏曰:"刑法所以禁暴息奸,绝其命不在裸形。其参详旧典,务从宽仁。"司徒元丕等奏言:"圣心垂仁恕之惠,使受戮者免裸骸之耻。普天感德,莫不幸甚。臣等谨议,大逆及贼各弃市袒斩,盗及吏受赇各绞刑,踣诸甸师。"又诏曰:"民由化穆,非严刑所制。防之虽峻,陷者弥甚。今犯法至死,同入斩刑,去衣裸体,男女媟见。岂齐之以法,示之以礼者也。今具为之制。"　　(《魏书·刑罚志》)

据此可知,"故事,斩者皆裸形伏质,入死者绞,虽有律,未之行也"。因此,根据太和元年之诏,对裸形的执行改为袒斩,同时,基于臣下的建议,制定了对大逆及贼适用袒斩的弃市刑,对窃盗及贿赂罪适用绞刑的规定。《魏书·高祖本纪》、《北史》卷三所载"七月庚子,定三等死刑",即指此时的确定死刑之事。

令人兴趣的是太武帝神麚四年制定的绞刑,在太和元年的时间点,既没有规定为正刑,且亦未施行。为何没有执行呢?原因在于太武帝制定的新律不是少数民族的刑罚,而是中国刑罚史上绞刑作为法定正刑的最初出现。所以,绞刑即使制定了,但五十年间未曾实施,死刑全部以斩刑的方法执行,所谓"今犯法至死,同入斩刑,去衣裸体,男女媟见。岂齐之以法,示之以礼者也"。对至此为止虽包含腰斩、斩首却均处以斩刑的死刑制度而言,要蜕变为新的死刑制度,仍需假以时日。

由于绞刑作为正刑在晋律中无法确定,目前最早反映这一点的史料是太武帝神䴥四年制定的新律,且其后经过相当长的时间才固定下来,所以,我认为绞杀刑是北魏初期才成为正刑的刑罚。

那么,下面接着探讨包含绞刑的北魏三等死刑的内容,及其确定于哪个阶段。

（二）北魏律令的整理与正刑

北魏太祖道武帝以降,如下所示,共进行了七次的法典编纂。本书第一部第二章已经解说过,于此再次介绍其编纂梗概如下:[①]

①太祖道武帝天兴元年(398)

　　令王德除酷法,约定科令。

②世祖(太武帝)神䴥四年(431)

　　命崔浩制定律令。

③世祖(太武帝)正平元年(451)

　　命游雅、胡方回改定律,凡三九一条:门诛四条、大辟一四五条、徒刑二二一条。

④高宗太安年间(455—459)

　　增律七十九章、门房之诛十三条、大辟三十五条、徒刑六十二条。

⑤高祖(孝文帝)太和五年(481)

---

① 参见前揭滋贺秀三《中國法制史論集 法典と刑罰》,第65—66页。

诏中书令高闾集中秘官等修改律令旧文,凡八百三十二章,门房之诛十有六,大辟之罪二百三十五,徒刑三百七十七。

⑥高祖(孝文帝)太和十六年(492)

依据太和十一年的诏修改量刑("不逊父母"的量刑、删除门房之诛等),四月丁亥发布新律。

⑦世宗(宣武帝)正始元年(504)

议定律令,完成《隋书·经籍志》所载的"后魏律二十卷"。

此外,律令的部分具体改订也应该有过,但主要的就是这先后七次的立法。对此不再梳理,还是回到探讨北魏的刑罚问题上。

在多达七次的法律改革中,有关绞杀刑的是前面已经论述到的其作为正刑出现的②的阶段,而三等死刑的确立则在⑤之前,即从②—④的阶段,绞刑虽是正刑,但处于有名无实的状态。

只不过在此有必要略作补充说明。

绞、斩二等死刑为正刑在律中的明文化是太武帝神䴥四年,也可以说是绞杀刑成为法定正刑的最初期。如果上述说法正确的话,拓跋鲜卑统一华北,由部落国家向中原王朝式的国家转化,改国号为魏(太祖天兴元年,即398年)以后的活动,就法制史而言,就意味着北魏的法制融入中国法制史传统的阶段的到来。换言之,"中国法制史上最早作为法定正刑的绞杀刑",对鲜卑拓跋部落而言,恐怕原来便曾作为部落内部的刑罚、处刑而存在。也可以说,正因为绞杀刑是拓跋部落的传统刑罚,所以北魏太武帝才在制定刑律时将其引入。

稍有遗憾的是,绞杀刑作为拓跋部落的刑罚而存在的明确证据,由于道武帝之前的史料贫乏而尚未发现。不过,也可以列举若干事例为旁证。

首先是《魏书·刑罚志》中有关昭成帝(什翼犍,在位时间338—376年)建国二年(339)的记载:

> 昭成建国二年:当死者,听其家献金马以赎;犯大逆者,亲族男女无少长皆斩;男女不以礼交皆死;民相杀者,听与死家马牛四十九头,及送葬器物以平之;无系讯连逮之坐;盗官物,一备五,私则备十。法令明白,百姓晏然。

这是道武帝以前拓跋部落建国时期的法令。对于大逆处以斩刑,对于较其稍轻的"男女不以礼交"处以"死"。此处的"斩"和"死",相当于神䴥四年制定的"斩"和"死"。[①] 亦即在制定神䴥四年律之前,拓跋部落的死刑执行方法已有绞杀刑了。

其次,神䴥四年制定的律令,具有鲜卑族法制与汉民族法制相结合的特性,即具有胡汉法制结合的特点。当时负责立法的是崔浩,他的目标也许就是使具有汉化倾向的胡汉结合的实现。于是,新的法律在刑罚的混合上如实地体现了这一目标。前面已经指出:要注意"腐刑"、"辕刑"、"焚其家"、"负羖羊抱犬沉诸渊"等刑罚,它们是与绞杀刑同时制定的刑罚,但在晋代之前显然并未见到绞杀刑。其中"负羖羊抱犬沉诸渊"这样的刑罚,在汉、晋诸律中全然不见,这种处刑给人以残存着少数民族的巫术性、宗教性仪式的

---

① 在神䴥四年的新律中,本文列举了"腰斩"、"斩"、"死"等三种死刑,其中对大逆不道罪适用腰斩刑。建国二年的法令中,"大逆"和"大逆不道"是否同罪,不得其详,但至少建国二年的条文中的"斩"不应是"腰斩"。《魏书》所记的"斩"一般说来是"斩首"。假若其为"腰斩",则"死"为斩首,那么与《魏书·刑罚志》在此事之后的神䴥四年的"死"(=绞首)在用语上将难以整合。

强烈印象。①《魏书·高车传》记述了匈奴系的北方少数民族高车族的风俗习惯，兹引如下：

> 俗不清洁，喜致震霆，每震，则叫呼射天而弃之移去。至来岁秋，马肥，复相率候于震所，埋杀羊，燃火拔刀，女巫祝说，似如中国被除，而群队驰马旋绕，百匝乃止。
>
> （《北史·高车传》）

还有，同为北方少数民族的宕昌羌的风俗中，也见到有关羖羊、羊的记载：

> 俗皆土著，居有屋宇。其屋，织牦牛尾及羖羊毛覆之。
>
> （《魏书·宕昌羌传》、《北史》卷九六）
> 三年一相聚，杀牛、羊以祭天。
>
> （《魏书·宕昌羌传》、《北史》卷九六）

牛、羊是与生活关系密切的东西，因此也作为祭天的供品。还有，羖羊是特别适合于担任被除的角色。

至于犬，据《魏书·礼志》："祭牲用羊、豕、犬各一"，是给神的供品、牺牲。神䴥四年的新律若把"负羖羊抱犬沉诸渊"的刑罚作为对应邪术妖法性质的巫蛊罪而规定下来，则该刑罚具有被除，或者对天供奉以达到净化罪恶目的的功能。问题是所谓净化罪恶这一刑罚目的，在截至那时为止的汉民族刑罚中并不存在。

---

① 沈家本在《历代刑法考》中认为"负羖羊抱犬沉诸渊"似是厌胜之事，即具有被褉的特点，但其从哪个角度作如此认定尚需斟酌。我认为作为牺牲的特点比作为被除的特点更强，其理由详见下述。

　　我想进一步作如下推测。作为少数民族的习性，不仅动物，即使人也是贡献给神的供品、牺牲。汉代的匈奴曾屠杀贰师将军李广利以祠，就是著名的例子。北魏依然维持着把人作为给神的供品的风俗。[①] 鲜卑族刑罚的目的之一是向神提供牺牲、祓除，在这种场合下，杀害牺牲的方法就是绞杀。[②]

　　关于神麚四年制定的刑罚中所见的少数民族要素，尚可以"腐刑"为例加以说明。腐刑即宫刑，不用说是中国自古以来的刑罚。可是，该刑罚在东汉中期开始不再执行，在东汉、三国、晋各朝中，宫刑变得几乎无影无踪而无法确认其存在。[③] 汉代以来，自宫宦官之所以增加，其原因在于对宫刑的刑罚效果已无法期待。到了隋《开皇律》，宫刑荡然无存。但期间唯一得以复活的就是在北魏时期，神麚四年的新律明载的宫刑即其显例。也就是说在北魏，把对动物的去势作为适用于人的腐刑，是鲜卑族历来执行的行刑方法，故神麚四年亦作为正刑予以立法化。换言之，神麚律中的腐刑与绞杀一样，可以说是胡族的刑罚，是胡汉融合的一个环节。

---

① 如《魏书·韦阆传族弟珍附传》："高祖初，蛮首桓诞归款，……淮源旧有祠堂，蛮俗恒用人祭之。珍乃晓告曰：'天地明灵，即是民之父母，岂有父母甘子肉味！自今已后，悉宜以酒脯代用。'"《北史·韦阆传族弟珍附传》："淮源旧有祠堂，蛮俗恒用人祭之。珍乃晓告曰：'天地明灵，即人之父母，岂有父母，甘子肉味？自今宜悉以酒脯代用。'"又如《宋史·高宗本纪》："二月丁丑，禁湖北溪洞用人祭鬼及造蛊毒，犯者保甲同坐。"

② 遗憾的是因为找不到在东北亚的北方少数民族杀害动物的资料，无法对其进行实证。但《新约全书·使徒行传》第21章第25节有如下这般绞杀动物的记载可供参证："至于信主的外邦人，我们已经写信拟定，叫他们谨忌那祭偶像之物，和血，并勒死的牲畜，与奸淫。"此外，1967年版的《大不列颠百科全书》记载：绞杀是古代的屠杀法。古代的家畜被绞杀或用炽热的矛刺穿其眼窝和脑部，其肉和着血被腌制。犹太基督教徒不喜欢血，由此引出新的措施：打击动物头部或迅速割断动物喉部血管，置其于死地，并倒悬其尸体来放血。

③ 参见本书第二部第四章《腐刑与宫刑》。

虽然如此,必须指出,就胡族刑罚被汉族接受的背景而言,汉族一方也有适合继受的土壤。腐刑在中国古代早已得到实施,故汉族对"新的胡族刑罚"没有抵抗。绞杀的情况也是如此。它虽不是刑罚,但作为杀害的方法早已通行于汉族社会。并且作为官吏名誉刑的自裁方法,通常是以缓绞首。在这样的社会土壤中,胡族独有的绞杀刑也就在崔浩的汉化政策下被采纳而固定化。

以上,论述了对神䴥四年制定新律中的正刑,应从胡族与汉族两种刑罚制度合流的背景来考察。具有少数民族特点的绞杀刑,在这一阶段成为中国刑罚的正刑。

太武帝时期胡族的死刑还残留着,不久就成为中原王朝的刑罚,但胡族刑罚绞杀的巩固还需要一定的时间。这在先前已有论述。北魏死刑制度的最终完成,是在孝文帝太和元年七月制定的三等死刑制度。三等死刑中的两种是斩(斩首)和死(绞首),这在前引《魏书·刑罚志》高祖太和元年条的记载中已经明确。那么,余下来的一等是什么呢?我的结论就是枭首,其证据在同《刑罚志》的下一条:

> 先是以律令不具,奸吏用法,致有轻重。诏中书令高闾集中秘官等修改旧文,随例增减。又敕群官,参议厥衷,经御刊定。五年冬讫,凡八百三十二章,门房之诛十有六,大辟之罪二百三十五,刑三百七十七;除群行剽劫首谋门诛律,重者止枭首。 　　　　　　　　　　　　　　　　(《魏书·刑罚志》)

这是前述北魏制定律令过程之⑤的太和五年(481)立法的原始材料,它清楚地说明死刑中最重的就是枭首。

而此前的太和四年,当沙门法秀图谋反逆的时候,时任侍中、吏部尚书的王叡上奏：

> "与其杀不辜，宁赦有罪。宜枭斩首恶，余从疑赦，不亦善乎？"高祖从之，得免者千余人。
>
> （《魏书·王叡传》、《北史》卷九二）

可见早在太和五年之前，枭首刑已经被采用。也可以认为，太和元年制定的三等死刑（枭首、斩首、绞首），在太和五年的律文中已编入法定正刑。

枭首在此后的北魏一朝始终存在，这已经得到史料的证实。[①]北魏的死刑经过胡汉融合的过渡期，至孝文帝太和初年确立起枭首、斩首、绞首三等死刑的法定正刑，并且一直保留到王朝末年。

（三）从北齐、北周至隋朝

北魏分裂为北齐、北周，两个王朝的法律、刑罚均沿袭北魏，差别不大。

---

① 例如《魏书·酷吏传》："正始二年，王师伐蜀，以（羊）祉假节、龙骧将军、益州刺史，出剑阁而还。又以本将军为秦梁二州刺史，加征虏将军。天性酷忍，又不清洁。坐掠人为奴婢，为御史中尉王显所弹免。高肇南征，祉复被起为光禄大夫、假平南将军，持节领步骑三万先驱趣涪。未至，世宗崩，班师。夜中引军，山有二径，军人迷而失路。祉便斩队副杨明达，枭首路侧。为中尉元昭所劾，会赦免。后加平北将军，未拜而卒。赠安东将军、兖州刺史。"又如《魏书·辛雄传从兄纂附传》："永安二年，元颢乘胜，卒至城下，尔朱世隆狼狈退还，城内空虚，遂为颢擒。及庄帝还宫，（辛）纂谢不守之罪。帝曰：'于时朕亦北巡。东军不守，岂卿之过。'还镇虎牢，俄转中军将军、荥阳太守。民有姜洛生、康乞得者，旧是太守郑仲明左右，豪猾偷窃，境内为患。纂伺捕擒获，枭于郡市，百姓忻然。加镇东将军。"前者为宣武帝正始二年（505）之事，后者为北魏末孝庄帝永安二年（529）之事。

　　《隋书·刑法志》记载北齐武成帝河清三年（564）制定齐律十二篇、新令四十卷。[1] 这是沿袭魏晋以来的旧制，由律和令构成，且其罪名及内容亦在汉律、晋律的延长线上。但刑罚的种类及内容则与晋律有异，毋宁说承袭了北魏以来新刑罚之余绪。

　　北齐的刑罚有死刑、流刑、耐刑（劳役刑）、鞭刑和杖刑五种，北周略同于此。北周《大律》制定于武帝保定三年（563），共二十五篇，1537 条，其正刑是死刑、流刑、徒刑、鞭刑和杖刑五种，这在《隋书·刑法志》和《通典·刑法典》中均有明确记载。

　　唐律的五刑（笞、杖、徒、流、死）显然源自北齐、北周的刑制。但是，我认为此前的北魏刑制是唐代刑罚体系的萌芽，此论限于篇幅，不再逐一展开。[2] 兹仅就死刑问题，考察一下北魏到北周、北齐的继承概况。

　　关于北周、北齐的死刑内容，在《隋书·刑法志》《通典·刑法典》和《唐六典·尚书刑部》"刑部郎中"条的记载上，三者没有差别。

　　　北齐：轘、枭首、斩、绞 [3]
　　　北周：裂、枭、斩、绞、磬

---

① 《通典》卷一六四作 "新令三十卷"，《册府元龟》卷六一一作 "四十卷"，《唐六典》卷六作 "赵郡王叡等撰令五十卷"。参见前揭滋贺秀三：《中國法制史論集 法典と刑罰》，第 67 页。

② 参见本书第二部第二章《从徒迁刑到流刑》、第三章《笞杖的变迁》。

③ 《隋书·刑法志》对此四等死刑作如下解释："其刑名五：一曰死，重者轘之。其次枭首，并陈尸三日；无市者，列于乡亭显处。其次斩刑，殊身首。其次绞刑，死而不殊。凡四等。"

其中所谓的"轘"、"裂"，即车裂。此刑在北魏太武帝神䴥四年律令中早已有之（见前揭"害其亲者轘之"）。东魏天平年间（534—537），也曾执行过车裂刑。

> 天平中，（萧）凯遂遣奴害公主。乃轘凯于东市，妻枭首。
> 家遂殄灭。　　　　　　　　　　　　　　（《魏书·萧宝夤传》）

该犯罪的主犯被处以轘刑，家属（妻）减轻一等，被处以枭首刑。可见，早在北魏末到东魏时期，北齐死刑的序列、体系已经形成。

但是，在此对车裂还必须做些说明。在先前"汉代的死刑——死刑执行状况"中关于车裂一节里，我对车裂刑是这样解释的：

> "车裂人也"、"肢体分散也"固然是车裂的执行状况，但不是将活着的人用车引裂其身体，而是将其杀害后，用车引裂其尸体，并且是在市场公开执行的。

汉代的车裂刑在我所主张的（1）杀害方法、（2）杀害后尸体的处理的两种死刑分类法中，显然属于后者（2）。那么，北魏也是这样的吗？斩断首级之后曝晒之的枭首，在历代均属于（2）是理所当然的。但对车裂来说，在具有异质文化的少数民族国家中，也许可能存在着将人的身体活生生地牵引撕裂，致其死亡，当属于（1）的情形。可是，北魏以降的轘刑或者裂刑，也就是车裂刑，似乎仍属于（2）的情形。

其理由，可以从枭首与车裂在隋代为止所处的对置关系中得以确认。也就是说，枭首处于比车裂低一等的刑罚的位置。

这在前引东魏时期的史料《魏书·萧宝夤传》中，主犯处轘刑、妻子处枭首刑的关系中可以看出。再有,从下引《隋书·刑法志》等史料所记载的"枭首"与"轘"、"裂"并置的关系中,亦能证明。

> (北齐律)一曰死,重者轘之。其次枭首,并陈尸三日。
>
> 　　　　　　　　　　　　　　　　　　(《隋书·刑法志》)
>
> (开皇律)蠲除前代鞭刑及枭首轘裂之法。
>
> 　　　　　　　　　　　　　　　　　　(《隋书·刑法志》)
>
> (开皇元年诏)夫绞以致毙,斩则殊刑,除恶之体,于斯已极。枭首轘身,义无所取,不益惩肃之理,徒表安忍之怀。
>
> 　　　　　　　　　　　　　　　　　　(《隋书·刑法志》)
>
> 朕今复仇雪耻,枭轘者一人,拯溺救焚,所哀者士庶。
>
> 　　　　　　　　　　(《隋书·炀三子传》、《北史·炀帝三子》)

轘刑与枭首如此并列记载的事实,说明两种刑罚具有同样的性质,即是对处刑后的尸体再予损伤的刑罚。这从战国秦汉以迄隋朝,一仍其旧而不曾变化。

以上,追溯了北魏至隋朝死刑变迁。

北魏	轘、枭首、斩、绞	北齐	轘、枭首、斩、绞	隋唐	斩、绞
		北周	裂、枭、斩、绞、磬		

如此,在不断变迁的北魏至隋朝的死刑潮流中,与时而存在、时而难以确认其刑名的枭首、车裂不同,斩、绞一直存在,并为唐朝所继承。乍看之下富于变化的死刑潮流,其背后也有隐藏的原理。

至此为止,已经到了总括汉至唐的死刑制度流变的时刻。只是,在此还想补充概观南朝的死刑制度。

（四）宋、齐、梁、陈的死刑

《唐六典》卷六"刑部郎中"条有"宋及南齐,律之篇目及刑名之制略同于晋氏"。就其刑罚体系而言,死刑、耐刑（髡钳刑五岁刑—二岁刑）、赎刑、罚金刑的序列化,是全盘承袭汉晋的刑罚体系,而存在于北朝刑罚中的隋唐五刑的萌芽状况,在南朝完全看不到。

就死刑来看,刘宋在律中规定了枭首和弃市。

> （孔）渊之大明中为尚书比部郎。时安陆应城县民张江陵与妻吴共骂母黄令死,黄忿恨自经死,值赦。律文,子贼杀伤殴父母,枭首;骂詈,弃市;谋杀夫之父母,亦弃市。值赦,免刑补冶。江陵骂母,母以之自裁,重于伤殴。若同杀科,则疑重;用殴伤及骂科,则疑轻。制唯有打母,遇赦犹枭首,无骂母致死值赦之科。（《宋书·孔季恭传渊之附传》、《南史》卷二七）

从上引"子贼杀伤殴父母,枭首;骂詈,弃市"这一宋律条文的规定来看,刘宋的死刑与晋的死刑一样设定了枭首、弃市。不仅如此,同样的条文在汉律（《二年律令》）中也能见到:

> 子贼杀伤父母,奴婢贼杀伤主、主父母妻子,皆枭其首市。
>
> （《贼律》34）
>
> 子牧杀父母,殴詈泰父母、父母、叚（假）大母、主母、后母,及父母告子不孝,皆弃市。其子有罪当城旦舂、鬼薪白粲以上。
>
> （《贼律》35）
>
> 妇贼伤、殴詈夫之泰父母、父母、主母、后母,皆弃市。
>
> （《贼律》40）

以上史料,如实地反映了刘宋的法制、刑罚是从汉朝继承下来的。即使此后的齐、梁、陈诸朝,如梁天监二年(503)公布的梁律,也规定了弃市和枭首这两种死刑为正刑:[1]

> 弃市已上为死罪,大罪枭其首,其次弃市。
>
> (《隋书·刑法志》)

只是,这里稍需注意的是"弃市"的执行方法,它究竟是斩首还是绞杀。对此,拟先引《隋书·刑法志》所述梁律的规定:

> 其谋反、降叛、大逆已上皆斩。父子同产男,无少长,皆弃市。

这显然沿袭汉律中大逆无道罪的规定。汉律的相关规定见诸《汉书·景帝本纪》如淳注:

> 律,大逆不道,父母、妻子、同产皆弃市。

可见汉代对大逆不道(无道)的主犯处以腰斩,缘坐的家族处以弃市。[2] 我在此前的相关著作中指出,这种场合下的弃市,是指斩首。果真如此,梁律所谓"大逆已上皆斩"的主犯适用的"斩"又该作何解呢? 目前为止所考证的南北朝死刑中的斩,均作斩首解释。如此,该梁律大逆罪中的"斩"亦当为斩首,对于应比其减轻一等的

---

[1] 死刑以下的刑罚,梁亦同于宋,耐刑(髡钳五岁刑—二岁刑)、赎刑、罚金刑的序列化,仍是承袭汉晋而来。

[2] 参见前揭拙著《秦漢刑罰制度の研究》,第 261 页。

家族所适用的"弃市",则不是斩首,而是"绞"的可能性非常高。在梁的死刑中,绞杀果真是其中之一的话,则总体应是枭首和绞首(弃市)。

此外,我对以下诸说不敢苟同。

（1）有关南朝刑罚的资料中,找不到能够证明绞杀作为刑罚得到施行的记载。

（2）假设绞杀刑为梁朝的正刑的话,因其是沿袭晋朝的制度加以变更的,则应该有反映其改定的史料及其理由。可是,即使说南朝的刑制是沿袭魏晋的制度,但关于其改变方面则完全没有触及。

（3）作为处刑的方法,执行斩首的史料甚多。[1] 也就是

---

[1] 如《南齐书·豫章文献王嶷传》:"义阳劫帅张群亡命积年,鼓行为贼,义阳、武陵、天门、南平四郡界,被其残破。沈攸之连讨不能禽,乃首用之。攸之起事,群从下邽,于路先叛,结寨于三溪,依据深险。嶷遣中兵参军虞欣祖为义阳太守,使降意诱纳之,厚为礼遗,于坐斩首,其党数百人皆散,四郡获安。"
《梁书·武帝纪》:"三月戊辰,大破之,擒敬躬送京师,斩于建康市。是月,于江州新蔡、高塘立颂平屯,垦作蛮田。遣越州刺史陈侯、罗州刺史宁巨、安州刺史李智、爱州刺史阮汉,同征李贲于交州。"
《南史·元帝纪》:"丙申,征广州刺史王琳入援。丁酉,大风,城内火烧居人数千家。以为失在妇人,斩首尸之。是日,帝犹赋诗无废。以胡僧佑为开府仪同三司。"
《南史·梁武帝诸子传》:"元帝又遣领军王僧辩代鲍泉攻誉。誉将溃围而出,会其麾下将慕容华引僧辩入城,遂被执。谓守者曰:'勿杀我,得一见七官,申此谗贼,死无恨。'主者曰:'奉令不许。'遂斩首,送荆镇。元帝返其首以葬焉。"
《梁书·张嵊传》:"太清二年,侯景围京城,嵊遣弟伊率郡兵数千人赴援。三年,宫城陷,御史中丞沈浚违难东归。嵊往见而谓曰:'贼臣凭陵,社稷危耻,正是人臣效命之秋。今欲收集兵力,保据贵乡。若天道无灵,（转下页）

说,斩首是作为正刑来执行的。同时,绞杀也是正刑,假设"弃市＝绞杀",则"枭首＝斩首"。可是,在汉朝至晋朝为止的刑罚中,枭首和斩首是不同的刑罚名称,仅南朝的梁,才记载了枭首和斩在刑名上是相同的资料,或者可以作如此认识。

（4）假设枭首是绞的话,则我认为的以致死为目的的死刑只是绞勒首级的绞杀而已。不能看到在枭首之前有切断首级的刑罚,是不自然的。

总之,如果考虑到从（1）至（4）为止的情形,我无法认同包括萧梁在内的南朝的死刑是枭首和绞这两种,仍然坚持弃市的执行方式是斩首的见解比较妥当。

那么,回到先前梁律所谓的对大逆不道罪处以斩和弃市应如何解释呢? 一种解释是这个斩不是斩首,而应理解为腰斩。以单字的"斩"表示"腰斩",在汉代的史料中能够获得检证。[①] 不过,南朝的史料中未见到此类用例,这里如果理解为沿袭汉律而有腰斩之意,是否合适呢?

另外,当时的腰斩刑几乎不再执行,当梁律立法之际,死刑的

（接上页）忠节不展,虽复及死,诚亦无恨。'浚曰：'鄱郡虽小,仗义拒逆,谁敢不从! '固劝嶷举义。于是收集士卒,缮筑城垒。时邵陵王东奔至钱唐,闻之,遣板授嶷征东将军,加秩中二千石。嶷曰：'朝廷危迫,天子蒙尘,今日何情,复受荣号。'留板而已。贼行台刘神茂攻破义兴,遣使说嶷曰：'若早降附,当还与郡相处,复加爵赏。'嶷命斩其使,仍遣军主王雄等帅兵于鳢溇逆击之,破神茂,神茂退走。侯景闻神茂败,乃遣其中军侯子鉴帅精兵二万人,助神茂以击嶷。嶷遣军主范智朗出郡西拒战,为神茂所败,退归。贼骑乘胜焚栅,栅内众军皆土崩。嶷乃释戎服,坐于听事,贼临之以刃,终不为屈。乃执嶷以送景,景刑之于都市,子弟同遇害者十余人,时年六十二。贼平……"

① 参见前揭拙著《秦漢刑罰制度の研究》,第 241 页。

种类有枭首和弃市（斩首）两种，但律文依然沿袭汉晋律大逆无道罪的条文，却未能调整、改造斩与弃市的关系，故造成半途而废的局面。①

　　总之，南朝的死刑依旧沿袭汉晋死刑，没有产生如北朝那样的新的死刑，亦即像绞杀那样迥异于此前死刑的原理、性质的死刑尚未出现。所以，南朝的死刑没有被隋唐所继承。

小结　秦汉到隋唐——从终极的肉刑到生命刑

　　以下将秦汉至隋唐约一千年间的中国上古至中古的死刑变迁，各朝代所执行的法定正刑略予整理：

朝代	死刑名称				
秦汉		枭首	磔	腰斩	弃市（斩首）	
魏晋		枭首		腰斩	弃市（斩首）	
北魏	轘	枭首			斩（斩首）	死（绞首）
北齐	轘	枭首			斩	绞
北周	裂	枭	磬		斩	绞
隋					斩	绞
唐					斩	绞

------

① 参见《九朝律考·梁律考》。还有，腰斩确实为梁、齐所执行。例如《南齐书·文学传》："且迈远置辞，无乃侵慢，民作符檄，肆言詈辱，放笔出手，即就菹粉。若使桂阳得志，民不轘裂军门，则应腰斩都市。婴孩脯脍，伊可熟念。其五可论也。"又如《南史·恩幸传》："亶本为斋监，居台省积久，多闲故实。在贼居要，亚于（周）石珍。及简文见立，亶学北人着靴上殿，无肃恭之礼。有怪之者，亶曰：'吾岂畏刘禅乎。'从景围巴陵郡，叫曰：'荆州那不送降！'及至江陵，将刑于市，泣谓石珍曰：'吾等死亦是罪盈。'石珍与其子昇相抱哭。亶谓监刑人曰：'倩语湘东王，不有废也，君何以兴？'俱腰斩。自是更杀贼党，以板柙舌，钉钉之，不复得语。"

从上表乍一看,大约以为有多种死刑在各个王朝兴废,但实际上并不是如此。本文力倡将中国的死刑——从上古经中古再到近世——划分为直接剥夺生命的刑罚,与对致死后的尸体加以伤害(毁损)的刑罚,即"活体的处刑"与"尸体的处刑"。从汉代开始的法定正刑通常具有这二重构造。说到死刑,在今日不用说只限于"活体的处刑"。在此需要注意的是,包括中国在内的现代世界的死刑,与前近代中国的死刑之间存在着极大的不同。

那么,若追踪上述秦汉至隋唐为止"活体的处刑"的变迁,主要表现为腰斩、斩首(弃市)的二等死刑,迨及北魏,遂变化为斩首、绞首(弃市),并持续到清末。对此,若从"活体的处刑"的观点来看,它只不过有一次变化而已。但关于"活体的处刑"在中国刑罚史上仅有的一次改变,是不能忽视的重大变化,这在后面还会论及,此处仅论列秦汉至隋唐刑罚变迁的事实。

秦汉时期开始持续的法定正刑,除了"活体的处刑"这一轴心外,另一轴心是"尸体的处刑",枭首、磔、车裂(轘)等当属此类。它们是在"活体的处刑"之后执行的,或者说是附加于"活体的处刑"的死刑,亦可称之为二次性死刑。其实,这种"尸体的处刑"正是表现了前近代中国死刑特征的要素,而先前"活体的处刑"的变迁通常表现为平淡的,也与这种二次性死刑的存在具有联系。

那么,为什么会存在这样的附加刑呢?这与众所周知的中国古代或者通过帝制中国而认识到的中国特有的刑罚目的及其存在意义是有关联的。换言之,刑罚的目的不在于报应,而在于一般预防。属于"活体的处刑"的斩、绞等死刑,是以杀害囚犯为目的的处刑,往往在市场公开执行。而"尸体的处刑",已经不是以死刑犯自身为对象,而只是以死刑犯的遗体为手段对象,作为威慑一般民众,使其不至于实施犯罪的手段。总之,它通过某种形式,让人们看到处刑后的罪犯的尸体的惨状,以达到抑止犯罪和维持秩序的目的。所谓"枭首以徇"、"车裂以徇"的"以徇",据颜师古注:"徇,行示",又据《周礼·地官司徒》郑玄注:"徇,举以示其地之众也",所谓的"示"就是威慑。在前面论证车裂是死后的处刑时,列举了《史记·商君列传》所记载的秦惠王车裂商君以徇,曰:"莫如商鞅反者!"就是显例。再有,《韩非子》在下引主张中,更深刻地揭示了死刑执行的意义:

> 且夫重刑者,非为罪人也。明主之法揆也。治贼非治所揆也,所揆也者,是治死人也。刑盗非治所刑也,治所刑也者,是治胥靡也。故曰:重一奸之罪而止境内之邪。此所以为治也。
>
> (《韩非子·六反》)

所谓的"所揆"、"所刑",是指被法规适用或制裁的人、成为处罚对象的人,亦即犯罪人。韩非子认为,对犯罪人的处置并不是重要的,重要的是通过"重一奸之罪而止境内之邪",使一般民众不敢犯罪。

考察汉代以降的历代死刑状况,可知其是由"活体的处刑"与"尸体的处刑"两个轴心构成。亦即在死刑的处罚上具有这两个要素,但其比重越来越倾向于"尸体的处刑"。前者,即"活体的处刑",原本是为了抹杀、驱逐给社会造成恶害的人,但抹杀的措施仅在于断绝其性命,其执行方法通常表现得较为平淡、单调、短暂,故为静态的。当其演变为斩与绞两种死刑之后,直至清律为止,斩、绞这两种律所规定的法定正刑一直持续着,再没有大的变化,故仍然可以视其为静态的。

后者,即与前者相对的"尸体的处刑",则表现为可变的、动态的,并且处刑时间甚长。汉代乃至中国的刑罚,都将尸体的处刑置于重点。"活体的处刑"采取公开处刑的形式,固然含有威慑之意,而"尸体的处刑"的要素,亦可解释为在执行剥夺生命之际早已包含其中。只是,以枭首、磔为首的这些儆戒性刑罚,有时规定于律中,但其规定的方法也没有一定的形式,在种类或内容上也不一定。这是因为这类刑罚实际上是重心所在,但从形式上看,不表现为主刑,而表现为附加刑的缘故。由于它们相对于主而处于从的立场,故具有可变性,又能根据时代和具体状况而灵活运用,故又具有现实性。它们有时为正刑为律所规定,有时被"活体的处刑"所吸收,有时作为皇帝专擅的处刑形式而存续。如果变换视角,也许可以说在中国的死刑中,"活体的处刑"从某种意义上说残虐性较为淡薄,而处于其外侧的"尸体的处刑"这种准刑罚,则具有补足残虐性的意义。

前面已指出,"活体的处刑"在中国刑罚史上仅有一次变化。但我们必须注意到这次变化的意义极其重大。

秦汉时期的刑罚原理,以"斩"身体的肉刑为其基础。《尚书》中的五刑包括墨、劓、刖、宫、死(大辟),秦律中则有黥、劓、斩趾、宫刑、死刑,汉律有"刑尽"一词,是指逐步加重肉刑的等级,随着严重程度的增加而设定终极的肉刑——死刑。

随着肉刑被汉文帝废止,髡钳刑改变了墨、劓、斩左趾等,斩右趾升为弃市,但死刑作为终极的肉刑的原理并没有变化,或者说,致其变化的根本原因还没出现。从而,在汉、魏、晋等朝,属于"活体的处刑"的法定正刑皆为腰斩、斩首。由于以绞首的方式执行的绞刑,不入"终极的肉刑"的范畴,故在汉晋这一时期的古典死刑中,不存在绞杀之刑。

绞刑被采用为死刑,始于北魏。对此种变化的意义的理解,不应当停留在死刑执行方法由切断首级变为绞首这一简单表象上，而应深究其内在的死刑性质、死刑法理的变化，认识到它是中国刑罚制度史上的新里程碑。换言之，至此为止一直处于终极的肉刑位置的死刑，随着绞刑的出现，在执行理念上遂转变为以剥夺生命为目的。并且，这一变化给予此后的中国法制史以有形无形的诸多影响。在此无暇详论其影响的诸多方面，仅仅讨论此后屡次被论及肉刑的复活问题时，又是如何思考死刑的。在这一阶段，已经不再被认为是终极的肉刑的斩首刑，与被倡议复活的肉刑之间又有何不同呢？更为本质的问题则是"刑"的语意也在发生变化。本来，以肉刑为中心而体系化的刑罚制度，即使在汉文帝以后建立起以死刑、劳役刑、赎刑、罚金刑相互配合的刑罚体系下，其基础并没有变化。"刑"的本质仍以毁损身体，或在某种意义的驱逐、隔绝为基本理念。毁损身体就是驱逐、隔绝的象征之形（刑）。可是，现在绞刑作为死刑的一种出现，它已经不再是终极的毁损身体的死刑，也不是作为从生物界驱逐、隔绝的死刑，仅仅作为具有剥夺生命意义的死刑。从唐律规定的独立的笞、杖、徒、流、死等五刑所构成的刑罚中，无法看出身体毁损刑、驱逐刑等古代刑罚的基本理念。作为终极刑罚的死刑随着绞刑的登场，成为分水岭，开启了中国刑罚制度史上的第二阶段。

那么，是谁带来了绞刑的出现呢？这是由于少数民族统治中国而致，即 5 世纪北魏的建立及胡汉融合所致。如前所述，"绞杀"这一死刑，源于北方少数民族的刑罚。北魏世祖太武帝定律时，最早将绞刑纳入中国的刑制之中，同时还采纳了若干胡族传统的死刑。由于少数民族推进汉化政策，使胡族刑制与汉族刑制融合，最终演变为死、流、徒、杖、笞的唐代五刑体系。流刑以下诸刑中所见的胡族要素，在以死刑为焦点的本章中暂且不表，留待次章以下详论之。至于死刑方面,在北魏孝文帝时逐渐规范为斩、绞二等。死刑的胡汉融合由此产生。再有,胡族原本拥有众多独有的处刑方法,但最终仅留下绞刑。当然,绞这一杀害手段,在中国自古就作为自杀和他杀的手段而存在。因此,即使作为胡族的死刑,也存在着接受土壤的协调性的背景。

总之,5世纪时北魏统治华北地区,是中国刑罚史上划时代的界标,它带来了与此前迥异的刑罚理念。秦汉以来存续的刑罚理念被南朝继承而归于终焉。此后的隋唐直至清末的死刑乃至中国的刑制,应是胡汉融合的刑罚。陋见如斯,是否妥当?

最后再略缀数言,作为本章的结束语。

死刑制度经历了从汉族的古代刑制演变为胡汉融合的刑罚。但也有不曾变化的。与其说这种状况既有一时为胡族的习惯、刑罚思想所撼动的,毋宁说它最终仍有顽固地维持着的,其典型即"活体的处刑"与"尸体的处刑"这种死刑的二重构造。而支持它的原理则是中国刑罚中一贯表现出来的刑罚目的——刑罚存在的理念不在于报应,而在于威慑和预防。这一点在死刑理念从"终极的肉刑"转向"生命的剥夺"的同时,历经二千余年依旧维持着,即使少数民族的征服王朝亦概莫能外。它作为中华帝国秩序和安定的稳固器,迄今仍能发挥着作用。①

---

① 参见周东平《現在中國の死刑にする立法およびその整備について》,载富谷至编《東アジアの死刑》,京都大学学术出版会2008年版。

第二章 从迁徙刑到流刑

一、唐代的流刑

（一）流刑的规定

唐代五刑之一的流刑规定有流二千里、流二千五百里、流三千里三种，均作为正刑规定在唐律《名例律》中。

> 流刑三：二千里（赎铜八十斤），二千五百里（赎铜九十斤），三千里（赎铜一百斤）。　　　　　　　（《名例律》4）

下引该条的疏议，解释说明了流刑的渊源。

> 疏议曰：《书》云："流宥五刑"，谓不忍刑杀，宥之于远也。又曰："五流有宅，五宅三居。"大罪投之四裔，或流之于海外，次九州之外，次中国之外。盖始于唐虞。今之三流，即其义也。

疏议引用的"流宥五刑"、"五流有宅"、"五宅三居"均是来自《尚书·舜典》的经文；"不忍刑杀，宥之于远也"是本于孔颖达"正义"在该处引用曹魏时王肃之注"谓君不忍刑杀，宥之以远方"；从"大罪"到"次中国之外"，也都是化用孔安国传"大罪四裔，次九州之外,次千里之外"的文辞。①

先前研究已指出,唐代流刑具有下述内容,并以此为其基本理念。

（1）流是一种被强制移居到远离家乡的地区,并在该移居地即发配地服一年徒刑苦役的刑罚。②

（2）发配地是根据流刑的三个等级,在距离其本人家乡约二千里、二千五百里、三千里等地区中指定特定的州县。③

（3）因为强制移居是流刑的构成要素,所以到达发配地就表示流刑执行完毕。④

关于（1）,《名例律》二十四规定:三种流刑均附加以一年劳役即强制劳动,特别流刑的加役流附加以三年徒刑。

> 诸犯流应配者,三流俱役一年。（本条称加役流者,流三千里,役三年。役满及会赦免役者,即于配处从户口例）。妻妾从之。父祖子孙欲随者,听之。移乡人家口,亦准此。若流、移人身丧,家口虽经附籍,三年内愿还者,放还。即造畜蛊毒家口,不在听还之例（下条准此）。 　　　　（《名例律》24）

---

① 经文"流宥五刑"之正义载郑玄注是:"其轻者或流放之,四罪是也。"郑玄不是将流罪解释为死刑的替代刑,而且疏议引用了持不同意见的王肃之注。

② 参见律令研究会编《譯注　日本律令》五,滋贺秀三撰《唐律疏議譯註篇一》,东京堂1979年版,第145页。

③ 参见前揭滋贺氏书,第145页。

④ 参见前揭滋贺氏书,第148页;辻正博《唐律の流刑制度》,收入氏著《唐宋时代刑罰制度の研究》,京都大学学术出版会2010年版,第133页。

关于（2）（3）存在的问题，将在下一节专门论述。

（二）关于配流的起点

（2）存在的问题是三种流刑所要求的里程数二千、二千五百、三千里是以哪里为起点来计算的。也就是说目前存在两种学说：一是以犯人家乡为起点到发配地说，二是以都城为起点的三等级距离说。

桑原骘藏、滋贺秀三两氏主张以家乡为起点说，[①] 而最近辻正博氏发表的《唐律的流刑制度》一文强调以京师为起点。[②] 滋贺、辻俩氏之间对这一问题来回争论，奥村郁三氏甚至以评论辻氏论文的形式表示其对滋贺氏观点的支持。[③]

如果可以，我本不想加入对里程数起点问题的论争，但由于关系到本章有关流刑的全体内容，故在此请允许展述自己的如下观点。

首先必须说明的是，唐律和其他史料都没有明确规定执行流刑时是以哪里为起点。辻氏也在其论文中提出疑问："为什么律和疏议均未明确规定配流距离的起点？"并论述了自己的大致想法。[④] 本章对这个问题暂且搁置，不予论述。

由于没有确切的史料，滋贺说与辻说不得不以仅有的"情境证据"进行类推。主张以家乡为起点说的论据是"移乡是从家乡移

① 参见桑原骘藏《支那の古代法律》，收入氏著《桑原隲藏全集》第三卷，岩波书店 1968 年版，第 156 页；前揭滋贺氏书，第 145 页；以及《刑罰の歴史》，收入氏著《中國法制史論集 法典と刑罰》，创文社 2003 年版，第 319 页。
② 参见前揭辻氏书，第 79—83 页。
③ 参见滋贺秀三《梅原郁编〈中國近世の法制と社會〉書評》，载《東洋史研究》52—4，1994 年版；奥村郁三《書評〈流刑とはなにか——唐律の流刑再考〉》，载《法制史研究》50，2001 年。
④ 参见前揭辻氏书，第 88 页。

居千里之外(《贼盗律》265），因流刑和移乡在律中往往一并规定，故流刑的里程数也是从家乡开始计算，这更妥当"①。

上述《贼盗律》265关于移乡的条文如下：

> 诸杀人应死会赦免者，移乡千里外。其工、乐、杂户及官户、奴，并太常音声人，虽移乡，各从本色。
>
> 疏议曰：杀人应死，会赦免罪，而死家有期以上亲者，移乡千里外为户。

诚然，该条文载有"移乡千里外"，既然有"乡"字，那么移动的起点就应是家乡，而且移动的距离也是流刑同样记载的"千里"。只是，将作为刑罚的流刑与为保护遇赦免后侵害人利益的强制移居放在同一平面上，以此认为流刑与移乡的移动起点也是同一的，不得不说这种观点过于简单粗暴。因为"移乡"是"从被害人居住地开始移动"，而假如流罪里的乡是指从侵害人即犯罪人的居住地开始移动，那么为什么要设定远离侵害人居住地的三种不同等级的距离呢？另外，移乡是以相隔一定距离为目的的，因而不分二千、二千五百、三千里这样的距离等级。故分三等的流刑，确实无法与移乡同在一个平面上进行讨论。

我大致同意辻氏的观点——移乡与流刑是完全不同的法律规制措施。②

---

① 参见前揭滋贺秀三氏《梅原郁编〈中國近世の法制と社會〉書評》。

② 辻氏在前揭书第86页说道："流人和移乡人在两点上是相通的，一是依刑罚或惩罚性处分而被强制迁往远离家乡的地方，二是妻妾负有同行的义务"。但是，移乡既不是刑罚也不属于惩罚性处分。正如《贼盗律》所规定的，移乡是为了避免赦免后的死刑犯受到来自被害人近亲属（按律规定，（转下页）

　　既然"移乡"的意思是"从家乡迁移出去",那么移乡的起点就只能是家乡(居住地)。但由此认定流刑的起点也是居住地的推理,因两者的性质差异无法推导出来,毋宁说是推论的跳跃。

　　而且,用"千里"来表示移动的距离,但它果真是指千里(约四百四十公里)这个实数吗?[①] 我并不这么认为。"夫运筹策帷帐之中,决胜于千里之外"是记载于《史记·高祖本纪》的汉高祖刘邦评价张良的名言。"运筹帷幄之中,决胜千里之外"中的千里之外并非指远在四百公里外的彼方,而仅仅是表示远方的惯用句而已。而且,"千里之外"这个惯用句能够确认在唐律也有反映的《周礼·地官司徒·调人》记载的为避免复仇的系列措施中,其具体条文如下:

> 　　调人,掌司万民之难而谐和之,凡过而杀伤人者,以民成之。鸟兽亦如之。凡和难,父之仇辟诸海外,兄弟之仇辟诸千里之外,从父兄弟之仇不同国。君之仇眡父,师长之仇眡兄弟,主友之仇眡从父兄弟。弗辟,则与之瑞节而以执之。凡杀人有反杀者,使邦国交仇之。凡杀人而义者,不同国,令勿仇,仇之则死。凡有斗怒者,成之,不可成者,则书之。先动者,诛之。

与"海外"并列的"千里"不是指实际数字上的千里,而是一个概数

―――――――――――――

　　(接上页)是指期亲以上的亲属)的报复而采取的特别保护措施,其中并无处罚的法理。流刑与移乡这两种法律规制措施的差异,是源于刑罚和非刑罚的差异。

① 参见律令研究会编《譯註日本律令》七,《唐律疏議譯註篇三》,第138页,中村茂夫氏"解説"。

意义上的千里,是比"海外"更近、比"国外"更远的距离。①

　　进一步而言,虽说"移乡千里外",但将它与以居住地为起点的不同阶段的实际距离相结合展开论述,我对此还是存有疑惑。也就是说,"避难于远离居住地的地方(移乡千里外)"与"迁移至离居住地千里以上的地方",两者存在细微的区别。因此,我认为以"移乡千里外"为论据,并不能作为论证强制迁移起点的史料。

　　《尚书·舜典》"五流有宅,五宅三居"的孔传有"大罪四裔,次九州之外,次千里之外"的注疏,引用了《周礼·地官司徒·调人》的"移乡",对"兄弟之仇辟诸千里之外",也说"其实质是一样的('据其远近,其实一也')"。其意思是,《调人职》有"父之仇辟诸海外,兄弟之仇辟诸千里之外,从父兄弟之仇不同国",距离从远至近依次是海外——千里之外——国外,这与流谪地的"四海之尽头(四裔)——九州之外——千里之外"相似。概言之,在孔传及孔颖达疏中,与"海外"、"国外"、"九州外"并列的"千里外",不具有从家乡开始计算真实距离千里以上的起点意识。

　　"千里之外"本义是指九州之外,即夷狄之地。正因为如此,它被称作"流"。但需要注意《礼记·王制》的下述记载:

　　　　千里之内曰甸,千里之外曰采、曰流。(郑玄注:谓九州之外也,夷狄流移,或贡或不。《禹贡》荒服之外,三百里蛮,二百

────────────────

①《孟子·告子下》中的"千里之外"也同样是惯用句。

　　鲁欲使乐正子为政,孟子曰:"吾闻之,喜而不寐。"公孙丑曰:"乐正子强乎?"曰:"否。""有知虑乎?"曰:"否。""多闻识乎?"曰:"否。""然则奚为喜而不寐?"曰:"其为人也好善。""好善足乎?"曰:"好善优于天下,而况鲁国乎?夫苟好善,则四海之内,皆将轻千里而来告之以善。夫苟不好善,则人将曰:'訑訑,予既已知之矣。'訑訑之声音颜色,距人于千里之外。士止于千里之外,则谗谄面谀之人至矣。与谗谄面谀之人居,国欲治,可得乎?"

里流。)

另外,滋贺氏将"流刑和移乡在律中往往一起规定"作为论据之一。其所谓的"一并"是什么具体含义并不太明了,但我想会不会是指将流罪和移乡规定在《名例律》、《捕亡令》的一个条文中?其条文如下:

> 诸犯流应配者,三流俱役一年。(本条称加役流者,流三千里,役三年。役满及会赦免役者,即于配处从户口例)。妻妾从之。父祖子孙欲随者,听之。移乡人家口,亦准此。
>
> (《名例律》24)
>
> 注:常赦所不原者,依常法。(疏议曰:常赦所不原者,谓虽会大赦,犹处死及流,若除名、免所居官及移乡之类。)
>
> (《名例律》38)
>
> 诸囚及征人、防人、流人、移乡人逃亡,及欲入寇贼者,经随近官司申牒,即移亡者之家居所属,及亡处比州、比县追捕。承告之处,下其乡里村保,令加访捉。　　(《捕亡令》)

此处将"流刑"和"移乡"规定在同一条文中,是因为流刑和移乡在各条规定的旨意上具有较多事项上的共通要素:强制迁移时家属亦伴随之(《名例律》24)、赦令的适用(《名例律》38)、从被限制自由行动状态中逃亡(《捕亡令》),而不是因为流刑和移乡的起点相同。《名例律》38将死刑、流刑、除名、移乡规定在同一系列里;依据《捕亡令》,"征"、"防"是与刑罚不相称的劳役,却与流刑并列,但并列的原因并非移动的起点一致,则毋庸置疑。

以上只讨论了流刑的强制迁移起点不是家乡,但并未积极证明其起点是否为都城。

日本律在流刑上设定了以都城为中心的近、中、远三个等级的距离,辻氏以此作为根据之一证明起点是都城。而滋贺、奥村两氏认为日本律规定的这三个等级是唐律在日本的变化,否认唐律与日本律在流刑起点的规定上具有共通性。

从逻辑上来说,日本律有可能变更了唐律的规定。不过,这只是从理论上说明了改变的仅是流刑,并且发生在日本律中。现在虽指出日本律在流刑起点上的变化,但原则上以唐律为母法的日本律为何只单单变更了唐律关于起点的规定? 即使是臆测,也只有陈述理由之后才能进行反驳。

日本律规定以都城为起点,在积极证明其母法的唐律也是以都城为起点上显得不够充分。但即便如此,我还是想引用下文作为旁证。

众所周知,北周流刑有五等,均以都城为起点。

> 四曰流刑五:流卫服,去皇畿二千五百里者,鞭一百,笞六十;流要服,去皇畿三千里者,鞭一百,笞七十;流荒服,去皇畿三千五百里者,鞭一百,笞八十;流镇服,去皇畿四千里者,鞭一百,笞九十;流藩服,去皇畿四千五百里者,鞭一百,笞一百。
>
> (《隋书·刑法志》)

由于北周推崇《周礼》的制度,故流刑的起点从都城开始计算并形成五个等级是理所当然的事。可是,《开皇律》虽继受北周的制度,但流刑变成三等,即一千、一千五百、二千里,不久又成为唐代的三流。在北周—隋—唐的变迁过程中,起点由都城变为家乡的这种制度变化究竟是从什么时候开始发生的? 若是唐代开始以家乡为起点,我们也必须思考促使这一变化的积极理由。至少,目前我还没找到这一问题的积极理由。

《唐律疏议》有关流刑的疏表明其以都城为起点,这是证明唐律三等流刑即流三千、二千五百、二千里都是以都城为起点的最有力的证据。

唐律及律疏如下(亦见于本章章首所引):

> 流刑三:二千里(赎铜八十斤);二千五百里(赎铜九十斤);三千里(赎铜一百斤)。 (《名例律》4)
> 疏议曰:《书》云:"流宥五刑",谓不忍刑杀,宥之于远也。又曰:"五流有宅,五宅三居。"大罪投之四裔,或流之于海外,次九州之外,次中国之外。盖始于唐虞。今之三流,即其义也。

"《书》云"中的"书"是指《尚书·舜典》,疏议"大罪投之四裔,或流之于海外,次九州之外,次中国之外"是化用孔安国传的下文:

> 谓不忍加刑,则流放之,若四凶者。五刑之流,各有所居,五居之差,有三等之居,大罪四裔,次九州之外,次千里之外。

律的疏议是对律文的解说、注释。在这一认识的前提下,自然可以理解此处引用《尚书》和孔安国传作为疏议,且将经书所说的三流贯穿在四裔—九州—中国这三等配流(三居)中。而且,既然三居是以都城为起点,那么唐律的三流(二千、二千五百、三千里)也必然是以都城为起点。"今之三流,即其义也",若按照其文理理解,其中并没有看到隐含家乡二字的意思。

另外,《尚书·舜典》的孔颖达正义为:

> 正义曰:此"五流有宅",即"流宥五刑"也。当在五刑而流放之,故知"谓不忍加刑,则流放之,若四凶也。"……"五刑之流,各有所居",谓徙置有处也。"五居之差,有三等之居",量其罪状为远近之差也。四裔最远,在四海之表,故"大罪四裔",谓不犯死罪也。故《周礼·调人职》云"父之仇辟诸海外",即与"四裔"为一也。"次九州之外",即《王制》云入学不率教者,"屏之远方,西方曰僰,东方曰寄",注云"偪寄于夷狄也",与此"九州之外"同也。"次千里之外"者,即《调人职》云"兄弟之仇,辟诸千里之外"也。《立政》云"中国之外",不同者,言"中国"者,据罪人所居之国定千里也。据其远近,其实一也。《周礼》与《王制》既有三处之别,故约以为言。郑玄云:"三处者,自九州之外至于四海,三分其地,远近若周之夷、镇、蕃也。"

孔颖达的解说最初载于《尚书·舜典》,而所引《周礼》、《礼记》说的"三处之别"是指海外、国外、国内三处,既然以国为区分标准,则"国之中心=都城"。孔颖达和《唐律疏议》,前者是对经书的注释,后者是引用经书对唐代流刑所做的解说,其共同之处在于三等的强制迁移与唐人的解释。在我看来,两者都没有考虑过以家乡为起点。

进一步而言,关于起点问题,我是这样思考的:

二千、二千五百、三千这三等流刑的里程数是指实数的距离吗? 也就是说,流二千里是否意味着被强制迁移到距离大约880公里的地方? 在史料方面,即使以实数值为准迁移,且假设以家乡为起点,也毫无类似"从犯罪人家乡开始实际测量距离二千里的确定地点,再迁移犯罪人至此"的史料记载。事实上,如辻氏论文所述的限定流刑地那样,其实是将犯人配流到业已确定的流刑地。此时的二千、二千五百、三千里,只不过是代表了经书记载的近、中、远三等的象征语。进一步说,该三等不是指距离上的差等,而应该是代表刑罚轻重的实质意义上的三等。

"即便如此,为何律与律疏均未明确规定配流的起点呢?实际上,这是因为唐代的流刑与具体距离的规定无关,而是作为一种驱逐犯罪人到边境的刑罚来实施的。"[1]这是辻氏在其论文中的自问自答。

确实,"执行流刑与具体距离的规定无关"。我之所以没有刻意写明,是因为我认为立法者头脑中本来就没有"起点"这一概念。实际执行流刑时,是根据应处流刑之罪的轻重来决定流刑发配地。具体做法是:事先确定好若干个配流目的地,根据其距离远近和环境恶劣程度等地理因素进行选择,而不是以某个地方为起点来决定。起点可能是都城,但立法背后考虑的因素只有"远隔"与"恶劣"。[2]

---

[1] 参见前揭辻氏书,第 88 页。

[2] 李白减死刑为流三千里,被强制迁徙至夜郎(贵州遵义附近),就是适用流刑的一个著名例子。在该例子中,假如是以家乡为起点,那起点在哪儿? 是在李白的出身地吗? 而李白的出身地不清楚,有说是山东的,也有说是陇西的,可能在当时就不明确。如果以被处刑时的居住地为准,那起点是都城长安吗? 而且,四处漂泊的诗人的居住地又该根据哪个时期来确定?

另,《狱官令》载有:

　诸流人季别一遣,若符在季末三十日内至者,听与后季人同遣。

　若妻子在远,预为追唤,待至同发。配西州、伊州者,送凉府;江北人配岭南者,送桂、广府;非剑南人配姚、巂州者,送付益府,取领即还。其凉府等,各差专使领送。

　　(仁井田陞:《唐令拾遗》,东京大学出版会 1933 年版,第 770 页。)

有让人联想到江北人配岭南、非剑南人配姚巂这样与家乡有距离关系的条文;但这是为了避免配流到近郊的做法。

我以为把配流的起点究竟在哪儿作为一个问题,某种程度上也许是失焦的讨论。果真这样的吗?

(三)有关流刑执行完毕的情况

流刑是强制犯罪人迁移至某个确定地方的一种刑罚,流人到达发配地就表示流刑执行完毕。滋贺秀三如上解说,辻氏也同意此说法。[1]

"刑罚执行完毕"是什么意思?因该问题与流刑的目的及性质有关,故拟稍作深入探究。

唐律《名例律》25 记载:

> 诸流配人在道会赦,计行程过限者,不得以赦原。(谓从上道日总计,行程有违者。)有故者,不用此律。若程内至配所者,亦从赦原。逃亡者虽在程内,亦不在免限。即逃者身死,所随家口仍准上法听还。
>
> 疏议曰:"行程",依令:"马,日七十里;驴及步人,五十里;车,三十里。"其水程,江、河、余水沿泝,程各不同。但车马及步人同行,迟速不等者,并从迟者为限。假有配流二千里,准步程合四十日,若未满四十日会赦,不问已行远近,并从赦原。从上道日总计,行程有违者,即不在赦限。"故"谓病患、死亡及请粮之类。准令:"临时应给假者及前有阻难,不可得行,听除假。"故不入程限。故云"不用此律"。假有人流二千里,合四十日程,四十日限前已至配所,而遇恩赦者,亦免。行程之内逃亡,虽遇恩赦,不合放免。即逃者身死,所随家口虽已附

---

① 参见前揭滋贺氏书,第25页。

籍,三年内愿还者,准上法听还。

认为流刑执行完毕以到达发配地为标志的观点,暗含着一旦到达发配地就不能因赦令被放免的法理。[1]但《名例律》25 规定,在前往发配地的途中可以适用赦令。如果赦免是中断刑罚执行的一种方式,那么,中断的对象是发配途中而不及于到达之后。既然赦令不及于执行后的刑罚,而流刑执行完毕就是指到达发配地,这是主张流刑执行以到达发配地为完毕标志所依据的理由吧。但是,这种逻辑不觉得奇怪吗?

"执行刑罚"到底是什么含义?"执行"具有"实行"、"举行"的语义,那么"到达发配地表示刑罚执行完毕"意味着"实行处罚结束"。如此,流刑的目的就变成迁移,换言之,迁移至流刑地不是手段,而是流刑的目的。

如果迁移完成即宣告刑罚执行完毕,那么迁移后的强制定居就不属于制裁。滋贺秀三氏认为:根据唐代的制度,人民一般负有居住在户籍登记地的义务,无正当理由不得迁徙或流浪。或认为流人永远无法回到原籍是因为受到户籍转移这一事实的约束,而不是因为需要继续赎罪。[2]而且,根据《名例律》24 的疏议"即于配所[3]从户口例,课役同百姓",即根据在发配地也同普通百姓一样负有课役的义务,已不再是受刑人,可以认为从那时开始刑罚执行伴随着迁移的完成而结束。

这里必须思考的是作为刑罚的流刑的理念。若刑罚是对受刑

---

[1] 参见前揭辻氏书,第 99 页。
[2] 参见前揭滋贺氏书,第 146 页。
[3] 译者按:律注作"配处"。

人的非难与伤害,并将其作为刑罚的效果及目的所在,则流刑作为刑罚带来的效果是什么? 假如我们把强制迁移至流刑地看作是刑罚执行完毕,那么其效果就仅仅是迁移至目的地。可是这样的话,究竟能给受刑人带来多大的伤害?

另外,流刑依距离远近分为三等。这种等级划分的目的,是不是想通过迁移距离的不同给予受刑人不同程度的痛苦与伤害? 且三等的流刑还被科以一年的强制劳役刑。律和疏议中所见到的役或居役的刑罚并非正刑,只能说是流刑的附加刑。现在,如果我们认为流刑是以到达发配地表示刑罚执行完毕的话,正刑既不存在,附加刑将焉附? 只能将居役刑自身视为正刑,这就陷入自相矛盾的境地。[1]

在如前所述的设问时,流刑以到达发配地表示刑罚执行完毕的观点还是说不通的吧。

我认为,流刑是弃置受刑人于远离都城之处,并强制其居住在那里的刑罚。户籍登记是禁止迁徙的具体措施;而流刑是迁移至他处,保持一定的距离并要求受刑人定居于该地的措施。而且,若在远方的他处,可以认为伴随着受刑人受到某种强制而发生伤害。

如此思考,迁移只是刑罚执行的准备阶段,到达发配地表示刑罚执行才开始。

以上是在先行研究的基础上,对唐律法定正刑的流刑研究中存在的问题的探讨。但对于唐代流刑为什么是仅次于死刑的刑罚、弃置的特定含义,以及作为附加刑的居役的意义等内容未予以考察。

---

[1]《名例律》24 :科处三流俱役一年的注有"本条称加役流者,流三千里,役三年"的解说。不言而喻,"加役流"的意思是劳役附加于流罪之上。这里,将三年居役的加役流与一年居役的三流放在一起进行比较解说,说明唐律已有三流之役也是附加的认识。

若要研究明白，必须追溯到秦汉时期，探究流刑的变迁历程。

二、秦汉的"流刑"

（一）秦汉的迁刑

本节讨论的是秦汉时期的流刑。首先要说明的是，刑罚名称之"流"、"流刑"尚未在秦汉时期的法律条文中出现。作为刑罚用语的"流刑"的出现，如后述那样始于北魏。秦汉时期，使用的是"迁"、"迁徙"、"徙"等词语，大庭脩在《汉的迁徙刑》[①]一文中就使用了"迁徙"一词，"迁徙刑"可以看作是刑罚的一种，但实际上几乎很少使用"迁徙"二字（仅有一例）。另外，"徙"、"迁徙"也未必作为刑罚名而使用之。

　　甲徙居，徙数谒吏，吏环，弗为更籍。今甲有耐、赀罪，问吏可（何）论？耐以上，当赀二甲。

（睡虎地秦简《法律答问》147）

　　恒以八月令乡部啬夫、吏、令史相杂案户籍，副臧（藏）其廷。有移徙者，辄移户及年籍爵细徙所，并封。留弗移，移不并封。　　　　　　　　（汉律《二年律令·户律》328）

　　郡守二千石官、县道官言边变事急者，及吏迁徙、新为官，属尉、佐以上毋乘马者，皆得为。

（汉律《二年律令·置吏律》213）

---

① 参见大庭脩《漢の徙遷刑》，收入氏著《秦漢法制史の研究》，创文社1982年版。

秦律与汉律所载的上述这些"徙"、"迁徙"就是迁移的意思。

话虽如此,但《史记·吕不韦列传》所载嫪毐之乱时,没收吕不韦及嫪毐的四千户舍人的家产后,将他们迁徙至蜀,这肯定是具有制裁含义的强制移居边境。可是,迁并不是法定正刑。据程树德《汉律考》所述,汉代有徙边刑,是继受秦制而来。但他列举的秦时期的事例是吕不韦被处以"与家属徙处蜀"(《史记·吕不韦列传》),到汉代即东汉明帝永平八年(65)则有徙边之令。两者之间存在二百余年的空白期,故很难认定它们具有持续性。

虽然学者们认为秦朝与西汉初期都有强制移居于蜀的措施,[①]但辻氏指出,本应适用死刑的诸侯王被赦免后废位,并被发配至蜀。另外,韩信对项羽让刘邦移居于南郑领土之事发表的言论也经常被引用。具体如下:

> 项羽王诸将之有功者,而王独居南郑,是迁也。(韦昭曰:"若有罪见迁徙。")　　　　　　　　　　　(《史记·高祖本纪》)
> 项羽背约而王君王于南郑,是迁也。(如淳曰:"秦法,有罪迁徙之于蜀汉。")　　　　　　　　　(《汉书·高帝纪》)

上引《汉书》条文附有如淳注解"秦法,有罪迁徙之于蜀汉",由此可知,强制移居至蜀或许是惩罚诸王的惯例,但秦律的这种规定是否属于法定正刑不无疑问。另外,《史记》与《汉书》里的"是迁也",并不是指规定在秦律中的迁刑。为什么呢?这是因为如后文

---

① 参见久村因《古代四川に土着せる漢民族の来歴について》,载《歴史學研究》204,1957年;同氏《前漢の遷蜀刑について——古代自由刑の一側面の考察》,载《東洋學報》37—2,1954年;大庭脩《漢の徙遷刑》,载前揭《秦漢法制史の研究》;前揭辻氏书,第13页。

所述，秦朝的迁刑在当时的刑罚体系中属于较轻程度的刑罚，韩信意识到这一点，故说"（王独居南郑）就是迁刑"，这一判断必须从上下文理来考虑。而且，韦昭对上引《史记》条文的注解是"若有罪见迁徙"，即"犹如有罪，将被迁徙"。如果从这条比喻的注解那里去援引秦朝法律，会有点偏离主题。

秦律中的"迁"字，除了在采取隔离、强制移居措施时使用外，确实也作为正刑的迁刑使用。①

　　　"害盗别徼而盗，驾（加）辠之。"●可（何）谓"驾（加）辠"？●五人盗，臧（赃）一钱以上，斩左止，有（又）黥以为城旦；不盈五人，盗过六百六十钱，黥剕（劓）以为城旦；不盈六百六十到二百廿钱，黥为城旦；不盈二百廿以下到一钱，辠（迁）之。求盗比此。　　　（《法律答问》1—2）

　　　从军当以劳论及赐，未拜而死，有罪法耐辠（迁）其后；及法耐辠（迁）者，皆不得受其爵及赐。其已拜，赐未受而死及法耐辠（迁）者，鼠（予）赐。　（睡虎地秦简《军爵律》153—154）

根据《法律答问》1—2条，迁刑适用于不满五人的团伙所实施的一钱以上二百二十钱以下的盗窃，是最轻的刑罚，位于黥城旦刑罚之下位。甚至，比不附加肉刑的强制劳役刑之"耐刑"处罚更轻。②

①　参见工藤元男《秦の遷刑覚書》，载《日本秦漢史學會會報》第 6 号，2005 年；前揭辻氏书，第 11 页。
②　不太明白在《法律答问》1—2条中，为什么在黥城旦之下列举的不是完城旦而是迁刑。但在《军爵律》153、154 条中载有"法、耐、迁"，这里它是按照从重到轻的顺序排列的，依次为死亡、废位、耐刑、迁，所以迁刑轻于耐刑。这也可根据本文汉律中的赎黥→赎耐→赎迁的排列顺序作此思考。

迁刑在刑罚体系中的地位直到汉亦未改变。从下引的张家山汉律之《具律》可知,赎迁刑位于赎耐刑之下;从第 121 条的"迁,耐以上"和第 122 条的"刑城旦舂以下至迁耐"可确定,即便在汉代,迁刑也是与耐刑同等,甚至是较之更轻的刑罚。

> 赎死,金二斤八两。赎城旦舂、鬼薪白粲,金一斤八两。赎斩、府(腐),金一斤四两。赎劓、黥,金一斤。赎耐,金十二两,赎罢(迁),金八两。有罪当府(腐)者,移内官,内官府(腐)之。
>
> (《具律》119)
>
> 城旦舂、鬼薪白粲有罪罢(迁)、耐以上而当刑复城旦舂,及曰黥之若刑为城旦舂,及奴婢当刑畀主,其证不言请(情)诬
>
> (《具律》121)
>
> 人。奴婢有刑城旦舂以下至罢(迁)、耐罪,黥颜(颜)頯畀主,其有赎罪以下及老小不当刑、刑尽者,皆笞百。刑尽而贼伤人及杀人,先自告也,弃市。有罪 (《具律》122)

秦汉的迁刑是一种强制迁移措施,也没有具体迁移目的地的记载。[1] 反正不过是种假设,但迁刑未必具有驱逐至边境的性质,它是一种对官吏适用左迁、对一般人适用强制迁出居住地或者隔离的刑罚。至少我们现在可以确定的是,迁刑不是次于死刑的重刑,也不具有减死刑一等的替代刑性质。

(二)汉代的徙边刑

西汉后半叶至东汉,出现了一种强制人移居边境并终生在那

---

[1] 参见前揭工藤氏论文,第 87 页。

里服军役的轻于死刑一等的刑罚。它没有确定的刑罚名称，主要是以"诣……屯"、"诣……戍"、"徙边"等表现形式出现在诏令中，到东汉时期这种现象更为显著。不具有确定刑名即意味着它不属于律中规定的刑罚，[①] 我们现在姑且称之为"徙边刑"吧。

邢义田认为徙边刑出现于武帝前后。为支持这一观点，他提供的史料是武帝末年戾太子反逆事件中，将太子一方吏士中的被胁从者徙往敦煌。[②]

戾太子事件发生在武帝晚年，据说李陵向戈壁出征时，关东群盗的妻儿被迁徙至边境，以戍卒之妻的身份从军。[③] 如果对群盗本人适用弃市刑、对其妻作为一种缘坐的方式适用徙边刑的话，徙边刑在武帝时期的公元前 100 年前就已经存在的事实，可以作为邢义田观点的一个旁证。[④]

迨及汉元帝、汉成帝时期，让本人或家属迁往边境的诏令，从以下史料记载中可以证实：

---

① 参见前揭辻氏书，第 15 页。
② 《汉书·刘屈氂传》：
　　诸太子宾客，尝出入宫门，皆坐诛。其随太子发兵，以反法族。吏士劫略者，皆徙敦煌郡。（师古曰：非其本心，然被太子劫略，故徙之也。）
邢义田：《从安土重迁论秦汉时代的徙民与迁徙刑》，见氏著：《治国安邦：法制行政与军事》，中华书局 2011 年版，第 87 页。
③ 《汉书·李陵传》：
　　始军出时，关东群盗妻子徙边者随军为卒妻妇，大匿车中。陵搜得，皆剑斩之。
④ 《汉书·王子侯表》：
　　五年，元康元年，坐首匿群盗弃市。
《二年律令·盗律》63：
　　智（知）人为群盗而通歓（饮）食馈遗之，与同罪，弗智（知），黥为城旦春。其能自捕若斩之，除其罪、有（又）赏如捕斩
帮助群盗的与群盗同罪，所以弃市刑也适用于群盗。

制曰："廷尉增寿当是。汤前有讨郅支单于功，其免汤为庶人，徙边。"又曰："故将作大匠万年佞邪不忠，妄为巧诈，多赋敛，烦繇役，兴卒暴之作，卒徒蒙辜，死者连属，毒流众庶，海内怨望。虽蒙赦令，不宜居京师。"于是汤与万年俱徙敦煌。

（《汉书·陈汤传》）

京房及博兄弟三人皆弃市，妻子徙边。

（《汉书·宣元六王传》）

进入东汉，频繁发布减死刑一等为徙边刑的诏令。兹列举如下：

《后汉书·明帝纪》永平十六年（73）：

九月丁卯，诏令郡国中都官死罪系囚减死罪一等，勿笞，诣军营，屯朔方、敦煌；妻子自随，父母同产欲求从者，恣听之；女子嫁为人妻，勿与俱。谋反大逆无道不用此书。

《后汉书·章帝纪》建初七年（82）：

辛卯，车驾还宫。诏天下系囚减死一等，勿笞，诣边戍；妻子自随，占著所在；父母同产欲相从者，恣听之；有不到者，皆以乏军兴论。及犯殊死，一切募下蚕室；其女子宫。系囚鬼薪、白粲已上，皆减本罪各一等，输司寇作。亡命赎：死罪入缣二十四，右趾至髡钳城旦春十四，完城旦至司寇三匹，吏人有罪未发觉，诏书到自告者，半入赎。

《后汉书·章帝纪》元和元年（84）：

其改建初九年为元和元年。郡国中都官系囚减死一等，勿笞，诣边县；妻子自随，占著在所。其犯殊死，一切募下蚕室；其女子宫。系囚鬼薪、白粲以上，皆减本罪一等，输司寇作。亡命者赎，各有差。

《后汉书·章帝纪》章和元年（87）：

夏四月丙子，令郡国中都官系囚减死一等，诣金城戍。……

壬子，诏郡国中都官系囚减死罪一等，诣金城戍；犯殊死者，一切募下蚕室；其女子宫；系囚鬼薪、白粲已上，减罪一等，输司寇作。亡命者赎：死罪缣二十匹，右趾至髡钳城旦舂七匹，完城旦至司寇三匹；吏民犯罪未发觉，诏书到自告者，半入赎。

《后汉书·和帝纪》永元八年（96）：

八月辛酉，饮酎。诏郡国中都官系囚减死一等，诣敦煌戍。其犯大逆，募下蚕室；其女子宫。自死罪已下，至司寇及亡命者入赎，各有差。

《后汉书·安帝纪》元初二年（115）：

诏郡国中都官系囚减死一等，勿笞，诣冯翊、扶风屯，妻子自随，占著所在；女子勿输。亡命死辠以下赎，各有差。

《后汉书·顺帝纪》永建元年（126）：

冬十月辛巳,诏减死罪以下徙边;其亡命赎,各有差。

《后汉书·顺帝纪》阳嘉元年(132):

九月,诏郡国中都官系囚皆减死一等,亡命者赎,各有差。

《后汉书·冲帝纪》建康元年(144):

十一月……己酉,令郡国中都官系囚减死一等,徙边;谋反大逆,不用此令。

《后汉书·桓帝纪》永兴元年(153):

十一月丁丑,诏减天下死罪一等,徙边戍。

《后汉书·桓帝纪》永兴二年(154):

九月丁卯朔,……减天下死罪一等,徙边戍。

以上这些都是皇帝发布的减死罪一等为徙边的赦诏。大庭脩根据顺帝永建元年(126)正月甲寅之诏中的"坐法当徙,勿徙",由此认为徙边在当时是正刑的一种。"坐法当徙"直译的意思是"犯罪者适用徙边",但实际上不妨解释为"虽然所犯之罪应适用死刑,但依诏适用减刑一等的徙边刑"。再与上揭史料联系起来,徙边在史料中都是以赦诏的形式出现,说明该刑不是法定正刑,应当视为一种特别措施。因为如果是正刑,每次下达诏令时就不会添加"徙边"、"诣某所戍"这样的文言。①

　　兹就死刑减刑一等后变为徙边刑的解释补充两点说明。

　　其一，正刑中死刑减刑一等为髡钳城旦。《汉书·薛宣传》记载薛宣被减死刑一等后处以髡钳城旦刑，并迁徙至上党郡：

　　　　上遂抵宣罪减死一等，髡钳。宣既被刑，乃徙之上党。

　　"宣既被刑，乃徙之上党"——薛宣的刑罚已经确定，故迁徙至上党。暂且不知道迁徙到上党郡是否伴随着强制劳动刑而迁往劳役地；但减刑一等后的髡钳刑是在正刑的刑罚体系中，相当于次死之刑的髡钳城旦五年刑，所以薛宣适用该刑，意味着他要在上党服五年的边境劳役。

　　此外，还有东汉时期的一事例，即蔡邕因犯不敬罪被判处弃市刑，之后被减刑为髡钳城旦刑，迁徙至五原安阳县。

　　　　帝亦更思其章，有诏减死一等，与家属髡钳徙朔方，不得以赦令除。……居五原安阳县。　　（《后汉书·蔡邕列传》）

---

① 下举《后汉书·顺帝纪》一例：
　　　永建元年春正月甲寅，诏曰："先帝圣德，享祚未永，早弃鸿烈。奸慝缘闲，人庶怨讟，上干和气，疫疠为灾。朕奉承大业，未能宁济。盖至理之本，稽私德惠，荡涤宿恶，与人更始。其大赦天下。赐男子爵，人二级，为父后、三老、孝悌、力田人三级，流民欲自占者一级；鳏、寡、孤、独、笃癃、贫不能自存者粟，人五斛；贞妇帛，人三匹。坐法当徙，勿徙；亡徒当传，勿传。宗室以罪绝，皆复属籍。其与阎显、江京等交通者，悉勿考。勉修厥职，以康我民。"
此外，大庭脩在前揭论文中说徙边刑是正刑，我基于以上理由不能赞同。

这些例子与"减死罪一等徙边"或"减死罪一等诣……戍"等特别设定并适用的徙边刑的情况不同。换言之,减罪一等的迁徙有两种,一种是正刑的强制劳动刑,即迁往髡钳城旦的劳动场所;另一种是作为死刑的替代刑而新设定的徙边。虽然史料里均使用"徙"这个词表达,但两者是混用的。

其二,与髡钳刑不同的作为死刑替代刑的迁徙刑,是一种终身刑。工藤元男氏考证了秦的迁刑是终身刑。[①] 考虑到秦未规定劳役刑的刑期,故很难想象只有迁刑是有期的。即使到了汉代的徙边刑,如邢义田氏所论及的,[②] 也是终身刑。

安帝永初四年(110)发布诏令,允许建初年间被科处徙边刑的人回归本郡。

> 乙亥,诏自建初以来,诸祆言它过坐徙边者,各归本郡;其没入官为奴婢者,免为庶人。 (《后汉书·孝帝纪》)

若"建初以来"是指建初七年(82)因减死刑一等而来的徙边刑,至此已经历了二十七年的岁月。桓帝建和三年(149)也颁过同样的回归本郡的诏令,若自永建元年(126)开始算起,也在边境蒙受二十多年的徙边刑。

> (建和三年,149)昔孝章帝愍前世禁徙,故建初之元(76),并蒙恩泽,流徙者使还故郡,没入者免为庶民。先皇德政,可不务乎! 其自永建元年迄于今岁,凡诸妖恶,支亲从坐,

---

① 参见前揭工藤氏论文,第85页。
② 参见前揭邢义田氏论文,第75页。

及吏民减死徙边者,悉归本郡;唯没入者不从此令。

(《后汉书·桓帝纪》)

（永建元年,126）冬十月辛巳,诏减死罪以下徙边,其亡命赎,各有差。

(《后汉书·顺帝纪》)

由此可知,徙边刑属于终身刑。[1]

三、汉代徙边刑的刑罚原理

徙边刑作为死刑的替代刑,是特别设定的减死刑一等的刑罚,当时它并不在正刑的体系内。此外,新设的此种徙边刑乃终身刑,户籍登记在徙边目的地处且禁止迁移,没有皇帝的诏令不得回归

---

[1] 下引《后汉书·杨终传》的史料,也可以说明徙边刑是终身刑:

建初元年,大旱谷贵,终以为广陵、楚、淮阳、济南之狱,徙者万数,又远屯绝域,吏民怨旷,乃上疏曰:"臣闻'善善及子孙,恶恶止其身',百王常典,不易之道也。……自永平以来,仍连大狱,有司穷考,转相牵引,掠考冤滥,家属徙边。加以北征匈奴,西开三十六国,频年服役,转输烦费。又远屯伊吾、楼兰、车师、戊己,民怀土思,怨结边域。……且南方暑湿,障毒互生。愁困之民,足以感动天地,移变阴阳矣。陛下留念省察,以济元元。"

书奏,肃宗下其章。司空第五伦亦同终议。太尉牟融、司徒鲍昱、校书郎班固等难伦,以施行既久,孝子无改父之道,先帝所建,不宜回异。

终复上书曰:"秦筑长城,功役繁兴,胡亥不革,卒亡四海。故孝元弃珠崖之郡,光武绝西域之国,不以介鳞易我衣裳。鲁文公毁泉台,春秋讥之曰'先祖为之而己毁之,不如勿居而已',以其无妨害于民也。襄公作三军,昭公舍之,君子大其复古,以为不舍则有害于民也。今伊吾之役,楼兰之屯,久而未还,非天意也。"帝从之,听还徙者,悉罢边屯。

本郡。① 另外,该徙边刑也可表述为"徙边戍"、"诣某所戍","戍"即被科以防卫边境、服军役的义务。为了弄清徙边刑的性质,在此不得不再次提出疑问:汉代的徙边刑是在什么背景下出现的? 其刑罚目的又是什么?

前文已解释过,徙边是一种在把犯罪人从皇帝脚下的京城驱逐出去的思想指导下执行的刑罚。的确,经常被引用的《陈汤传》、《霍光传》中"不宜居京师"、"废放之人屏于远方,不及以政"等文辞,亦使人这么认为。

> 故将作大匠万年佞邪不忠,妄为巧诈,多赋敛,烦繇役,兴卒暴之作,卒徒蒙辜,死者连属,毒流众庶,海内怨望。虽蒙赦令,不宜居京师。　　　　　　　　　　　　(《汉书·陈汤传》)
>
> 群臣奏言:"古者废放之人屏于远方,不及以政,请徙王贺汉中房陵县。"　　　　　　　　　　　　(《汉书·霍光传》)

可是,徙边刑的"投之四裔"这句让人印象深刻,但徙边刑并不是不受共同体保护的一种永久驱逐的制裁。②

前引《霍光传》记载,群臣提议昌邑王贺的迁徙地为汉中

---

① 《后汉书·章帝本纪》:

　　辛卯,车驾还官。诏天下系囚减死一等,勿笞,诣边戍;妻子自随,占著所在;父母同产欲相从者,恣听之;有不到者,皆以乏军兴论。

另外,《二年律令·户律》规定"有移徙者,辄移户及年籍爵细徙所"。具体条文如下:

　　恒以八月令乡部啬夫、吏、令史相杂案户籍,副臧(藏)其廷。有移徙者,辄移户及年籍爵细徙所,并封。留弗移,移不并封。　　(《户律》328)

② 《汉书·霍光传》"不及以政"的颜师古注释为"言不豫政令"。所谓"不豫政令"的意思是不让关心中央的政治,而不是不受政治性保护。

郡——实际上贺已经回归昌邑，而昌邑绝不是边境——四裔。而且，迁徙至边境的同时，同行亲属也都要在徙边目的地登记户籍，接受监视。徙边，确实是驱逐出京城，但我对由此断言是驱逐刑颇感踌躇。

辻氏认为其目的之一是"强制迁徙往边境"。它是以此前的久村氏、大庭氏的论调为基点，但为什么要强制迁移至边境呢？如果缺乏驱逐这层含义，就必须寻找其他的目的。

章和元年（87）赦令发布之际，廷尉郭躬上封事发表如下意见：

> "圣恩所以减死罪使戍边者，重人命也。今死罪亡命无虑万人，又自赦以来，捕得甚众，而诏令不及，皆当重论。伏惟天恩莫不荡宥，死罪已下并蒙更生，而亡命捕得独不沾泽。臣以为赦前犯死罪而系在赦后者，可皆勿笞诣金城，以全人命，有益于边。"肃宗善之。　　　　　（《后汉书·郭躬列传》）

上文里的永久驱逐思想并不充分，只说是因为重视人命，且可使犯人为边境防卫做贡献。以皇恩护佑的名义，使犯人从事军役，这种功利性目的才是徙边刑的真实面目。

此外，章帝建初七年（82）下发的诏令中有条文规定：不服从戍边的，以"乏军兴"之罪科以死刑。

> 诏天下系囚减死一等，勿笞，诣边戍；妻子自随，占著所在；父母同产欲相从者，恣听之；有不到者，皆以乏军兴论。
> 　　　　　（《后汉书·章帝纪》）

所谓军兴，是指兵役、军务、军事物资调配等与军事有关的服务；乏军兴是指妨碍这一事项的行为；逃避戍边者以乏军兴罪论处，说明戍边即被视为军务、军役。

那么，这种刑罚为什么会出现在汉代后半期？徙边刑作为刑罚处于何种地位？我认为，该刑罚属于终身刑这一属性具有重大意义。

在此，我们回顾一下汉代刑罚制度的历史。

众所周知，汉代刑罚以汉文帝十三年（前167）为界限，发生了巨大变化。那时，废止了继受秦以来的毁损身体刑（肉刑）；同时，在死刑下面设立了髡钳城旦（五年刑）、完城旦刑（四年刑）、鬼薪（三年刑）、司寇刑（二年刑）、隶臣妾戍罚作刑（一年—三个月）等一系列刑罚，其劳役刑依据刑期长短而序列化。废止肉刑自不用说，比它更具有划时代意义的是当时开始引入刑期。也就是说，在此之前的劳役刑都没有设定刑期，只有皇帝发布赦令才表示刑期结束；而现在将从重到轻的五年至一年（或未满）的五等劳役刑的刑期制度化。不久，该劳役刑中冠以城垣建设（城旦）、与祭祀相关的劳动（鬼薪）、监视刑徒（司寇）等名称的劳役内容趋于形式化，刑名逐渐变成仅仅表示刑期的名称。从我们现在有期徒刑上限可长达三十年的刑罚来看，那时劳役刑的最高刑期才五年，刑期未免过短。但另一方面，若考虑到当时的人均预期寿命、劳役强度，以及皇帝发布赦令之间的间隔，还有平均六年改元一次并且伴随着恩赦，则五年的刑期也有相应的合理性。

可是，按此规定，比死刑低一等的刑罚就是五年劳役刑，两者之间轻重悬殊。这在前文引用的东汉章帝章和元年（87）廷尉郭躬关于徙边刑提案时就已是问题。班固在章和元年之前四年完成的《汉书·刑法志》中，对此问题阐述的观点如下：

　　且除肉刑者，本欲以全民也，今去髡钳一等，转而入于大
辟。以死罔民，失本惠矣。故死者岁以万数，刑重之所致也。
至乎穿窬之盗，忿怒伤人，男女淫佚，吏为奸臧，若此之恶，髡
钳之罚又不足以惩也。故刑者岁十万数，民既不畏，又曾不
耻，刑轻之所生也。

　　徙边刑正是弥补这一轻重差距的有效措施。亦即徙边刑位于
死刑与有期刑之间，作为无期刑具有填补两者之间轻重悬殊的效
果。文帝改革刑制以前，所有的刑罚不具有刑期，作为无期刑的徙
边刑亦无存在的空间。但后来徙边刑作为改换了形式的无期（终
身）军役刑，根据皇帝的诏令新出现于历史舞台。

　　关于这个问题，辻氏论文已经有所论及。辻氏提及死刑与劳
役刑之间的差距，解释说：在填补这个差距方面，以《尚书·舜典》
"流宥五刑"之流刑为基础，从死刑到减死刑一等的徙边刑，均在儒
教思想渗入国家体制中确立了其地位。[①]

　　另一方面，辻氏补充说：因徙边刑不依据距离划分轻重等级之
差，故不能与后世的流刑直接相关联。唐代的流刑是放逐（驱逐）
罪人的一种刑罚，若汉代的徙边刑也是"从京城驱逐出去"，作为同
样的驱逐刑罚，两者之间具有何种关联？围绕"放逐"、"驱逐"的
用语，我感到辻氏的说法竟有些摇摆不定。

　　我也认为后世的流刑与汉代的徙边刑不具有直接的关联性。
在此再次重申拙见：西汉后半期才活跃起来的徙边刑，并非以驱逐
为第一要义，而是为了复活无期（不定期）劳役刑并以此作为死刑
的替代刑。驱逐只不过是必然附随于劳役（即戍边这种军役）的迁

---

① 参见前揭辻氏书，第 19 页、第 99 页。

移而已,不能以此就定义为驱逐刑、强制迁移刑。[①]

　　事实上,承担死刑替代刑作用的并不是皇帝规定的特别刑罚,

---

① 诏令中确实有"不宜居京师"的语句,但这是在执行刑罚的严命中常用的一种强调的表达方式。

　　　　有司奏:"方阳侯宠及右师谭等……虽蒙赦令,不宜处爵位,在中土。"皆免宠等,徙合浦郡。　　　　　　　　　　　　　　　　(《汉书·息夫躬传》)

　　　　丹恶逆暴著,虽蒙赦令,不宜有爵邑,请免为庶人。　(《汉书·师丹传》)

　　　　其不从法禁,不式王命,锢之终身,虽会赦令,不得齿列。

　　　　　　　　　　　　　　　　　　　　　　　　　　(《后汉书·左雄传》)

因此,这种从"不宜居京师"这句话就直接推断它是驱逐出京城的刑罚的想法是不是有些武断?

辻氏(前揭书,第30页)说:"'徙边'与汉、魏晋的'徙边刑'在性质上颇有差异(辻氏所说的'徙边,'是指迁徙罪人至边境。见前揭书,第27页)。两者在作为'减死一等之刑'和驱逐罪人离开京城、强制其迁移至边境这两点上是相通的。这些都可以看作是受经书影响而得出的特点。但相对于迁徙刑为有期劳役刑这一点,北魏的流刑原则上必须终身在发配地戍边服役。故在刑期方面两者差异很大。很难忽略两者有无刑期之差,流刑成立之前北魏的'徙边'并没有直接继受汉、魏、南朝的'迁徙刑'而来。"

对上述辻氏的解说有一些不太明了的地方。虽然内心有些不安,但还是想就此提出几点反驳意见。

首先是用词的问题。辻氏在行文中对汉魏晋用的是"迁徙",而对北魏用的是"徙边",另外还说到"(北魏的)流刑"。可是,就在前一节《汉代的徙边刑》中,他采用了大庭脩氏论文中也使用的'徙边刑'进行说明。比如该节的第17—19页就有"被判处徙边的罪人"、"应判处徙边的情形"、"徙边的字面意思是'强制迁移至边境'",同时,也是一种使罪人远离天子所在都城的措施"等说明。

我之所以拘泥于这个问题,是因为在语义上,"迁徙"是指使人迁移,而"徙边"则具有使人迁移至边境的含义。前者的主要目的是驱逐式的迁移,其迁移地也可能是边境;但对于后者,边境是其首要前提。而且,它是属于以边境军务(戍边)为目的的功利性刑罚,还是属于经书所记载的驱逐至偏僻地方的传统刑罚? 哪个是主要的,哪个又是附加要素? 此外,在思考刑罚的目的和意义的时候,有必要探讨蕴含在其中的思想。

而是宫刑。

关于宫刑,本书第二部第四章《腐刑与宫刑》有专门论述,详细内容可参照该章节,现在先就本章涉及的范围简述如下。

作为肉刑之一的宫刑也是汉律中的刑罚之一。肉刑废止后,宫刑也不再是法定正刑,但与其他肉刑不同的是,它作为依据恩赦减死刑一等的替代刑还存在着。众所周知,司马迁就曾受过替代死刑的宫刑,按汉武帝之诏是以五十万钱,但更多的是用宫刑替代。西汉宣帝时期,也发布过允许以宫刑替代死刑的赦令。

> 孝宣许皇后,元帝母也。父广汉,昌邑人,少时为昌邑王郎。从武帝上甘泉,误取它郎鞍以被其马,发觉,吏劾从行而盗,当死,有诏募下蚕室。　　　　　（《汉书·外戚传》）

再至东汉时,经常发布对死刑囚犯减刑适用宫刑的诏令。因为已经列举了好几个以徙边刑作为死刑减刑一等方面的史料,可能有重复之嫌,但因为其中包含有想关注的问题,故在此拟再次列举。

希望大家注意到以下四点:

（1）诏文的格式相同,说明赦令格式已经固定下来。

（2）起初是作为一般死刑即弃市刑的减刑而设定的,参照以下史料①②。

（3）明帝以后,弃市的替代刑是戍边,犯大逆无道罪被科处死刑（腰斩）时,适用替代刑宫刑。参照以下史料③—⑦

（4）《后汉书》记载的以宫刑替代死刑的事例止于汉和帝永元

二年（90）之诏，此后由徙边刑替代。①

    ①   光武帝建武二十八年（52）（《后汉书·光武帝纪》）

冬十月癸酉，诏死罪系囚皆一切募下蚕室，其女子宫。

    ②   光武帝建武三十一年（55）   （同上）

秋九月甲辰，诏令死罪系囚皆一切募下蚕室，其女子宫。

    ③   明帝永平八年（65）   （《后汉书·明帝纪》）

礼毕，诏三公募郡国中都官死罪系囚，减罪一等，勿笞，诣度辽将军营，屯朔方、五原之边县；妻子自随，便占著边县；父母同产欲相代者，恣听之。其大逆无道殊死者，一切募下蚕室。亡命者令赎罪各有差。凡徙者，赐弓弩衣粮。

    ④   章帝建初七年（82）   （《后汉书·章帝纪》）

诏天下系囚减死一等，勿笞，诣边戍；妻子自随，占著所在；父母产欲相从者，恣听之；有不到者，皆以乏军兴论。及犯殊死，一切募下蚕室；其女子宫。

---

① 《后汉书·安帝纪》元初二年（115）：

    诏郡国中都官系囚减死一等，勿笞，诣冯翊、扶风屯，妻子自随，占著所在；女子勿输。亡命死罪以下赎，各有差。其吏人聚为盗贼，有悔过者，除其罪。

《后汉书·顺帝纪》永建元年（126）：

    冬十月辛巳，诏减死罪以下徙边；其亡命赎，各有差。

阳嘉元年（132）：

    九月，诏郡国中都官系囚皆减死一等，亡命者赎，各有差。

《后汉书·冲帝纪》建康元年（144）：

    十一月……己酉，令郡国中都官系囚减死一等，徙边；谋反大逆，不用此令。

《后汉书·桓帝纪》永兴元年（153）：

    十一月丁丑，诏减天下死罪一等，徙边戍。

⑤　章帝元和元年（84）　　　　　　　　　　　　（同上）

郡国中都官系囚减死一等，勿笞，诣边县。妻子自随，占著在所。其犯殊死，一切募下蚕室。其女子官。

⑥　章帝章和元年（87）　　　　　　　　　　　（同上）

壬子，诏郡国中都官系囚减死罪一等，诣金城戍；犯殊死者，一切募下蚕室；其女子官。

⑦　和帝永元八年（96）　　　　　　（《后汉书·和帝纪》）

诏郡国中都官系囚减死一等，诣敦煌戍。其犯大逆，募下蚕室；其女子官。

自西汉武帝开始，恩赦死刑、减死刑一等者为宫刑。这一直持续到东汉初期，但之后创设了徙边刑，也作为减刑一等的刑罚。宫刑仅适用于犯大逆不道罪被判处腰斩的情形，但作为替代刑的宫刑，自安帝元初二年（108）以后以同样格式发布的死刑减刑诏令中不再出现。其中，根据建康元年之诏"令郡国中都官系囚减死一等，徙边；谋反大逆，不用此令"可知，大逆罪不适用该条文。从这点来看，我认为：在作为替代刑的宫刑消失的同时，一系列减刑一等的措施也不再适用于大逆不道罪。

宫刑为何不再作为替代刑来适用？这是因为随着自宫宦官的增加，宫刑作为刑罚变得没有效果。"垢莫大于宫刑"——司马迁对宫刑的这种耻辱感早已不符合现在情况。之后，代替宫刑被采用的是无期军役刑的徙边刑。

四、流刑的出现

魏晋时期,东汉徙边刑的性质没有发生很大的变化。[1] 发生剧变的是进入北魏之后,可分为三个阶段。第一阶段是徙边刑作为次于死刑一等的正刑被规定在律文中。这表现在高宗文成帝和平(460—465)末的源贺上书。源贺提议除大逆罪和杀人外,其他适用死刑的犯罪可以创设守备边境的戍边刑予以替代,文帝对此予以认可。

辻氏在其论文中也提及源贺在他的上书中引用了《尚书》的"流宥五刑",使用的是"流(刑)"这个名称,所以,在此后的诏令里经常可以看到使用"流"、"流徒"这样的词语。[2]

> (源)贺上书曰:"臣闻:人之所宝,莫宝于生全;德之厚者,莫厚于宥死。然犯死之罪,难以尽恕,权其轻重,有可矜恤。今劲寇游魂于北,狡贼负险于南,其在疆场,犹须防戍。臣愚以为自非大逆、赤手杀人之罪,其坐赃及盗与过误之愆应

---

[1] 参见前揭辻氏书,第21页以下,《魏晋南朝における展開》。
[2] 只是,在这个阶段,"流刑"并没有成为法定正刑之名。即使在源贺的上奏文中使用的也是"谪守边境"这样的表达,《魏书·刑罚志》关于该部分的记载也是"边戍"。直到在太和十二年之诏中才看到"镇戍流徒"的词语,"流刑"的名称才明朗起来。
《魏书·刑罚志》:
和平(460—465)末,冀州刺史源贺上言:"自非大逆手杀人者,请原其命,谪守边戍。"诏从之。
《魏书·高祖纪》《北史》卷三 太和十二年(488):
十有二年春正月辛巳朔,初建五牛旌旗。乙未,诏曰:"镇戍流徒之人,年满七十,孤单穷独,虽有妻妾而无子孙,诸如此等,听解名还本。诸犯死刑者,父母、祖父母年老,更无成人子孙,旁无期亲者,具状以闻。"

　　入死者，皆可原命，谪守边境。是则已断之体，更受全生之恩；
徭役之家，渐蒙休息之惠。刑措之化，庶几在兹。《虞书》曰
'流宥五刑'，此其义也。臣受恩深重，无以仰答，将违阙庭，豫
增系恋，敢上瞽言，唯加裁察。"高宗纳之。已后入死者，皆恕
死徙边。①
（《魏书·源贺传》）

　　源贺的出身与魏王室一样是鲜卑族，故深受世祖太武帝和高
宗文成帝的莫大信任。高宗甚至对源贺的提案评价道："苟人人如
贺，朕治天下，复何忧哉！"② 高宗对他的信任，决定了徙边刑的常
规化和"流"、"流刑"的名称。这是第一阶段。

　　第二阶段是在第一阶段的基础上，流刑作为法定正刑在律中
占有一席地位。

　　太和十六年（492）四月，孝武帝制定新律令，五月，召集群臣
于皇信堂修改律之条文，流刑由此被正式规定在律文中。

---

①《北史》对该部分的记载，没有引用"流宥五刑"。它被《北史》的编纂者省
略了。
　　《北史·源贺传》：
　　　上书曰："臣闻人之所宝，莫宝于生命；德之厚者，莫厚于宥死。然犯死
之罪，难以尽恕，权其轻重，有可矜恤。今勍寇游魂于北，狡贼负险于南，其
在疆场，犹须戍防。臣愚以为自非大逆、赤手杀人之罪，其坐赃及盗与过误
之愆应入死者，皆可原命，谪守边境。是则已断之体，更受生成之恩；徭役之
家，渐蒙休息之惠。刑措之化，庶几在兹。"帝嘉纳之，已后入死者，皆恕
死徙边。久之，帝谓群臣曰："昔源贺劝朕，宥诸死刑，徙充北藩诸戍。自尔
至今，一岁所活，殊为不少。济命之理既多，边戍之兵有益。苟人人如贺，朕
临天下，复何忧哉！"群臣咸曰："非忠臣不能进此计，非圣明不能纳此言。"
②《魏书·源贺传》：
　　　久之，高宗谓群臣曰："源贺劝朕宥诸死刑，徙弃北番诸戍，自尔至今，
一岁所活殊为不少，生济之理既多，边戍之兵有益。卿等事朕，致何善意
也？ 苟人人如贺，朕治天下复何忧哉！ 顾忆诚言，利实广矣。"

　　（太和十六年）四月丁亥朔,班新律令,大赦天下。……五
月癸未,诏群臣于皇信堂更定律条,流徒限制,帝亲临决之。

（《魏书·孝文帝纪》）

　　永平元年（508）的上奏文里可见《狱官令》的如下引文。另
外,在孝静帝迁都邺（534）之后的侍中孙腾的上奏文里,亦可见
"流刑"二字。这些都如实地反映了"流刑"这一名称的刑罚已经
作为法定正刑被规定在律和令中。

　　谨案《狱官令》:诸察狱,先备五听之理,尽求情之意,又
验诸证信,事多疑似,犹不首实者,然后加以拷掠;诸犯年刑已
上枷锁,流徒已上,增以杻械。送用不俱。非大逆外叛之罪,
皆不大枷、高杻、重械,又无用石之文。　（《魏书·刑罚志》）

　　侍中孙腾上言:谨详,法若画一,理尚不二,不可喜怒由
情,而致轻重。案律,公私劫盗,罪止流刑。

（《魏书·刑罚志》）

第三阶段是北周武帝保定三年（563）制定的《大律》二十五篇。

　　至保定三年三月庚子乃就,谓之《大律》,凡二十五
篇。……大凡定罪一千五百三十七条。其制罪:一曰杖刑五,
自十至五十。二曰鞭刑五,自六十至于百。三曰徒刑五,徒一
年者鞭六十,笞十;徒二年者,鞭七十,笞二十;徒三年者,鞭
八十,笞三十;徒四年者,鞭九十,笞四十;徒五年者,鞭百,笞
五十。四曰流刑五,流卫服,去皇畿二千五百里者,鞭一百,笞
六十;流要服,去皇畿三千里者,鞭一百,笞七十;流荒服,去

　　皇畿三千五百里者,鞭一百,笞八十;流镇服,去皇畿四千里
者,鞭一百,笞九十;流藩服,去皇畿四千五百里者,鞭一百,笞
一百。五曰死刑五,一曰磬,二曰绞,三曰斩,四曰枭,五曰裂。
五刑之属各有五,合二十五等。　　　　　　　　(《隋书·刑法志》)

　　北周新制定了关联着隋唐的五刑(笞、杖、徒、流、死),其中流刑
作为仅次于死刑的刑罚登上历史舞台。此后,该五刑被隋唐律继受。
　　第三阶段的流刑与此前的第一、第二阶段不同。从继承秦汉魏
晋的刑罚体系变化为全新的刑罚体系,并且在这一变化中,流刑成
为五刑之一的刑罚。至此,律首次规定距离皇畿(京城)远近不同的
五等强制迁移刑罚。北周的流刑附加鞭、笞刑,但未被科处劳役,也
说明强制迁移是其首位目的。作为终身军役刑的徙边刑起源于西
汉后期,且存在于东汉、魏晋和北魏前期,之后脱胎换骨,变为流刑。
　　开皇元年,隋朝制定了《开皇律》。[①]刑罚上继承了北周的五
刑,在流刑方面,继承北周的同时还增加了居作的劳役刑,并为唐
代流刑所沿袭。
　　至此,关于流刑的考察回到最初的"唐代的流刑"。

---

① 《隋书·刑法志》:
　　高祖既受周禅,开皇元年,乃诏尚书左仆射、勃海公高颎,上柱国、沛公
郑译,上柱国、清河郡公杨素,大理前少卿、平源县公常明,刑部侍郎、保城
县公韩濬,比部侍郎李谔,兼考功侍郎柳雄亮等,更定新律,奏上之。其刑名
有五:一曰死刑二,有绞,有斩。二曰流刑三,有一千里、千五百里、二千里。
应配者,一千里居作二年,一千五百里居作二年半,二千里居作三年。应住
居作者,三流俱役三年。近流加杖一百,一等加三十。三曰徒刑五,有一年、
一年半、二年、二年半、三年。四曰杖刑五,自五十至于百。五曰笞刑五,自
十至于五十。而蠲除前代鞭刑及枭首轘裂之法。其流徒之罪皆减从轻。

小　结

流刑在以死刑为首的五刑中,历经极其复杂的过程,终于在《开皇律》中奠定其地位和性质。死刑是剥夺犯罪人生命的刑罚,不管在哪朝哪代都是最重的刑罚。笞杖刑如本书第二部分第三章《笞杖的变迁》所考察那样,相比于刑罚,它本来只是具有惩戒、叱责意义的制裁,故其地位通常较低,即使在五刑中也是最轻的刑罚。

徒刑作为强制劳役刑的刑罚,自秦汉时期开始就占据着中国古代刑罚体系的中心地位,唐律刑罚的中心仍然是强制劳役刑。刑期方面,汉代时以五年为最长,每隔一年一个等级,共分为五个等级;而唐律以三年为最长,等级差缩短至半年,但还是分为五个等级。

与此相对,流刑仅从其刑名上看,开始于迁、徙边,"流刑"这个名称直至北魏才出现在历史的舞台。但另一方面,在古老的经书中还可以看见"流宥五刑"的表述。此外,迁刑作为法定正刑明文规定在秦律中,但属于较轻的刑罚。秦的迁刑到了汉代,未见其规定于汉律,不久徙边刑作为死刑的替代刑于西汉后期复活。由于是替代刑,只有依据皇帝的诏令才可以适用,所以并没有规定在律中。而且,相对于迁刑在秦属于轻刑这一点,汉代的徙边刑却是次于死刑的重刑。到了北魏,徙边刑成为常用刑罚,且"流"这一名称出现在律和令中。然而,在这个阶段,流刑还不具有如唐代那样的强制迁移刑的性质,配流也尚未从京师开始依距离划分为若干等级,仍然残留着终身军役刑的性质。直到北周,为配流设置了不同距离且划分为五个等级的流刑,该刑罚作为笞、杖、徒、流、死的五刑之一,开始制度化,并影响到后来的隋唐刑罚制度。

　　关于流刑迂回曲折的详细历程和该刑罚的意义,本文不再赘述。一言以蔽之,流刑的变迁对从秦汉至隋唐的刑罚体系的历史影响最大。可以说,流刑是沿着从秦律到汉律的变化、肉刑被废止时有期刑的出现、宫刑的废除,乃至北魏时新刑罚理念的引入这一历史过程发展而来。

第三章　笞杖的变迁

——从汉的督笞至唐的笞杖刑

序言——唐的笞杖刑

有关唐之五刑(笞、杖、徒、流、死)中的轻刑——笞刑与杖刑，《唐律疏议·名例律》第一条规定,笞刑五(笞十至笞五十),杖刑五(杖六十至杖一百),疏议对此二者作出如下解说:

【笞刑五】

【疏】议曰:笞者,击也,又训为耻。言人有小愆,法须惩诫,故加捶挞以耻之。汉时笞则用竹,今时则用楚。故《书》云"扑作教刑",即其义也。汉文帝十三年,……遂改肉刑:当黥者髡钳为城奴令舂,当劓者笞三百。此即笞、杖之目,未有区分。笞击之刑,刑之薄者也。随时沿革,轻重不同,俱期无刑,义唯必措。

【杖刑五】

【疏】议曰:《说文》云"杖者持也",而可以击人者欤?《家语》云:"舜之事父,小杖则受,大杖则走。"《国语》云:"薄刑用鞭扑。"《书》云:"鞭作官刑。"犹今之杖刑者也。又蚩尤作

五虐之刑，亦用鞭扑。源其滥觞，所从来远矣。汉景帝以笞者
已死而笞未毕，改三百曰二百，二百曰一百。奕代沿流，曾微
增损。爰洎随室，以杖易鞭。今律云"累决笞、杖者，不得过
二百"，盖循汉制也。

疏议将笞刑、杖刑溯源至汉代的笞、杖（鞭），并引用《尚书》《国语》
以及《汉书·刑法志》中所见的鞭、杖，把它们与唐五刑中的笞杖
刑联系起来。

　　《尚书》的记载终究只是对儒教教义的阐发，若将其视为刑罚
制度的实际状况则不妥当。尽管如此，秦汉时代以来，笞、杖作为
制裁手段确实存在，在秦汉律中亦可见到笞、杖、鞭等。然而，秦汉
的笞杖与唐的笞刑是否直接相关呢？

　　疏议在对杖刑予以解说时指出"源其滥觞，所从来远矣"，即以
鞭刑换称的杖刑有着颇为久远的渊源。随后展开的论述提及汉景
帝对笞数的调整，而以二百为限的事实则与《名例律》第 29 条疏
议所载"犯罪虽多，累决笞、杖者，亦不得过二百"相重合。至于此
种论述意欲证明什么，答案可谓模糊不清。换句话说，无论是笞还
是杖，二百均为受刑者可忍耐的限度，若加至二百以上，将导致受
刑者死亡，这不符合笞杖作为较轻程度制裁的意旨。此制始于汉
景帝时代，因此也就是对汉代制度的沿袭吧。不过，此处所论者为
笞杖的击打数，与将笞杖刑的渊源追溯至汉代正确与否还是有别。

　　首先，笞刑与杖刑为唐律五刑中的两种，而且显然是两个不同
等级的刑罚。与此相对，疏议对杖的解说却在论及笞刑的基础上
提到杖刑的起源、与汉制之间的共通性。只是，这似乎已经是一种
杜撰了。对于在唐代等级化严明的笞刑、杖刑，疏议的语言却不加
修饰或说明，使它们与汉代无所区别。然而必须指出，即使以其中

之一者论之,汉、唐的笞、杖的性质也是不同的。

其次,从根本上说,在唐代,笞、杖为五刑之构成要素,并且时人依据同一种犯罪的轻重程度,设计了从死刑至笞、杖刑的刑罚等级。但在汉律中,对适用死刑、劳役刑的窃盗、伤害罪之轻微情形,笞刑则不是作为正刑来适用的。

这样看来,作为唐五刑之一的笞刑难道不是与秦汉的笞刑有着本质的差异吗? 那么,大体上说,秦汉的笞杖在其后的三国、六朝时期是如何发展的,唐的笞刑是在何时形成的,又是从何种刑罚制度变化而来的? 以《笞杖的变迁》为题,本章将对这些问题予以考察。

一、秦汉的笞刑

在秦汉律中,笞确实是作为一种制裁、惩罚手段而出现的。首先,睡虎地秦律所载如下条文就对治(笞)的执行作出规定:①

> ①以四月、七月、十月、正月膚田牛。卒岁,以正月大课之,最,赐田啬夫壶酉(酒)束脯,为早(皂)者除一更,赐牛长日三旬;殿者,谇田啬夫。罚冗皂者二月。其以牛田,牛减絜,治(笞)主者寸十。有(又)里课之,最者,赐田典日旬;殿,治(笞)卅。 (《秦律十八种·厩苑律》13—14)
>
> ②非岁红(功)及毋(无)命书,敢为它器,工师及丞赀各二甲。县工新献,殿,赀啬夫一甲,县啬夫、丞、吏、曹长各一

---

① 睡虎地秦律中,"笞"都写作"治"。人们一般认为是因为发音相通,但"治"还具有"矫正"、"规制"的含义,以及与本文叙述的"督"相通的"笞"的意思。

盾。城旦为工殿者,治(答)人百。大车殿,赀司空啬夫一盾,
徒治(答)五十。　　　　　　　　　　　　(《秦律杂抄》18—20)

正如①与②中的"最"、"殿"等语词所示,这两条简文是以答
一百、答五十来惩治职务过失或工作成绩劣等者的规程。

另外,答还可适用于如下场合:逃亡的刑徒自首时;士伍未在
规定的期限内报到或未完成任务而逃亡并于当年被捕获。

　　③隶臣妾毂(系)城旦春,去亡,已奔,未论而自出,当(答)
治五十,备毂(系)日。　　　　　　　　(《法律答问》132)
　　④不会,治(答);未盈卒岁得,以将阳有(又)行治(答)。
今士五(伍)甲不会,治(答)五十;未卒岁而得,治(答)当驾
(加)不当? 当。　　　　　　　　　　(《法律答问》163)

可见,答的适用范围终究是指自首或于期限内被捕获的情形,
而在这些情形之外,就执行其他措施。[①]

此种现象在汉律中也未发生变化。张家山出土的汉律(《二
年律令》)就有适用答的若干条文,它们与职务相关,特别是《行书
律》记载如违反文书传递的规定(传递的时间限制)时,将被处以
答五十、答一百。

　　邮人行书,一日一夜行二百里。不中程半日,答五十;过

---

① 《法律答问》127—128:
　　大夫甲坚鬼薪,鬼薪亡,问甲可(何)论? 当从事官府,须亡者得。●今
甲从事,有(又)去亡,一月得,可(何)论? 当赀一盾,复从事。从事有(又)
亡,卒岁得,可(何)论? 当耐。

半日至盈一日,笞百;过一日,罚金二两。邮吏居界过书……

(《行书律》273)

但是,依据汉律之《具律》的规定,笞也适用于"刑尽"时。这种情况下的笞应当说在性质上有别于因职务怠慢、过失所导致的笞杖。

为城旦春。城旦春有罪耐以上,黥之。其有赎罪以下,及老小不当刑、刑尽者,皆笞百……　　　　（《具律》91）

人、奴婢有刑城旦春以下至罨(迁)、耐罪,黥颜(颜)頯畀主。其有赎罪以下及老小不当刑、刑尽者,皆笞百。刑尽而贼伤人及杀人,先自告也,弃市。有罪……　　　（《具律》122）

关于如上所述的秦汉笞刑,滨口重国氏曾撰有《漢代の笞刑に就いて》一文,[①] 最近则又有陶安氏的考证。[②]

先行研究已明确的是,笞在秦汉时代被适用于如下场合:

（1）在家庭内,家长、主人、夫等对家属、奴隶所采取的惩戒手段;

（2）为了取得犯罪嫌疑人的供述而施行的拷问;

（3）对劳役刑徒的惩戒;

（4）对官吏因职务过失、怠慢等而施加的谴责;

（5）肉刑、劳役刑的附加刑或替代刑。

---

① 参见滨口重国:《漢代の笞刑に就いて》,载氏著《秦漢隋唐史の研究》(上卷),东京大学出版会 1966 年版。

② 参见陶安あんど:《秦漢刑罰體系の研究》第四章之《附論四 "笞"刑について》,东京外国语大学亚洲、非洲语言文化研究所 2009 年版。

其中，有关（1）所说家庭内的笞，尽管在云梦秦律、张家山汉律中确有言及此种笞的条文，但此种笞毕竟是私人制裁，而非正刑。① 同样，与（2）相关的笞为审讯阶段所执行的措施，亦非刑罚。因此，作为律令所规定之处罚的笞，是指（3）（4）（5）这三者。只是，必须指出（3）（4）的笞与（5）的笞之间又存在较大差别。也就是说，前者是对轻罪的惩罚，后者则为位于死刑之次的重刑，即肉刑废止后作为城旦刑附加刑的笞五百、笞三百的笞刑，而滨口氏的论考只集中于（5）之上。②

笞刑的轻重何以产生如此之大的幅度？ 现在，暂时将理由搁置一边，并把此处的（3）（4）视为笞〈A〉，（5）视为笞〈B〉。关于笞〈A〉与笞〈B〉之间在行刑目的、作为处罚的意义等方面存有何种差异，我想再次作出说明。

笞既可作为家庭内的惩戒或训诫而被适用，也可针对官吏工作不力而被施行。以此观之，笞被期待的最初效果及作用或许可以概括为叱责时的一种制裁行为。这在当时则称之为"督"。在此问题上，居延出土的《候史广德坐罪行罚檄》就载有"督五十"三字，其意思是说笞或杖五十下。

---

① 张家山汉律：

　　妻悍而夫殴笞之，非以兵刃也，虽伤之，毋罪。　　　　　　　（《贼律》32）

　　父母殴笞子及奴婢，子及奴婢以殴笞辜死，令赎死。　　　　（《贼律》39）

② 在《汉书·刑法志》中，可见伴随废止肉刑而作为附加刑的笞刑：

　　"……诸当完者，完为城旦舂；当黥者，髡钳为城旦舂；当劓者，笞三百；当斩左止者，笞五百；当斩右止，及杀人先自告，及吏坐受赇枉法，守县官财物而即盗之，已论命复有笞罪者，皆弃市。罪人狱已决，完为城旦舂，满三岁为鬼薪白粲。鬼薪白粲一岁，为隶臣妾。隶臣妾一岁，免为庶人。隶臣妾满二岁，为司寇。司寇一岁，及作如司寇二岁，皆免为庶人。其亡逃及有罪耐以上，不用此令。前令之刑城旦舂岁而非禁锢者，如完为城旦舂岁数以免。臣昧死请。"制曰："可。"

　　1973年，在甲渠候官遗址出土了简号为 E.P.T57 :108 的长木简。该简由树枝削刻而成，其大小为长 82cm，直径 3.1—1.5cm，正反两面皆写有文字，背面载有多达二十二行的内容，且其下端刻有三道凹槽。

> 候史广德，坐不循行部、涂亭，趣具诸当所具者，各如府都吏举，部糒不毕，又省官檄书不会会日，督五十。
>
> （E.P.T57 :108A）

```
                      亭不涂      毋马牛夫
候史广德      ●第十三    毋非常屋    毋沙
              燧长蓉    毋深目      毋芮薪
                        蕉少二    毋□□（以上为第一栏）
表币          积薪皆卑      亭不涂
□□□          县索缓        毋非常屋
毋□□□□      ●第十四燧长光    羊头石少二百
毋□□□□                  毋深目（以上为第二栏）
马牛矢少十石                    ●亭不马牛矢涂
狗笼少一        天田不画县索缓      蕉少一
表币            第十五          毋深目
积薪皆卑少        燧长得          羊头石少二百
                              （以上为第三栏）
                              马牛矢少五石
                              涂不亭
狗笼少一                      回门坏
积薪皆卑        ●第十六        毋非常屋
天田不画县索缓      燧长宽        坞无转缧
```

笼甾少一　　　　　　　　　羊头石少二百
　　　　　　　　　　　　　（以上为第四栏）

毋深目　　　　　　　　　　亭不涂
毋牛马矢少十五石　　　　　毋非常屋
积薪皆卑　　　●第十七　　羊头石少二百
天田不画县索缓　　燧长常有　毋深目
　　　　　　　　　　　　　毋马牛矢
　　　　　　　　　　　　　狗笼矢著
　　　　　　　　　　　　　（以上为第五栏）

芮薪少三石　　　　　　　　亭不涂
沙甾少一　枱柱廿不坚　　　毋非常屋
表小币　　县索缓　●第十八　蓬少一
积薪皆卑　　　　　燧长充国　蓬三币
天田不画　　　　　　　　　毋马牛夫
　　　　　　　　　　　　　（以上为第六栏）

毋狗笼　　天田不画
毋芮薪　　县索缓
沙甾少一　　枱柱廿不坚
表小币　　积薪六皆卑
笼甾少一　　小积薪少二（以上为第七栏）（E.P.T57 :108B）

　　可见，《候史广德坐罪行罚橄》的内容是，甲渠候官北部候
史张广德因懈怠职务之故，受到都尉府的弹劾，并被科处杖五十
（E.P.T57 :108A），而其懈怠监督责任的具体表现则是第十三燧至
第十八燧的工作及所需设施的不完备。

木觚　候史广德坐罪行罚檄

（出自冨谷至《文书行政の漢帝國》，名古屋大学出版会2010年版，第91页）

所谓"督"，正如《尔雅·释诂》《周礼·春官·大祝》"禁督"郑玄注等文献中解释为"督，正也"，具有督察并矫正错误之意。《汉书·丙吉传》中又可见"督笞"二字：

> 汝尝坐养皇曾孙不谨督笞，汝安得有功？

这条史料记载，后宫的奴婢因"养皇曾孙不谨"而被"督笞"，其中的"督"就是指以笞杖来追究。[①] 可见，说杖、笞有纠正、叱责的效果是没有问题的。所以，正如居延汉简《候史广德坐罪行罚檄》所载那样，在官吏不履行职务时，笞杖被视为对其不作为的谴责而予以适用。至于这能否视作正刑体系中的行刑，则不得不说谴责与处罚两者之间还是有隔阂的。

有关汉代的笞杖，陶安认为，作为惩戒处分的笞刑在构成要件及执行数量上

---

① 颜师古注："督，谓视察之。"因为他对"督"字当作何解并不清楚。如《汉书补注》所引"沈钦韩说"那样，此处的"督"与之后《隋书·刑法志》所载之"杖督"为同义语，意指杖罚。

都有明确规定,官吏并未被赋予实施答刑的自由裁量权。[①]

他所提及的《行书律》确实清晰地记载了适用答的职务行为,并据此将答数等级性地区分为答五十、答一百。然而,《候史广德坐罪行罚橛》似乎并未在单个的职务不当行为与督五十之间设立详细的规定,毋宁说,广德是因为若干种需要谴责的职务上之不作为的累加而遭受督五十的处分。易言之,像《行书律》那样对应当答五十的行为作出明确规定的情形是存在的,而像《候史广德坐罪行罚橛》那样不作明确规定但据需要谴责的程度而予以督五十、一百等数额的情形也是存在的。之所以如此,其原因无非是答(亦即答〈A〉)处于死刑、劳役刑等刑罚体系的外缘。

还需指出,对于汉代的答〈A〉,看不到唐律所见的答、杖刑被分为轻重不同的两个等级的状况,并且,答、杖、鞭在作为殴击工具使用时,相互间也无严格差别。比如,张家山汉律《亡律》中的"答五十"似乎就与杖五十相当。

> 吏民亡,盈卒岁,耐;不盈卒岁,毂(系)城旦舂;公士、公士妻以上作官府,皆偿亡日。其自出殴(也),答五十。给逋事,皆籍亡日,軵数盈卒岁而得,亦耐之。 (《亡律》157)
>
> 帝……使侍中刘艾出让有司。于是尚书令以上皆诣省阁谢,奏收侯汶考实。诏曰:"未忍致汶于理,可杖五十。"
>
> (《后汉书·献帝纪》)

《候史广德坐罪行罚橛》载有"督五十"三字。如前所述,此三字是被记录在长达 80cm 的木杖上的。至于对广德的谴责为何要

---

① 参见前揭陶安氏书,第 206 页。

记在如此长的木简（通常使用的简牍的长度为 23cm）上，我猜测，此木是作为督杖来使用的，在督杖上又记载着谴责的内容，以达到使目睹受谴责的众人意识到纲纪之肃正。[1]尽管"广德行罚"所使用的是长达 80cm 的木杖，但同时，对督五十的情形也存在以笞行使的时候，《亡律》等就对笞五十作出规定。因此，在执行工具的意义上说，杖与笞之间并无严格的区别。如前揭《行书律》等罗列的殴击次数有五十与一百两个等级，对此类殴击次数的满足就是目的之所在。

以上一直将先前已有所区别的笞〈A〉视作所谓"督"的表现形式，且与用在教诫、训诫中的笞杖相关。然而，对笞来说，还需要考虑属于另一范畴的笞〈B〉。

通过笞杖而实施的制裁依其执行方法的轻重，与从轻微的训诫到关乎生命的重刑均可相关联。此种状况在肉刑、劳役刑等其他处罚中无从得见。确实，斩趾刑、宫刑那样的严重毁损身体的刑罚也与死亡相连。但是，这种死亡均为切除身体部位而引发的病理性死亡，其性质并非有意识地变换执行方法而致人死命。

笞刑一方面是一种轻微处罚，另一方面又有致人死亡的效力。欲对这一点有充分的认识，则秦汉律中大量存在的有关以笞杖杀害家属、奴隶的规定，即可雄辩地说明。

> 人奴妾治（笞）子，子以胁死，黥颜頯，畀主。相与斗，交伤，皆论不殴（也）？交论。　　　　　　　　（《法律答问》74）
> 父母殴笞子及奴婢，子及奴婢以殴笞辜死，令赎死。

---

[1] 参见拙稿：《檄书攷——視覺木簡への展望》，载拙著《文書行政の漢帝国》，名古屋大学出版会 2010 年版。

（《二年律令·贼律》39）

诸吏以县官事笞城旦舂、鬼薪白粲，以辜死，令赎死。

（《二年律令·贼律》48）

可见，对"辜死"亦即与死亡有因果关系的杀害行为，法律并未论及其他刑罚，而是特意提到笞。这样一来，笞杖的此种两面性无非可归因于笞〈A〉与笞〈B〉的两种不同存在方式。

在文帝废止肉刑时，笞三百、笞五百作为城旦刑的附加刑而成为比死刑次一等或次二等的刑罚。由于它们具备与致死相关的笞杖所拥有的性质，故属于笞〈B〉。众所周知，此种笞〈B〉的笞数从最初的五百、三百减为三百、二百，进而再减为二百、一百；而且，由于《箠令》的发布，规定了执行笞的竹的规格、击打方式、击打部位等。

> 景帝元年，下诏曰："加笞与重罪无异，幸而不死，不可为人。其定律：笞五百曰三百，笞三百曰二百。"狱尚不全。至中六年，又下诏曰："加笞者，或至死而笞未毕，朕甚怜之。其减笞三百曰二百，笞二百曰一百。"又曰："笞者，所以教之也，其定箠令。"丞相刘舍、御史大夫卫绾请："笞者，箠长五尺，其本大一寸，其竹也，末薄半寸，皆平其节。当笞者笞臀。毋得更人，毕一罪乃更人。" （《汉书·刑法志》）

确实，诏指出所谓"加笞与重罪无异，幸而不死，不可为人"的笞刑带来意想不到的严重性，所以，如果考虑到存在于景帝时期之前的秦律、《二年律令》已对笞〈A〉容易转化为笞〈B〉这一点有所意识，那么，文帝时期被附加于城旦刑之上的笞就是从笞〈A〉向笞

〈B〉有意识地转化而来的,并且,此种转化显得矫枉过正。

无论如何,与笞〈B〉的执行方法、刑具等的规格均被确定相对,在笞〈A〉的场合,此类规定根本不存在,笞、杖、鞭皆被随意地使用,已确定的只有击打的次数。因此,最初的笞杖当为笞〈A〉,笞〈B〉终究只是笞〈A〉的特殊转化。而我们以笞〈B〉为汉代的笞所展开的分析,亦不能视为对笞〈B〉兼笞〈A〉的同时考察。

二、魏晋的笞杖刑

在东汉时期,两种笞仍然存在。对笞〈B〉来说,东汉时期发布的诏载有"减死一等,勿笞"之语,似乎就是其存在的证明。

> 丙子,临辟雍,养三老、五更。礼毕,诏三公募郡国中都官死罪系囚,减罪一等,勿笞。 (《后汉书·明帝纪》)
> 九月丁卯,诏令郡国中都官死罪系囚减死罪一等,勿笞。
> (《后汉书·明帝纪》)
> 辛卯,车驾还宫。诏天下系囚减死一等,勿笞。
> (《后汉书·章帝纪》)

另一方面,就笞〈A〉——再次说明,此种笞杖乃笞作为处罚的最初状态——而言,它依然存在,尤其适用于对官吏职务不当予以谴责的场合。

魏明帝青龙二年(234)之诏,内含将鞭杖之制立法化的意旨,而此种鞭杖是作为纠治官吏怠慢行为的一种制裁。

> 癸酉,诏曰:"鞭作官刑,所以纠慢怠也,而顷多以无辜死。

其减鞭杖之制,著于令。"　　　　　　(《三国志·魏书·明帝纪》)

即使在承袭汉魏法制、刑罚制度的晋,《晋令》四十卷中亦有《鞭杖令》。[①]尽管该令已散逸失,但《太平御览》等类书中仍引用了该令的片断。

　　晋令曰:应得法鞭者,即执以鞭,过五十稍行之。有所督罪,皆随过大小,大过五十,小过二十。鞭皆用牛皮革,廉成法鞭,生苇去四廉,常鞭用熟靼,不去廉,作鹄头,纫长一尺一寸,鞘长二尺二寸,广三分,厚一分,柄皆长二尺五寸。

　　　　　　　　　　　　　　　　　　(《太平御览》卷六四九)

　　晋令云:应得法杖者,以小杖,过五寸者,稍行之。应杖而脾有疮者,臀也。　　　　　　　　　(《北堂书钞》卷四五)

　　晋律曰:诸有所督,罚五十以下,鞭如令。平心无私,而以辜死者,二岁刑。　　　　　　(《太平御览》卷六五〇)

上引史料中的"督"与《候史广德坐罪行罚橄》所提及的"督"一样,是指对官吏予以惩戒的"督",大致亦可视为笞〈A〉。但是,

---

① 参见《唐六典·尚书刑部》"刑部郎中"条:"晋命贾充等撰《令》四十篇:一、《户》,二、《学》,三、《贡士》,四、《官品》,五、《吏员》,六、《俸廪》,七、《服制》,八、《祠》,九、《户调》,十、《佃》,十一、《复除》,十二、《关市》,十三、《捕亡》,十四、《狱官》,十五、《鞭杖》,十六、《医药疾病》,十七、《丧葬》,十八、《杂上》,十九、《杂中》,二十、《杂下》,二十一、《门下散骑中书》,二十二、《尚书》,二十三、《三台秘书》,二十四、《王公侯》,二十五、《军吏员》,二十六、《选吏》,二十七、《选将》,二十八、《选杂士》,二十九、《宫卫》,三十、《赎》,三十一、《军战》。三十二、《军水战》,三十三至三十八皆《军法》,三十九、四十皆《杂法》。"

在汉代并无有关笞、杖、鞭等击打工具的详细规定,而到晋制定《鞭杖令》时,则似对击打工具的长度、大小及击打方法均作出规定。

大体上说,在晋及南朝,笞杖的实际状况较汉代并未发生本质性变化。继承晋律的梁律,作为法定正刑的髡钳五岁刑笞二百是存在的;另外,亦有有关杖督的规定。《隋书·刑法志》所记载的梁的刑罚体系大致可以分为三个层级:[①]

Ⅰ死刑二(枭首、弃市)、耐刑四(髡钳五岁刑＋笞二百、四岁刑、三岁刑、二岁刑)、赎刑四、罚金五。 【十五等】

Ⅱ一岁刑、半岁刑、百日刑、鞭杖二百、鞭杖一百、鞭杖五十、鞭杖三十、鞭杖二十、鞭杖十。 【九等】

Ⅲ一曰免官加杖督百、二曰免官、三曰夺劳百日加杖督百、四曰杖督百、五曰杖督五十、六曰杖督三十、七曰杖督二十、八曰杖督十。 【八等】

Ⅰ是自汉代沿袭而来的从死刑至罚金的诸刑,Ⅲ属于对官吏的处罚,而Ⅱ中的不满一年的劳役刑及二百以下被划分为六个等级的鞭杖——不同于作为处罚官吏的督杖——则为新增加的刑罚体系。此处,笞与杖被区别开来,Ⅰ所说的"笞二百"似为笞〈B〉,Ⅲ则或可称之以杖〈B〉系统。又,Ⅱ中作为轻罚的鞭杖并非对官吏的谴责,而是进入普适性正刑体系,这一点作为从汉至晋刑罚制度的新增要素应引起关注。或可认为,存在至此的笞〈A〉已从督杖转向刑罚,并扩大了自己的适用范围。

----

① 参见仁井田陞:《中国における刑罰體系の變遷——とくに"自由刑"の發達》,收入氏著:《中国法制史研究　刑法》,东京大学出版会1980年补订版。

确实,梁律中的笞杖已接近隋唐五刑中的笞杖。然而,若问梁律中的笞杖能否直接与隋唐的笞杖刑相连接,并由此将隋唐笞杖的渊源溯及梁律,我想答案是否定的。毋宁说,始于北魏的北朝刑罚更值得注意。

三、北朝的笞杖

可被视为隋唐五刑之原型的是北周及北齐律的相关规定。有关完成于北周保定三年(563)的北周律所规定的法定正刑,《隋书·刑法志》《通典》卷一六四《刑法》记载了如下的刑罚体系:

> 死(裂、枭、斩、绞、磬)
>
> 流(流蕃服四千五百里 + 鞭一百 + 笞一百,流镇服四千里 + 鞭一百 + 笞九十,流荒服三千五百里 + 鞭一百 + 笞八十,流要服三千里 + 鞭一百 + 笞七十,流卫服二千五百里 + 鞭一百 + 笞六十)
>
> 徒(五年 + 鞭一百 + 笞五十,四年 + 鞭九十 + 笞四十,三年 + 鞭八十 + 笞三十,二年 + 鞭七十 + 笞二十,一年 + 鞭六十 + 笞十)
>
> 鞭(一百、九十、八十、七十、六十)
>
> 杖(五十、四十、三十、二十、十)

在北周《大律》二十五篇完成后的第二年,亦即北齐河清三年(564)制定的《北齐律》十二篇中,刑罚体系仍然划分为死、流、徒(耐)、鞭、杖五个等级。

死四（轘、枭首、斩、绞）

流刑一（鞭、笞各一百＋投边裔为兵卒，（女）六年徒、舂）

刑罪五（鞭一百＋笞八十＋五岁刑，鞭一百＋笞六十＋四岁刑，鞭一百＋笞四十＋三岁刑，鞭一百＋笞二十＋二岁刑，鞭一百＋一岁刑）

鞭五（一百、八十、六十、五十、四十）

杖三（三十、二十、十）

隋唐的死、流、徒、杖、笞五刑是以北齐、北周的五等刑罚体系为基础发展而来的，此点可一目了然。再则，关于笞杖，北周、北齐的鞭杖刑已将汉晋的笞〈A〉与笞〈B〉引入五等刑之中；而且，笞〈A〉这一谴责官吏的方式也被视为普适性刑罚并被体系化，这似乎又可以说是作为轻刑的笞杖刑的正刑化。

那么，北周、北齐的鞭杖刑是否在公元563年、564年几乎同时以如上形式登场呢？如果说两王朝在成立后不久就各自且同时确立了类似的刑罚制度，这也许显得不自然。应当说，在两王朝之前的北魏、东西魏时代已出现了不同于汉晋刑罚的笞杖刑。以下将略为细致地考察北魏的笞杖问题。

在北魏时代，笞杖刑是否已如唐五刑之笞、杖一般成为两个等级的轻刑呢？明确指向此问题的史料无从得见。据《魏书·刑罚志》，如宣武帝永平四年（511）格载有涉及主犯、从犯的规定："诸刑流及死罪者，皆首罪判定，后决从者。"[1] 可以想见，其中的刑罚也许是重刑；至少可知，死刑、流刑、刑罪（徒刑）这三个等级的刑罚是

---

[1] 在《通典》卷一六七中亦可见同样的条文。不过，《通典》与《魏书》在文字上有所差异。

确定的。

又,此时已经存在的附加于流刑之上的鞭刑,亦有迹可循:宣武帝时期(499—514),赵修被鞭百并配流至敦煌为兵;[1] 孝文帝太和初年(480 年前后),沛郡太守邵安、下邳太守张攀因赃罪受罚,邵安被处以死刑,张攀及其子被鞭一百并配流至敦煌,邵安的儿子邵他生则被鞭一百。[2]

> 乃下诏曰:"……沛郡太守邵安、下邳太守张攀咸以贪惏获罪,各遣子弟诣阙,告刺史虎子纵民通贼,妄称无端。安宜赐死,攀及子僧保鞭一百,配敦煌。安息他生鞭一百。"
>
> (《魏书》卷四四《薛野䐗传子虎子附传》)

可见,从孝文帝至宣武帝时期,北周、北齐律所见附加于流刑之上的鞭一百业已出现。

再则,在对邵安事件的处理上,邵他生被科处的鞭一百不是流刑的附加刑,亦非对官吏的斥责。事实上,可以管窥低于徒刑的此

---

[1] 《北史》卷九二《恩幸传》(《魏书》卷九三《赵修传》):"初,王显附修,后因忿阋,密伺其过,列修葬父时,路中淫乱不轨。又云与长安人赵僧檦谋匿玉印事。高肇、甄琛等拘成其罪,乃密以闻。始琛及李凭等曲事修,无所不至,惧相连及,乃争共纠擿。遂有诏按其罪恶,鞭之一百,徒敦煌为兵。其家宅作徒,即仰停罢,所亲在内者,悉令出禁。"

[2] 《魏书》卷四四《薛野䐗传子虎子附传》:"沛郡太守邵安、下邳太守张攀咸以赃污,虎子案之于法。安等遣子弟上书,诬虎子南通贼虏。高祖曰:'此其妄矣,朕度虎子必不然也。' 推案果虚。乃下诏曰:'……沛郡太守邵安、下邳太守张攀咸以贪惏获罪,各遣子弟诣阙,告刺史虎子纵民通贼,妄称无端。安宜赐死,攀及子僧保鞭一百,配敦煌。安息他生鞭一百。可集州官兵民等,宣告行决。塞彼轻狡之源,开此陈力之效。' 在州十一载,太和十五年卒,年五十一。"

种鞭、杖刑的史料,在《北史》《魏书》中还有若干。

> (宣武帝正始元年,504年,夏四月)庚子……又录京师见
> 囚,殊死已下皆减一等,鞭杖之坐,悉皆原之。
>
> (《魏书·宣武帝纪》)

在这段史料中,死刑以下的刑罚被减一等,鞭、杖刑则被赦免。
这里的鞭、杖乃五等刑中的鞭、杖,而史料想说的大概就是重刑减
一等,轻刑停止执行吧。

孝明帝初年(515)的任城王上奏,涉及修筑都城、官署等
事宜:

> (任城王)澄奏:"都城府寺犹未周悉,今军旅初宁,无宜发
> 众,请取诸职人及司州郡县犯十杖以上、百鞭以下收赎之物,
> 绢一匹输砖二百,以渐修造。"
>
> (《北史》卷一八《景穆十二王传》)

还有,在有关延昌三年(514)和卖事件中涉案人员的处罚方
面,买费羊皮之女且又将该女转卖他人的平民张回,被处以鞭一百
之刑(实际被判处五岁刑),以下即为量刑经过与判决:

> "……依律:'诸共犯罪,皆以发意为首。'明卖买之元有
> 由,魁末之坐宜定。若羊皮不云卖,则回无买心,则羊皮为元
> 首,张回为从坐。首有沾刑之科,从有极默之戾,推之宪律,法
> 刑无据。买者之罪,宜各从卖者之坐。又详臣鸿之议,有从他
> 亲属买得良人,而复真卖,不语后人由状者,处同掠罪。既一

为婢,卖与不卖,俱非良人。何必以不卖为可原,转卖为难恕。张回之愆,宜鞭一百。卖子葬亲,孝诚可美,而表赏之议未闻,刑罚之科已降,恐非敦风厉俗,以德导民之谓。请免羊皮之罪,公酬卖直。"诏曰:"羊皮卖女葬母,孝诚可嘉,便可特原。张回虽买之于父,不应转卖,可刑五岁。"(《魏书·刑罚志》)

此处所说的鞭、杖是对普通人实施的比徒刑低一等或二等的正刑。上举事例皆发生于 6 世纪初叶的北魏宣武帝、孝明帝时期,因此,在北魏时已有杖、鞭、徒、流、死五等刑罚这一点大概无误。那么,鞭杖刑成为正刑究竟发生在何种历史阶段,而该历史阶段又有什么样的背景呢?

小结　从刑、督至刑罚

据下引《魏书·刑罚志》等史料记载,北魏自太祖道武帝以降曾七次编纂法典。其情况本书多次引介,大概如下:[1]

①太祖道武帝天兴元年(398)

　　令王德除酷法,约定科令。

②世祖(太武帝)神䴥四年(431)

　　命崔浩制定律令。

③世祖(太武帝)正平元年(451)

　　命游雅、胡方回改定律,凡三九一条:门诛四条、大辟

---

[1] 参见滋贺秀三《中國法制史論集 法典と刑罰》,創文社 2003 年版,第 65—66 页;本书第二部第一章《从终极的肉刑到生命刑——汉–唐死刑考》。

一四五条、徒刑二二一条。

④高宗太安年间（455—459）

增律七十九章、门房之诛十三条、大辟三十五条、徒刑
六十二条。

⑤高祖（孝文帝）太和五年（481）

诏中书令高闾集中秘官等修改律令旧文，凡八百三十二章，
门房之诛十有六，大辟之罪二百三十五，徒刑三百七十七。

⑥高祖（孝文帝）太和十六年（492）

依据太和十一年的诏修改量刑（"不逊父母"的量刑、删
除门房之诛等），四月丁亥发布新律。

⑦世宗（宣武帝）正始元年（504）

议定律令，完成《隋书·经籍志》所载的"后魏律二
十卷"。

我认为在这七次编纂律令的过程中，将杖、鞭刑纳入五等刑的
事情也许发生在孝文帝太和五年（481）的新律中，或者发生在太
和十六年（492）。其原因无非在于正始元年（504）曾出现赦免鞭
杖刑的情形，这表明鞭杖刑的正刑化应该在此之前。

就这一历史阶段而言，刑罚体系与刑罚理念已有较大改变。
对此，我尽管已在考察死刑种类变化的本书第二部第一章《从终极
的肉刑到生命刑——汉—唐死刑考》中有所论述，但鉴于该问题与
本章的关联性，于此仍略述如下内容。

从汉至晋的死刑可分为生命之剥夺与对尸体的处刑这两个等
级，而律所规定的正刑则为前者，其执行样态为斩首与腰斩。唐律
中的死刑不同于汉的死刑，分为绞及斩首二等。至于汉的死刑何
时且因何理由而向唐的死刑转变，这一转折点可以说是在北魏时

期。具体而言,是在北魏太和五年(481)制定新律时规定了绞首
与斩首。

绞杀刑作为死刑而被采用,始于北魏。这绝非单纯意味着死
刑的执行方法从切断首级到绞杀的表层变化,而是还引发更深层
的死刑性质、死刑法理的变化,故在中国刑罚制度史上具有划时代
的意义。至此,作为终极肉刑的死刑的执行理念因绞首刑的登场
而转变为生命之剥夺。这种变迁对此后的中国法制史产生了有形
或无形的影响——"刑"的基本理念的变化。

最初,对以肉刑为中心而被体系化的刑罚制度来说,即使是在
汉文帝刑制改革后由死刑、劳役刑、赎刑、罚金刑所构成的刑罚体
系中,"刑"的本质仍是毁损身体,进而在此意义上将驱逐纳入基本
观念,毁损身体遂成为驱逐的象征"型"。

> 刑,刭也。从刀,开声。　　　　　　　(《说文解字》第四篇下)

据《说文解字》,刑的原意为刭(砍断头颅)。而在《礼记》中,刑又
被释为"侀","侀"可与"型"(铸型)通假,因此也具有"形"之意。
若以"形"释"型",此点毋庸置疑,故刑、侀、形三字是可以共通的。
《礼记·王制》及孔颖达《正义》有如下记载:

> 刑者侀也,侀者成也,一成而不可变,故君子尽心焉。
>
> 【孔疏】此说刑之不可变改,故云"刑者侀也"。上刑是刑
> 罚之刑,下侀是侀体之侀。训此刑罚之刑以为侀体之侀,言刑
> 罚之刑,加人侀体。又云"侀者成也",言侀体之侀,是人之成
> 就容貌。容貌一成之后,若以刀锯鏨之,断者不可续,死者不
> 可生,故云"不可变",故君子尽心,以听刑焉,则上悉其聪明,

致其忠爱是也。 (《礼记·王制》)

同时，《礼记·王制》还论道：“爵人于朝，与士共之；刑人于市，与众弃之。”可见，也被称为弃市的斩首刑是在市场上公开执行的，此亦为公开的驱逐，所以作为象征驱逐的“形（刑）”是必要的。确实，汉文帝时期，肉刑被废止，毁损身体这一理念则由死刑之执行样态及作为其代替刑而被遗留下来的宫刑予以尽力保存。但是，正如在劳役刑中与“完城旦”相对的“髡钳城旦”之所示，所谓“髡”、“钳”是未对身体施加任何损害的“完”的对照物，且作为肉刑的残存措施及“形”的表征而被保留。

至北魏，绞杀刑作为死刑之一登场。由此，死刑已不是终极的毁损身体，也不是指从生物界驱逐或弃绝，而是仅指单纯的剥夺生命。所谓“毁损”、“切断”这样的刑之表象或具象已丧失存在的必要，“刑”所拥有的基本理念遂与汉晋那样区别性制裁措施亦即表征性肉刑的残存制度相脱离，并转向隋唐的计量等级性的处罚。

那么，绞杀刑的出现及刑罚理念的变化缘何而来呢？答案就是少数民族对中国的统治，亦即5世纪时北魏的成立以及胡汉融合。绞杀这种死刑可以说是起源于北方少数民族的刑罚。世祖太武帝在制定律时，首次将绞杀刑纳入中国的刑制中，同时还采纳了一直存在于胡族的若干种死刑。不久，随着汉化政策的推进，胡族的刑制与汉族的刑制趋于融合，并最终形成由死刑、流刑、耐刑、鞭刑、杖刑构成的与唐五刑相连的刑罚体系。

尽管以上探讨是以死刑为焦点展开的，但笞、杖、鞭等刑罚在上述趋势中同样占有一定的位置。这三种刑自始就不伴有身体的毁损。正如本章之所论，笞、杖及鞭在秦汉时代终究只是指作为训诫、叱责的“督”，而不能纳入伴随毁损身体的驱逐亦即“刑”的范畴。所以,在秦汉及此后的刑罚体系中,笞、杖及鞭虽曾作为附加措施或对官吏的惩戒而被执行,但并未取得正刑的地位。而且,似乎也可认为,由于笞、杖、鞭三者之间不存在严格的区别,因此它们无法进入"刑"的范畴。职务上应予非难的行为是否能被认定为"罪"这一问题或许是微妙的。如果"罪"被定义为可给予负面评价的行为,那么,成绩劣等大概也能成为"罪"的一种类别了。

只是,如果问这种应处笞、杖、鞭的"罪"与杀人、伤害等犯罪及其刑罚是否同类,那就不得不承认二者之间差异悬殊了。从刑罚的目的来看,笞刑与肉刑或笞刑与劳役刑相同之说令人略感怀疑。笞刑是所谓叱责的具体实现,亦可以说因主权者(皇帝)的要求无法得到满足,或者皇帝的期待、命令无法完全落实时,而迫使个体服从指导、命令的强制措施。它与家庭内家长的教鞭也是可以相通的。然而,这里将要再次说明的是,尽管史书中载有"罚杖"、"督鞭"、"督〇十"、"罚杖〇十"等语词,[①]但所谓的"笞刑"、"督刑"、"刑〇十",亦即笞、杖、鞭与"刑"的连写,绝不是指刑罚名称。

这种笞杖在北魏时成为正刑,且列于死刑、流刑、徒刑之下。此时的笞杖已非汉晋的笞〈A〉、笞〈B〉,而是死刑之下的五刑中的鞭、杖刑。这样,鞭杖就从督转化为刑。

---

① 　　安乐王长乐,皇兴四年封建昌王,后改封安乐王。长乐性凝重,显祖器爱之。承明元年拜太尉,出为定州刺史。鞭挞豪右,顿辱衣冠,多不奉法,为人所患。百姓诣阙讼其过。高祖罚杖三十。贪暴弥甚,以罪征诣京师。

　　　　　　　　　　　　　　　　　　　　　　(《魏书》卷二〇《文成五王传》)

　　高宗初,赐爵阜城侯,加冠军将军。出为幽州刺史,假秦郡公。高宗以建贪暴懦弱,遣使就州罚杖五十。　　　　(《魏书》卷三四《陈建传》)

　　桓帝时,大将军辟,五迁司徒长史……常以为"齐之以刑,民免而无耻"。吏人有过,但用蒲鞭罚之,示辱而已,终不加苦。(《后汉书·刘宽传》)

> 高祖曰:"刑法者,王道之所用。何者为法? 何者为刑?
> 施行之日,何先何后?"间对曰:"臣闻创制立会,轨物齐众,谓
> 之法;犯违制约,致之于宪,谓之刑。然则法必先施,刑必后著。
> 自鞭杖已上至于死罪,皆谓之刑。刑者,成也,成而不可改。"
> (《魏书》卷五四《高间传》)

无论如何,高间之言即"自鞭杖已上至于死罪,皆谓之刑"可
视为上文所论之旁证。[①] 而且,此语出自生活在高祖孝文帝时期的
高间之口,这一点似乎也值得注意。其原因在于,高间曾负责制定
孝文帝太和五年的新律。

由于与隋唐五刑相关联的鞭杖刑的确立始于太和五年制定的
新律,因此,与绞杀被引入死刑执行方法一样,鞭杖刑也从秦汉的
刑罚中蜕变而出,并开启胡汉融合的新刑罚体系。

---

① "刑者成也"一语为前引《礼记·王制》中的语句。它在《礼记》中的意思是
毁损身体的象征、烙印,而在此处则含有比具体的身体形象更为观念化的抽
象意义,此可谓《礼记》之解释的变化。这亦与"刑不上大夫"的含义依时
代而发生的变化相当。

第四章　腐刑与宫刑

序　言

中国自殷周时期开始就有被称作"宫刑"的刑罚。1984年版的日本《平凡社大百科事典》对宫刑的解说如下：

> 宫刑是中国古代实施的摧残人身体的刑罚（肉刑）之一，即"丈夫割其势，女子闭于宫"。但对女子，也有人认为采取的是击打其腹部以损伤生殖器官的做法。（中略）
>
> 宫刑原本是针对奸淫罪的，是反映刑——一种直接损害行为人犯罪时使用的身体部位的刑罚。但到了汉代，宫刑的这种性质发生转变，被采用作为死刑的替代刑而非正刑。其中著名的案例就是司马迁被处以宫刑以代替死刑。肉刑大约废止于西汉文帝时期，但唯独保留了宫刑，特别是六朝时期，北方少数民族统治的王朝也有实施的情况。最终于隋朝开皇初年（6世纪末）被废止。

事实上，上述解说是由我书写的。当时我对宫刑的理解如上，现在也大体上被认可。但此后我认为《百科事典》的上述解说有几处需要再行探讨；直白点说，就是上面的解说存在错误。那么错在哪里呢？本章就宫刑问题再作探讨，试图提出新的观点。

《平凡社大百科事典》出版于 1984 年，我记得致力于"宫刑"这个课题是在此之前。恰好那时即 1980 年前后，在古墓里发现了秦律与汉律，为法制史研究提供了新资料。它们就是本书经常引用的云梦睡虎地秦律和江陵张家山二四七号墓出土的汉律，有关宫刑的新条文可以从中得到确认。

受此影响，有关于宫刑的论文间有发表。宫宅洁的《腐刑》[①] 是代表作之一。[②] 可见，基于新发现的资料，学者们提出很多新见解。然而遗憾的是，我不赞同宫宅氏提出的新观点，对其所述内容我基本上持不同意见。下面，我将在行文的过程中指出宫宅氏的问题点，并陈述自己的观点。

一、腐刑的新出资料

首先列举新发现简牍中有关宫刑的资料于如下。

> 有罪当黥，故黥者劓之，故劓者斩左止（趾），斩左止（趾）者斩右止（趾），斩右止（趾）者府（腐）之。女子当磔若要（腰）斩者弃市，当斩为城旦者黥为舂，当赎斩者赎黥。
>
> （《二年律令·具律》88）

---

① 收入《秦漢刑制史研究》，京都大学学术出版会 2011 年版。

② 另外尚有：下仓涉《秦漢姦淫罪雜考》，载《東北學院大學論集》（歷史·地理）第 39 卷，2005 年。下仓氏的论文主要是从刑罚的角度对奸罪为中心的犯罪展开讨论，故本书在探讨"奸罪"的第三部第二章中也涉及下仓氏的论文。

赎死,金二斤八两。赎城旦舂、鬼薪白粲,金一斤八两。赎斩、府(腐),金一斤四两。赎劓、黥,金一斤。赎耐,金十二两,赎麛(迁),金八两。有罪当府(腐)者,移内官,内官府(腐)之。

(《具律》119)

☐鬼薪白粲及府(腐)罪耐为隶臣妾,耐为隶臣妾罪

(《告律》128)

罪人完城旦、鬼薪以上,及坐奸府(腐)者,皆收其妻、子、财、田宅。其子有妻、夫,若为户、有爵,及年十七以上,若为人妻而弃、寡者,

(《收律》174)

强与人奸者,府(腐)以为宫隶臣。　　　　(《杂律》193)

可(何)谓"赎鬼薪鋈足"? 可(何)谓"赎官"? ●臣邦真戎君长,爵当上造以上,有罪当赎者,其为群盗,令赎鬼薪鋈足;其有府(腐)罪,[赎]官。其它罪比群盗者亦如此。

(《法律答问》113—114)

简牍原文写的是"府"、"府罪",这里的"府"字无疑是"腐"的通假。众所周知,宫刑也被称为"腐刑"。文献史料对此也有解说。[①]

（四年）秋,赦徒作阳陵者,死罪欲腐者,许之。(苏林曰:"宫刑,其创腐臭,故曰腐也。"如淳曰:"腐,官刑也。丈夫割

---

① 只是,在张家山汉律《金布律》中确认了"腐(败)"一词不作"府败":

　亡、杀、伤县官畜产,不可复以为畜产,及牧之而疾死,其肉、革腐败毋用,皆令以平贾(价)偿。入死、伤县官,贾(价)以减偿。 (《金布律》433)

若要问"府"和"腐"是否有区别,现在我还回答不出。也许在表示刑罚的时候使用"府"字吧。

势，不能复生子，如腐木不生实。"师古曰："如说是，腐音辅。"）

（《汉书·景帝纪》）

关于宫刑亦称为腐刑，存在两种说法：苏林认为是因为切断性器官时伤口会有腐臭味；如淳则认为是因为切断性器官后犹如腐朽之木无法结果实。颜师古似乎更偏向支持腐刑是一种不能延续子孙的刑罚，但他未明确腐刑名称的由来。[1]从"罪当府"（《具律》119）、"府以为宫隶臣"（《杂律》193）等史料可以看出，"腐"字除了"腐臭"的原义外，还具有"实施腐刑"、"作为刑罚实施去势"的含义。

另外，"宫"、"宫刑"的名称作为墨（黥）、劓、刖、宫、死的五刑之一，也见于经书等文献。

公族其有死罪，则磬于甸人。其刑罪，则纤剸，亦告于甸人。公族无宫刑。狱成，有司谳于公。

（《礼记·文王世子》）

墨辟疑赦，其罚百锾，阅实其罪。劓辟疑赦，其罪惟倍，阅实其罪。剕辟疑赦，其罚倍差，阅实其罪。宫辟疑赦，其罚六百锾，阅实其罪。大辟疑赦，其罚千锾，阅实其罪。墨罚之属千，劓罚之属千，剕罚之属五百，宫罚之属三百，大辟之罚其

---

[1] 这两种解释的差别在于，是从具体性、即物性角度，还是从抽象性、观念性角度解释"腐"。从"腐"→"腐木"→"不能结果实"→"无法生育"这样的逻辑展开，确实是层层深入式的解释，但腐刑就是在这些联想的基础上命名的吗？感觉有些联想过度了。如果从其他的刑罚名称通常是由即物性即单纯性而来的这点来看，苏林的说法当更为适当。但这只是我个人的感想。无论是苏林还是如淳所处的时期，"腐"字的语义都不明确。

属二百。五刑之属三千。　　　　　　　　（《尚书·吕刑》）

腐刑与宫刑用词的区别问题之后再讨论。现在，我想先就"腐刑"这个词语展开论述。

二、腐刑是反映刑吗？

（一）反映刑是什么？

由男女共同构成的人类社会，不管在哪个时代、哪个地区，男女之间的性关系在法律、伦理道德、社会习惯等方面的反应都非常敏感。因为这不仅仅是单纯的性本能问题，而且关系到繁衍子孙这种生育的基本活动。只是切断性行为和生育中都必不可少的性器官的刑罚，给人的印象比较偏激，所以，宫刑与其他毁损身体的刑罚相比较，在刑罚史上有其研究的特殊性。

认为腐刑是反映刑的观点背后是有一定的原因。所谓反映刑，是指通过对实施犯罪行为时使用的身体部位加以损伤，将责难具象化的刑罚。与此相对，还有报应刑的刑罚概念，是指对所犯之恶害（罪）予以相应报复而施加的恶害（刑罚）。严格来说，报应刑与反映刑的含义各异，但从报复加害者的手段是伤害其犯罪时使用的身体部位这一点来看，可以说反映刑是报应刑的一部分。

性行为与性器官，可能是因行为与行为时使用的"道具"特别引人注目，故"腐刑＝反映刑"的这种关系比"盗窃＝切断手足"更容易让人理解，腐刑属于反映刑的观点也容易被大众接受，实际上，我也轻易地随大流了。但是，腐刑真的是反映刑、报应刑吗？进一步而言，腐刑是只适用于男女间性犯罪的刑罚吗？

再回到前述"一、腐刑的新出资料",可见强奸适用腐刑在《杂律》中有明文规定：

> 强与人奸者,府(腐)以为宫隶臣。　　　　　(《杂律》193)

宫宅洁以此条文为基础,视腐刑为反映刑,并解释道：

> 在未开化的社会,触犯性方面禁忌的男子将被毁损性器官。中国以"男女不以义交者,其刑宫"为开端,可以窥见这种制裁习惯的存在。出现在成文法中的"腐刑",是以将此习惯明文化的形式首先登场。
>
> 腐刑的对象并非所有的奸淫罪,而只限于强奸罪。这是因为只有男性才能犯的罪与只能科处男性的刑罚之间有着很强的关联性的结果吧。　　　　(前揭宫宅氏书,第42—43页)

"在未开化的社会,触犯性方面禁忌的男子将被毁损性器官",是依据英国社会人类学家马林诺夫斯基(Bronislaw Kasper Malinowski)《西北美拉尼西亚的野蛮人性生活》(又简称《野蛮人的性生活》)的解说而来,但是以美拉尼西亚(密克罗尼西亚)、特罗布里恩群岛(Micronesia、Trobriand Islands)的社会状况来类推中国古代的制裁习惯,不得不说有点鲁莽。

宫宅氏认为宫刑作为反映刑的依据是"男女不以义交者,其刑宫"。

(二)"男女不以义交者"

"男女不以义交者,其刑宫"是唐代孔颖达为《周礼·吕刑》注疏时引用汉代伏生著的《尚书大传》的佚文。

　　"不以义交"不是说不义私通、乱伦。"义"是指义务、必须遵守的事情；"不义"是指不做应当做的、不遵守必须遵守的，也就是《论语·述而》里记载的如下条文：

　　　　子曰："饭疏食饮水，曲肱而枕之，乐亦在其中矣。不义而富且贵，于我如浮云。"

以上《论语》里的"不义而富且贵"并非发不义之财的意思，而是指必须做的事，是义务的义。《论语·为政》篇"见义不为，无勇也"里的"义"也是同样的意思。

　　另外，"交"也不指性行为，而是前文《礼记·曲礼》中所见的"交"，即"交往"的意思。

　　　　男女非有行媒，不相知名。非受币，不交不亲。

　　　　　　　　　　　　　　　　　　　　　　（《礼记·曲礼》）

　　"不以义交"的意思是"男女不以适当的方式交往"，具体而言，即"男女若不依照礼的规定，不得交往并结婚"。

　　《诗经·大雅·荡之什·召旻》的正义也曾引用了《尚书大传》里的"男女不以义交者，其刑宫"之条文，其具体表述为"书传曰：男女不以礼交者，其刑宫"，是作"不以礼"，其他文献中也有不少"不以礼"的文字记载。① 由此显而易见，"义"为"礼"，所谓不从

---

① 《孔丛子》（《小尔雅·广义》所引）载有："男女不以礼交谓之淫，上淫曰烝，下淫曰报，劳淫曰通。"众所周知，《孔丛子》在六朝时期被认为是"伪书"，这可参见《容斋三笔》卷十《孔丛子》。但我之所以还敢在此引用该书作为参考，是为了阐明编纂《孔丛子》及此后利用该书时，人们已经认同（转下页）

义,显然是指不遵从"昏礼＝婚姻礼仪"的交往。①

《仪礼·士昏礼》《礼记·昏礼》对婚姻礼仪有详细记载,这里我就先引用《礼记·昏义》中阐释婚礼意义的条文。

> 昏礼者,将合二姓之好,上以事宗庙,而下以继后世也,故君子重之。是以昏礼纳采,问名,纳吉,纳征,请期,皆主人筵几于庙,而拜迎于门外。入,揖让而升,听命于庙,所以敬慎重正昏礼也。……敬慎重正,而后亲之,礼之大体,而所以成男女之别,而立夫妇之义也。男女有别,而后夫妇有义;夫妇有义,而后父子有亲;父子有亲,而后君臣有正。故曰:昏礼者,礼之本也。

由以上条文可知,婚礼分为五个阶段,依次是:纳采(向结婚对象送礼表明意向)、问名(询问女方姓名以占卜凶吉)、纳吉(将卜婚的吉兆通知女方,并送礼表示要订婚)、纳征(男方向女方送聘礼,表示婚约成立,也称结纳)、请期(确定结婚日期)。所谓"以义／礼交",就是指依照这样的礼仪程序缔结的男女交往与婚姻。

《礼记》是对礼经的解说,《仪礼·士昏礼》作为婚礼的经文与

(接上页)"男女不以礼交,谓之淫"的条文这一事实。

《魏书·刑罚志》也载有:"昭成建国二年:当死者,听其家献金马以赎;犯大逆者,亲族男女无少长皆斩;男女不以礼交皆死;民相杀者,听与死家马牛四十九头,及送葬器物以平之"。

① 《孟子·尽心》载有:"孟子曰:仲子,不义与之齐国而弗受,人皆信之,是舍箪食豆羹之义也。"赵岐对该条文注疏时,即以"无礼"二字解释条文中的"不义":

> 孟子以为仲子之义,若上章所道箪食豆羹无礼则不受,万钟则不辨礼义而受之也。

此相当。正如"士昏礼"的篇名含义，该礼属于士或者士大夫阶层所必须具备的伦理规范。[①]也就是说，"男女以礼交"是儒家礼世界对士大夫婚姻寄予的理想形态，由此引发出来的"不以礼交……"等规定是在《礼记》《仪礼》出现以后，由注释者们添加进去的。而并不存在"男女不以义交者，其刑宫"的制裁习惯法，现实中也没有对违反婚礼规定交往的男女处以宫刑的案例。因此，我们无法以"男女不以义交者，其刑宫"的记载作为腐刑是一种反映刑的根据。

三、腐刑的地位

汉初的文帝时期，腐刑是针对强奸罪实施的处罚这点毋庸置疑。张家山出土的《二年律令·杂律》规定："强与人奸者，府以为宫隶臣"（《杂律》193）。汉律条文中将犯罪与刑罚明确分开的只

---

① 《仪礼》中的"士"是指周时期处于天子、诸侯之下拥有官吏身份的卿、大夫、士中的"士"这一阶层，如在《士相见礼》篇中经常看到"士见于大夫……"等士与大夫相列的表述，亦可证明此点。该篇名的内容主要涉及"士某某礼"和具备士身份的礼的规定。当然，也有人猜测可能存在诸如"卿○○礼"、"大夫○○礼"、"诸侯○○礼"等礼的规定。但是，《汉书·儒林传》记载了鲁国高堂生在汉初宣传"《士礼》十七篇"的史实，似乎《仪礼》十七篇也被称作《士礼》。可是，为什么要以《士礼》命名，特别将重点放在"士"的身份上？一般而言，"士"有狭义和广义之分，狭义是指卿大夫以下的身份称呼；广义是指区别于庶人的一般官吏，《论语》中的士多指这层含义：

　　士不可以不弘毅。　　　　　　　　　　　　　　　（《论语·泰伯》）

　　使于四方，不辱君命，可谓士矣。　　　　　　　　（《论语·子路》）

在"士"的身份之下为庶人即平民百姓，士以上被视为侍奉君主的具备文化教养和高尚品格的官僚，有时还与"大夫"一词结合起来，也称为"士大夫"。士大夫与庶人之间隔着一条无法逾越的界线。"士礼"的"士"确实是指卿、大夫、士这种身份上的"士"。但我认为，之所以赋予"士礼"这个名称，是因为它以知识分子官僚阶层的总称为其背景。

有这条,由该条文可知,腐刑的适用对象不是一般的奸淫罪,而是强奸罪。其行为和刑罚执行方式不适合用在女性身上,因此只限于男性,[1] 也可解释为腐刑是强奸罪专用的刑罚。[2]

实际上,这个问题关系到"腐刑"名称和"宫刑"名称的问题,后文专门有一节对此进行阐述,但是因为腐刑适用于强奸罪,所以可能更加给人一种宫刑是反映刑的印象。只是,若只关注"强奸→腐刑"的对应关系,就看不到事情的本质。也就是说,我们必须在针对有关奸犯罪的一系列刑罚中思考这个问题。

关于"奸"的内容,本书第三部"犯罪"篇会进行阐述,对奸罪的刑罚是依据奸的内容而有轻重等级之分。出土的有关这方面的简,整理如下:

> Ⅰ 奴隶与主人或主人之母、妻相奸,兄弟姐妹相奸
>
> ①奴取(娶)主、主之母及主妻,子以为妻,若与奸,弃市,而耐其女子以为隶妾。其强与奸,除所强。
>
> 　　　　　　　　　　　　　　　　　　(《二年律令·杂律》190)
>
> ②同母异父相与奸,可(何)论,弃市。
>
> 　　　　　　　　　　　　　　　　　　　　　　(《法律答问》172)
>
> ③同产相与奸,若取(娶)以为妻,及所取(娶)皆弃市。其强与奸,除所强。　　　　　　　　　　　　　　　(《杂律》191)
>
> Ⅱ 与他人的妻子通奸
>
> ④诸与人妻和奸,及其所与皆完为城旦舂。其吏也,以强奸论之。　　　　　　　　　　　　　　　　　(《杂律》192)

---

① 参见宫宅洁《秦汉刑制史研究》,京都大学学术出版会2011年版,第43页。
② 参见前揭下仓氏论文,第127页。

Ⅲ 强奸

⑤强与人奸者，府（腐）以为宫隶臣。　　　　　（《杂律》193）

　　第Ⅰ种情形适用弃市刑，第Ⅱ种适用完为城旦舂，第Ⅲ种府为宫隶臣，刑罚从死刑→肉刑→完刑，各个刑罚皆附加了劳役刑。首先在此想指出的是，构成犯罪行为的奸分为合意基础上的奸与一方强制实施的奸，前者是"和奸"，而后者是"强奸"，若只载明"奸"的话则表示是和奸。在上文引用的③中，"相与奸"与"其强与奸"相对亦可证明这点。将行为分为"和"与"强"的，不仅仅是"奸"一种行为；在秦律的下引条文中载有"强质"（强制抵当）与"和受质"（合意后接受抵当），"强"与"和"同样相对置存在。[①]

　　"百姓有责（债），勿敢擅强质，擅强质及和受质者，皆赀二甲。"廷行事强质人者论，鼠（予）者不论；和受质者，鼠（予）者□论。　　　　　　　　　　　　　　　　　　　　（《法律答问》148）

　　概言之，当时"强奸"的犯罪名称并不像我们今天的"强奸罪"那样是已经独立的特别的犯罪用语，而是奸罪中相对使用的词，因此，"强奸"二字未必就是熟语。上文引用的①③⑤条中，使用的都是"强与奸"、"强与人奸"这样的表达，这表明"强奸"一词并非普遍使用。总之，我们可以整理如下：作为奸犯罪的概念，首先要存在奸的行为，然后再可分为和奸与强奸，前者适用完城旦舂，后者适用腐刑，兄弟姐妹间的近亲相奸则不问是和奸还是强奸都适用

---

① 另外，还有"和卖"一词，与之相对的是"掠卖"，这也是合意的人身买卖与掠夺的人身买卖构成的一对置。详见《譯注 中國歷代刑法志（補）》冨谷至"解說"，创文社 2005 年版，第 265 页。

死刑(但强奸的被害人无罪)。用图表示为：

从上图得出"腐刑是强奸罪专用刑罚"的结论,即因存在强奸罪这种特殊罪行,故为此特别设立了腐刑,但这种解释真的正确吗? 首先,奸罪根据奸的种类适用不同的刑罚,对和奸处以非肉刑的完刑并附加劳役刑,而对强奸则处以肉刑中次于死刑的腐刑并附加劳役刑。其实肉刑还包括黥、劓、斩趾刑,但鉴于奸罪的种类,从肉刑中选择了其中的腐刑。

腐刑与其他肉刑的关系在下一节会进行探讨。如果"腐刑是强奸罪专用刑罚"的解释是指"为了适用强奸罪而特别设置的刑罚"的话,我不赞同这一解释。

恕我赘述,奸有和奸与强奸之分。因强奸一词并非专业术语,故不能认定强奸罪是一种独立的固有犯罪类型,而是作为依行为样态分类之奸罪的其中一种。因此,对强奸罪的刑罚也应当是对奸罪刑罚中的一种。强奸适用腐刑,且是针对男性的。若腐刑是切断男性性器官,则腐刑仅适用于男性而不适用女性,这在某种意义上也是理所当然的。另外,在使用暴力单方强制发生性关系的情形中,因施害者一般不可能女性,故而强奸罪的适用仅限于男性也是合理的。但是,由于强奸适用于男性,刑罚为腐刑,而近亲相奸的刑罚为死刑,所以我认为强奸是比近亲相奸低一等的犯罪。

下面需要再次探讨的是,腐刑是否是次于死刑的重刑,还有腐刑与宫刑的关系。

四、腐刑是次死之刑吗?

我之所以提出这个问题,是因为有学者认为"最重的肉刑的腐刑在刑罚体系中的地位不是一开始就设定好的,……独立存在的腐刑是与其他肉刑相比才成为最重的肉刑"①。

这是宫宅氏的观点。他以《二年律令》的如下条文为根据,提出了以下三点:②

> 有罪当黥,故黥者劓之,故劓者斩左止(趾),斩左止(趾)者斩右止(趾),斩右止(趾)者府(腐)之。　　　　(《具律》88)

---

① 参见前揭宫宅氏书,第46—49页。另外,宫宅氏在前揭书第70页的注(7)中说:"以造成损失的多少为基准,对受刑者分别适用数种肉刑,其中也存在着作为反映刑使用的腐刑。这些制裁习惯成文化后,腐刑的地位与其他肉刑之间的轻重关系有所调整。"

宫宅氏持这种观点的根本在于他认为腐刑与其他肉刑的性质不同,它作为反映刑适用于强奸罪。然而,如前文所论述,能证明腐刑属于反映刑的根据稀少,也不能视腐刑为一种制裁习惯。因腐刑是依奸罪所处阶段的不同而适用的刑罚之一,所以,将腐刑视为特殊刑罚也许更为妥当吧。

而且,由于宫宅氏认为腐刑是反映刑,与其他肉刑之间没有直接关系,从而不赞同腐刑是次死之重刑。但是,若腐刑作为反映刑的根据如前文所述那样稀少,那么,宫宅氏的观点就不能成立。

② 《具律》88的规定没有预设女性的再犯,因为腐刑本来就不是针对女性的刑罚。再者,叠加无期刑也确实毫无意义,但黥舂属于不定期刑,而女性的宫刑是一生幽闭宫中服役的绝对无期刑。

宫宅氏前揭书第46页虽只引用了条文中有下划线的部分,但条文后半部分还有关于女子的内容。

有罪当黥,<u>故黥者劓之,故劓者斩左止(趾),斩左止(趾)者斩右止(趾),斩右止(趾)者府(腐)之</u>。女子当磔若要(腰)斩者弃市。当斩为城旦者黥为舂,当赎斩者赎黥。

第一,数种肉刑中,除黥刑外都是法定刑,但这些法定刑不适用于初犯,而具有在死刑与黥刑之间特别准备的性质。

第二,斩趾刑不适用女性而以黥刑替换。再犯情形下,对男性本应适用斩趾刑的时候处以腐刑,但条文中没有关于女性再犯的刑罚规定。

第三,腐刑有时也不处于次死之刑的最重肉刑的地位。

我不明白为什么第一点和第二点认为腐刑是独立存在的。作为法定刑的死刑与黥刑的轻重关系在大部分的初犯中是被认同的,而且其他肉刑多有附加刑,这意味着腐刑并非次于死刑的重刑。即使劓刑、斩趾刑以及腐刑是特别设立的,但因为其中还设定了轻重不同的附加刑,因此难以得出腐刑具有与轻重体系无关的独立性。

其次,关于女性替代刑的有无,第二点指出《二年律令·具律》88开始部分的规定,即因犯罪被科处肉刑时,刑罚适用顺序依次为黥刑→劓、劓→斩左趾、斩左趾→斩右趾、斩右趾→腐刑,由此看来,该规定确实只适用于男性。既然腐刑只是针对男性的刑罚,那么女性的情况如何处理呢,在此并未见到规定。只是,在条文的后半部分规定女性的肉刑与男性的适用不同,女性的肉刑适用顺序依次是磔·腰斩→弃市、斩为城旦→黥舂、赎斩→赎黥、耐→赎耐。依据该条文可知,对女性没必要适用黥刑以上的肉刑,因此,必须规定再次科处肉刑时,女性与男性适用不同的规范。这种规范未见于《二年律令》中。

至此为止,确实如论述的那样。但宫宅氏从出土的《二年律令》中无相关规定到法条无明确记载,再到法条的不成熟性与腐刑的特殊性所展开的论述,会不会跳跃性太大了?

关于宫宅氏指出的第三个问题,《二年律令·具律》126—129

及《收律》的 174、175 等条文揭示了腐刑的不同地位。

　　　　告不审及有罪先自告,各减其罪一等,死罪黥为城旦舂,
　　城旦舂罪完为城旦舂,完为城旦舂罪☐　　　　（《告律》127）
　　　　☐鬼薪白粲及府(腐)罪耐为隶臣妾,耐为隶臣妾罪
　　　　　　　　　　　　　　　　　　　　　　（《告律》128）
　　　　耐为司寇,司寇、罨(迁)及黥颜(颜)頯罪赎耐,赎耐罪罚
　　金四两,赎死罪赎城旦舂,赎城旦舂罪赎斩,赎斩罪赎黥,赎黥
　　罪赎耐,耐罪　　　　　　　　　　　　　　（《告律》129）
　　　　罪人完城旦舂、鬼薪以上,及坐奸府(腐)者,皆收其妻、
　　子、财、田宅。其子有妻、夫,若为户、有爵,及年十七以上,若
　　为人妻而弃者、寡者,　　　　　　　　　　（《收律》174）
　　　　皆勿收。坐奸、略妻及伤其妻以收,毋收其妻。
　　　　　　　　　　　　　　　　　　　　　　（《收律》175）

　　128、129 简对于诬告罪规定了“告不审”、“自首”时的减刑措
施,具体为死刑减为黥城旦舂、城旦舂减为完城旦舂、鬼薪白粲或
腐刑减为耐隶臣妾……从死刑减刑一等后并非腐刑这一点来看,
说明腐刑并不是最重的肉刑。
　　但必须注意的是,条文中鬼薪、白粲是劳役刑,而与之相对的
腐刑却并非劳役刑的名称,那么为何将劳役刑的刑名与肉刑并列
呢? 的确,174、175 简不是规定死刑减为腐刑的减刑措施,但这是
需要在“肉刑＋劳役刑”的构造中思考的问题,腐刑在肉刑体系中
是否为次于死刑的重刑? 这是在肉刑范畴内的考察中产生了偏差。
　　对于鬼薪白粲减为没有附加肉刑的隶臣妾刑并与腐刑相并列
的规定,我在下一节将会有详细论述,这里简单说下我的想法:

伴随着腐刑,组合成腐为宫隶臣的劳役刑是事实。因此,刑鬼薪减为耐隶臣、腐宫隶臣减为耐隶臣(实际上其中的"宫隶臣"与"隶臣妾"的劳役刑的性质各异,后文也会论述),两者减刑后的劳役刑都是隶臣(舂)。[①] 也就是说,必须在"肉刑 + 劳役刑"的组合中考虑刑罚的轻重,而将腐刑与鬼薪白粲这种范畴、性质不同的刑罚相并列来说明腐刑作为肉刑的轻重,这是错误的。

《收律》174、175 简中,腐刑也是与"完城旦舂、鬼薪以上"分别列举的。奸、略并娶以为妻时,[②] 因其妻是受害人,故不适用身份没收的补充规定。我认为,作为该补充规定的新规范,"坐奸府者,皆收其妻"应该分开写成"罪人完城旦舂、鬼薪以上"。概言之,适用腐刑的奸罪中,没收之妻也可能是奸罪的受害人,所以腐刑不能与其他肉刑规定在一起。

腐刑究竟是怎么产生的? 它与适用对象包括女性的宫刑之间具有怎样的关系? 下面就腐刑、宫刑、肉刑予以综合阐述。

五、肉刑的背景与效果

我认为,切断男性性器官的腐刑并非作为反映刑登场的。其首要原因是无法找到证明反映刑的相关资料。

认为《尚书·吕刑》中规定的五种毁损身体的刑罚(死、宫、刖、劓、黥五刑)体系是于同一时期形成的观点不具有现实性。本来这类刑罚作为法定正刑序列体系化的时期是否为秦帝国成立

---

① 因此,不存在"腐刑 + 城旦"、"腐刑 + 鬼薪"的组合。

② "同产相与奸,若取以为妻,及所取皆弃市。其强与奸,除所强"的规定,会更合适吧。

以前就存在疑问。或许在某些诸侯国就已经存在其他毁损身体之刑。比如，割去耳朵的刵刑、切断手的断手刑，它们就不包含在五刑中，[①] 也未纳入秦汉的肉刑里。

尽管不同地域、不同时期的刑罚种类有变化，不过这类毁损身体的刑罚最早见于先秦时期的文献则毋庸置疑。另外，也无法否认春秋战国时期各诸侯国已经施行了这类毁损身体的刑罚或者类似的制裁措施。那么，如果这些不是反映刑，它又具有怎样的刑罚原理？这是考察中无法避免的问题。

与肉刑相通的是切断身体部位的刑罚内容，对此，我从两方面进行探讨。第一，切断身体部位的目的何在？为什么对象是身体？这是所谓毁损身体的共通事项。第二，可以说各身体部位的切断都具有相应的背景和效果。

关于前者，[②] "驱逐"比起空间上的强制移动，更是观念上的排斥，也可以视为正常之外的存在。

---

① 关于刵刑，《尚书·康诰》载有："非汝封又曰劓刵人，无或劓刵人"，孔传解释曰："刵，截耳。刑之轻者"。但实际是否执行不得而知。

关于断手，《韩非子·内储说》载有："一曰：殷之法，弃灰于公道者，断其手。子贡曰：'弃灰之罪轻，断手之罚重，古人何太毅也？'曰：'无弃灰所易也，断手所恶也，行所易不关所恶，古人以为易，故行之。'"

② 滋贺秀三在《中國上代の刑罰についての一考察》（收入《石井良助先生還歷祝賀法制史論集》，创文社 1976 年版。后收入氏著《中國法制史論集 法典と刑罰》，创文社 2003 年版）一文中，经考证提出刑罚特别是肉刑的原始形态是"驱逐"。我也在多次的论考中，依据滋贺氏的学说展开论述，现在也基本上依从滋贺说。

我确实说过宫刑是"驱逐出动物界"（拙著《古代中國の刑罰》，中公新书 1995 年版）。只是，这对五刑所具有的驱逐刑要素中区分轻重等级问题说得有些夸张了。

于这一点，宫宅氏认为："若肉刑的主要目的是将犯人驱逐出社会，那么为何还存在四种、五种的肉刑，令人费解"，但果真如此吗？我猜测宫（转下页）

《论衡·四讳》有言："谓身体刑残，与人异也"，即异于正常人的存在。

> 太伯再让，王季不听，三让，曰："吾之吴越，吴越之俗断发文身，吾刑余之人，不可为宗庙社稷之主。"……
>
> 葬死人，先祖痛；见刑人，先祖哀。权可哀之身，送可痛之尸，使先祖有知，痛尸哀形，何愧之有？如使无知，丘墓，田野也，何惭之有？惭愧先者，谓身体刑残，与人异也。古者用（肉）刑，形毁不全，乃不可耳。方今象刑，象刑重者，髡钳之法也。 （《论衡·四讳》）

正常与不正常的区别不仅是意识上的，还必须以看得见的形式表现。差别要有形，必须具象化，若不能具象则算不上存在差别。[1] 具象化最有效的方法就是切断身体的某些部位，这样一来，

（接上页）宅氏作此批判的原因是，他认为与众人一起弃绝罪犯、将他们排除出社会、进而使其成为废人，这种做法即为驱逐，如果这种驱逐的印记是肉刑的话，印记只需要一种就够了。

在驱逐＝废绝＝废人化的流程中，若使用"废人化"这个处刑者的用词，则"废人化"可能就变成一种措施。但现在如果将驱逐作为排除出共同体的通常构成要素的观点成立的话，那么，排除的程度有等级之分也并非不恰当。它意味着空间上的排除产生距离差，而在观念上也造成差别程度的轻重。换个角度思考，如果对被驱逐者设定好了给予的伤害程度，极端点说，对所有应受刑的犯罪是否就适用死刑？

[1] 请注意"刑"与"形"互为通假字。《孝经·天子章》载有"德教加于百姓也，形（刑）于四海"（郑玄注：形，见也）。御注："刑，法也。"本文应该依从郑玄的注来理解。事实上，御注《孝经》的序言里也可见"形于四海"之语句。另外，《韩非子·诡使》载有"据法直言，名刑相当"，很明显，这是"名"与"形（刑）"。

身体机能正常的社会成员与身体异常的罪犯之间的差别自然显而易见。而且，依据所切部位的不同，给予罪犯的伤害也有轻重，正好可以表明差别的强弱等级。

切断身体部位是驱逐的表象，但各部位的切断具有不同的含义与背景。另外，不仅是表象，还存在着由此附加的伤害后果的实质性意义。因此，我认为身体部位的切断是作为具有一定意义的刑罚而被采用的。这就是前文提到的第二课题"各身体部位的切断都具有相应的背景与效果"。

若是切断身体，那么，腰、颈、手、足、鼻、耳等部位自然都可能是切断的对象。其中还可加上黥乃至腐刑。

在脸上刺字再染上墨的做法并非汉民族而是少数民族的风俗，在《三国志·魏书·东夷传·倭》即所谓的《魏志·倭人传》中，记载了广为人知的倭国男子"黥面文身"的习俗，据说匈奴、越也有过这样的风俗。

> 匈奴法，汉使不去节，不以墨黥其面，不得入穹庐。
>
> （《汉书·匈奴传》）
>
> 越王勾践，其先禹之苗裔，而夏后帝少康之庶子也。封于会稽，以奉守禹之祀。文身断发，披草莱而邑焉。
>
> （《史记·越王勾践世家》）

身体部位的切断与少数民族风俗的墨黥，都是异形化的象征。显而易见，这些都意味着将受刑人从正常的共同体成员中排除出去。

那么，腐刑具有怎样独特的背景与效果呢？因腐刑产生的异形化起源于哪里？我想应该是来自阉割家畜的做法。《说文解字》

对动物的阉割用"骟"、"犗"、"羠"、"豩"等字，[1]这些字表示对马、牛、猪的阉割，并根据不同的动物而改变字的偏旁。甲骨文里也有一些表示阉割动物的文字。[2]也就是说，阉割动物的事情从殷周时期开始就有，后来再将其运用到人的身上。"犗刑"一词用以表示腐刑的事例，正是由对动物的阉割转向对人的刑罚的最具说服力的证据。

> 又上除蚕室刑。李贤注：蚕室，宫刑名也，或云犗刑也。音奇败反。作窨室畜火如蚕室。《说文》曰："犗，骟牛也。"骟音缯。《汉旧仪》注曰："少府若卢狱有蚕室也。"　　（《后汉书·陈宠传子忠附传》）

可以说，把对动物实施的措施运用于人体上，以废除生殖功能的方式从正常社会成员中予以排除，是腐刑固有的背景和效果之所在。

六、腐刑、宫刑、淫刑

腐刑，也称为宫刑、淫刑，这三种名称是完全一样的含义吗？对此，我想探究下。

宫刑一词见于《尚书》、《礼记》的如下条文：

---

① 《说文解字》二篇上载有"犗，骟牛也"；《说文解字》十篇上载有"骟，犗马也"。

② （1）"豕"表示阉割后的猪（豚），其本义可从典籍里的"豚""劅""羠"等字中寻求（闻一多说）。

（2）"犗"读作"割牛"，即阉割牛的意思（唐兰、谢成侠之说）

（3）"羒"是指被阉割的羊（李孝定说）。

以上参见王宇信、杨升南：《甲骨学一百年》，社会科学文献出版社1999年版，第553页。

公族其有死罪,则磬于甸人。其刑罪,则纤剸,亦告于甸人。公族无宫刑。狱成,有司谳于公。（《礼记·文王世子》）

墨辟疑赦,其罚百锾,阅实其罪。劓辟疑赦,其罪惟倍,阅实其罪。剕辟疑赦,其罚倍差,阅实其罪。宫辟疑赦,其罚六百锾,阅实其罪。大辟疑赦,其罚千锾,阅实其罪。墨罚之属千,劓罚之属千,剕罚之属五百,宫罚之属三百,大辟之罚其属二百。五刑之属三千。（《尚书·吕刑》）

《尚书·吕刑》和《礼记·文王世子》从何时开始有了现行本的记载,学者们各执一词,但至迟在汉景帝、汉武帝时期已经完成。事实上,《史记·周本纪》就曾引用了现行本的《吕刑》文章,从中可以看到"宫辟"、"宫罚"等词语。[①]

伏生《尚书大传》里的"男女不以义交者其刑宫"中亦可见"宫(刑)"的刑名。如果《尚书大传》真的是伏生编纂的,伏生又是文帝时期的学者,[②]那么文帝时期就已经在使用"宫"、"宫刑"的词

---

① 《史记·周本纪》:"诸侯有不睦者,甫侯言于王,作修刑辟。王曰:'吁,来!有国有土,告汝祥刑。在今尔安百姓,何择非其人,何敬非其刑,何居非其宜与?两造具备,师听五辞。五辞简信,正于五刑。五刑不简,正于五罚。五罚不服,正于五过。五过之疵,官狱内狱,阅实其罪,惟钧其过。五刑之疑有赦,五罚之疑有赦,其审克之。简信有众,惟讯有稽。无简不疑,共严天威。黥辟疑赦,其罚百率,阅实其罪。劓辟疑赦,其罚倍洒,阅实其罪。膑辟疑赦,其罚倍差,阅实其罪。宫辟疑赦,其罚五百率,阅实其罪。大辟疑赦,其罚千率,阅实其罪。墨罚之属千,劓罚之属千,膑罚之属五百,宫罚之属三百,大辟之罚其属二百:五刑之属三千。'命曰《甫刑》。"

② 《史记·儒林传》:"伏生者,济南人也。故为秦博士。孝文帝时,欲求能治《尚书》者,天下无有,乃闻伏生能治,欲召之。是时伏生年九十余,老,不能行,于是乃诏太常使掌故朝错往受之。秦时焚书,伏生壁藏之。其后兵大起,流亡,汉定,伏生求其书,亡数十篇,独得二十九篇,即以教于齐鲁之间。学者由是颇能言《尚书》,诸山东大师无不涉《尚书》以教矣。"

语了。

然而，在同样产生于文帝时期的《二年律令》中，未能见到"宫（刑）"的刑罚名称，而是用"腐（府）"表示。还有，景帝之诏中也将腐刑作为文书用语使用。

> （中元四年）秋，赦徒作阳陵者，死罪欲腐者，许之。
>
> （《汉书·景帝纪》）

如淳对景帝四年之诏附注曰："腐，宫刑也。丈夫割势，不能复生子，如腐木不生实。"以此为开端，直至今日，一般都认为宫刑与腐刑意思相同，是同一种刑罚。但是，这两个词真的是同义词吗？

黥、劓、斩趾、斩首等刑名分别表示切断身体部位的不同，黥城旦之类的刑名则表示切断后的状态即劳役，两者之间还是存在若干差异。前揭"辖刑"这个词可能是与其他肉刑名称相整合的结果，不管怎样，腐刑属于肉刑的一种名称这一点是毋庸置疑的。

与之相对，宫刑的名称源自受刑后的劳役，《二年律令》里的"府（腐）以为宫隶臣"的"宫隶臣"即其来源吧。

> 强与人奸者，府（腐）以为宫隶臣。 （《杂律》193）

> 虽然"宫"不代表肉刑本身，但由于腐刑以在受刑后的宫中服役为要素，所以"宫刑"也属于肉刑的一种，表示阉割。
>
> （前揭宫宅氏书，第45页）

我完全同意宫宅氏的上述解说。也就是说，腐刑是肉刑的名称，而宫刑是"肉刑＋劳役刑"的总称，简称为"腐为宫隶臣"，可以说这与"黥为城旦"、"黥为鬼薪"等"肉刑＋劳役刑"的命名方式如出一辙。回到本书311页—312页考察的《二年律令》128、129及174、175简,这些条文里腐刑与黥城旦舂、城旦舂、完城旦舂、鬼薪白粲并列出现。腐刑之所以与其他劳役刑的刑名并列在一起,是因为腐刑本身虽然是肉刑的一种名称,但在汉代作为附加了劳役刑的"宫隶臣"刑罚而予以执行。

由此进一步思考"宫隶臣"与"隶臣"之间的区别何在?

"宫"是指宫廷、宫中,所谓宫隶臣自然可以解释为在宫中作为隶臣服役。[①]但是,在宫中服役的隶臣与一般的隶臣妾又有什么区别? 是劳役的场所的不同,还是一般的隶臣妾不从事宫廷内的杂务?

对被阉割之人在宫廷服役之事,《春秋左氏传》有相关史料记载。

> 若吾以韩起为阍,以羊舌肸为司宫(杜预注:加宫刑),足以辱晋,吾亦得志矣。　　　　　　　　　(《左传·昭公五年》)

春秋战国时期,被阉割之人在宫廷服役之事,在先秦文献中是以奄人、寺人等名称出现的。[②]

---

① 前揭宫宅氏书,第44页。

② 《诗经·小雅·节南山之付·巷伯》序:《巷伯》,刺幽王也,寺人伤于谗,故作是诗也。(孔颖达正义曰:巷伯,是内官也。其官用奄,上士四人为之,其职掌王后之命。《天官·序官》云:小臣奄,上士四人。……主宫内道官之长。人主于群臣,贵者亲近,贱者疏远。主宫内者皆奄人,奄人之中,此官最近人主,故谓之巷伯也。)

《后汉书·宦者传》:"《易》曰:'天垂象,圣人则之。'宦者四星,在皇位之侧,故《周礼》置官,亦备其数。阍者守中门之禁,寺人掌女宫之戒。(转下页)

秦统一以后,秦律、汉律的刑罚都采取肉刑附加劳役刑的形式。腐刑也与其他肉刑一样附加了劳役刑,它沿袭先秦时以被阉割之人在宫廷服役的做法,进而自然而然形成"宫隶臣"这种刑罚方式。对此,我想指出两点。

其一,腐刑的确是只适用于男性的刑罚,但变成宫刑后,就也可以适用于女性。假如宫刑在"肉刑 + 劳役刑"的序列化中占据一席之地,那么宫刑也将与劳役刑一样适用女性。只是,女性不存在阉割这种事,女性的"宫刑"是以"女宫"的身份,与宫廷里的男性寺人一样服杂役而已。《周礼·天官冢宰·寺人》中载有"寺人掌王之内人,及女宫之戒令",郑玄对此注曰:"女宫,刑女之在宫中者"。当然,《周礼》之制度并非在现实中实施,但东汉时郑玄承认存在着女性在宫廷执行劳役的刑罚,就说明汉代的宫刑也适用于女性。

关于宫刑,汉代诸多文献史料普遍对女性在宫中的幽闭进行解说。如"宫者,丈夫则割其势,女子闭于宫中"(《周礼·秋官·司刑》郑玄注);"宫,淫刑也,男子割势,妇人幽闭"(《尚书·吕刑》孔安国注);"宫者,女子淫,执置宫中,不得出也。丈夫淫,割去其势也"(《白虎通·五刑》)等。"幽闭宫中"即是作为"女宫"在宫廷内服役。虽然现有文献史料、出土的文字资料还未能确认"宫隶妾"一词是否存在,但我想即使女性不适用腐刑,与男性"宫隶臣"相对应,应该存在着针对女性的"宫隶妾"之宫刑。

其二,宫刑是绝对的终身刑。由于当时的刑罚未设定刑期,近

(接上页)又云'王之正内者五人'。《月令》:'仲冬,命阉尹审门闾,谨房室。'《诗》之《小雅》,亦有《巷伯》刺谗之篇。然宦人之在王朝者,其来旧矣。"
参见桑原隲藏《支那の宦官》,载《桑原隲藏全集》第一卷,岩波书店 1968年版。

年来的法制史研究中学者们均认为属于无期刑，我一直以来也秉持这种观点。[①] 但是，这里所谓的无期刑是指未规定刑期、刑期依赦令结束的刑罚，所以我更主张应称之为"不定期刑"。可是，对于宫刑能否依据赦令免除宫隶臣、宫隶妾之劳役的问题，很难有个明确的答案。一旦被处以"宫隶臣（妾）"，那就是终身服役，"幽闭"、"不得出"就是这个意思。而且，未曾听说有被处以"宫隶臣"刑罚后而被赦免的例子。另外，下述史料也正好可以作为旁证证明这点。

秦朝有名的逆臣赵高，有人说他是宦官，但马非百对此持怀疑态度。[②] 可是，《史记·蒙恬列传》记载其母因犯罪而被幽闭于宫中，赵高也出生于宫中。

> 赵高者，诸赵疏远属也。赵高昆弟数人，皆生隐宫，其母被刑僇，世世卑贱。

"其母被刑僇，世世卑贱"即作为所谓的"宫隶妾"、"女宫"而服劳役刑，是绝对的终身刑，所生的孩子也只能与母亲一样作为刑徒在宫廷里度过一生，因此身份卑贱。[③] 宫隶臣的服役若是侍奉皇帝的话，则为宦官，而宦官是无刑期（或任期）的，这是共通的事实吧。

---

① 参见富谷至《秦漢刑罰制度の研究》，京都大学学术出版会1998年版。但是，也有人认为存在刑期。参见若江贤三《秦漢律と文帝刑法改革の研究》，汲古书院2015年版。

② 马非百：《秦集史》（上），中华书局1982年版，第326页。

③《集解》："徐广曰：为宦者。"《索隐》："刘氏云：盖其父犯宫刑，妻子没为官奴婢，妻后野合所生子皆承赵姓，并宫之。故云'兄弟生隐宫'。谓'隐宫'者，宦之谓也。"

宫刑是男性时,被科处腐刑后作为宫隶臣而服终身劳役刑;宫刑是女性时,则作为"女宫"而属于被剥夺身份的贱民从事杂役。至少秦汉时期宫刑的实际状态是这样的。[①] 它与当时劳役刑中隶臣妾的区别在于是绝对终身刑还是不定期刑。

如果进一步思考,为什么《二年律令·具律》126—129 简与《收律》174—175 简把腐刑置于不同的地位;还有关于刑鬼薪→耐隶臣、腐宫隶臣→耐隶臣的疑问。另外,《二年律令》88 简规定了再犯时,男子依情节分别加重处以劓→斩左趾→斩右趾→腐刑,而对于女性的替代措施,则认为"本应当适用腐刑的女性已被处以黥刑,还需服无期劳役刑,所以再施以幽闭或监禁也无意义"。如此,这些疑问得以消除。总之,是因为附加于黥刑的劳役刑与附加于宫刑的劳役刑具有不同的性质。

在探讨腐刑、宫刑用语的最后,来考察一下"淫刑"的含义。

《尚书·吕刑》"宫辟疑赦"的孔传中载有:"宫,淫刑也。男子割势,妇人幽闭",沈家本在引用这句时,将"淫刑"中的"淫"解释

---

① 为什么女性宫刑不附加肉刑呢?《左传·襄公十九年》孔颖达疏:

服虔云:"妇人从人者也,故不为制刑。及犯恶,从男子之刑也。若与男子俱受黥、刖、劓,亦是妇人刑矣。何独主男子而妇人从之也?"

其中的"妇人从人者也"来自《礼记·郊特性》的"出乎大门而先,男帅女,女从男,夫妇之义由此始也。"

由此可见,当时未针对女性设定特别的刑罚,没有与腐刑相对应的对女性的特别刑罚,女性只是作为从属于男性的物品被没入宫中。

如前文论证所述,假如宫刑(腐刑)是反映刑,那么,作为伤害的对象,女性性器官也是受刑的客体;但如果宫刑不是反映刑,那么,男女应受刑的身体部位的差异就不会那么大。特别是在汉代,未对妇女设定与男子相当的刑罚,也就未汲汲于设定替代切断的身体部位。还有,实际的刑罚规定了女性专用的劳役刑,如男隶臣对应女隶妾、男城旦对应女舂。只是,作为刑(毁损身体刑)而言,男女无区别。

为男女间性犯罪的奸淫之意。但是，从不存在盗刑、杀刑、贼刑等
刑名的角度来看，"科处奸淫的刑罚"这一刑名是想当然的，其刑名
用语构成是不当的。

适用"淫刑"这个刑名名称的，下面列举几例：

> 今楚多淫刑，其大夫逃死于四方，而为之谋主，以害楚国，
> 不可救疗。　　　　　　　　　　　（《左传·襄公二十六年》）
>
> 名不正，则言不顺；言不顺，则事不成；事不成，则礼乐不
> 兴；礼乐不兴，则刑罚不中；刑罚不中，则民无所措手足。（孔
> 曰："礼以安上，乐以移风。二者不行，则有淫刑滥罚也。"）
> 　　　　　　　　　　　　　　　　　　　（《论语·子路》）[1]
>
> 昔在蚩尤，爰作淫刑。
> 　　　　　　　　　　　（扬雄《廷尉箴》，《艺文类聚》卷四九）[2]

其他的淫刑用例还有很多，但它们并非全部意指男女间性犯罪的
奸淫。"淫"本来的意思是"过度"，在此基础上的"淫刑"是指"重
刑"、"酷刑"，以数量而言，是作为"滥用刑罚"的意义来使用。总
之，"淫刑"的意思就是"超出限度的刑罚"。

"宫，淫刑也"是《尚书·吕刑》孔安国的注。《论语》注疏所见

---

① 《史记·孔子世家》：

　　夫名不正则言不顺，言不顺则事不成，事不成则礼乐不兴，礼乐不兴则
刑罚不中，（《集解》孔安国曰："礼以安上，乐以移风。二者不行，则有淫刑
滥罚也。"）刑罚不中则民无所措手足矣。

以上《史记·孔子世家》的《集解》将"孔曰"具体解释为"孔安国曰"。

② 这句话沿袭《尚书·吕刑》的："若古有训，蚩尤惟始作乱，延及于平民，罔不
寇贼，鸱义，奸宄，夺攘，矫虔。苗民弗用灵，制以刑，惟作五虐之刑曰法。杀
戮无辜，爰始淫为劓、刵、椓、黥。"

的孔安国与《吕刑》里的孔氏是同一个人吗？留有一个小小的疑问。《论语·子路》的孔安国注有"淫刑滥罚"，解释为"酷刑"；孔安国理应看过的《吕刑》文本载有"爰始淫为劓、刵、椓、黥"，如果有这条的话，那么，孔安国所说的"宫，淫刑"也可以解释为"宫刑是过度的酷刑"。

秦汉确立了宫刑、腐刑是次于死刑的重刑之地位。这里引用司马迁的著名书信《报任少卿书》的部分内容：

> 人固有一死，死有重于泰山，或轻于鸿毛，用之所趋异也。太上不辱先，其次不辱身，其次不辱理色，其次不辱辞令，其次诎体受辱；其次易服受辱，其次关木索、被箠楚受辱，其次剔毛发、婴金铁受辱，其次毁肌肤、断支体受辱，最下腐刑，极矣。

（《汉书·司马迁传》）

宫宅氏认为腐刑并非次于死刑的刑罚。[1] 而腐刑诞生于哪个时代的哪个阶段尚不明确。但至少在汉代，腐刑和宫刑在刑罚序列中就已经明确处于次死之刑的地位，在此之前，一般也认为腐刑是毁损身体刑中最严重的酷刑。

七、宫刑的消灭与宦官

肉刑废止于西汉文帝十三年（前167），而唯独宫刑被保留下来。《二年律令》的规定中只有一处确认了腐刑为正刑（见本章第299页）。关于汉律《杂律》（193）中"强与人奸者，府（腐）以为宫

---

[1] 前揭宫宅氏书，第46、47页。

隶臣"的规定,在肉刑废止后是否还具有效力,至今尚未找到能够证明的相关史料。但是,腐刑、宫刑作为死刑减刑后的替代刑而被适用,如汉武帝时期的司马迁即是如此,这是众所周知的。只是,我们必须注意到司马迁事件说到底是因为皇帝颁布了特别的赦令——武帝诏以五十万钱为赎刑,进而替代为宫刑——依据该赦令才能执行宫刑以代替死刑。也就是说,律并未规定受刑者可以自己选择适用死刑或是宫刑。在皇帝单行赦令中的死刑减刑与替代刑宫刑明文化后,此刑罚才真正被执行。这在此后作为减免替代刑的宫刑中亦未改变。

比如,宣帝时期也发布了允许宫刑作为死刑替代刑的赦令:

> 孝宣许皇后,元帝母也。父广汉,昌邑人,少时为昌邑王郎。从武帝上甘泉,误取它郎鞍以被其马,发觉,吏劾从行而盗,当死,有诏募下蚕室。后为宦者丞。　(《汉书·外戚传》)

案件本来应当适用死刑,但之后对于那些希望适用腐刑的人,发布了替代死刑的诏令,于是宫刑才开始被适用。结果,许广汉被处以"腐刑 + 宫隶臣",即成为宦官。

以下引用的就是东汉时减死刑为宫刑(男子是腐刑 + 宫隶臣,女子为宫刑)的各诏令。当时,宫刑是作为皇帝的特别恩赦而非正刑被实施的。

①光武帝　建武二十八年(52)
冬十月癸酉,诏死罪系囚皆一切募下蚕室,女子宫。

(《后汉书·光武帝纪》)

②同　建武三十一年(55)

秋九月甲辰,诏令死罪系囚皆一切募下蚕室,其女子宫。

(同上)

③明帝　永平八年(65)

礼毕,诏三公募郡国中都官死罪系囚,减罪一等,勿笞,诣度辽将军营,屯朔方、五原之边县;妻子自随,便占著边县;父母同产欲相代者,恣听之。其大逆无道殊死者,一切募下蚕室。亡命者令赎罪各有差。　　(《后汉书·明帝纪》)

④章帝　建初七年(82)

诏天下系囚减死一等,勿笞,诣边戍;妻子自随,占著所在;父母同产欲相从者,恣听之;有不到者,皆以乏军兴论。及犯殊死,一切募下蚕室;其女子宫。　　(《后汉书·章帝纪》)

⑤章帝　元和元年(84)

郡国中都官系囚减死一等,勿笞,诣边县;妻子自随,占著在所。其犯殊死,一切募下蚕室;其女子宫。　　(同上)

⑥章帝　章和元年(87)

壬子,诏郡国中都官系囚减死罪一等,诣金城戍。犯殊死者,一切募下蚕室;其女子宫。　　(同上)

⑦和帝　永元八年(96)

诏郡国中都官系囚减死一等,诣敦煌戍。其犯大逆,募下蚕室,其女子宫。　　(《后汉书·和帝纪》)

宫刑之所以成为死刑的替代刑,是因为肉刑废止后,死刑与减死一等后的五年刑即髡钳城旦春之间的轻重差别悬殊,具有终身刑性质的宫刑正好可以发挥其作用,作为死刑的替代刑弥补这种差距。诚然,腐刑也属于肉刑的一种,尽管肉刑被废止了,但只有腐刑作为替代刑而存续下来也是肉刑废止的旨意。然而如后所述，西汉以后，不断增加的宦官都被切去性器官，与其他肉刑相比，阉割作为一种刑罚的性质逐渐弱化，变成终身刑的象征。如此，死刑减刑一等就位于死刑——终身刑——五年刑这样的序列位置中。

东汉安帝元初二年（115）以后，作为替代刑的宫刑从以相同书式颁发的死刑减刑诏令中消失。取而代之的是徙边刑逐渐变成死刑减刑一等的替代刑。徙边刑之所以能够代替宫刑登上历史舞台，是因为在终身刑性质这一点上与宫刑相同。有关徙边刑，本书第二部第二章《从徙边刑到流刑》已有考察。

宫刑因某种缘故在东汉中期就不再作为替代刑来适用，但它的最终废止却是在 6 世纪末的隋开皇年间。宫刑废止于开皇年间这一说法只是孔颖达、贾公彦等唐代学者于 7 世纪中期在《尚书》、《周礼》的注释中提到，但具体于何年、以何种形式废止，却不得而知。

> 宫刑至唐乃赦也[①]。　（《周礼·秋官·司刑》贾公彦疏）
> 大隋开皇之初，始除男子宫刑，妇人犹闭于宫。
> 　　　　　　　　　　　　　　　（《尚书·吕刑》孔颖达疏）

清末的著名法制史学家沈家本在其著作《历代刑法考·刑法分考六》中记录了他对宫刑废止的一些疑惑。

> 《隋志》所载开皇定律诏文，所去者枭、辕及鞭，而不言宫刑。如果宫刑至是始除，乃仁者之事，沿革之大端也。诏中方

[①] 阮元本、闽本上载明的是"至唐赦"，而毛晋本上的是"至隋赦"。

将侈陈之以为美名,岂有略而不言之理?岂贾(公彦)、孔(颖达)亦别有说欤?

隋开皇元年(581)发布的制律诏书中确实未言及宫刑。诏令部分内容如下:

> 帝王作法,沿革不同,取适于时,故有损益。夫绞以致毙,斩则殊刑,除恶之体,于斯已极。枭首轘身,义无所取,不益惩肃之理,徒表安忍之怀。鞭之为用,残剥肤体,彻骨侵肌,酷均脔切。虽云远古之式,事乖仁者之刑,枭轘及鞭,并令去也。
>
> (《隋书·刑法志》)

沈家本的这个疑惑直至今日也同样困扰着我们。因为宫刑或者说阉割是人所忌讳的、不应该有的行为,即使作为刑罚也不被认可。从此在人们的观念中,废止宫刑将彰显君主之英明。这的确是常识性的、理所当然的想法。然而,如果现在阉割不再为人们所忌避,在某个时期人们自宫行为普遍的话,将又会是怎样的呢?关于废除宫刑的这种所谓"常识性的想法"就会被迫发生一百八十度的逆转吧。

前文说过,肉刑废止后,只有宫刑(腐刑)作为替代刑保留下来,是因为此时阉割的刑罚性质已经弱化了。具体来说,就是阉割不再具有刑罚的意味,而是作为宫隶臣的一种象征,可以说宫刑的废止实际上是这一延长线上必然出现的现象,其起因在于宦官尤其是自宫宦官的增加。

众所周知,自春秋战国时期开始就存在宦官,被阉割之人侍奉于国王或皇帝左右,在秦汉的文献史料、出土《汉律》中,可以见到不少"宦皇帝"的用语。

> 爵五大夫、吏六百石以上及宦皇帝而知名者,有罪当盗械
> 者,皆颂系。　　　　　　　　　　　　　（《汉书·惠帝纪》）
> 吏及宦皇帝者、中从骑,岁予告六十日;它内官,卅日。吏
> 官去家二千里以上者,二岁壹归,予告八十日。
> 　　　　　　　　　　　　　（《二年律令·置吏律》217）
> 大夫以下比二百石,吏皆以实从者食之。诸吏乘车以上
> 及宦皇帝者,归休若罢官而有传者,县舍食人、马如令。
> 　　　　　　　　　　　　　（《二年律令·传食律》237）
> 赐不为吏及宦皇帝者,关内侯以上比二千石,卿比千石,
> 五大夫比八百石,公乘比六百石,公大夫、官大夫比五百
> 　　　　　　　　　　　　　（《二年律令·赐律》291）
> 吏官庳(卑)而爵高,以宦皇帝者爵比赐之。
> 　　　　　　　　　　　　　（《二年律令·赐律》294）
> 欲益买宅,不比其宅者,勿许。为吏及宦皇帝,得买舍室。
> 　　　　　　　　　　　　　（《二年律令·户律》320）

关于"宦"的原义,金文中是指归属于特定宫并在那里服侍
的人;在先秦文献中,服侍帝王的仆从即为"宦"、"宦女"。"宦
皇帝"也可以解释为与一般的官僚机构相区别的皇帝的近侍或
仆从。[1]

赵高是否属于被阉割的宦官还是个疑问。在隐宫长大的他因

---

[1] 参见白川静《字统》之"宦",平凡社 1984 年版,第 121 页;富谷至编《江陵
　張家山 247 號墓出土漢律令の研究》(譯注編),朋友书店 2006 年版,第
　120 页。

身为皇帝的仆从侍奉左右而崭露头角。《史记》记载二世皇帝称之为"宦人",而且这些宦皇帝之人都登记在"宦籍"上。

> 二世曰:"何哉?夫高,故宦人也,然不为安肆志,不以危易心,絜行修善,自使至此,以忠得进,以信守位,朕实贤之,而君疑之,何也?"
> (《史记·李斯列传》)

> 高有大罪,秦王令蒙毅法治之。毅不敢阿法,当高罪死,除其宦籍。帝以高之敦于事也,赦之,复其官爵。
> (《史记·蒙恬列传》)

一般而言,为了进一步提高皇帝的权威,不设定作为臣下的官僚与皇帝之间的直接关系,而是中间插入具有贱民身份、徒隶等的媒介人,由他们向身份高贵的官员传达皇帝命令。这是制约官员的有效手段。在此背景下,被处以腐刑的人在"宦皇帝者=宦人"中逐渐占据了相当比例。而且西汉中期以后,自宫的宦官不断增加。《盐铁论》对此解说如下:

> 古者,君子不近刑人,刑人非人也,身放殛而辱后世,故无贤不肖,莫不耻也。今无行之人,贪利以陷其身,蒙戮辱而捐礼义,恒于苟生。何者?一旦下蚕室,创未瘳,宿卫人主,出入宫殿,由得受奉禄,食大官享赐,身以尊荣,妻子获其饶。故或载卿相之列,就刀锯而不见闵,况众庶乎?夫何耻之有!今废其德教,而责之以礼义,是虐民也。 (《盐铁论·周秦》)

司马迁所谓"诟莫大于宫刑"的观念,早已时过境迁。

在严苛的任官竞争中,不久就出现了大批自愿阉割成为宦官的人。官僚制度的完善与有志于仕途的人数的增加,以及利用宦官为皇帝的爪牙,在此背景下产生了大量的自宫宦官。

当时将具有儒家教养、依正规路径晋升上来的官员称为"清流",与之相对,将依非正规路径升迁上来的宦官称为"浊流"。东汉末年的党锢之祸(166—169)即是浊流宦官与清流士大夫之间的权力斗争,这里所说的宦官不是受刑人,而是自宫宦官。这种情况说明东汉时期自宫宦官已经形成一股颇大的势力。实际上,西汉时期已经出现了此种状况的表征。

在上述情形中,作为刑罚的阉割即宫刑还能发挥怎样的效果呢?威慑与预防是中国刑罚的主要目的,但在自愿阉割之辈不断涌现的时局中,还能期待宫刑发挥其威慑与预防作用吗?随着自宫宦官的增加,可以说具有刑罚性质的宫刑已经名存实亡。

刑罚性质的宫刑之效果不仅在于腐刑,还在于具有绝对终身刑的功能。然而,阉割为宦官是一生的事情,既然自宫宦官自愿终身侍奉皇帝,则终身刑的处罚效果也减弱了。到了东汉中期以降,终身刑之刑罚功能被徙边刑取代。宫刑犹如蜡烛之火转瞬即逝。在这样的时代潮流中,宣布废止宫刑还能说是划时代的、值得彰显的政绩吗?显然不能。当时,宫刑已成为过去的遗物,发布诏令废止它不具有重大意义。

然而,已经消逝的宫刑之烛也有如回忆般的重燃之时。南北朝时期,北方少数民族征服并统治华北后,就采用了宫刑。① 对于不具有宦官制度的少数民族来说,宫刑仍是一种很有效果的刑罚。但是,随着少数民族的日益汉化,宫刑又名存实亡。隋开皇元年

———————————

① 《魏书·刑罚志》关于神麚四年制定律令的记载中有:"大逆不道腰斩,诛其同籍,年十四已下腐刑,女子没县官。"

（581）制定的《开皇律》，不再有宫刑的刑名。我们可以认为《开皇律》为宫刑打上了最后的休止符。

小　结

官刑

官刑是古代中国所实施的毁损身体的刑罚（肉刑）的一种。男子断其势、女子幽闭于宫中。

准确一点来说，切断男性性器官的刑罚叫作"腐刑"。对于名称来源有两种说法：一种认为因为切断性器官时伤口会散发腐臭味；另一种认为它犹如腐朽之木无法结果。但哪种才是正确的名称由来尚不清楚。此外，还有"过度刑罚"、"酷刑"之含义上的所谓"淫刑"的称谓。

腐刑不是来源于性犯罪时科处的所谓的反映刑。它与其他的毁损身体刑一样，是为了区别破坏规则的犯罪者，将他们驱逐出共同体，使之从共同体的正常构成成员中脱离出去，而"疏远"、"驱逐"、"排除"的印记就是切除身体的某些部位。腐刑来源于殷周时期开始的家畜阉割，后来运用在人身上。

被执行腐刑的人并不因此而赦免，而是在宫廷里终生以罪隶的低贱身份服劳役。宫刑则意味着"腐为宫隶臣"。女性原本无法适用腐刑，但可以适用宫刑（在宫廷里的终身刑），史书解说为"幽闭于宫中"。

西汉文帝时期，废止了肉刑，而宫刑作为死刑替代刑而保留下来。但是，它并非法定正刑，而是在皇帝减免诏令中登场的替代刑。以宫刑为替代刑，是因为它是一种绝对的终身刑。

次于死刑的正刑是刑期五年的劳役刑，宫刑作为替代刑正是
为了填补死刑与五年劳役刑之间的差距。然而，东汉中期以
后，这种替代刑由徙边刑担任，宫刑走向消亡。

　　刑罚制度上，宫刑消亡始于隋《开皇律》，但回顾北魏这一
时期即可窥知，宫刑实质上从东汉中期开始就不再适用。这
是因为随着自宫宦官的增加，宫刑（切除性器官、在宫廷终身
劳役）失去了作为刑罚的应有效果。宫刑就如同蜡烛之火燃
尽般消失了。

以上，是我对本章开头引用《百科事典》相关解说的修正版。

第三部　犯罪

第一章　礼仪与犯罪的夹缝

——以贿赂罪为中心

序　言

在中国社会中,贿赂罪自秦汉律开始在法令中就有法条规定,经过唐律,一直流传到现行法。尽管继受古代法的这些法律,比起其他条文或异域法律,量刑严厉,但贿赂罪仍难免成为经常性问题。即使在当今中国,官僚的贿赂仍是屡禁不止的社会问题。

现在的日本,关于渎职、贿赂的现行法条中的法律用语,不仅继受汉代以来的用语,而且在"请托"、"职务权限"等所谓贿赂罪构成要件方面更为严密,但总体上仍是继受而来的。

本章旨在梳理从中国古代至唐朝贿赂罪规定的变化,并由此管窥关于贿赂罪的中国法之理念与特征。

那么,论述先从分析唐律的渎职、贿赂罪开始吧。

一、唐律关于贿赂罪的规定

唐律中将财物的夺取或者构成犯罪的财物的授受作为赃罪,规定了六种类型(六赃):强盗、窃盗、受财枉法、受财不枉法、受所监临财物及坐赃。涉及六赃的条文分布于唐律的若干篇目中,虽是与伴随不法收益有关的犯罪的概括,但其犯罪形式、性质、由来等未必相同。在仅仅考虑盗窃和受财枉法(贿赂)为何同入赃罪的范畴时,其原理便可解明。

那么,这些相关类型是如何形成的呢? 最终归纳为六赃的原委又是什么呢? 在此,首先列举唐律关于渎职、坐赃的条文于下:

> 诸有所请求者,笞五十;谓从主司求曲法之事。即为人请者,与自请同。主司许者,与同罪。主司不许及请求者,皆不坐。已施行,各杖一百。所枉罪重者,主司以出入人罪论;他人及亲属为请求者,减主司罪三等;自请求者,加本罪一等。即监临、势要,势要者,虽官卑亦同。为人嘱请者,杖一百;所枉重者,罪与主司同,至死者减一等。 (《职制律》135)
>
> 诸受人财而为请求者,坐赃论加二等;监临、势要,准枉法论。与财者,坐赃论减三等。若官人以所受之财,分求余官,元受者并赃论,余各依己分法。 (同上 136)
>
> 诸有事以财行求,得枉法者,坐赃论;不枉法者,减二等。即同事共与者,首则并赃论,从者各依己分法。 (同上 137)
>
> 诸监临主司受财而枉法者,一尺杖一百,一疋加一等,十五疋绞;不枉法者,一尺杖九十,二疋加一等,三十疋加役流。无禄者,各减一等:枉法者二十疋绞,不枉法者四十疋加役流。 (同上 138)
>
> 诸有事先不许财,事过之后而受财者,事若枉,准枉法论;事不枉者,以受所监临财物论。 (同上 139)
>
> 诸监临之官,受所监临财物者,一尺笞四十,一疋加一等;八疋徒一年,八疋加一等;五十疋流二千里。与者,减五等,罪止杖一百。乞取者,加一等;强乞取者,准枉法论。 (同上 140)

以上是有关渎职、贿赂的刑罚规定。《杂律》则有坐赃的如下规定：

> 诸坐赃致罪者，一尺笞二十，一疋加一等；十疋徒一年，十疋加一等，罪止徒三年。谓非监临主司，而因事受财者。与者，减五等。
>
> （《杂律》389）

从唐律的第135条到第140条为止，是关于贿赂罪的规定，其具体内容如下：

> ①向主司（审判官）请托（请求）违法裁定而主司承诺（约定）时的"有所请求者"（第135条）；
>
> ②接受第三人之财而为其请托违法裁定时的"受人财而为请求者"（第136条）；
>
> ③为了某事而行贿请求并致违法时的"有事以财行求得枉法者"（第137条）；
>
> ④监临主司受贿而实施违法行为时的"监临主司受财而枉法者"（第138条）；
>
> ⑤为了某事最初不接受但事后却接受金钱时的"有事先不许财，事过之后而受财者"（第139条）；
>
> ⑥监临之官接受所管辖内的财物时的"监临之官，受所监临财物者"。（第140条）

关于①和②，仅从律文看，只要"请托"就构成犯罪，但从注文"从主司求曲法之事"、"主司不许及请求者，皆不坐"等规定来看，其违法裁定的请托必须得到官吏的承诺，犯罪才能成立。还有，②的场合涉及接受第三人钱财而为其向监临之官（即经办官吏、有裁量权的官吏）请托时的罪。关于"受人财而为请求"的主体，《疏议》仅作"谓非监临之官"，没有具体言明是民人或官吏。只是，如果根据该条文后半段的"监临、势要"即握有一定职权的经办官员（监临）和非监临官的官员（势要）的记述，以及①的场合请求者若为监临、势要时加重其罪的规定来看，"有所请求"或者"受人财而为请求"的行为主体宜解释为不限于官吏的一般主体，若为官吏时则加重其罪。可见，这与日本现行刑法关于受托受贿罪的规定并不完全一致，甚至与受托行贿罪也存在差别。要之，这些规定的焦点在于为了违法裁定而向官吏请托及其承诺，不论请托的主体是当事人还是代行的第三者。

关于③的场合，规定了因行贿而导致枉法的成立与不枉法的两种情形。行贿罪的这个规定，可以说其行为主体是凡人，即一般主体，行贿对象是官吏，即监临、主司。

相对于①—③涉及的请托者、行贿者的罚则规定而言，所谓的官吏受贿的相关规定则在于④—⑥。只是⑤为有关事前事后受贿的规定，受贿的基本规定在于④和⑥两条。这两条从行为主体来说，④为监临、主司，⑥为监临之官，有少许区别而已，但④的枉法已明文化，⑥则止于财物的授受，是其不同之处。①

① 唐律第139、140条均有"受所监临财物"的句子。《譯注日本律令》（六）第186页译为"接受监临之处的财物"。的确，这样训读也许是不得已的。因为第136条的疏议有"受所监临之财"，此处只能解释为"接受监临之处的财物"。只是，对"监临之处的"而言，可以解释为"置于裁量权之下的财物"，但实际并非如此。其意思应该是"从成为监临对象的人民那儿接受财物"，这可以从第138条的"受有事人财而为曲法处断者"，以及此前《魏书·张衮传白泽附传》所载《北魏律》"诸监临之官，所监治受羊一口、酒一斛者"等条文中窥知。唐律"受所监临财物"的内容理应依然如此。或者可以说成"接受被监临的人送的财物"。

综观以上唐律《职制律》有关贿赂的六条条文可知,唐律确实对行贿、受贿两者均等规定,并在一系列的条文中规定了以官吏职务上的违法行为为核心,以及引诱其违法的请托、行贿受贿等。换言之,在①②③关于行贿的规定中,官员与其说成为请托者或行贿人的必要共犯(对向犯),毋宁说是定位在作为实施违法行为的主体上。其相关考察留待后文详述,此处仅指明其属于《职制律》的属性很好地说明了官员的地位。

那么,唐律这种贿赂罪的规定具有什么样的历史背景呢? 唐律的贿赂、渎职罪的立法理念又来自何方呢? 为了探明这些疑问,有必要向更早的汉律追根溯源。

二、汉律所见的贿赂罪

汉律关于赃罪、贿赂的规定见于近年发现的江陵张家山二四七号墓出土的汉律(《二年律令》)中:

> 受赇以枉法,及行赇者,皆坐其臧(赃)为盗。罪重于盗者,以重者论之。　　　　　　　　　　　　　(《盗律》60)

在传世文献史料中,也有几条涉及贿赂、请托的律文,以及处罚事例:

> ⑦《盗律》有受所监、受财枉法。　　　(《晋书·刑法志》)
>
> 及杀人先自告,及吏坐受赇枉法、守县官财物而即盗之,已论命,复有笞罪者,弃市。　　　　　(《汉书·刑法志》)
>
> ⑧(汾阴悼公周昌)孝文前五年,侯意嗣,十三年,坐行赇,

髡为城旦。　　　　　　　　　（《汉书·高惠高后文功臣表》）

⑨建元五年，侯受嗣，十八年，元狩五年，坐为宗正听请，不具宗室，耐为司寇。（师古曰："受为宗正，人有私请求者，受听许之，故于宗室之中事有不具，而受获罪。"）

（《汉书·王子侯表》第三上）

⑩（如淳曰：）律，诸为人请求于吏以枉法，而事已行，为听行者，皆为司寇。　　　　　　（《汉书·外戚恩泽侯表》）

以上的⑦为受贿罪，即受赇枉法。⑧为行贿罪，其刑罚是髡钳城旦。⑨为请托枉法。[①]⑩为代理人的请托枉法。其中，⑦是汉文帝十三年关于废除肉刑规定中的补充规定。如果在受赇枉法罪确定之后再犯笞刑之罪时，处以弃市刑，比单纯受赇枉法处以弃市刑减轻一等的做法，显然是妥当的。在肉刑废除后，其刑罚当为髡钳城旦刑吧。果真如此，⑧关于官吏枉法的记载虽然付之阙如，但行赇（行贿）罪的处罚为髡钳城旦这一事实必定意味着行赇枉法，由行贿、受贿导致的枉法在量刑上是均等的，可以说都是髡钳城旦。

下面将上述⑦—⑩四例及张家山出土汉律（《二年律令》）与唐律的行贿、受贿枉法制成下表，以便对照：

---

① ⑩中的第三者请托枉法是司寇刑，相同的⑨的本人请托的量刑因为也是司寇刑，而在⑨中枉法与否未明载，此种场合的请托不是单纯请托，宜理解为包含着接受请托的官吏实施了枉法行为。

	I	II	III	IV
律	请托枉法	第三者请托枉法	行贿枉法	官吏受贿枉法
汉律	坐为宗正听请，不具宗室，耐为司寇。（人有私请求者，受听许之）（《汉书·王子侯表》）	诸为人请求于吏以枉法，而事已行，为听行者，皆为司寇。（《汉书·外戚恩泽侯表》）	坐行赇，髡为城旦。（《汉书·高惠高后文功臣表》）	《盗律》有受所监，受财枉法。（《晋书·刑法志》）吏坐受赇枉法。（《汉书·刑法志》）受赇以枉法，及行赇者，皆坐其臧（赃）为盗。（《二年律令·盗律》）
唐律	诸有所请求者，笞五十。（谓从主司求曲法之事。即为人请者，与自请同。）主司许者，与同罪。已施行，各杖一百。（《职制律》135）	诸受人财而为请求者，坐赃论加二等；监临势要，准枉法论。（《职制律》136）	诸有事以财行求，得枉法者坐赃论；不枉法者减二等。（《职制律》137）	诸监临主司受财而枉法者，一尺杖一百，一匹加一等，十五匹绞；不枉法者，一尺杖九十，二匹加一等，三十匹加役流。（《职制律》138）

通过上表，将汉与唐的渎职罪作比较时，其相同点与不同点昭然若揭。

首先，在 I、II 所见的关于请托、第三者请托的规定中，唐律罪的成立是"向经办官吏（主司）请托违法行为"和"主司承诺"，这种违法行为即使没有实施，犯罪仍然成立；如果实施了，则加重其罪。[1]

---

[1] 本章《儀礼と刑罰のはざま》首次发表于《東洋史研究》66—2，2007 年。当时我在解释"受财枉法"、"受财不枉法"时，使用了"未遂"和"既遂"来说明。文章发表后，中村正人发表文章对拙稿进行书评（载《法制史研究》第 58 期，2008 年版）。他指出，我论述的作为"受财枉法"的未遂形态，"受财不枉法"的捕捉方式不太妥当。

我确实是在不经意间使用了"未遂"和"既遂"字样。本来，未遂是指做好计划或准备后未能付诸实行的状态。对于目前研究不断深入的（转下页）

而汉律中,向经办官吏请托和承诺毫无疑问地构成犯罪,但关于这种违法行为实施与否则不甚明了。从目前能够判明的汉律严格来说,接受枉法请托的处以司寇刑,但其违法行为已经达到既遂阶段。

前引"律,诸为人请求于吏以枉法,而事已行,为听行者,皆为司寇。"该律文与上表汉律Ⅰ请求枉法同样,均处以司寇刑。从上表Ⅰ关于汉代请求罪师古注曰"人有私请求者,受听许之"的记载来看,也应朝着官吏承诺(听许之)后枉法既遂的方向解释为妥。①进一步说,汉律枉法请托的违法行为没有实施时,是否亦为犯罪并处以比司寇刑更轻的刑罚呢? 在汉律整体还不明朗的现阶段,这种判断不得不谨慎。就拙见而言,如果考虑到后述的受赇(行

(接上页)贿赂罪,以完成违法行为为前提的受贿和不管是否存在违法行为官吏授受金钱的正当性,这两方面都存在问题。后者用"未遂"这个词说明不了。根据汉律,只要实施了违法行为即可作出"其赃为盗"的处断,所以我在文中使用未遂、既遂进行解释会使得在论证上产生误解。对中村正人的这方面批评我虚心接受,并修正了已发表的那篇文章。

另外,中村氏还对"构成要件"这个词的使用提出意见。严格说来,对中国法使用这个词或许不是太贴切。由于没有必须特别使用该词汇的必要性,且有部分残留,所以想尽量改用别的词语。

① 张鹏一:《汉律类纂》指出,如淳所引汉律当有脱误,即使事在未然阶段(事虽未行),请赇者、许诺者均应适用司寇刑。可是,就如淳引汉律"为人请求于吏以枉法,而事已行,为听行者,皆为司寇"而言,如有张鹏一所说的脱误,则难以理解。沈家本则指明,《汉书·王子侯表》中所载案件,即"建元五年,侯受嗣,十八年,元狩五年,坐为宗正听请,不具宗室,削为司寇。(师古曰:受为宗正,人有私请求者,受听许之,故于宗室之中事有不具,而受获罪。)"是既遂案件,与律的规定正相合。我认为,汉律采动机主义,在这种意义上,可以说对于既遂、未遂没有明确区分。是否可以认为:违法行为的请托和承诺,与违法行为的既遂,在量刑上采取完全相同的刑罚呢? 我对于这个棘手问题,也略显踌躇。

赇）不枉法，则即使枉法请托，但枉法行为未实施时，似乎不应成立犯罪。

另外，上表Ⅰ、Ⅱ所言的请托，是否伴随钱财等的赠贿呢？这个无论在汉律或者唐律中，估计均不以钱财等的授受为构成要件。在唐律中，关于行贿、受贿分别规定于第137—140条，此点已无疑义。即使在汉律中，关于行贿、受贿的规定，相当于⑦、⑧，记载为"赇"（"受赇"为受贿，"行赇"为行贿）。亦即"求"与"赇"的区别在汉律中早已存在。[①] 汉代"为人请求于吏以枉法"的例子，可以从《史记·游侠列传》所记载的郭解任侠心，为免除某位男子的徭役而请求经办尉史的事例中看出，这相当于所谓给面子的行为吧。

> 解出入，人皆避之。有一人独箕倨视之，解遣人问其名姓。客欲杀之。解曰："居邑屋至不见敬，是吾德不修也，彼何罪！"乃阴属尉史曰："是人，吾所急也，至践更时脱之。"每至践更，数过，吏弗求。怪之，问其故，乃解使脱之。箕踞者乃肉袒谢罪。少年闻之，愈益慕解之行。 （《史记·游侠列传》）

这位郭解，的确为了他人而违法向吏请托免除其践更。由于他人不知免除践更的缘故，所以，郭解向尉史的请托，与其说是行贿，毋宁说是以任侠的权势为背景的说项。也就是说，汉代"为人请求于吏以枉法"的事实，有必要从其背景即当时任侠等豪右以其

[①] 沈家本在沈家本《历代刑法考·汉律摭遗》卷二的"受财枉法"条里是这样认为的："听请有受财、不受财之不同。律之请求而听行，罪止司寇，此不受财者也。……请求与请贿亦不同。请求者，不皆以财，其字但作'求'。……赇，谢也，请赇者必以财相谢，若无赃，何谢之可言。"解释了"求"与"赇"的不同。

面子在乡土社会中掌控民众、左右形势的环境来理解。

Ⅲ、Ⅳ是行财(赇)枉法、受财枉法的规定,即关于受托行贿、受贿。在唐律中,相对于枉法而言,即使不枉法的场合,依然有罪。但在汉律中,不枉法的场合是否被处罚则无法确认。官吏接受其所辖之内的饮食等宴享接待而成为谴责的对象,或在《盗律》中予以规范的事实,从下引汉景帝的诏书以及《晋书·刑法志》的记载中可以得到印证。

> 秋七月,诏曰:"吏受所监临,以饮食免,重;受财物,贱买贵卖,论轻。廷尉与丞相更议著令。"廷尉信谨与丞相议曰:"吏及诸有秩受其官属所监、所治、所行、所将,其与饮食计偿费,勿论。它物,若买故贱,卖故贵,皆坐臧为盗,没入臧县官。"
> (《汉书·景帝纪》)
> 《盗律》有受所监、受财枉法。　　　　　(《晋书·刑法志》)

《汉书·景帝纪》诏书所说的"吏受所监临",与前引唐律第140条规定的"监临之官,受所监临财物"相同,也许可以说汉律规定了经办官吏只要接受财物就构成犯罪。如果单纯比较而言,它的确与唐律第140条有共通之处,至少两者都使用了"监临"、"受所监临"的词语。但必须指出两者的立法宗旨是不同的。我们既然无法确定《景帝纪》所载诏令的内容是基于汉律的规定,那么,这个问题只能止步于禁止官吏享受不当宴享接待的规定,不能想当然地推定存在其延长线上的伴随请托的官吏违法行为,亦即不能认定存在关于受财枉法未实施的相关规定。假设要处罚受财不枉法的话,那么,相对于受财枉法的处罚一般是劳役刑、最重时可科以次死之刑的髡钳城旦刑而言,官吏接受饮食等宴享接待的处

罚不过是免官,而且,对"吏受所监临,以饮食免,重"的诏书,站在
以动机主义立场出发的汉律理念来看时,颇难理解。更何况"免
官"果真是针对犯罪的法定正刑吗? 它是刑事处罚抑或是谴责官
吏的行政处罚? 既然受赇枉法有明确的刑事处罚,那么作为受赇
不枉法而免责的这种对应,可以说不是同一犯罪的既遂、未遂的对
置,而是分属于不同的范畴。换言之,受赇枉法属于盗窃罪,而汉
代"吏受所监临,以饮食免"则不过是针对官吏玷污官常的贪婪行
为的谴责——予以处分罢了。这在现阶段仍属推测范畴,但我认
为汉律不是不处罚受赇不枉法、行赇不枉法。正确的说法是,在汉
律中,受赇不枉法是否作为犯罪无法确定,虽然从官吏的清廉角度
出发它是应予以谴责的行为,但作为犯罪则没有明确的构成要件。
显然,受赇不枉法是处于这种暧昧的状态中。我认为,贿赂罪是招
致官吏受托受贿而卷入违法行为时才成立的。唐律所见到的受财
不枉法、行财不枉法的处罚规定,是汉唐间渎职罪历史演变中成立
的结果。但关于这个问题,此处暂且按下不表,详细的检讨留待
后文。

　　回到关于贿赂的Ⅲ、Ⅳ。受托行贿的Ⅲ是有事之人行贿请托,
经办官吏实施违法行为(在唐律即使不枉法也构成犯罪),Ⅳ是经
办官吏接受贿赂实施违法行为。经办官吏在唐律中分为监临、主
司,汉代仅单称"官",其行为主体均为官吏,这种犯罪是官吏的职
务犯罪,是行为人必须具备一定身份的行为主体要件的身份犯罪。

　　汉律中的受财枉法确实属于身份犯。但是,张家山二四七号墓
出土的被称为《奏谳书》的诉讼文书中,载有令人注目的如下案件:

　　●●北地守谳(谳):女子甑奴顺等亡,自处彭阳。甑告丞
相:自行书,顺等自赎。甑所臧(赃)过六百六十,不发告书,顺

等以其故不论,疑罪。廷报:甗、顺等受、行赇狂(枉)法也。

(案七 51—52)

这份《奏谳书》案件七反映的是一个名叫顺①的人,原为女子甗的逃亡之奴,向甗赠送金钱,请求她不发告书。甗得到六百六十钱以上的贿赂,服从了顺的请托。对于逃亡奴隶,主人向官府申请后,可以对其科以笞刑等处罚。②案件反映的是围绕着违反这一规定的主人与应受处罚的奴隶的处理问题的请谳。但对此,值得注意的是女子甗、奴顺都是平民百姓,受贿的甗不是官吏,但对甗适用的是受赇枉法罪。即在汉代,受赇枉法罪未必处于身份犯罪的序列。虽然在汉律中确实也有受财枉法罪基本上属于官吏职务犯罪的概念,所以对于官吏之外的受财枉法之类的案件七,就要通过请谳的程序,由廷尉进行判断,把这种招致违法行为的民间百姓的受贿、行贿行为,也认定为受赇枉法、行赇枉法之罪。

那么,为什么汉律中的贿赂罪不在身份犯之列呢?其原因不外乎汉代的受赇枉法罪即贿赂罪的立法理念与唐律不同。

"受赇以枉法,及行赇者,皆坐其臧(赃)为盗",这是汉律行贿、受贿罪的规定,它属于《盗律》。所谓的"赃"乃不法(不正)之利,

---

① 奴隶名"顺"。"顺等"是"顺等人"的复数表述,还是逃亡奴隶之名,不详。

② 在《二年律令·亡律》中,可以看到关于逃亡奴隶的规定。奴隶自首时笞百,逃亡奴隶被捕获后如何处置的规定,见于《二年律令》第159简:"□□頯界主。其自出殹(也),若自归主,主亲所智(知),皆笞百。"及160简:"奴婢亡,自归主,主亲所智(知),及主、主父母、子若同居求自得之,其当论頯主,或欲勿诣吏论者,皆许之。"其中的第159简是关于奴隶自首(自愿投案或者回到主人身边)的规定,然而因为该简的上端残缺,对逃亡行为自身应如何处罚,已无法窥知。但不管如何,从《亡律》第159、160简可知,当奴隶逃亡时,主人必须向官府报告,而且可以处罚奴隶。

所谓的"盗"是"非法地变更、夺取本不应归属他的物品",这在《晋书·刑法志》所载张斐的《律注》中已经指明。[①]其定义对汉律依然可以适用。

> 取非其物谓之盗,货财之利谓之赃。　(《晋书·刑法志》)

汉律的行贿、受贿罪所说的"不法",不是基于作为违法行为对价的、不具有钱财授受自身的违法性,也不具有实施侵犯作为官吏职务的不可侵犯性之行为而导致的不法,不过是基于不法行为与财物授受之间存在因果关系之故,或者所得财物是因不法行为的对价而不应归属于其本人的缘故,是为赃物或盗品。这就是汉代行贿、受贿罪属于《盗律》的法理。

这里不得不再次强调,汉律的贿赂罪具有向官吏犯罪倾斜的身份犯的性格。

只是,它属于盗窃罪、不法之利(赃罪)的范畴,特别是因为钱财的授受与违法行为之间具有因果关系的犯罪。这种犯罪作为赃罪而归属《盗律》,或者如《奏谳书》案件七所示的不在官吏的身份犯之列,正是基于上述缘由。还有,先前指出的汉律受赇(行赇)不枉法不成为处罚对象的论述,也是由于不枉法的场合,"不法行为—不当得利—盗窃"之间的关联性难以寻觅。例如《后汉书·郑均传》就有如下的记载:

---

① 参见内田智雄编、冨谷至补:《譯注中國歷代刑法志(補)》之冨谷至"解說",日本创文社 2005 年版,第 269—270 页。译者按:"解說"原文已由薛夷风译为中文,题名《论出土法律资料对〈汉书〉、〈晋书〉、〈魏书〉"刑法志"研究的几点启示——〈译注中国历代刑法志·解说〉》,载韩延龙主编:《法律史论集》(第 6 集),法律出版社 2006 年版。

> 郑均字仲虞,东平任城人也。少好黄老书。兄为县吏,颇受礼遗,均数谏止,不听。即脱身为佣,岁余,得钱帛,归以与兄,曰:"物尽可复得,为吏坐臧,终身捐弃。"兄感其言,遂为廉絜。
>
> (《后汉书·郑均传》)

郑均所说的"物尽可复得,为吏坐臧,终身捐弃"的谏言,虽然表明接受礼物与犯赃罪之间没有直接联系,但却暗示着其中包含着"为吏坐臧"即"官吏实施枉法导致坐赃"的危险性。

从汉律关于受财枉法的相关法理看,我推测请赇枉法罪即前揭表之Ⅰ、Ⅱ的规定,即使同是渎职罪,亦当属于《盗律》吧。

三、汉—唐间贿赂罪的变迁

汉律中的渎职罪、贿赂罪的性格,经历三国的曹魏、两晋,乃至北魏,随着时代的变迁而发生变化。首先,曹魏明帝大和年间制定《新律》十八篇之际,新设了《请赇律》的篇目。

> 《盗律》有受所监、受财枉法,《杂律》有假借不廉,《令乙》有呵人受钱,科有使者验赂,其事相类,故分为《请赇律》。
>
> (《晋书·刑法志》)

即曹魏由十八篇构成的律新设的《请赇律》篇目,集合了此前一直实施的汉代分属于正律、令,以及其他法令条文(科)等法律规定中具有共通性的犯罪而来的。

"受所监"、"受财枉法"已见上述。"假借不廉"与李悝《法经》

六篇之一的《杂律》中规定的"借假不廉"相当，^①在《二年律令·杂律》第 184、187 等简中所见到的官吏通过借贷财物而不当得利的行为，是因其与人们对官吏所期待的廉洁性相违背而构成犯罪的。^② 在此应特别留意"不廉"这一行为是作为对官吏的态度的评价、非难意义上来使用的惯用语，我们在汉代至六朝的史料中，经常可以看到关于官吏的廉洁、不廉之类的记述。官吏的廉洁问题，

---

① 《晋书·刑法志》："是时承用秦汉旧律，其文起自魏文侯师李悝。悝撰次诸国法，著《法经》，以为王者之政，莫急于盗、贼，故其律始于《盗》、《贼》。盗贼须劾捕，故著《网》、《捕》二篇。其轻狡、越城、博戏、借假不廉、淫侈、逾制，以为《杂律》一篇。"

② 对于"假借"，有资料显示其不是金钱的借贷，而是依仗权威，或者借用权威的意思。果若如此，"假借不廉"则可理解为："官吏利用其权威而行不廉"。例如《汉书·薛宣朱博传》："赞曰：薛宣、朱博皆起佐史，历位以登宰相。……又见孝成之世委任大臣，假借用权。世主已更，好恶异前。"《后汉书·皇后纪·和熹邓皇后》："诏告司隶校尉、河南尹、南阳太守曰：'每览前代，外戚宾客，假借威权，轻薄谲诪，至有浊乱奉公，为人患苦。咎在执法怠懈，不辄行其罚故也。'"而在唐律《厩库律》中，有："诸假请官物，事讫过十日不还者笞三十，十日加一等，罪止杖一百；私服用者，加一等。""诸监临主守，以官物私自贷，若贷人及贷之者，无文记，以盗论；有文记，准盗论。"等条文，是关于官吏对官物的不当借贷、侵占、窃取的规定。这在汉律的《盗律》中也可以看到类似的处罚规定。《二年律令·盗律》第 77、78、79 简分别规定："□□以财物私自假㱽（贷），假㱽（贷）人罚金二两。其钱金、布帛、粟米、马牛殹（也），与盗同法。""诸有叚（假）于县道官，事已，叚（假）当归。弗归，盈二十日，以私自叚（假）律论。其叚（假）别在它所，有（又）物故毋道归叚（假）者，自言在"。"所县道官，县道官以书告叚（假）在所县道官收之。其不自言，盈廿日，亦以私自假律论。其叚（假）已前入它官及在县道官非"。总之，"假借不廉"具体是什么内容并不清楚。但若根据其属于《杂律》的条文，并考虑到其与《二年律令·杂律》的关系的因素，仍解释为官吏借贷金钱给百姓并获取不当利息的行为，应该较为妥当吧。

在迄今为止的政治史评论中时常涉及，[①] 但值得指出的是，作为法制用语，它转而使用于对官吏工作状态的评价方面。

"呵人受钱"四个字，仅就字面翻译的话，是指威胁他人而获得钱财。但晋律张斐注有"不以罪名为呵人，以罪名呵为受赇"的定义。有日本学者译为"不因罪名关系而挑剔为呵人"，"以罪名关系挑剔为受赇"。[②] 但这种解释仍不清晰。因为在张斐注中，还可以看到"呵人取财似受赇"——以恫吓、威胁手段获取钱财，与受赇类似。现在，如果认为"受赇"主要是官吏的收受贿赂，那么，"呵人受钱"的主体是官吏，应理解为官吏利用其职务之便而收受财物吧。财物授受的手段若是基于请托的贿赂，与官吏的"受赇枉法"含有因果关系，其间以恫吓手段获得财物就是"呵人受钱"。而接受他人的请托时，其职务行为若与审讯、裁判相关，致使判决畸轻畸重，则为"以罪名呵为受赇"；若与审讯、裁判无关，只在租税的征收上，或是利用官吏的威严，使人贡献钱财，应为"呵人取财"。

---

① 这里不列举相关的研究论文，仅指出与官吏"廉"或"不廉"的相关史料于如下：

　　秋八月，诏曰："吏不廉平则治道衰。今小吏皆勤事，而奉禄薄，欲其毋侵渔百姓，难矣。其益吏百石以下奉十五。"　　　　　　（《汉书·宣帝纪》）

　　秉字叔节，少传父业，兼明《京氏易》，博通书传，常隐居教授。年四十余，乃应司空辟，拜侍御史，频出为豫、荆、徐、兖四州刺史，迁任城相。自为刺史、二千石，计日受奉，余禄不入私门。故吏赍钱百万遗之，闭门不受。以廉洁称。　　　　　　　　　　　　（《后汉书·杨震列传子秉附传》）

　　今朝廷之议，吏有着新衣、乘好车者，谓之不清；长吏过营，形容不饰、衣裳敝坏者，谓之廉洁。　　　　　　　　　（《三国志·魏书·和洽传》）

　　州郡辟河东从事。守令有不廉洁者，皆望风自引而去。

　　　　　　　　　　　　　　　　　　　　　　　（《晋书·王澄传》）

② 参见内田智雄编、冨谷至补：《譯注中國歷代刑法志（補）》，日本创文社 2005 年版，第 136 页。

这两种情况的结果,因官吏滥用其职权或地位而获得不当利益,故有"呵人取财似受赇"这样的解释。①

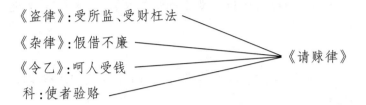

《盗律》:受所监、受财枉法
《杂律》:假借不廉
《令乙》:呵人受钱
科:使者验赂

《请赇律》

在《后汉书·卓茂传》中,还记载了如下逸话:

> 人尝有言部亭长受其米肉遗者,茂辟左右问之曰:"亭长为从汝求乎? 为汝有事嘱之而受乎? 将平居自以恩意遗之乎?"人曰:"往遗之耳。"茂曰:"遗之而受,何故言邪?"人曰:"窃闻贤明之君,使人不畏吏,吏不取人。今我畏吏,是以遗之,吏既卒受,故来言耳。"

此人之所以向亭长馈赠米肉并被接受,是基于"畏吏"的畏惧心、胁迫感。这正是"呵人取财",故诉诸卓茂。

所谓"使者验赂"中的"验"字的意思至今并不清楚,大概说的是作为经办的使者收受贿赂的犯罪。在《唐律·职制律》中也有

---

① 《晋书·刑法志》:"律有事状相似而罪名相涉者,若加威势下手取财为强盗,不自知亡为缚守,将中有恶言为恐猲,不以罪名呵为呵人,以罪名呵为受赇,劫召其财为持质。此六者,以威势得财而名殊者也。即不求自与为受求,所监求而后取为盗赃,输入呵受为留难,敛人财物积藏于官为擅赋,加欧击之为戮辱。诸如此类,皆为以威势得财而罪相似者也。"缚守(使之处于难以逃脱的状态)、恐猲、呵人、受赇、持质(让其提供抵押)等皆为"以威势得财",是在官吏犯罪中的解说。还有"输入呵受",说明其是与租税有关的吹毛求疵,通过刁难、找毛病而获得金钱。

作为官吏的使者在出使时收受财物或乞取财物的处罚规定：

> 诸官人因使，于使所受送遗及乞取者，与监临同；经过处
> 取者，减一等。 　　　　　　　　　　（《职制律》141）

还有《隋书·刑法志》所载北齐文宣帝时都官郎中宋轨的奏文中，也有使者受贿的记载：

> 昔曹操悬棒，威于乱时，今施之太平，未见其可。若受使
> 请赇，犹致大戮，身为枉法，何以加罪？

以上是曹魏律《请赇律》对新组合的"受所监"、"受财枉法"、"假借不廉"、"呵人受钱"，以及"使者验赂"等关于官吏犯罪的系统概括，即构成《请赇律》的犯罪类型均为官吏的身份犯罪。

身份犯即使在此前的汉律中确实存在，但也没有将其集中于一个篇目内，至少受财枉法就属于窃盗罪，故也适用于官吏之外的其他人。身份犯以明确的形式出现，可以说是从魏律开始的。

及至制定晋律时，与魏律相同的《请赇律》作为二十篇之一依然存在，它也是从汉律的盗律中分离出来的。

> 改旧律为《刑名》、《法例》，辨《囚律》为《告劾》、《系讯》、
> 《断狱》，分《盗律》为《请赇》、《诈伪》、《水火》、《毁亡》，因
> 事类为《卫宫》、《违制》，撰《周官》为《诸侯律》，合二十篇，
> 六百二十条，二万七千六百五十七言。　（《晋书·刑法志》）

可见晋律是直接继承汉律的——所谓"旧律"指的就是汉律，

"改旧律"就是改订汉律——从《盗律》分割而来的《请赇律》，不妨视为支持前述魏律《请赇律》所规制的犯罪的观点。

进入北朝后，官吏的受贿罪继续展开。伴随着官吏俸给制的实施，对行贿、受贿的处罚愈益严厉，同时，官吏接受请托的财物授受行为自身也朝着成为处罚对象的方向发展。

北魏初期官吏并无俸给。为何如此？可从孝文帝太和初年讨论俸给制时，曾为尚书、中书监的高闾表文所说"自中原崩否，天下幅裂，海内未一，民户耗减，国用不充，俸禄遂废"①中窥知。的确，俸给的财源空匮是其原因之一。俸给制的施行，可以说因与户调的增加，乃至三长制、均田制等北魏税制有密切关系而得以实现。②但不容忽视的更深层次的原因之一，是部族制的胡族国家还没有完全进化到由俸给制所构成的中央集权的官僚制的阶段。还有一个原因，是官吏从民间收受礼物已习惯化，它远比定额制下的俸给来得实惠，这也成为否决俸给制的潜在原因。③

关于孝文帝太和八年（484）六月施行俸禄制的情况，记载于

①《魏书·高闾传》载高闾上表曰："天生烝民，树之以君，明君不能独理，必须臣以作辅。君使臣以礼，臣事君以忠。故车服有等差，爵命有分秩；德高者则位尊，任广者则禄重。下者禄足以代耕，上者俸足以行义。庶民均其赋，以展奉上之心；君王聚其材，以供事业之用。君班其俸，垂惠则厚；臣受其禄，感恩则深。于是贪残之心止，竭效之诚笃；兆庶无侵削之烦，百辟备礼容之美。斯则经世之明典，为治之至术。自尧舜以来，逮于三季，虽优劣不同，而斯道弗改。自中原崩否，天下幅裂，海内未一，民户耗减，国用不充，俸禄遂废。此则事出临时之宜，良非久长之道。"
②参见冈崎文夫：《魏晋南北朝通史》，弘文堂1932年版，第667页。
③《魏书·崔宽传》（《北史》卷二一同此）："时官无禄力，唯取给于民。宽善抚纳，招致礼遗，大有受取，而与之者无恨。又弘农出漆蜡竹木之饶，路与南通，贩贸来往。家产丰富，而百姓乐之。诸镇之中，号为能政。及解镇还京，民多追恋，诣阙上章者三百余人。书奏，高祖嘉之。"

《魏书·孝文帝本纪》：

> 六月丁卯，诏曰："置官班禄，行之尚矣。《周礼》有食禄之
> 典，二汉著受俸之秩。逮于魏晋，莫不聿稽往宪，以经纶治道。
> 自中原丧乱，兹制中绝，先朝因循，未遑厘改。朕永鉴四方，求
> 民之瘼，夙兴昧旦，至于忧勤。故宪章旧典，始班俸禄。"

孝文帝时期导入的俸禄制，也许是北魏借重汉族官吏的力量，
在逐步转化为汉化国家过程中必然的趋势。再有，俸禄制的建立，
是北魏意识到其政治、政策实施理念应以《周礼》为指针，俸禄制
正是这一观念下的产物，这也在上引诏书中得到证明。① 然而，必
须强调的是，采纳俸禄制有更现实的理由，这就是防止不断恶化的
官吏渎职、贿赂。

北魏对渎职、贿赂犯罪的处罚措施，在太武帝时曾采取削爵、
除名等手段，② 至高宗文成帝和平二年（461），对官吏在向人民征收
户调之际，与商人勾结，通过高利贷获利，即对相当于汉《杂律》、晋
《请赇律》中的"假借不廉"的犯罪，处以死刑。

> （和平）二年（461）春正月乙酉，诏曰："刺史牧民，为万里
> 之表。自顷每因发调，逼民假贷，大商富贾，要射时利，旬日之
> 间，增赢十倍。上下通同，分以润屋。故编户之家，困于冻馁；
> 豪富之门，日有兼积。为政之弊，莫过于此。其一切禁绝，犯

---

① 参见川本芳昭《魏晋南北朝時代の民族問題》，汲古书院 1998 年版，第
380—381 页。
② 《北史》卷十六《太武五子传》："（临淮王元谭）子提袭，为梁州刺史，以贪纵
削除，加罚，徙配北镇。"

者十疋以上皆死。布告天下,咸令知禁。"

(《魏书·高宗纪》,《北史》卷二同此)

迨及献文帝皇兴四年(470),更发布了监临官若于所辖处接受酒、羊等馈遗,处以死刑的诏书。

> "显祖诏诸监临之官,所监治受羊一口、酒一斛者,罪至大辟,与者以从坐论。纠告得尚书已下罪状者,各随所纠官轻重而授之。"
>
> (《魏书·张衮传白泽附传》,《北史》卷二一、《资治通鉴》
卷一三二"宋明帝泰始六年条"同此)

这种严厉处罚的措施虽因张白泽的反对而未能施行,却成为孝文帝太和八年(484)颁行俸禄制的契机。关于贿赂罪,在俸禄制颁行之前的孝文帝太和五年(481)制定的魏律八百三十二章中,就规定官吏受财枉法,枉法赃十匹、义赃二百匹,皆死。至俸禄制颁行后,其处罚愈益严厉化,受赇枉法不论赃有多少,皆死,义赃一匹以上,亦死。

> 律:"枉法十匹,义赃二百匹大辟。"至八年,始班禄制,更定义赃一匹,枉法无多少皆死。是秋遣使者巡行天下,纠守宰之不法,坐赃死者四十余人。食禄者踡跼,赇谒之路殆绝。
>
> (《魏书·刑罚志》)

此处所说的"义赃",也许是相对于枉法的不枉法之赃,但如视为基于馈赠方之义而官吏得到的不当之利,犹如胡三省注那样，①是没有乞取而自愿提供的礼物，其解释亦能成立。我同意胡三省注之解释，认为"义"字含有馈赠方的礼仪。

《魏书·刑罚志》紧接着记载，随着太和八年对贿赂罪处罚的严厉化，致使"食禄者踟蹰，赇谒之路殆绝"。但此后的实际情况却与记述颇不相符。最糟糕的是俸禄制的施行并不顺畅。俸禄制在孝庄帝（528—530）时被废绝，此后直至天保元年（550）高洋（文宣帝）建立北齐、改为百官俸禄制为止的近二十年间，并没有发挥其机能。据《北史》卷七《齐本纪中》记载：

> 天保元年，夏五月戊午，皇帝即位于南郊，升坛，柴燎告天。……大赦，改元。百官进两大阶；六州缘边职人三大阶。自魏孝庄已后，百官绝禄，至是复给焉。

俸禄制为何无法顺利施行呢？其原因之一，是最初以帛、粟施行的俸禄，至太和十九年（495）发行太和五铢之际，改为以钱支给。②由于俸禄钱支给的铜钱在全国无法普及流通，③这一政策使

---

① 《资治通鉴》卷一三六《齐纪·世祖武皇帝》中亦有大致相同的文字记述，参见"永明二年九月"条胡三省对"枉法"、"义赃"的解说。"九月，魏诏，班禄以十月为始，季别授之。旧律，枉法十匹，义赃二十匹，罪死；至是，义赃一匹，枉法无多少，皆死。（胡注：枉法，谓受赇枉法而出入人罪者。义赃，谓人私情相馈遗，虽非乞取，亦计所受论赃。）仍分命使者，纠按守宰之贪者。"

② 《魏书·食货志》："魏初至于太和，钱货无所周流。高祖始诏天下用钱焉。十九年，冶铸粗备，文曰"太和五铢"，诏京师及诸州镇皆通行之。内外百官禄皆准绢给钱，绢匹为钱二百。"

③ 《魏书·食货志》载：熙平初（516—517年），尚书令、任城王澄上言："……窃寻太和之钱，高祖留心创制，后与五铢并行，此乃不刊之式。但臣窃闻之，君子行礼，不求变俗，因其所宜，顺而致用。'太和五铢'虽利于京邑之肆，而不入徐扬之市。土货既殊，贸鬻亦异，便于荆郢之邦者，则碍于（转下页）

铜钱形式的俸禄无所使用，进而引发俸给的有名无实。

俸禄制在元魏一朝无法顺利施行，也就意味着无法防治渎职罪、贿赂罪。毕竟，渎职、贿赂的盛行，从《北史》《魏书》中可以寻找到大量的史料。

但是，值得一提的是，北魏对贿赂罪的严罚化，使汉代以来该罪的犯罪性质、构成要件等，正朝着与此前不同的方向发展变化。

其一，贿赂罪是官吏所犯之罪，其主体是纯粹身份犯。如前所述，这一倾向在曹魏开始确立的《请赇律》中已有体现，但把官吏的俸禄制与贿赂罪紧密联结，互为表里，固化了贿赂罪是以官吏的身份为其成立要件和刑罚加减要件的犯罪。

现在，我们看到一个变化，这就是由处罚官吏因财物授受而发生的违法行为，发展到把官吏实施财物授受的行为犯罪化并予以处罚的事实。此处试举一个典型的例子，即宣武帝正始年间（504—507），历任尚书郎中、三公郎之职的辛雄，为了保证公正裁判而提出的建议：

> 又须定何如得为证人。若必须三人对见受财，然后成证，则于理太宽。若传闻即为证，则于理太急。令请以行赇后三人俱见，物及证状显著，准以为验。　　（《魏书·辛雄传》）

意谓"若三人同时看到受贿经过才能作为证据采用，则于犯罪人太

（接上页）兖豫之域。致使贫民有重困之切，王道贻隔化之讼。去永平三年，都座奏断天下用钱不依准式者，时被敕云：'不行之钱，虽有常禁，其先用之处，权可听行，至年末悉令断之。'……愚意谓今之太和与新铸五铢，及诸古钱方俗所便用者，虽有大小之异，并得通行。贵贱之差，自依乡价。庶货环海内，公私无壅。其不行之钱，及盗铸毁大为小，巧伪不如法者，据律罪之。"

有利。作为授受贿赂的证人和证据的条件是,只要在行贿后有三个证人都能指认授受贿赂的事实,且物证和证言均充分时便能作为证据采用。"

在上述行贿、受贿罪成立的内容中,是否枉法已不是问题。这与汉代以"受赇以枉法,及行赇者,皆坐其臧为盗"为内容而纳入盗律的贿赂罪相比,已是性质迥异的渎职罪了。

汉代的贿赂罪终究属于盗窃罪的范畴,因此,在认定行贿、受贿罪时,也把贿赂数额视同盗窃数额,与通常的盗窃罪相应,对受赇枉法的刑罚也设计了一定的等差。这样,刑罚的轻重等差就与盗窃数额的大小相适应而发生联系。但现在,若实施一定的行为,未必存在刑罚的轻重等差。加上北魏把贿赂罪的处罚严厉化,乃至处以死刑。如施行俸给制的太和八年规定:"义赃一匹,枉法无多少皆死。"可以说这种绝对死刑,已经不存在与行贿、受贿数额相应的处罚等差了。

其二,我们还可以从其他角度考虑。在半谷半钱的俸给制确立、而铜钱具有流通功能的汉代,《盗律》中的盗窃额是能够算定的。同时,行贿、受贿的内容,也以那时最有用的金钱为授受内容。然而,在货币经济不能发挥功能的北魏,原本多样性的行贿、受贿的内容更加多样化,向官吏提供酒食比金钱的授受更盛行,令人不由得想起北魏献文帝皇兴四年(470)出台的"所监治受羊一口、酒一斛者,罪至大辟"的规定不是偶然的。可以说,货币经济的停滞也给贿赂罪的性质带来不小的影响。

以上,概述了从汉代渎职、贿赂的罪与罚到曹魏制定新律而新增《请赇律》的篇目,再到北魏施行俸禄制与处罚渎职罪的严厉化,乃至犯罪的构成要件的变化及其性质上与汉律的不同。

紧接这些相关变迁之后的是唐律《职制律》诸规定的出现。

在先前考察的各王朝相关制度的变迁所提供的历史的纵向视角之外，我们还必须了解横亘于此的作为中国法制史底色的犯罪与刑罚的基本理念。所以接下来，试着从其他角度考察上述贿赂罪问题。

四、贿赂何以为罪——礼物与贿赂之间

贿赂为何是恶的？特别从汉到唐，贿赂、请赇为什么成为犯罪？

在以经书为首的古代文献史料中，仅从"贿"、"赂"的词性看，并不包含与罪恶、犯罪相联系的意义即贬义。

【贿】

> 大府掌九贡、九赋、九功之贰。以受其货贿之人，颁其货于受藏之府，颁其贿于受用之府。

> （《周礼·天官冢宰·大府》）

> 是月也，易关市，来商旅，纳货贿，以便民事。四方来集，远乡皆至，则财不匮，上无乏用，百事乃遂。 （《礼记·月令》）

> 贿赠、飨、食、燕，所以明宾客君臣之义也。

> （《礼记·聘义》）

> "贿，财也。"（段注："《周礼》注曰：'金玉曰货，布帛曰贿。'析言之也。"） （《说文解字注》六篇下）

【赂】

> 憬彼淮夷，来献其琛。元龟象齿，大赂南金。（毛传："赂，遗也。"）

> （《诗经·鲁颂·泮水》）

> 故天子微，诸侯僭；大夫强，诸侯胁。于此相贵以等，相觑

以货,相赂以利,而天下之礼乱矣。　　　(《礼记·郊特牲》)

"赂,遗也。"(段注:"赂,如道路之可往来也。")

(《说文解字注》六篇下)

从上引资料可知,所谓"贿"是指财物,"赂"是指赠遗的意思,其言词自身应不包含罪恶之义。在《礼记·郊特牲》中,确实在紊乱礼的文意上使用"赂",但"相赂以利"是非难,而"赂"仅是单纯的行为。

不过,在西汉的相关资料中,并未看见"贿赂"这一熟语,它的出现,尤其被用于所谓"贿赂"的负面意义方向的,是在魏晋至唐的时期。汉律中记载的后来"贿赂"意义上的术语是赇(受赇、行赇)。

《说文解字·六篇下》对"赇"是这样说明:"赇,以财物枉法相谢也。从贝,求声。一曰戴质也。"可是,严格地讲,"赇"字含有"枉法"的意思,恐怕已不是最初之义了。汉律中有"受赇枉法"、"行赇枉法"的条文,从中不难看出其所体现出来的衍生意义。从"赇"字是由"贝"和"求"构成来看,它是以财物为媒介的请求之义,《说文解字》所谓:"一曰戴质也",是其本来的字义,《汉书·薛宣传》之《音义》引韦昭注:"行货财以有求于人曰赇。"《急就篇》颜师古注:"以财求事曰赇",都是基于这一意思的解说。

"赇"字之义作此解释是最适合的。还有"请赇"一说,是介入财物的要求、请求,"赇"与"求"二字因同音之故,经常招致混用。"请赇"与"请求",[1] 严格讲必须区别是否有财物的介入。事实上,唐律《职制律》第135条"诸有所请求"针对的就是没有财物供与

---

① 参见沈家本《汉律摭遗》卷二"受财枉法"条。

的情形,唐律已没有"赇"或"请赇"的术语,若提供财物时,则是"以财行求"、"受财枉法"。

不管怎么说,"赇"字没有枉法之义,也不是构成犯罪的要素。

大体上,在中国古代,出于某种目的而向他人提供财物,或者作为对某种行为(无论作为、不作为)的抵消而授受财物时,未必是被非难的事态,甚至可能是被允许和赞赏的。此乃合乎礼的行为,是儒家礼仪的践行。同样意义上使用的还有"受礼"、"受遗"、"礼遗"等词语。在"受礼"、"送礼"的意义上,《论语·述而》所谓"自行束脩以上,吾未尝无诲焉",就是著名的弟子等卑微者向尊者老师赠送礼物的行为,原来就属于这个范畴。

此外,在《孟子·万章》篇中可见以下问答:

> 万章曰:"敢问交际何心也?"孟子曰:"恭也。"曰:"却之却之为不恭',何哉?"曰:"尊者赐之。曰:'其所取之者义乎,不义乎?'而后受之,以是为不恭,故弗却也。"曰:"请无以辞却之,以心却之,曰:'其取诸民之不义也',而以他辞无受,不可乎?"曰:"其交也以道,其接也以礼,斯孔子受之矣。"
>
> 万章曰:"敢问不见诸侯,何义也?"孟子曰:"在国曰市井之臣,在野曰草莽之臣,皆谓庶人。庶人不传质为臣,不敢见于诸侯,礼也。"万章曰:"庶人,召之役,则往役;君欲见之,召之,则不往见之,何也?"曰:"往役,义也;往见,不义也。且君之欲见之也,何为也哉?"曰:"为其多闻也,为其贤也。"曰:"为其多闻也,则天子不召师,而况诸侯乎?为其贤也,则吾未闻欲见贤而召之也。"

即使前引与贿有关的"贿赠,飨、食、燕,所以明宾客君臣之义也",也是基于此意。作为后来出现的遭到非难的行贿、受贿,当时也作为"受礼"的一个环节,更在礼的实践上即基于礼仪的行为而得到赞赏。

前引《后汉书·郑均传》(第 350 页)所载郑均之兄"颇受礼遗,均数谏止"的史料,以及北魏献文帝皇兴四年(470)诏:"诸监临之官,所监治受羊一口、酒一斛者,罪至大辟。"对此,持反对意见的张白泽上表中提及:"禁尚书以下受礼者刑身,纠之者代职。"(《魏书·张衮传》)其中仍残留有贿赂意义上的"受礼"一词。①

这样的事例在下引逸话中更容易看出,它说的是官吏接受礼物并不是特别坏的事。还是继续前面引到《后汉书·卓茂传》的史料,卓茂对曾因"畏吏"而赠遗礼物却向自己申诉的人是这样回答的:

> (卓)茂曰:"汝为散人矣。凡人所以贵于禽兽者,以有仁

---

① 关于"礼遗"的词语,例如:

郑均字仲虞,东平任城人也。少好黄老书。兄为县吏,颇受礼遗,均数谏止,不听,即脱身为佣。岁余,得钱帛,归以与兄,曰:"物尽可复得,为吏坐臧,终身捐弃。"兄感其言,遂为廉洁。 (《后汉书·郑均传》)

辟司徒桓虞府。后拜侍御史,持节使幽州,宣布恩泽,慰抚北狄,所过皆图写山川、屯田、聚落百余卷,悉封奏上,肃宗嘉之。拜兖州刺史。以清约率下,常席羊皮,服布被。迁张掖太守,有威重名。时大将军窦宪将兵屯武威,天下州郡远近莫不修礼遗,恂奉公不阿,为宪所奏免。

(《后汉书·李恂列传》)

《魏书》曰:乘舆时居棘篱中,门户无关闭。天子与群臣会,兵士伏篱上观,互相镇压以为笑。诸将专权,或擅笞杀尚书。司隶校尉出入,民兵抵掷之。诸将或遣婢诣省閤,或自赍酒啖,过天子饮,侍中不通,喧呼骂詈,遂不能止。又竞表拜诸营壁民为部曲,求其礼遗。医师、走卒,皆为校尉,御史刻印不供,乃以锥画,示有文字,或不时得也。 (《三国志·魏书·李傕传》)

爱，知相敬事也。今邻里长老尚致馈遗，此乃人道所以相亲，况吏与民乎？吏顾不当乘威力强请求耳。凡人之生，群居杂处，故有经纪礼义以相交接。汝独不欲修之，宁能高飞远走，不在人间邪？亭长素善吏，岁时遗之，礼也。"人曰："苟如此，律何故禁之？"茂笑曰："律设大法，礼顺人情。今我以礼教汝，汝必无怨恶；以律治汝，何所措其手足乎？"

已经不用征引更多的说明了吧。这条材料足以证明向官吏赠送礼物是礼的行为。我在先前指出："是否可以说汉律不处罚受赇不枉法、行赇不枉法呢？"处罚的只是有违法行为时才成立的贿赂罪。还指出：受赇不枉法是处于暧昧的状态中，作为犯罪并不明确。现在，如将"受赇"、"行赇"视为礼的行为、应予赞赏的行为，至少这种说法是基于儒家的背景上，仅仅受赇的话，可以理解为不应成为处罚的对象吧。这正是因其行为处在礼仪与刑罚的夹缝中。

其后不久，它发展变化为官吏仅仅在所辖之内收受金钱也要问罪的唐律贿赂罪。其变化轨迹是在魏晋律中将贿赂罪移向其他篇目，北魏的俸给制和官吏渎职的政治背景亦为要因之一，但其根本则是自古以来持续不变的中国法律和刑罚的基本理念。

我在多篇论文、著作中指出且在本书中也多次言及，中国刑罚的目的在于威慑、预防。[①] 相关的预防、威慑不仅体现在刑罚，也体现在法律、立法理念上。可以说，预防中心主义不仅对刑罚，而且对立法理念也带来影响。"受财枉法"作为招致"枉法"对价的是

[①] 拙稿《緒言——江陵張家山二四七號墓出土漢律によせて》，载冨谷至编：《江陵張家山二四七號墓出土漢律令の研究》，朋友书店 2006 年版；本书第二部第一章《究極の肉刑から生命刑へ》。

"受财"。可是,因其具有导致"枉法"的潜在可能性,加上为了预防"枉法"之需,"受财"就变为禁止之列,触犯此种禁止性行为的遂构成犯罪。事实上,汉唐间将结果不正(枉法)作为可能性,扩大至未然的枉法的这一变化,正是中国法和刑罚所具有的预防、威慑理念所带来的。

《韩非子·外储说》中,有下面一则意味深长的故事:

> 公仪休相鲁而嗜鱼,一国尽争买鱼而献之,公仪子不受。其弟谏曰:"夫子嗜鱼而不受者,何也?"对曰:"夫唯嗜鱼,故不受也。夫即受鱼,必有下人之色;有下人之色,将枉于法;枉于法,则免于相。虽嗜鱼,此不必能自给致我鱼,我又不能自给鱼。即无受鱼而不免于相,虽嗜鱼,我能长自给鱼。"

这种场合下,官员应通过节制、自律以避免枉法,防范未然。但现在对官员的自律如果无法期待,作为其替代措施,只能是法律上的他律性、强制性的规定了。"枉法"就是由此出现的术语。

已然的枉法是从未然的枉法中变化来的。在此有个问题,就是颜师古注释中不巧妙的表述。他对《汉书·刑法志》"吏坐受赇枉法"的注释是:"吏受赇枉法,谓曲公法而受赂者也。"这样的解释究竟是"曲解公法(违反法律)而收受贿赂",还是"明知违反法律而收受贿赂"?无论何者,对我而言都难以正确理解颜师古的意图,因为它们确实都把"枉法"作为"受赇"的前提。

也就是说,颜师古的解释,并没有正确地解说汉代的"受赇枉法",只不过是以"为了预防枉法而禁止形成其原因的行为"这种在汉代之后才形成的立法原理来解释罢了。

小　结

法制史上，一般认为贿赂罪源自两个立法思想。

其一是罗马法的渊源，即"职务的不可收买性"（Unkäuflichkeit der Amtshandlung），不管职务行为违法与否，均对其接受正当收入之外的报酬予以处罚。其二是日尔曼法的渊源，即"职务行为的纯粹（纯洁）性"（Reinheit der Amtshandlung），只处罚违反职务行为而得的报酬。

但是，中国法（贿赂罪）的立法思想并不属于罗马法或日尔曼法的系统。乍一看，也许认为从汉代的渎职罪演变为唐代的渎职罪，正是从职务行为的纯粹性到职务的不可收买性的转化。但实际并非如此。

汉律有关贿赂的犯罪，被视为与盗窃相当的行为，规定在《盗律》中。还有，它并没有意识到这是官吏的犯罪，是纯粹的身份犯。这就意味着它至少不像罗马法、日尔曼法那样，是以"职务行为"、"职务"为前提的。

关于"受财枉法"的犯罪，随着时代的变迁，其性格也发生了变化。第一，官吏的渎职罪作为身份犯罪的性质被确定下来。其二，不伴随枉法的金钱财物的授受、请托也成为构成犯罪的行为。

唐律《职制律》的条文所归纳的渎职罪、贿赂罪，是首先设想到不法的职务行为、枉法的可能性，并对招致这种情形的若干情况分别量刑的立法。必须强调，其与职务行为的纯粹性、职务的不可收买性的法理，仍然存在差异。

汉唐间渎职、贿赂罪之所以产生这些变化，原因之一，在于历史发展到唐代的社会变化及其所反映的政治或刑事政策。

主张为官清廉的东汉清流士大夫运动,把金钱的赠贿视为黩货。① 更不必说面对贪吏横行,士大夫们极力把预防的方向转移到遏制这些主要的犯罪上来。再有,贿赂罪在曹魏律中已从《盗律》移到《请赇律》,其他与官吏相关的各种规定也一并改订,这是把贿赂罪纳入渎职罪范畴的立法措施。

沿着这种思路扩大变化乃至将其固定的是北魏。北魏建国之初,没有建立官吏的俸禄制。至孝文帝太和八年(484)才施行俸禄制。俸禄制施行的原因之一,是防止官吏的贪财渎职。但作为制定该制度的反动,对有关贿赂的处罚更加严厉化,甚至不问受财枉法的赃额多少,一律处死。还有,官吏授受财物的行为也成为处罚的对象。至此,不论枉法与否必需处罚,可以说已经不是问题。

唐律是沿袭北魏、北周的法律,其《职制律》规定的官吏渎职罪及其处罚,就是处在这一延长线上的产物。北魏律所看到的对贿赂罪的极端规定,即不论赃物多寡一律严罚化,被唐律加以修正。还有,决不能无视汉律以来的传统。结果,北魏所定的贿赂罪的极端规定在唐律并未出现。

以上概括了促使贿赂、渎职罪变化的历史原因。其实,必须考

---

① 所谓"黩货",是赃钱、不法的金钱。例如:

《世语》曰:恂字良夫,有通识,在朝忠正。历河南尹、侍中,所居有称。乃心存公,有匪躬之节。禹令袁毅馈以骏马,知其贪财,不受。毅竟以黩货而败。建立二学,崇明五经,皆恂所建。　　　(《三国志·魏书·王朗传》)

"……今如登郡比者多,若听其贬秩居官,动为准例,惧庸才负远,必有黩货之累,非所以肃清王化,辑宁殊域也。臣愚以为宜听鉴所上,先召登还,且使体例有常,不为远近异制。"诏从之。　　　(《晋书·李重传》)

广州包带山海,珍异所出,一箧之宝,可资数世,然多瘴疫,人情惮焉。唯贫窭不能自立者,求补长史,故前后刺史皆多黩货。朝廷欲革岭南之弊。　　　(《晋书·良吏传》)

虑到其变化的更深层次的原因,这就是中国的礼和自古以来中国的法律与刑罚的基本观念。贿赂,本来作为职务上接受的礼物是不被非难的,赠贿甚至是被赞赏的行为,而收贿也不是应被非难的行为,而是礼仪的一个环节。

汉律中,行贿、受贿不构成犯罪,只有当其具备枉法这一要件时才成立犯罪。再有,汉律中,其不属于《职制律》,而属于《盗律》的事实,也说明汉律尚无由贿赂构成的罪的范畴。

可是,作为践行礼的行为的行贿、受贿,转向具有因招致官吏实施不法行为而受到负面评价的行贿、受贿,至少在唐律的《职制律》中已成规定。之所以产生这一变化,是因为中国的刑罚和法律的目的是以维持秩序为第一要义,由此,对招致秩序紊乱的原因采取防患于未然的基本观念,及以此为背景而展开的历史事件。

所谓"礼禁未然之前,法施已然之后"①,是说明礼法关系时经常被引用的名言。从对行为人的道义性和自律规范出发防止恶,是礼的本质,与此相对的法,则是对行为结果的适用。可是,这种意义上的法(即中国古代的法)也是以未然的阶段为视点。换言之,对行为人的恶,与通过行为人自律的道义性来预防的所谓的礼不同,通过外在的禁止,即他律的威慑、预防,可以说是法的目的。礼与法在此寻找到共通之处:两者所依据的都是未然的行为和行为人的心情(动机),两者也可以说是为了形成秩序安定的社会而互为表里的"二柄"。

如今,中国贿赂罪的最高刑是死刑。可能是因为与其他犯罪相比,该罪的罪恶感较轻薄,这也成为行贿、受贿现象屡禁不止,

---

① 《史记·太史公自序》:"礼义之大宗也。夫礼禁未然之前,法施已然之后。法之所为用者易见,而礼之所为禁者难知。"

官员渎职常常成为社会问题的原因之一。可以说这种状况是上述在礼仪与法律夹缝之中变化而来的贿赂、渎职罪与刑罚历史的延续吧。

第二章　男女间的性犯罪

——关于奸罪

序　言

律文用"奸"字表示男女间的性犯罪，[1]《唐律·杂律》罗列了一系列的规定。

> 诸奸者，徒一年半；有夫者，徒二年。部曲、杂户、官户奸良人者，各加一等。即奸官私婢者，杖九十；奴奸婢，亦同。奸他人部曲妻，杂户、官户妇女者，杖一百。强者，各加一等。折伤者，各加斗折伤罪一等。　　　　　　　　　　（《杂律》410）
>
> 诸奸缌麻以上亲及缌麻以上亲之妻，若妻前夫之女及同

---

[1] 研究奸罪的先行论文主要有：下仓涉：《秦漢姦罪雜考》，载《東北學院大學論集》（歷史·地理）第 39，2005 年；宫宅洁：《腐刑》，载氏著《中國古代刑制史の研究》，京都大学学术出版会 2011 年版。两篇论文都使用了熟习的"姦淫（奸淫）"二字的罪名，但它在汉律乃至唐律中作为罪名中并不存在。"奸淫"是在《旧约圣经·摩西十戒》的译语中固定下来，在现代语中也通常用来表示不论、私通等道德性、宗教性的罪（sin）。本文详述的"奸"、"淫"和"奸淫"的含义与此不同。因此，将"奸淫罪"作为中国犯罪法制史上的罪名来使用，不仅使用者对该罪如何定义存在暧昧之处，而且也存在容易导致读者误解的危险性，所以，我认为应该避免使用"奸淫罪"。

母异父姊妹者,徒三年;强者,流二千里;折伤者,绞。妾,减一等。余条奸妾,准此。 (同上,411)

诸奸从祖祖母姑、从祖伯叔母姑、从父姊妹、从母及兄弟妻、兄弟子妻者,流二千里;强者,绞。 (同上,412)

诸奸父祖妾、谓曾经有父祖子者。伯叔母、姑、姊妹、子孙之妇、兄弟之女者,绞。即奸父祖所幸婢,减二等。

(同上,413)

诸奴奸良人者,徒二年半;强者,流;折伤者,绞。

其部曲及奴奸主及主之期亲若期亲之妻绞,妇女减一等;强者,斩。即奸主之缌麻以上亲及缌麻以上亲之妻者,流;强者,绞。 (同上,414)

诸和奸,本条无妇女罪名者,与男子同。强者,妇女不坐。其媒合奸通,减奸者罪一等。罪名不同者,从重减。

(同上,415)

《杂律》从第410条到第414条,根据性犯罪的要件分别规定了越来越重的罪。即各条文均规定了奸的对象为已婚者、部曲奴婢官户和良人、缌麻以上亲及缌麻以上亲之妻或者妻之前夫的女儿及同母异父的姊妹等,实施性行为的男女身份、血缘等这些要件。但最开头的第410条"诸奸者,徒一年半;有夫者,徒二年",将"奸者"和"有夫者"区分开来,因此,适用徒一年半刑罚的奸应该是未婚男女的性关系行为。也就是说,唐律将未婚男女的性关系行为规定为犯罪,其刑罚是徒一年半。

韦乐斯·约翰逊(Wallace Johnson)在其《唐律疏议》的英译本中,对第410条开头第一句的翻译是:All cases of illicit sexual intercourse punish both partners by one and one-half years of penal servitude. If the woman has a husband, her punishment is two years of penal servitude.[①] 我完全同意《杂律》第 410 条是有关未婚男女之间因性关系犯罪而予以处罚的规定，但对此有如下疑问：

（1）illicit 的日语意思是"不正"、"不法"，那么未婚男女性关系之奸是不法的吗？ 再有，为什么未婚男女的性关系行为属于违法呢？
（2）唐律这般的规定在秦汉法律中是否也已经存在？
（3）在前近代中国，未婚男女若有性关系的行为，是否真的会因此构成犯罪而被处罚吗？

本章拟以这三个问题为中心来考察秦汉至唐的"奸"与"奸罪"的犯罪法制史。

一、秦汉律中所见的"奸"、"淫"

唐律有数条律文将"奸"定为犯罪。正如《杂律》第 410—415 条规定的那样，"奸"字多用来表示男女之间某种不正当的性关系行为；但《卫禁律》第 89 条也用"奸"字表示恶人、做恶事者，[②] 所以"奸"字并不专指男女间的性犯罪。

---

① 参见 Wallace Johnson " The Tang Code ", vol.1, vol.2（Princeton University Press 1997）, p.473.
②Wallace Johnson 的翻译如下，他将"奸"译为 villain。In the military bases of the frontier, if it occurs that foreign villains successfully enter China or Chinese villains go abroad and the lookout is not aware of it, he is punished by one and one-half years of penal servitude.

诸缘边城戍,有外奸内入,谓非众成师旅者。内奸外出,而候望者不觉,徒一年半;主司,徒一年。谓内外奸人出入之路,关于候望者。

其有奸人入出,力所不敌者,传告比近城戍。若不速告及告而稽留,不即共捕,致失奸寇者,罪亦如之。(《卫禁律》89)

关于奸的含义,留待下节详细考察;关于构成犯罪的男女间的性关系行为,我们先来看看现在已经明确的秦汉律的相关条文规定。

①奴与庶人奸,有子,子为庶人。

(《二年律令·杂律》189)

②奴取(娶)主、主之母及主妻、子以为妻,若与奸,弃市,而耐其女子以为隶妾。其强与奸,除所强。 (同上,190)

③同产相与奸,若取(娶)以为妻,及所取(娶)者,皆弃市。其强与奸,除所强。 (同上,191)

④诸与人妻和奸,及其所与皆完为城旦舂。其吏也,以强奸论之。 (同上,192)

⑤强与人奸者,府(腐)以为宫隶臣。 (同上,193)

⑥同母异父相与奸,可(何)论?弃市。

(秦律《法律答问》172)

在此想声明的是,作为秦汉律及唐律规定的男女间的性犯罪"奸",首先是"奸",然后有"强"与"和"之分。基于双方合意后实施的行为是"和",则合意基础上的性关系行为就是"和奸";与此相对,非合意的、一方强行实施的性行为是"强"、"强奸"。

这无论在唐律还是在秦汉律,其规定是一致的。

> 诸和奸,本条无妇女罪名者,与男子同,强者,妇女不坐。
>
> （前揭《唐律·杂律》415）
>
> 诸与人妻和奸,及其所与皆完为城旦舂。其吏也,以强奸
> 论之。
>
> （前揭《二年律令·杂律》192）

需要说明的是,"和奸"与"强奸"这样的犯罪名称并不像现行法中的"强奸罪"一样属于独立的专门犯罪用语,而是描述奸行为而相对使用的词语。因此,"强奸"二字未必是个惯用的熟语。汉律①③⑤均使用了"强与奸"、"强与人奸"之类的表达,表明"强奸"这个词语尚未完全固定成为熟语。另外,"和"与"强"的词语并未以对置的形式出现,在只存在"奸"时,表示双方合意的和奸。①

《唐律·杂律》第410条有"诸奸者,徒一年半"的规定,这适用于未婚男女合意后的性关系行为,即和奸应处以一年半的徒刑,但秦汉律亦是如此吗？根据《二年律令》及云梦睡虎地秦律,构成犯罪的奸之内容有奴隶与庶人之奸①②、同产或同母异父者相奸③⑥、与他人之妻奸④,以及强奸。

从传世文献史料中也检证出以下几种奸罪:与他人妻子的强奸或和奸⑦⑧、奴隶与庶人或者超越身份者之奸⑩、同产兄弟姊妹之奸⑪,均与《二年律令》的奸罪相同,只是增加了父母丧中之奸⑨。

> ⑦永光二年,坐强奸人妻,会赦,免。
>
> （《汉书·王子侯表》）

---

① 参见本书第二部第四章《腐刑与宫刑》,第306—308页。

⑧……建元六年,侯生嗣,八年,元朔二年,坐与人妻奸,免。 （《汉书·高惠高后文功臣表》）

⑨元鼎元年,坐母公主卒未除服奸。

（《汉书·高惠高后文功臣表》）

⑩建始四年,坐尚阳邑公主与婢奸主旁,数醉骂主,免。

（《汉书·景武昭宣元成功臣表》）

⑪地节元年,王年嗣。四年,坐与同产妹奸,废迁房陵,与邑百家。 （《汉书·诸侯王表》）

总之,唐律中所见的未婚男女之间的性关系行为被问罪的案例,无法从出土资料和传世文献史料中反映出来。

汉律没有将未婚男女间的性关系行为问题视为犯罪,不仅因为上述若干律的条文未记载此事,而且张家山出土的《奏谳书》的疑似请谳文书更加明确了此点。兹移录相关《奏谳书》长文于如下：

故律曰：死夫以男为后。毋男以父母,毋父母以妻,毋妻以子女为后。律曰：诸有县官事,而父母若妻死者,归宁卅日；大父母、同产十五日。敖（傲）悍,完为城旦舂,铁鑟其足,输巴县盐。教人不孝,次不孝之律。不孝者弃市。弃市之次,黥为城旦舂。当黥公士、公士妻以上,完之。奸者,耐为隶臣妾。捕奸者必案之校上。

今杜滽女子甲夫公士丁疾死,丧棺在堂上,未葬,与丁母素夜丧,环棺而哭。甲与男子丙偕之棺后内中和奸。明旦,素告甲吏,吏捕得甲,疑甲罪。

廷尉毅、正始、监弘、廷史武等卅人议当之,皆曰：律,死置后之次,妻次父母;妻死归宁,与父母同法。以律置后之次人事计之,夫异尊于妻,妻事夫,及服其丧资,当次父母,如律妻之为后,次夫父母、夫父母死,未葬,奸丧旁者,当不孝,不孝弃市;不孝之次,当黥为城旦春;敖(傲)悍,完之。当之,妻尊夫,当次父母。而甲夫死不悲哀,与男子和奸丧旁,致次不孝、敖(傲)悍之律二章,捕者虽弗案校上,甲当完为春。告杜论甲。

●今廷史申繇(徭)使而后来,非廷尉当,议曰:当非是。律曰:不孝弃市。有生父而弗食三日,吏且何以论子?廷尉毂等曰:当弃市。

有(又)曰:有死父,不祠其冢三日,子当何论?

廷尉毂等曰:不当论。

有子不听生父教,谁与不听死父教,罪重?

毂等曰:不听死父教,毋罪。

有(又)曰:夫生而自嫁,罪谁与夫死而自嫁罪重?

廷尉毂等曰:夫生而自嫁及取(娶)者,皆黥为城旦春。夫死而妻自嫁,娶(娶)者毋罪。

有(又)曰:欺生夫,谁与欺死夫罪重?

毂等曰:欺死夫毋论。

有(又)曰:夫为吏居官,妻居家,日与它男子奸,吏捕之,弗得校上,何论?

毂等曰:不当论。

曰:廷尉、史议皆以欺死父罪轻于侵欺生父,侵生夫罪重于侵欺死夫,今甲夫死□□□夫,与男子奸棺丧旁,捕者弗案校上,独完为春,不亦重虖(乎)?毂等曰:诚失之。

（《奏谳书》案二一 180—196）

此处所讨论的是女性甲于丈夫死后的丧事期间尚未下葬时，就在棺材旁与其他男性和奸，这种情况应该如何定罪量刑。

起初的意见是：甲在丈夫死后不但不悲哀，反而在未葬的棺旁与其他男性和奸。假如是丈夫的父母去世，妻子有如上行为的，构成对丈夫父母的不孝罪（这种情形与前揭《汉书·高惠高后文功臣表》"元鼎元年，坐母公主卒未除服奸"相当）。但现在去世的是丈夫，因而不能直接适用不孝罪，其行为相当于次一等级的服丧期间对丈夫傲慢不逊（傲悍），应当适用完城旦舂的刑罚。

对此的反对意见认为：丈夫在世时妻子与他人和奸是对丈夫的欺谩行为，但对已死的丈夫不构成欺谩。而且，对该案件尚未充分调查且制作调查书。因此，应当判无罪。

若是丈夫的父母去世，葬礼未完成之时，妻子在棺材旁边实施奸行为的，构成对丈夫父母的不孝罪，但若去世的是丈夫时，妻子的通奸就不构成不孝罪。妻对夫的尊敬，仅次于父亲，对死去丈夫理应哀悼，却与其他男性和奸，该行为可以根据葬礼期间实施不当行为的规定处置。廷尉等官员的意见是：依据"归宁卅日；大父母、同产十五日。敖悍，完为城旦舂，铁杙羁其足，输巴县盐"之规定，处以完城旦舂。该案件中，性行为本身其实不违法，构成犯罪的关键是在某种条件下男女间的性行为。所谓条件，即指服丧期间是否充足不孝罪的构成要件。夫死后的妻子与男性和奸，不构成犯罪。

更为重要的是，最后得出因甲的性关系行为发生在丈夫死亡后，故不能以犯罪处断的结论。已婚女性与丈夫之外的男性的性关系被认为是对丈夫的背信与欺谩，通奸是其典型表现行为，因而构成应受非难之恶。但是，亡夫之女性及未婚男女的性关系行为中不存在背信、欺谩的对象。因此，无婚姻关系的男女或者丧失婚姻关系的男女之间的性行为不构成犯罪。[①]

唐律将未婚男女间的性关系行为视为犯罪，但汉律不是。这种差别是如何产生的呢？通过分析汉律以何为奸，为什么这种行为会成为处罚的对象，以及唐律为什么将未婚男女间的性关系作为应受非难的犯罪等问题，答案就显而易见。

为了阐明这些问题，首先从探究"奸"及相关的"淫"、"奸淫"的语义开始。

二、"奸"、"淫"的语义

有关"奸（姦）"字，《说文解字》解释为：

姦：厶也。（段注：厶下曰：姦邪也。）

（《说文解字》十二篇下）

厶，姦衺也。[②]

（《说文解字》九篇上）

《释名·释言语》载："姦，奸也，言奸正法也"，说明"姦"与

---

① 下仓涉在《秦漢姦淫罪雑考》（《東北學院大學論集》（歷史·地理）第39，2005年）的论文中，根据前揭《奏谳书》记载的"教人不孝，次不孝之律。不孝者弃市。弃市之次，黥为城旦舂。当黥公士，公士妻以上，完之。奸者，耐为隶臣妾。捕奸者必案之校上"之"奸者，耐为隶臣妾"，认为这是关于与未婚妇女和奸的刑罚规定。但是，该规定从文脉来看主要是关于惩治不孝行为的规定。该案件之所以出现在这里，是因为对在父母丧期内实施性关系行为所适用罚则规定进行的类推解释，而不能认为该规定是对一般未婚男女间性关系行为的罚则规定。

② 段玉裁对"厶"的注解是"衺字，浅人增所，当删"。

"奸"同义，[1]意指侵犯正法，即具有不正当性。

查阅先秦、秦汉的其他有关"奸"和"姦"的文献，发现有"奸人"、"奸凶"、"奸事"、"奸私"等惯用语，这些词语一般是指恶、邪恶、不法之意，而并非仅指男女间的性犯罪。

除了"奸（姦）"之外，表示男女间不正当性行为的词语还有"淫"字。如"奸"的字解释，"淫"也有"奸淫"、"淫乱"等惯用语。

奸：犯婬也。（段注：此字谓犯姦婬之罪，非即姦字也。今人用奸为姦，失之。） （《说文解字》十二篇下）

《载驱》，齐人刺襄公也。无礼义，故盛其车服，疾驱于通道大都，与文姜淫，播其恶于万民焉。

（《诗经·国风·齐·载驱·序》）

《诗·齐风·南山》之篇，刺齐襄公与妹文姜奸淫之事。

（《礼记·坊记》注疏）

礼义不修，内外无别，男女淫乱，则父子相疑，上下乖离，寇难并至，夫是之谓人祅。 （《荀子·天伦》）

男女不以礼交谓之淫。

（《小尔雅·广义》，《孔丛子》卷上）

上述《说文解字》的解释中有"奸，犯婬也"，该字段注为"此

---

[1] 段玉裁认为奸与姦的意思不同。《说文解字》十二篇下载有："奸，犯婬也。（段注：此字谓犯姦婬之罪，非即姦字也。今人用奸为姦，失之。）"诚然，如本文以下引用的史料，汉律（《二年律令》）中的"奸"是表示性犯罪时的用语，但是汉律未必使用"奸"以外的"姦"字。"奸"字在《汉书·五行志》"下奸上之象也。（师古曰：奸，犯也，音干）"和《汉书·盖宽饶传》"又好言事刺讥，奸犯上意"中的"奸犯"，如颜师古之注，"犯"即是其本来的含义。

字谓犯奸婬之罪"。对于齐襄公与妹妹文姜近亲相奸之事,《诗经·国风·齐·载驱》用的是"淫"字,《礼记·坊记》疏则用"奸淫"二字表示,由此可知,"奸"、"奸"与"奸淫"可作相同含义使用。用来表示与男女间性犯罪相关的词语确实很多,但是,"淫"与"奸"一样,其原义未必是指性行为。

> 子曰:"《关雎》,乐而不淫,哀而不伤。"　（《论语·八佾》）
> 郑声淫,佞人殆。　　　　　　　　　　　　（《论语·卫灵公》）

《论语》中所说的"乐而不淫"的意思是"快乐而不过分","郑声淫"的意思是"郑国的音乐脱离正统乐曲",另外也有注曰:"淫,过也。"

> 罔淫于乐。（传:淫,过也。）　　　　　　　（《尚书·大禹谟》）

"奸,犯淫（婬）",即指超过限度的行为,超出容许范围的行为。《说文解字》中也将"婬"的字义解释为厶逸,即过度的放逸。

> 婬:厶逸也。（段注:厶音私,奸邪也。逸者,失也。失者,纵逸也。婬之字,今多以淫代之,淫行而婬废矣。）
> 　　　　　　　　　　　　　　　　　　　（《说文解字》十二篇下）

"淫"、"淫乱"、"奸淫"的意思不只限于男女关系,还具有"过度"（淫）、"所有行为皆过度为'奸'"（奸淫）、"过度则乱"（淫乱）的含义,在男女关系上,也指超出限度的性关系行为。那么,何种行为是过度的"奸"呢?

我们再回到前文引用的汉律规定及文献史料,具体是奴隶与

庶人、同产或同母异父之间、他人之妻、父母丧期内等诸如此类的
男女关系或在特定环境下实施的性关系行为,这些分为双方合意
基础上实施的和奸与强制实施的强奸两大类。

①②是与通常不被视为人而相当于物品且可以买卖的奴隶
之间的性关系行为,③是所谓的近亲相奸,④是男子对他人之妻
的"窃取"。《孟子·尽心》篇对"非义"的解释是"非其有而取之,
非义也"。如果进一步从法理上对"非义"进行解释的话,则是《晋
书·刑法志》所引张斐晋律注"取非其物谓之盗",意思就是"非法
夺取本来应归属于他人之物"①。《礼记·郊特性》载有:"男帅女,女
从男。夫妇之义,由此而始也",说明女性从属于男性,因此,与他
人之妻保持性关系的即为"夺取应归属于他人之物"。从妇女角度
来看,这种行为违背为妇之礼,是对夫家的离反、背信和对从属关
系的反抗,也违反了《礼记·昏义》所规定的"成妇礼,明妇顺……
所以重责妇顺焉也"里的"妇礼"与"妇顺"。这种行为具有超出容
许范围应当受到非难的"过度性"。近亲相奸不仅会影响子孙后代
的繁衍,而且掠取如所有物似的女性也会破坏家庭关系,超越身份
的混交将招致身份秩序的混乱。父母丧期内的性行为是对父母的
不孝,并且最终会破坏国家的社会秩序,因而定为犯罪。汉律也是
出于同样的事由,不允许男女间出现这种行为,并纳入"淫"、"奸
淫"的范围予以禁止。

关于上述汉律中奸的内容,可以概括如下:

异性间的"奸"不是指未婚异性间的性行为,而是指无论婚姻
与否,实施了本应禁止的象征异性间性行为的性交。也就是说,构

---

① 参见内田智雄编,冨谷至补:《譯注 中國歷代刑法志(補)》之"解說",创文
社 2005 年版,第 268 页。

成犯罪的并非性行为本身，而是超越异性间"界限"的交涉，其具体化之一即为性行为。所谓界限，是指对奴隶与庶人的身份、同姓或同产的血缘、对父祖的孝、对他人所有物的夺取等，这些不能被僭越、被侵犯的秩序、习惯、禁忌，一旦遭到侵害时，就将构成犯罪。

三、界限的变化

有关未婚男女间性关系行为而言，汉律没有认识到其中存在着无法超越的界限，因此未将其规定为犯罪。

后来，"界限"延伸至唐律第 410 条的规定。那么其背景是怎样的呢？

唐代孔达颖对《周礼·吕刑》注疏时，引用汉代伏生《尚书大传》的佚文"男女不以义交者，其刑宫"的条文。[①]

而别的史料引用该条文时，"义"变成"礼"，具体说来，"礼"是指《仪礼·士昏礼》里规定的"纳采"、"问名"、"纳吉"、"纳征"、"请期"这五个阶段的婚姻礼仪。[②] 条文中"交"字的意思，从《礼记·曲礼》所见是"交际"或者"以结婚为目标的关系"。

> 《书传》曰：男女不以礼交者，其刑宫。
>
> （《诗经·大雅·荡之什·召旻》所引）
> 男女非有行媒，不相知名；非受币，不交不亲。
>
> （《礼记·曲礼》）

---

① 本书第二部第四章《腐刑与宫刑》也考证了"男女不以义交者，其刑宫"。虽有些重复，但因行文需要，在此还是引用之。
② 参见本书第二部第四章《腐刑与宫刑》，第 304 页。

也就是说，"男女不以义交者，其刑宫"的意思是"男女依据《士昏礼》所规定的婚姻礼仪来缔结婚姻是应有之义或者礼义，而无视该礼义的婚姻当事人将被处以宫刑"。①

未依婚姻礼仪的男女交往果真构成犯罪，须受宫刑的处罚吗？在现实社会中该规定又是如何执行的？正如本书第二部第四章《腐刑与宫刑》所述，归根结底该规定只是儒家礼文化寄望的士大夫婚姻的理念形态。而本章在考察男女之间性关系行为的犯罪性时，必须思考的则是儒家伦理对法律的影响。

虽然"男女不以礼交者"是针对男女特别是士大夫的婚姻而言的，但儒家对于日常生活即家庭内的男女分工，设定了"男女有别"的严格的礼。《礼记·内则》记载了"以其记男女居室、事父母舅姑之法"（郑《目录》）等详细的伦理规定。

　　礼，始于谨夫妇，为宫室，辨外内。男子居外，女子居内，

---

① 下仓氏在其论文第 165 页注 48 中，引用拙著《秦漢刑罰制度の研究》（京都大学学术出版会 1988 年版）第 379 页，并批判说：《尚书大传》记载的'不以义交者'应解释为'淫'、'淫放'，"不义"的男女之交的具体罪状只能是'奸（和奸）'"。

下仓氏是以《三国志·魏书·陈群传》"若用古刑，使淫者下蚕室，盗者刖其足，则永无淫放穿窬之奸矣"为论据的。《陈群传》的确引用了《大传》的条文。但下仓氏论文中将"不以义交者"解释为"淫"、"淫放"，这是谁的意见并不明确。陈群是把"不以义交者"置换为"淫"，但因此把《大传》的"不以义交者"解释为"婚姻以外的男女之交"，并将此视为"不义"，是不能接受的。首先，在于《大传》把"不以礼交者"改作"不以义交者"。其次，下仓氏所谓的"不义"的含义不明确。第三，以滋贺秀三的《杂律》410 条解释汉代的"奸"也有问题。更别提下仓氏论文第 127 页的"《尚书大传》该记载是古代记忆的文字化"的说明，是根据什么这样解说的？"记忆"又是指什么？因此，我无法赞同。

深宫固门,阍寺守之。男不入,女不出。男女不同椸枷,不敢悬于夫之楎椸,不敢藏于夫之箧笥,不敢共湢浴。夫不在,敛枕箧簟席、襡器而藏之。少事长,贱事贵,咸如之。

……六年,教之数与方名。七年,男女不同席,不共食。八年,出入门户,及即席饮食,必后长者,始教之让。九年,教之数日。十年,出就外傅,居宿于外,学书、计,……

女子十年不出,姆教婉娩听从。执麻枲,治丝茧,织纴组紃,学女事,以共衣服。观于祭祀,纳酒浆、笾豆、菹醢,礼相助奠。十有五而笄,二十而嫁。有故,二十三年而嫁。聘则为妻,奔则为妾。　　　　　　　　　　（《礼记·内则》）

男女不杂坐,不同椸枷,不同巾栉,不亲授。……男女非有行媒,不相知名。非受币,不交不亲。（《礼记·曲礼》）

儒家尤为强调的重要事项是人际关系中的分界与序列,不打乱这种序列是维持社会秩序的基本。"君臣"、"长幼"、"士庶"、"父子"、"兄弟"、"师生"、"主从",其中还包括"男女"之分——不,首先是男女的区别,由此再到确定夫妇、父子及君臣之间的秩序。因此,紊乱男女之间分界的是"淫乱"（过度的乱象）,这可能破坏家庭与国家的秩序。

夫礼,坊民所淫,章民之别,使民无嫌,以为民纪者也。故男女无媒不交,无币不相见,恐男女之无别也。

（《礼记·坊记》）

敬慎重正而后亲之,礼之大体,而所以成男女之别,而立夫妇之义也。男女有别,而后夫妇有义;夫妇有义,而后父子有亲;父子有亲,而后君臣有正。故曰:"昏礼者,礼之本也"。

（《礼记·昏义》）

　　昏姻之礼，所以明男女之别也。夫礼，禁乱之所由生，犹坊止水之所自来也。……故昏姻之礼废，则夫妇之道苦，而淫辟之罪多矣。乡饮酒之礼废，则长幼之序失，而争斗之狱繁矣。丧祭之礼废，则臣子之恩薄，而倍死忘生者众矣。聘觐之礼废，则君臣之位失，诸侯之行恶，而倍畔侵陵之败起矣。

（《礼记·经解》）

　　在《礼记》形成的汉代初期，这种严格的"男女之别"作为士大夫应当遵守的伦理规范只规定在经书的条文中。该伦理规范逐渐被吸收到律文中，并演变成伴随着违反行为与罚则的条文规定。[①]本书第一部"法典"考察的律书的经书化、律受到礼经规定的影响、从裁判规范到行为规范的性质变化等，都影响到男女间犯罪的分界。从历史时期来看，因晋泰始律令的制定而奠定了发展的方向，因北魏、北周这样的少数民族国家律令的制定而进一步促进其发展进程。

四、禽兽之别

　　"男女有别"、"君臣有别"、"父子有别"这样的人际关系寻求

---

① 《诗经·齐风·东方之日》：东方之日，刺衰也。君臣失道，男女淫奔，不能以礼化也。（疏：使男女淫奔，谓男女不待以礼配合……刺今之昏暗，言婚姻之正礼，以刺今之淫奔也）。加上《诗经·齐风》的唐代孔颖达正义"男女不待以礼配合"、"婚姻之正礼"的解说，明确表明在唐代人们认识到未婚男女间的性关系行为违背儒家之礼，于是，立即在《唐律·杂律》制定了"诸奸者，徒一年半"的刑罚规定。

的是生活规范和伦理意识的区别,礼典将这些纳入为礼并具象化。
从根本上说,这些区别可以说是"人兽之别",主张人与动物的分
界,人是区别于动物的存在。

人区别于动物是因为人具备智识上的孝、仁、义、忠等品格,并
营造着或者能够营造具象的礼的生活。《论语·为政》篇的下述条
文已说明了这点,儒家在提倡人际关系的界限即礼的秩序时也特
别强调这一点。

> 子游问孝。子曰:"今之孝者,是谓能养。至于犬马,皆能
> 有养;不敬,何以别乎?" 　　　　　　　　　　（《论语·为政》）
>
> 杨氏为我,是无君也;墨氏兼爱,是无父也。无父无君,是
> 禽兽也。 　　　　　　　　　　　　　　　　（《孟子·滕文公》）
>
> 故人之所以为人者,非特以其二足而无毛也,以其有辨
> 也。夫禽兽有父子而无父子之亲,有牝牡而无男女之别,故人
> 道莫不有辨。辨莫大于分,分莫大于礼,礼莫大于圣王。
> 　　　　　　　　　　　　　　　　　　　　　（《荀子·非相》）
>
> 夫唯禽兽无礼,故父子聚麀。是故圣人作,为礼以教人,
> 使人以有礼,知自别于禽兽。 　　　　　　　（《礼记·曲礼》）

主张"人兽有别"的文献不胜枚举,尤其强调男女间性关系方面
与禽兽的区别。男女关系不同于牝牡关系(《荀子·非相》所谓的
"有牝牡而无男女之别"),因此,《礼记·曲礼》所谓的"父子聚麀
(父子与同一牝交)"是禽兽之间的行为,而人应当避免。

比起君臣、父子,基于情欲和本能的男女性关系或许更容易导
致礼所规定的界限的紊乱;或者将家畜交配与日常生活联系起来,
会发现人比禽兽可能更具兽性。男女相奸作为等同于禽兽的行

为,应当受到非难与谴责。

> 元鼎元年,侯蟜坐母长公主薨未除服,奸,禽兽行,当死,
> 自杀,国除。 　　　　　　　　　　（《史记·惠景间侯者年表》）
> 不娶同姓者,重人伦,防淫泆,耻与禽兽同也。
> 　　　　　　　　　　　　　　　　　（《白虎通·嫁娶》）
> 定国与父康王姬奸,生子男一人。夺弟妻为姬。与子女
> 三人奸。……至元朔中,郢人昆弟复上书具言定国事。下公
> 卿,皆议曰:"定国禽兽行,乱人伦,逆天道,当诛。"上许之,定
> 国自杀…… 　　　　　　　　　　　　（《汉书·燕王刘泽传》）
> 单于使左右难汉使者,曰:"汉,礼义国也。贰师道前太子
> 发兵反,何也?"使者曰:"然。乃丞相私与太子争斗,太子发
> 兵欲诛丞相,丞相诬之,故诛丞相。此子弄父兵,罪当笞,小过
> 耳。孰与冒顿单于身杀其父代立,常妻后母,禽兽行也!"单
> 于留使者,三岁乃得还。 　　　　　　　　（《汉书·匈奴传》）

男女之间的"奸"被视为禽兽行为而受到谴责,如上揭汉代史料中
表明的那样,亲属间相奸属于汉律禁止的奸的范围,而当时未有案
例将未婚男女间的性关系行为视为禽兽行为。① 随着时间推移,礼

---

① 前揭下仓氏论文中有论述"亲族相奸"的节目,并提出"禽兽行"。下仓氏视
"禽兽行"为一种罪名。参见下仓氏论文,第 142 页。
我不同意将"禽兽行"视为罪名。至少律文中没有出现那样的名称,文献
史料中的"禽兽行"只意味着"如禽兽般的行为"。正如下仓氏自己在注 76
所述那样,"禽兽行"的内容是"比亲属相奸更广的紊乱夫妇、家族、宗族秩
序的性行为",不管怎么说,相当于汉律规定的男女间的"奸",其法定罪名
是"奸(奸)"。再有,下仓氏所使用的"凡奸"用语,其意思也不清晰。如果
是未婚男女间的和奸,如本文所述,其不构成犯罪。

的规范不断融入律中,如《荀子·非相》所载,其发展过程为:〈禽兽无男女之别〉→〈男女之别是礼所规定的男女之礼,其根本在于昏礼〉→〈未经过禽兽所不具有的婚姻礼仪之礼行为的未婚男女的性行为,属于奸〉。①

非难"禽兽行"现在也有一个背景。如前引《尚书·匈奴传》所述,不懂礼的禽兽也是用来蔑视少数民族的常用语。② 而且,"禽兽行"在指责匈奴单于娶继母为妻这样的亲族婚姻——在少数民族规范里,不属于应受非难的行为,或许还是他们的一种风俗——的过程中登场。夷狄也没有中华民族"男女有别"的规范。

> 马韩人知田蚕,作绵布。出大栗如梨。有长尾鸡,尾长五尺。邑落杂居,亦无城郭。作土室,形如冢,开户在上。不知跪拜。无长幼男女之别。　　　　　　（《后汉书·东夷传》）

男女间之奸在礼与律的交融过程中,通过人与动物的分界,乃至指责中华民族与夷狄相区别的"禽兽行",最后规定"男女不以礼交,谓之淫"（《孔丛子》卷上、《小尔雅·广义》）。随着"淫"的分界不断扩大,不久,未婚男女间的性关系行为就作为犯罪规定在律中。

---

① 《管子》也主张,无男女之别的话,等同于禽兽。

　　人君唯无好全生,则群臣皆全其生,而生又养。生养何也? 曰:滋味也,声色也,然后为养生。然则从欲妄行,男女无别,反于禽兽。然则礼义廉耻不立,人君无以自守也。故曰:"全生之说胜,则廉耻不立。"

　　　　　　　　　　　　　　　　　　　　　　　　（《管子·立政》）

② 　　臣闻《诗》颂君德,《乐》舞后功,异经而同指,明盛德之所隆也。南越窜屏葭苇,与鸟鱼群,正朔不及其俗。有司临境,而东瓯内附,闽王伏辜,南越赖救。北胡随畜荐居,禽兽行,虎狼心,上古未能摄。大将军秉钺,单于犇幕;票骑抗旌,昆邪右衽。是泽南洽而威北畅也。　　（《汉书·终军传》）

"内乱"是唐律的十恶之一。内乱是指"谓奸小功以上亲、父祖妾，及与和者"，对应《杂律》413、412、411的条文。疏议引用《春秋左氏传·桓公十八年》之条和《尚书·益稷》的"朋淫于家，用殄厥世"，指出男女无别将紊乱礼经。之后，还是明确规定了"禽兽行"。

> 【疏】议曰:《左传》云:"女有家,男有室,无相渎。易此则乱。"若有禽兽其行,朋淫于家,紊乱礼经,故曰"内乱"。

小结　作为犯罪的未婚男女和奸之起源

不存在问题的未婚男女间的性关系,是从何时开始被视为违法行为的呢？

唐律十恶之"内乱"作为内则的淫乱（过度），将亲族间之奸、和奸列入最严重的犯罪之一。未婚男女间性关系行为（不以礼交的男女之淫）虽然不具有十恶之"内乱"那样的严重性,但同样无视礼所规定的男女之别,作为紊乱礼经的行为,成为《杂律》的一条规定:"诸奸者,徒一年半;有夫者,徒二年",可以说其被立法是理所当然的。因此,十恶"内乱"和《杂律》"诸奸者,徒一年半"之规定不能分开讨论。

据说,十恶起源于北周、北齐律。这是依据《隋书·刑法志》的如下解说:

> （北周）至保定三年三月庚子乃就,谓之《大律》,凡二十五篇。……不立十恶之目,而重恶逆、不道、大不敬、不孝、不义、

内乱之罪。凡恶逆，肆之三日。盗贼群攻乡邑及入人家者，杀之无罪。

　　高祖既受周禅，开皇元年……更定新律，奏上之……置十恶之条，多采后齐之制，而颇有损益。一曰谋反，二曰谋大逆，三曰谋叛，四曰恶逆，五曰不道，六曰大不敬，七曰不孝，八曰不睦，九曰不义，十曰内乱。

据此，北齐律已含有十恶之条，但北周律二十五篇中却没有。[①] 可是，北周律明确将恶逆、不道、大不敬、不孝、不义、内乱规定为特别的重罪。虽然保定三年（563）的北周《大律》和河清三年（564）的北齐律都规定了共通的十恶条目，但是，相比认为十恶分别于563年、564年各自登场，认为先前的律已经规定了十恶框架会更合理些吧。

─────────────

① 关于十恶的起源，可参考以下几篇周东平的论文：《隋〈开皇律〉十恶渊源新探》，载《法学研究》2005年第4期，第133—137页；《论佛教礼仪对中国古代法制的影响》，载《厦门大学学报》2010年第3期，第105—111页；《论佛教对儒家思想及传统法律的影响——以隋文帝的时代为中心》，载《法制史研究》第24期，2013年，第181—194页。
周东平在一系列的论考中论述道：十恶来源分为"十恶的实质性来源"与"十恶的形式性来源"，虽然前者承认北齐律的"重罪十条"基本与唐律十恶条款一致，但具有"十恶"名称的后者是因为受到隋文帝时期的佛教政策影响而得以寻求于佛教中的"十善"、"十恶"。
我赞同周东平关于"十恶"的名称问题、十恶的内容以及佛教影响的观点。但如本文所述，重罪十条也存在于几乎同时期制定的北周律中。因此，很难想象设立共通的十条重罪一事在北周与北齐之间毫无关联，是分别制定的。我觉得该十恶重罪已于北魏律设定，然后西魏、东魏继承并实行的观点更合理。总之，我认为"十恶的实质性渊源"来自北魏。

在此无法列举这方面的明确史料,但我认为北魏律——宣武帝正始元年(504)之律的改定是有记载的北魏的最后立法①——在推进汉化政策的6世纪初期,就明确规定了十恶之"内乱"。

若该时期已经规定了"内乱",则应该也制定了与此相关的未婚男女之奸,即类似于《唐律·杂律》"诸奸者,徒一年半"之规定。如此,未婚男女间的和奸被视为犯罪就应该是从鲜卑族的北魏王朝开始的。

北魏什翼犍(昭成帝)在拒绝从属于东晋,并开始使用独自的建国年号的二年(339),发布了如下之令:

> 建国二年,当死者,听其家献金马以赎;犯大逆者,亲族男女无少长皆斩;男女不以礼交皆死。　　(《魏书·刑罚志》)

本文多次引用"男女不以礼交皆死"这一条文。但如何解释该条文的内容,即所谓的"礼"是指什么?"不以礼交"是否是指婚姻礼仪?不管如何解释"男女不以礼交皆死",相关法令是否具有实效性?这些问题至少难以直接从这一条文上获得解释。

但是,鲜卑族在与中华制度相对接并逐渐吸收的过程中,通常直接将理念上的礼的规定纳入实际的律中,其后北周引入《周礼》亦是如此。另外,孝文帝太和五年(481)制定的律八百三十二章中,对官吏受财枉法作出了极其严格但实效性存疑的规定:"枉法赃十匹,义赃二百匹大辟。"在建国年间,这种规定表明了它是具备与中华相匹敌之礼的国家,或者也可以理解为是为了达到宣传目

① 参见滋贺秀三《中國法制史論集 法典と刑罰》之《法典編纂の歷史》,创文社2003年版,第65—66页。

的的一项措施。

进一步而言，众所周知，从五胡十六国到北魏的少数民族族国家中，汉的刘渊（304—310 年在位）、前秦的苻坚（357—385 年在位）等被评为明君的胡族族长供职于汉人王朝，在胡汉融合的潮流中，针对汉人国家的衰退与堕落，怀着再建胡族理想型的"中华国家"的大义名分，寻求兴隆儒学、建立礼的世界。鲜卑族国家也在这一潮流中制定了 5 世纪北魏孝文帝所谓的汉化政策，旨在建立与汉人国家对等，甚至是在汉人之上的文化国家。因此，鲜卑族国家想引入儒教礼典作为现实规范，"男女不以礼交皆死"正是这样的一种象征的命令。

对此，我觉得是一股胡族意识使然。男女间之奸若有超越人与动物分界的禽兽行为，应当受到非难。禽兽行还成为非难、蔑视非礼世界的胡族的常用词。为了建立由胡族组成的汉人礼教国家，这种受到批判的禽兽行首先必须抹掉。"男女不以礼交皆死"的命令，透露出强烈地想抹消"胡族 = 禽兽"这种观念是不难看出的。

以上是本章围绕奸罪的构成要件对汉律到唐律的变化所进行的思考。现在很明显的是，礼秩序与法秩序的交融、律从裁判规范到行为规范的变化，以及少数民族王朝对中国法制史的影响等事项，也与本书整体的主旨相通。

第三章　正义的杀人

前言——杀人的奖励与礼赞

国家执行刑罚的目的之一是由国家代替被害人向加害人实施复仇的报应行为。从最初的允许个人私力复仇（自力救济、自救行为）时代（复仇容许时代），到之后的限制复仇（复仇限制时代），再到最后的禁止复仇（复仇禁止时代）。这种法律的发展路径不论东西洋都是相同的，报应刑在任何时期、任何地方都是刑罚的目的之一。这是倡导法律进化论的穗积陈重（1855—1926）在其《复仇与法律》①中主张的观点，也可以说是人们普遍认可的。然而，在东亚特别是前近代中国，复仇与刑罚之间的关系果真如此吗？

关于前近代中国复仇的考察，论文方面有西田太一郎的《复仇与刑罚》、牧野巽的《汉代的复仇》；②普通著作方面，竹内康浩的

---

① 参见穗积陈重：《復讐と法律》，岩波书店 1931 年版。译者按，此书中文译本题为《复仇与法律》，曾玉婷、魏磊杰译，中国法制出版社 2013 年版版。

② 参见西田太一郎：《復讐と刑罰》，收入氏著《中國刑法史研究》，岩波书店 1974 年版；牧野巽：《漢代における復讐》，收入氏著《牧野巽著作集》第二卷《中国家族研究（下）》，茶之水书房 1990 年版。

《中国的复仇者们》于 2009 年出版。①

前者的两篇论文，就复仇与刑罚，广泛涉猎诸多史料，特别是牧野氏在其论文"对复仇的法律禁止与社会赏赞"一章中，认真搜集并介绍了东汉的事例。只是，两篇论文皆倾向于认为复仇被儒教所容许，这就阻止了其在法律中被禁止的发展方向。他们通过对复仇本身进行分析，即儒教为何认可、礼赞复仇，为何礼与复仇会联结在一起，最后觉得现在还很难说明。

竹内氏在其著作的最后一章论述了前近代中国复仇所具有的意义，但可能由于该著作是面向一般人的启蒙书，所以更多的是介绍中国固有的家族意识，进而升华到讨论"人道"、"人存在的本质"的这类大问题。

本文欲再次站在复仇与刑罚、复仇与礼仪的角度阐述个人的观点。首先从介绍《史记》中记载的春秋时期的著名复仇事例开始。②

一、复仇谭③"彼义士也"——刺客豫让的故事

豫让，晋国人，曾侍奉范氏与中行氏，但未受重用，遂离去转而投靠赵国智伯。智伯非常欣赏他。

不久，智伯谋划讨伐赵襄子，却反而被与韩、魏联盟的赵襄

---

① 参见竹内康浩：《中國の復讐者たち》，大修馆书店（亚洲书库）2009 年版。
② 以下是载于《史记·刺客列传》中的豫让与赵襄子的著名故事。我觉得没必要在此引用列传原文，所以只简单介绍下梗概，于必要之处再加入原文或解读。
③ 译者按："复仇谭"日文为"復讐譚"。在日语或中文中，"譚"与"談"在谈说、称说、言论等意义上均可通用，故或可译为"复仇谈"。但严格讲是不行的，如《菜根譚》不好写成《菜根谈》，因为前者为故事意思，与后者含意有别。故此处仍译为"复仇谭"。

子消灭,领土亦被一分为三。对智伯怀有深仇大恨的赵襄子将其头骨涂上漆,作为饮具。于是,遁逃山中的豫让发誓要向赵襄子复仇:

> 嗟乎! 士为知己者死,女为悦己者容。今智伯知我,我必为报仇而死,以报智伯,则吾魂魄不愧矣!

因此,豫让更名改姓,伪装成囚徒,怀揣匕首,混到赵襄子的宫室中打扫厕所,以便寻找杀害赵襄子的机会。但赵襄子如厕时,忽然心动不安,令人搜查,抓获了豫让。左右随从要将他杀死,赵襄子说:

> 彼义人也,吾谨避之耳。且智伯亡无后,而其臣欲为报仇,此天下之贤人也。

赵襄子对豫让之义表示敬意,遂将其释放。

然而,豫让并未就此放弃复仇。这次他用漆涂身,装成一个癞疮病人,又吞下火炭,弄哑嗓音,在街市上乞讨,连结发妻子见面也认不出来。路上遇到朋友,朋友认出他,为他垂泪道:

> 以子之才,委质而臣事襄子,襄子必近幸子。近幸子,乃为所欲,顾不易邪? 何乃残身苦形,欲以求报襄子,不亦难乎!

豫让回答:

> 既已委质臣事人,而求杀之,是怀二心以事其君也。且吾

所为者极难耳！然所以为此者,将以愧天下后世之为人臣怀
二心以事其君者也。

于是,豫让再次谋划暗杀赵襄子。豫让潜伏在桥下,企图暗杀
通过此处的赵襄子,但最后还是被发现,复仇计划以失败告终。

捉了豫让后,赵襄子责备他说:

> 子不尝事范、中行氏乎? 智伯尽灭之,而子不为报仇,而反
> 委质臣於智伯。智伯亦已死矣,而子独何以为之报仇之深也?

豫让答道:

> 臣事范、中行氏,范、中行氏皆众人遇我,我故众人报之。
> 至于智伯,国士遇我,我故国士报之。

赵襄子听了非常感慨,便说:

> 嗟乎豫子! 子之为智伯,名既成矣,而寡人赦子,亦已足
> 矣。子其自为计,寡人不复释子!

豫让知道这一次是非死不可,于是就恳求赵襄子:

> 臣闻明主不掩人之美,而忠臣有死名之义。前君已宽赦
> 臣,天下莫不称君之贤。今日之事,臣固伏诛,然愿请君之衣而
> 击之焉以致报仇之意,则虽死不恨。非所敢望也,敢布腹心!

襄子十分赞赏豫让的义气,便脱下衣服,让人拿给豫让。豫让拔剑,数次刺破衣服。随后,仰天长叹:"吾可以下报智伯矣!"于是伏剑自杀。

豫让的复仇之事在司马迁的《史记》诸列传中也是特别精彩的一笔,但至于是否属实,姑且存疑。附加了一些虚构而流传开来的故事,赋予话题叙述的生动性,增加了上下传承的完整性。但是,作为主轴的"复仇"这一行为,除了对增添小说故事般丰满所需的传承者与标志着时代特征的复仇行为加以礼赞与肯定之外,断无他意。司马迁将此事例载入历史书籍,并使其形成"复仇谭",可以认为也是因为他认同当时礼赞复仇的史实吧。

二、后来的"复仇谭"——历代正史记载的复仇事件

礼赞复仇之事伴随时光被载入历代的史书中。虽然不如《史记》记载得那样饶富文学性,但这样反而显得更具有史实的可信度。兹依朝代顺序举例如下:

【东汉　周党】

乡佐曾经侮辱过周党,周党很长时间都怀恨在心。后来周党读了《春秋》,明白了《春秋》中讲的复仇的道理,于是不再游学,回到家乡,与乡佐相约,约好时间与地点,要与他决斗。兵刃相接之后,周党被乡佐刺伤而败退。乡佐佩服他的义,用担架把他抬回去养伤,几天后周党才醒来离去。从此,

他努力修身养志、精进武艺,乡亲们都赞赏他的大志。①

【东汉 何颙】

何颙的友人虞伟高有父仇未报而患病将终,临终前何颙去看望他,伟高向何颙哭诉,并委托何颙替其报父仇。何颙感其义,遂在其死后替他报了父仇,用他杀父仇人的首级祭奠于墓。②

【东汉 郅恽】

郅恽友人董子张的父亲以前被乡人所害。董子张病倒,临终前,郅恽前往看望。董子张将死,见郅恽,抽噎不能言。郅恽说:"我知道你不悲天命,而痛恨仇之不能报。你在世,我思虑此事但不须由我动手;你离世,我为你手刃仇人而无忧虑。"董子张只是望着他而已。郅恽即跃起,领客拦截仇人,取仇人首级以示子张。子张见此遂气绝。郅恽因而到县自首杀人。县令对应迟缓。郅恽说:"为友人报仇,这是我的私情;奉法不私,这是对君之义。亏君以生,非臣节也。"因而从公堂退出自往监狱。县令光着脚也没追到郅恽,于是亲自赶到监狱,

---

① 《后汉书·逸民列传·周党传》:"初,乡佐尝众中辱党,党久怀之。后读《春秋》,闻复仇之义,便辍讲而还,与乡佐相闻,期剋斗日。既交刃,而党为乡佐所伤,困顿。乡佐服其义,舆归养之,数日方苏,既悟而去。自此敕身修志,州里称其高。"

② 《后汉书·党锢列传·何颙》:"何颙字伯求,南阳襄乡人也。少游学洛阳。颙虽后进,而郭林宗、贾伟节等与之相好,显名太学。友人虞伟高有父仇未报,而笃病将终,颙往候之,伟高泣而诉。颙感其义,为复雠,以头醮其墓。"

拔剑对着自己以要挟郅恽说："你如果不跟我出去,我就自刎以表明我的心迹。"①

【东汉　阳球】

阳球家中世代为望族。阳球自己擅长击剑、骑马、射箭,但天性严厉高傲,喜欢申不害、韩非等法家之学。郡中有位官员侮辱了他的母亲,阳球纠集了几十名少年将这个官吏杀死,并灭其全家。阳球因此出名。②

【魏　庞淯母娥】

庞淯的外祖父赵安被同县的李寿所杀,庞淯的三个舅舅同时病死,李寿家非常高兴。庞淯的母亲赵娥悲痛父仇未报,便乘帏车,袖藏短剑,白天在都亭前刺死李寿。报仇后,从容地走到县令的官署,面不改色地说："父仇已报,请判我死刑吧!"禄福县长尹嘉解下印绶要放免她,赵娥不肯离开,尹嘉

---

① 《后汉书·郅恽传》:"恽友人董子张者,父先为乡人所害。及子张病,将终,恽往候之。子张垂殁,视恽,歔欷不能言。恽曰:'吾知子不悲天命,而痛仇不复也。子在,吾忧而不手;子亡,吾手而不忧也。'子张但目击而已。恽即起,将客遮仇人,取其头以示子张。子张见而气绝。恽因而诣县,以状自首。令应之迟,恽曰:'为友报仇,吏之私也。奉法不阿,君之义也。亏君以生,非臣节也。'趋出就狱。令跣而追恽,不及,遂自至狱,令拔刃自向以要恽曰:'子不从我出,敢以死明心。'恽得此乃出,因病去。"

② 《后汉书·阳球传》:"阳球字方正,渔阳泉州人也。家世大姓冠盖。球能击剑,习弓马。性严厉,好申、韩之学。郡吏有辱其母者,球结少年数十人,杀吏,灭其家,由是知名。"

便用车强把她载回家。恰好遇上朝廷赦令得以免罪，州郡的人们十分感叹尊重，把她的事迹刻在石碑上作为表彰。①

【晋　王谈】

王谈十岁的时候，其父被邻人窦度杀害。王谈内心发誓要为父报仇，为了不被邻人怀疑，身上不佩寸铁，但常常私下寻找复仇的机会。过了近十年，至十八岁时，秘密购入利锸，乔装成农夫伺机杀害窦度。刚好窦度乘船从桥下经过，王谈于桥上以锸斩之，完成复仇。回来后去自首，太守孔岩赞赏其孝勇之义，未处罚他。②

【隋　王舜】

王舜七岁的时候，她的父亲王子春被堂兄王长忻夫妻所杀。那时候，王舜带着五岁和两岁的妹妹寄养在亲戚家里。长大后也不愿出嫁，与两位妹妹发誓要为父报仇，说：尽管我们是女人，也要拼上性命报仇。于是，三人深夜潜入堂兄夫妻

---

① 《三国志·魏书·庞淯传》："初，淯外祖父赵安为同县李寿所杀，淯舅兄弟三人同时病死，寿家喜。淯母娥自伤父仇不报，乃帏车袖剑，白日刺寿于都亭前，讫，徐诣县，颜色不变。曰：'父仇已报，请受戮。'禄福长尹嘉解印绶纵娥，娥不肯去，遂强载还家。会赦得免，州郡叹贵，刊石表闾。"

② 《晋书·孝友传·王谈》："王谈，吴兴乌程人也。年十岁，父为邻人窦度所杀。谈阴有复仇志，而惧为度所疑，寸刃不畜，日夜伺度，未得。至年十八，乃密市利锸，阳若耕锄者。度常乘船出入，经一桥下，谈伺度行还，伏草中，度既过，谈于桥上以锸斩之，应手而死。既而归罪有司，太守孔岩义其孝勇，列上宥之。"

的住宅将其杀死,报仇后到父亲坟前去哭告。随即到县里去
请应得的刑罚,州县官不能解决,把这桩案情上奏到隋文帝那
里;文帝以为情有可原,下诏特赦她们的罪刑。[①]

【梁　张景仁】

　　张景仁,广平人也。父亲于梁天监初年被同县韦法杀害,
景仁当时才八岁。他长大后也未忘记复仇。普通七年(526),
景仁遇韦法,遂亲手斩其首以祭奠于其父之墓。事情结束后,
向郡府自首,请求依据刑法处罚,但最终未予受罚。[②]

　　以上列举的是从公元 2 世纪的东汉到公元 7 世纪的隋朝为
止的若干典型复仇事例。诸如此类的复仇谭在历代史书中不胜枚
举,这里只是为方便论说而选取几例。从这几例中,依然可以总结
出若干共同点。
　　一是若复仇者向县廷、郡廷自首伏罪,县令本来必须对其进行
处罚是前提条件。郅恽所谓"奉法不阿,君之义也"之言即明确了

───────────

① 《北史·列女传·孝女王舜》:"孝女王舜者,赵郡人也。父子春,与从兄长
忻不协。齐亡之际,长忻与其妻同谋,杀子春。舜时年七岁,有二妹,粲年
五岁,璠年二岁,并孤苦,寄食亲戚。舜抚育二妹,恩义甚笃。而舜阴有复
仇之心,长忻殊不备。姊妹俱长,亲戚欲嫁之,辄拒不从。乃密谓二妹曰:
'我无兄弟,致使父仇不复,吾辈虽女子,何用生为!我欲共汝报复,汝竟何
如?'二妹皆垂泣曰:"唯姊所命。"夜中,姊妹各持刀逾墙入,手杀长忻夫
妇,以告父墓。因诣县请罪,姊妹争为谋首,州县不能决。文帝闻而嘉叹,
特原其罪。"
② 《南史·孝义传下·张景仁》:"张景仁,广平人也。父梁天监初为同县韦法
所杀,景仁时年八岁。及长,志在复仇。普通七年,遇法于公田渚,手斩其首
以祭父墓。事竟,诣郡自缚,乞依刑法。"

这点。

二是复仇作为践行忠、孝之举受到赞赏，并被誉为义，因而《孝友传》《孝义传》中记载了诸多此类复仇事件。孝义、孝友的类传也可以说如同复仇传。

三是复仇者完成复仇后，一般都会提着敌人的首级到父母、朋友墓前报告，有的还会洒酒祭祀，何颙就是这样做的。而复仇未成功的豫让只能刺穿赵襄子的衣服，死前仰天长叹："如此我便可向九泉之下的智伯报告了！"概言之，复仇后必须向被杀害的被害人报告，并且伴随着某些仪式性的行为。

四是虽然上揭诸事例中没有提及，但人们常常用"复仇雪耻"、"报仇雪耻"之类的词语来表达复仇的决心，将本应慰藉怨念的复仇认作"雪耻"行为。

三、经典与复仇

复仇者复仇成功后到县衙门自首时，很少有县官会以杀人罪将其收监，而是选择无罪释放，上述各例即是如此。这是因为即使是统治者也不会将复仇定为犯罪，毋宁是认可并礼赞之。全社会之所以对复仇持宽容态度，是因为当时王朝的主流学问即官学是儒学，它认可复仇。儒学经典中还存在很多鼓励复仇的条文，以下几部儒学经典的若干条文就经常被引用：

> 父之仇，弗与共戴天；兄弟之仇，不反兵；交游之仇，不同国。
>
> （《礼记·曲礼上》）

这是《礼记·曲礼》篇的名句，也是所谓"不共戴天之敌"典故的来源。

此外,为了调停、避免复仇者对因过失致人死伤的加害人实施复仇,《周礼·地官司徒·调人》规定了强制加害人移居别处的条文;同时,为了避免对实施复仇者的循环复仇的发生,也规定了强制复仇成功者移居他处并禁止对其再施加侵害的条文。

> 调人:掌司万民之难而谐和之。凡过而杀伤人者,以民成之。鸟兽亦如之。凡和难:父之仇,辟诸海外;兄弟之仇,辟诸千里之外;从父兄弟之仇,不同国;君之仇眡父,师长之仇眡兄弟,主友之仇眡从父兄弟。弗辟,则与之瑞节而以执之。凡杀人有反杀者,使邦国交仇之。凡杀人而义者,不同国,令勿仇,仇之则死。凡有斗怒者成之,不可成者则书之,先动者诛之。
>
> (《周礼·地官司徒·调人》)

《周礼》不过是一部描绘周朝理想政治状态的汉代书籍,不是具有实效性的现实法规,但在此仍将复仇视作一项行政措施予以记载。[①]

只是在这里,我们必须注意的是"杀人而义者"这句话。所谓"杀人而义"是什么意思?是否指正义的杀人?这个问题留待后文

---

① 前揭牧野巽论文中论述了载于各种经书的复仇及其立场的差异性。其内容富有启示性,并不是单纯肯定复仇行为,当然也必须考虑立场的差异性。只是,儒教的经书承认复仇,并给社会、行政及司法带来怎样的影响仍是问题,所以,本章未对各种经书的个别特征进行考察。

探讨,现在引用主张过激、不妥协之复仇的《春秋公羊传》:^①

> 君弑,臣不讨贼,非臣也。子不复仇,非子也。
>
> 　　　　　　　　　　　　　　　　(《春秋公羊传·隐公十一年》)
>
> 九世犹可以复仇乎,虽百世可也。
>
> 　　　　　　　　　　　　　　　　　　(《春秋公羊传·庄公四年》)

“臣不讨伐弑君之贼,就不是臣;子不(为父)复仇,就不是子。”“别说九世,百世之后仍可以复仇。”可见,《公羊传》有关复仇的主张极其严厉,而且不允许妥协。实际上,作为“君弑,臣不讨贼,非臣也”之“不臣”,在《公羊传》里加以笔伐的就有晋国的赵盾。

宣公二年《春秋》经文记载:“秋,九月乙丑,晋赵盾弑其君夷獳。”这里讲述的是暴君灵公被杀害之事,实施杀害行为的是赵穿,而非赵盾。然而,《春秋》却将此举张冠李戴在赵盾身上,史官董狐就此记录为“晋赵盾弑其君夷獳”。所谓“董狐之笔”,也是史官的一个楷模事迹。

朝廷重臣赵盾向晋灵公谏言,灵公反而想要刺杀赵盾,但赵盾逃亡还没逃出国时,赵穿就暗杀了晋灵公。回晋国后的赵盾未讨伐弑君之贼,故而背上弑君之罪。

《公羊传·宣公六年》展开的传,虽然同情良臣赵盾,但不认同其行为,史官在史书中指责他。这就是《公羊传》“君弑,臣不讨贼,非臣也。子不复仇,非子也”背后的复仇原理之所在。

---

① 关于《春秋公羊传》的复仇观,先行研究有日原利国的《侠气と復讐》(载氏著《春秋公羊傳の研究》,创文社 1976 年版),本章也多处引用了日原氏的该研究。

赵盾弑君,此其复见何?亲弑君者,赵穿也。亲弑君者
赵穿,则曷为加之赵盾?不讨贼也。何以谓之不讨贼?晋史
书贼曰:"晋赵盾弑其君夷獳。"赵盾曰:"天乎,无辜!吾不弑
君,谁谓吾弑君者乎?"史曰:"尔为仁为义,人弑尔君,而复国
不讨贼,此非弑君如何?"   (《春秋公羊传·宣公六年》)

《公羊传》的强烈复仇观来源于对内心的重视和动机主义。评
价行为注重动机,把主观所想与客观所为等同;未采取行动意味着
从没想过。不,不仅从没想过,而且容许了本应受非难的事实。若
父母或君主被杀,子女与臣子不可能心平气和,对加害人心生报复
的怨念是人之常情,而不想报仇的话,实与加害人无异。

《汉书·薛宣传》《春秋公羊传·隐公元年》的何休注均曰:
"春秋之义,原心定罪"。我们暂且不论子女与臣子的人情问题,可
以确认其中包含了维持君臣关系这一形式的强大原理。君主遭贼
杀害时,即便该君主是昏君,作为侍奉君主之臣子,也必须讨伐弑
君之贼。这可以说是臣下应负的义务。《公羊传·宣公六年》记载
的史官之言:"尔为仁为义,人弑尔君,而复国不讨贼,此非弑君如
何?"就是对不履行复仇义务的指责。

《公羊传》之"君弑,臣不讨贼,非臣也。子不复仇,非子也"、
"九世犹可以复仇乎,虽百世可也"的复仇主张,乍一看感觉非同寻
常,但只要站在重视行为动机、强制履行义务的立场上,就不会觉
得异常,而是自然而然地推导出的结论。对于父母被杀之子、君主
被害之臣,理所当然地怀有复仇之心,这是思念父母、感恩君主之
情感的自然表现,即所谓孝与忠。倘若不实施复仇,则被视为丧失
忠孝的观念与义务感,不具备身为子或臣的资格。而且,这种忠孝
观念不会随时间的流逝而消失,即使历经百世也依然存在,因此,

复仇就算超越时限也必须完成。以上可以说就是《公羊传》与儒教的复仇观。[①]

四、中国复仇观的特征

一般而言，复仇是指被害人通过将其对加害人的憎恶怨恨、非难指责及所受损害"奉还"给加害人，以此填补被害人的损失，慰藉被害人情感的行为。若被害人被杀害，则被害人的亲友可以代替被害人发泄怨恨，实施复仇。

但是，中国的复仇是否只限于这种被害人实施报复、自力救济，并以此慰藉内心怨恨呢？我想并非如此。例如，在豫让的复仇中，这种怨恨与憎恶就比较淡薄。

> 臣闻明主不掩人之美，而忠臣有死名之义。前君已宽赦臣，天下莫不称君之贤。今日之事，臣固伏诛，然愿请君之衣而击之焉以致报仇之意，则虽死不恨。

---

① 《孟子·尽心》中可见"孟子曰：'吾今而后知杀人亲之重也：杀人之父，人亦杀其父；杀人之兄，人亦杀其兄。然则非自杀之也，一间耳'"之主张。诸多注释对"杀人亲"的解说是仇敌的"人之亲"。连锁复仇的结果是最终会返回到自己身上。若是如此，孟子对复仇持绝对的反对态度，但在当时很少人赞成这一主张，因为它是源于孟子特有的人道主义的意见。

附带说一下，孟子在这里所说的复仇观，假设了"报复而杀他人之父，他人不是杀报复者，而是杀报复者之父"这种与一般复仇方式不太一样的状况。可是，这种设定是为了推导出"杀人之兄，人亦杀其兄"之理论呢？还是意识到《春秋公羊传·定公四年》的"父不受诛，子复仇可也。父受诛，子复仇，推刃之道也"？

这是复仇失败后豫让曾说过的话。他口中的"明主"暗指赵襄子。也就是说,天下人赞赏赵襄子的高尚品格,豫让自己也认同这点,因此,从中很难体会出豫让对赵襄子有强烈的憎恶情感。

另一方面,考虑到报复观念,豫让的心中是否怀有应当洗雪的怨恨呢? 他曾说过:

> 既已委质臣事人,而求杀之,是怀二心以事其君也。且吾所为者极难耳! 然所以为此者,将以愧天下后世之为人臣怀二心以事其君者也。……至于智伯,国士遇我,我故国士报之。

豫让的行为可以说是对被杀君主的回报,以及超越报复观念,基于不得不完成的使命与义理而实施的行为。

此外,《公羊传》倡导百世之后也必须完成复仇,但是,百世后的子孙还会怀有与被害人同样的怨恨吗?

汉代以后的史书中所载的复仇即是如此。例如郅恽与何颙的复仇谭属于代友人复仇,复仇者并非直接的被害人。他们的复仇不是为了洗雪怨恨,而是来自友人的委托。这类复仇与其说是报复、慰藉,倒不如说是为回应友人信赖所采取的行动。总之,中国的复仇观不仅仅是对所受损害实施的报复,还隐含着其他的原理与特征。

前文摘取的数个复仇故事中,可以散见"义"、"义士"的言语,还有"杀人而义者"这样的话。而且,在一些复仇史料在正史《孝义传》中亦可见到。"义"通常意指"道义"、"正义",反义词则为"不义"。那么,复仇这种杀人行为与"义"有怎样的关系?

另一方面,"父之仇,弗与共戴天"这一名句记载于《礼记·曲礼》中，"杀人而义者"也同样出自与礼相关的典籍《周礼》中。一说"礼"，我们首先想到的是谦让、恭敬、彬彬有礼等，与"血债血还、报仇雪恨"是对立的。那么，为什么还把报仇杀人明文规定在礼典中呢？而且，复仇之杀人行为与礼之道德伦理之间还有着密切联系。

因此，我想在此考察下"义"与"礼"的含义。[①]

《释名·释言语》载有："义，宜也"，《周礼·地官司徒·调人》"杀人而义者"之郑玄注也是"义，宜也"。《论语·学而》"信近于义"之皇侃注亦为"义，宜也"，意思是"不说假话，切实开始履行应尽的责务"。

"宜"作为助词是"适宜"、"最好……"的意思；与"宜"相通的"义"的意思则是"必须"、"应当……"，是指人应当履行的责任与义务。在各种品德后面接续"义"字所形成的两字词语有节义、孝义、忠义乃至仁义等，它们的构词方式同一，分别指"应当具备的节操"、"应当遵守的孝道"、"应当实现的忠诚"等。概言之，"某义"之"义"，就是指践行某种品格的义务。

脍炙人口的《论语·为政篇》有"非其鬼而祭之，谄也；见义不为，无勇也。"其中，"非其鬼而祭之"与"见义不为"相对，"见义不为"不是指"看见正确的事却不践行是无勇"的意思。[②] "义"的反义词是"不义"，而非"不正"。同样，《论语·述而篇》"饭疏食饮水，曲肱而枕之，乐亦在其中矣。不义而富且贵，于我如浮云"的句

[①] 关于下文论述的"礼"与"义"，本书的姊妹篇《中華帝國のジレンマ——禮の思想と法の秩序》(筑摩选书2016年版)详细阐述了从《论语》到《孟子》、《荀子》这两个词的含义变化。请参照此书，至为幸甚。有关"义"的问题，还可参照拙著《中國義士傳》(中公新书2011年版)。

[②] 孔安国对这部分的注为："义者所宜为也，而不能为，是无勇也。"

子中,"不义而富且贵"的意思也不是指违法获得富贵,而是未依应当的做法而获得的富贵。①

基于以上的分析,所谓"义士"、"义人",不是指"正义人士"、"道义人士",而是意味着能够承担起自己必须承担的责任与义务——具体包括孝、忠、节、仁等品德的人,即能够践行忠义、孝义、节义之人。

赵襄子评价豫让是"彼义人也",这是对豫让坚守忠义的褒奖,而且豫让的复仇也是基于义的行为。如此,当时肯定"杀人而义"这种行为的理由也就明了了。简而言之,这就是基于忠义、孝义、信义的杀人。

现在我们需要探讨的是"礼"。

礼具有丰富的内涵,包括道德上的态度、礼节、仪式、礼仪、祭祀、规范、制度等内容。《说文解字》一篇上:"礼,履也。"《礼记·祭义》:"仁者,仁此者也;礼者,履此者也;义者,宜此者也。"《易·序卦传》:"物畜然后有礼,故受之以履(履者,礼也。礼所以适用也,故既畜则宜用,有用则须礼也)。"可见,各类书籍共同解说的礼之原义为履、履行,即实践。

所谓实践就是付诸行动、践行,以具象化的形式体现在实际中。因此,礼可以视为一种具象,是"孝"、"信"、"忠"、"悌"、"恭"、"敬"、"哀"等情感的具象。于是,我们可以将其定义为"礼是人内心情感的具象化"。

内心的"孝"外化为日常对父母的献身和父母去世时服三年之丧;对君主敬虔、忠信等的内心世界具体表现为对君主虔诚的态度、恭敬之礼;对神灵体现为祭祀礼仪与供品;哀悼去世的人则表

---

① 刘宝楠《论语正义》对此解释为:"不义而富且贵者,谓不以其道得富贵也。"

现为葬礼的服装、哀伤的表情、眼泪等。进一步说，为政者希冀的安定与秩序是通过制度来体现，礼有时也解释为具有"制度"的含义就源于此。

总而言之，道德上的态度、礼节、仪式、礼仪、祭祀、规范、制度等多样性，即内心的良好品德通过各种形式具体表现出来。

由此，复仇行为是对孝、忠、悌、信的实践之一，也是对礼的一种实践；相反，不实施复仇则表示不孝、不忠、不信、不德。孝、忠、悌不仅要求内心具备，而且必须通过实际行动表现出来。"父之仇，弗与共戴天；兄弟之仇，不反兵；交游之仇，不同国"、"君弑，臣不讨贼，非臣也；子不复仇，非子也"等强制复仇的规定，就是基于这样的一种社会背景。

既然礼是以某些看得见的形式所进行的实践活动，那么复仇作为一种礼的行为，也必须具备完成的可视化形态。其典型的形态就是杀人以取头颅；若复仇失败，也必须以其他替代行为作为完成的象征。暗杀赵襄子失败的豫让，就是通过刺穿赵襄子的衣服以表示他实践礼的行为，说完"吾可以下报智伯矣"后，便伏剑自杀。这种向被害人报告的行为是表示完成礼行为的一种仪式，其他的复仇谭也讲述了复仇者提着敌人首级到被害人墓前慰告哭泣、洒酒祭祀的情节。不言而喻，"以头醮其墓"的"醮"是洒酒于墓地祭祀的一种礼仪性行为。

如前文所述，复仇也是一种洗雪耻辱的行为。受害之所以是耻辱，我认为这仍是与礼相关联的面子有关。

现在的日本也会使用"没面子"这种表达，意思是"自己不体面"。面目、脸面从面子的原义衍生出体面、外表的内涵。个人、集体对外的形象与内心感受的名誉不同，它是体现在外的尊严与自负，是一种伴随着外部评价的形象。故而人们对外应当遵守礼规定。

蒙受伤害、遭受损失是一件有损尊严、有伤脸面的事。因此，被伤害的形象必须以看得见的方式予以填补，这也是必须履行的义务。从这个意思来说，复仇是具有洗雪耻辱性质的礼的实践。前文所举东汉的阳球复仇事例中（第400页），因郡吏侮蔑其母，遂纠集几十个少年一起杀死这个官吏并灭其全家。若将复仇看作是一种报应，则针对侮蔑的杀人与将其灭家，两者之间存在相当大的差距。然而，这个案例中的复仇，是阳球面对其母因受侮蔑而脸面受损，具有出于孝义而替其母洗雪耻辱的性质。

这种为直接受害人复仇的第三人，非常重视在面对被害人时的脸面。如"有何面目见某人"、"没有脸面见某人"，意思是在面对某人时自己觉得没脸见人。这与前文所述的复仇者复仇成功后通常会向被害人报告的做法相通；若无法进行报告，说明欠缺外部评价形式，即让人感到没面子。不管怎样，复仇与脸面之间有着密不可分的关系。

中国的复仇观具有以上这些特征。归纳起来有：复仇在性质上超出"以眼还眼"式的报复行为和慰藉被害人的意识，复仇者在与被害人的关系中，属于应当践行忠、孝、悌、信等礼的实践者，这也是应当履行之义（义务）。完成复仇，对被害人而言，是弥补其受损的脸面；对复仇者而言，可以向被害人报告复仇成功是件有面子的事。在这个意义上也可以说是复仇礼仪的最后仪式。我们甚至还可以说，由于复仇更多地倾向于伴随礼的仪式的礼实践，报应观被迫消退。

如此一来，法律可能禁止复仇吗？刑罚是否将复仇纳入处罚的范畴呢？

五、禁止复仇——礼仪与刑罚

尽管复仇含有一定之理,但也无法否认它是一种杀人行为的事实。统治者若容许复仇,意味着承认杀人行为,将造成社会秩序的紊乱。无论东西洋,私人复仇都是随着时代的变迁,从一开始的容许到法律限制再到最后的禁止。穗积陈重的《复仇与法律》之"法律进化论"认为,国家执行刑罚即是由公权力代替私人的自力救济。

如前文所述,在深受儒教影响的帝制中国,复仇属于儒教最看重的礼的实践,是义的行为。但无条件容许复仇会成为统治的一大阻碍因素,所以必须予以限制。然而,中国王朝据以立国的统治理念是儒教思想,而儒教道德又否定禁止复仇。复仇与法律之间的关系孕育了这种统治矛盾,这决定了不论何时都将面临困惑。我们首先来看一下历代为了建立法秩序是如何对待复仇这类礼秩序的。

毋庸置疑,统治者们肯定想以某种形式来限制复仇。

> 或问复仇,古义也。曰:"仇,纵复仇可乎"? 曰:"不可"。曰:"然则如之何?"曰:"有纵有禁,有生有杀,制之以义,断之以法,是谓义法并立。"曰:"何谓也?"曰:"依古复仇之科,使父仇避诸异州千里,兄弟之仇,避诸异郡五百里,从父、从兄弟之仇,避诸异县百里。弗避而报者无罪,避而报之杀。犯王禁者罪也,复仇者义也,以义报罪,从王制顺也,犯制逆也,以逆顺生杀之。凡以公命行止者,不为弗避。"　　(《申鉴·时事》)

上述引文是东汉末政治学家荀悦(148—209)在其政治哲学论著

《申鉴》中对复仇与法律的论述。在此,引人注意的是文中的"复仇者义也"之表述,将复仇定位为义。所谓"义",是指《礼记》《周礼》中载明的复仇之义理。但值得关注的是:依其观点,复仇在法律上属于杀人行为,而在礼上则属于礼的实践,将对复仇的态度置于对峙的"义"与"法"的关系上。既然孝义、忠义与信义等礼的实践是个人在其主观上实施的伦理性行为,那么,这种被赋予特定价值的礼的实践的复仇行为就不能由国家代行,即公法无法吸收私礼。

但是,当时也有想通过法律禁止复仇的倾向。东汉初,桓谭就此上奏的意见书如下:

> 且设法禁者,非能尽塞天下之奸,皆合众人之所欲也,大抵取便国利事多者,则可矣。夫张官置吏,以理万人,县赏设罚,以别善恶,恶人诛伤,则善人蒙福矣。今人相杀伤,虽已伏法,而私结怨仇,子孙相报,后忿深前,至于灭户殄业,而俗称豪健,故虽有怯弱,犹勉而行之,此为听人自理而无复法禁者也。今宜申明旧令,若已伏官诛而私相伤杀者,虽一身逃亡,皆徙家属于边,其相伤者,加常二等,不得雇山赎罪。如此,则仇怨自解,盗贼息矣。 （《后汉书·桓谭传》）

如后所述,王朝建立初期往往因纷争、动乱而引发杀伤事件,故而复仇也比较多,王朝为了维护社会秩序,就会下令禁止复仇。桓谭上奏书中说到"申明旧令",可以认为之前已经发布过禁止复仇的法令,[①] 但目前史书中未见此记载。退一步说,如果已经发布过复仇禁止令,则光武帝自己不可能对此无视。这里的"申明旧

---

① 参见前揭西田太一郎书,第97页。

令"不是指具体的禁止复仇令,而应该认为是贯彻过去有关稳定治安的诏令旨意的意思。此外,从光武帝未接受桓谭这一提案来看,由光武帝来否定其曾下达的禁止复仇的诏令,也没有充分的理由。

光武帝之所以未明确发布禁止复仇的诏令,是不是因为以礼治国的王朝对于禁止孝义、忠义等礼行为而踌躇不定?可是,当时确实存在不少的复仇。章帝制定《轻侮法》就说明了这点。

东汉章帝(76—87)时,发生过儿子杀死侮蔑其父之人的事件。章帝作为特例对其予以减刑,之后成为判例,后来专门制定了《轻侮法》之法令。[1] 这是一部承认复仇的法令。和帝(88—105)时期,尚书张敏对该法提出异议:

> 《轻侮》之法,是先代皇帝(章帝)制定的特别法,在律令中尚未立法化。倘若予以容许并以此为恒常法,则因此埋下奸恶的种子,将会助长犯罪。依《春秋》之义,"子不报仇,非子也。"法令之所以不为之减刑,是为了不打开冤冤相报的相杀之门。现在,以义减刑的话,杀人罪就不再同等对待,从而招致司法官的巧诈。在任何朝代,杀人都是死罪,否则就等于为救一人而打开杀人之路,必将引起社会秩序的紊乱。[2]

---

[1]《后汉书·张敏传》:"建初中,有人侮辱人父者,而其子杀之,肃宗贳其死刑而降宥之,自后因以为比。是时遂定其议,以为《轻侮法》。"前文已经有所论述,对于轻侮的报复,相当于洗雪耻辱。

[2]《后汉书·张敏传》:"夫《轻侮》之法,先帝一切之恩,不有成科班之律令也。夫死生之决,宜从上下,犹天之四时,有生有杀。若开相容恕,著为定法者,则是故设奸萌,生长罪隙。孔子曰:'民可使由之,不可使知之。'《春秋》之义,子不报仇,非子也。而法令不为之减者,以相杀之路不可开故也。今托义者得减,妄杀者有差,使执宪之吏得设巧诈,非所以导'在丑不争'之义。"

虽然张敞的这个提案起初未能轻易地被和帝所接受，但再次提议时最终得到认可。与此前的光武帝一样，和帝也同样对违反礼规定而处罚复仇行为的做法心存抵抗。

法律上如何看待复仇，如何制裁复仇行为人的问题困扰着此后的历代王朝。

通过法令明确禁止复仇的是三国时期魏文帝黄初四年（223）之诏：

> 四年春正月，诏曰："丧乱以来，兵革未戢，天下之人，互相残杀。今海内初定，敢有私复仇者皆族之。"
>
> （《三国志·魏书·文帝纪》）

可是，此诏是为了平定王朝建立初期的混乱、确立安定秩序而意图强行压制犯罪的产物，规定私自复仇者将被处以族刑，这种极其严苛的措施足以说明其目的。

黄初四年颁布禁止复仇令后数年，大概明帝太和三年（229）前后制定了魏《新律》十八篇。与此前的黄初四年之诏相反，《新律》规定：故意杀人、伤害杀人的犯人被告发而逃亡时，被害人的子弟、亲属可以私力复仇。

> 贼斗杀人，以劾而亡，许依古义，听子弟得追杀之。会赦及过误相杀，不得报仇，所以止杀害也。 （《晋书·刑法志》）

所谓"古义"是指儒教经典所倡导的认可复仇之义，前文引用的《申鉴·时事》也载有："或问复仇，古义也。"用死刑中最严苛的族刑来禁止复仇——至于该禁止法令的适用是否发生实效，则不得而知——故虽说对此作了限定，但仍然允许复仇。

到了南北朝时期的北周王朝，保定三年（563）也颁布了禁止复仇的诏令：

> 初禁天下报仇，犯者以杀人论。
>
> 　　　　　　　　　　　（《周书·武帝纪》、《北史》卷十）

这也是北周建立初期为了稳定秩序的需要。因此可以说，允许复仇行为的做法持续存在，正如前面引用的史书所载，东汉以后也依然存在复仇。

虽然唐律中没有直接涉及复仇的规定，但从《贼盗律》260 条、265 条及《斗讼律》335 条中可以看到复仇的影子。唐律将复仇行为作为一般的杀人、伤害罪处理。

> 诸祖父母、父母及夫为人所杀，私和者，流二千里；期亲，徒二年半；大功以下，递减一等。受财重者，各准盗论。虽不私和，知杀期以上亲，经三十日不告者，各减二等。
>
> 　　　　　　　　　　　（《唐律疏议·贼盗律》260）
>
> 诸杀人应死会赦免者，移乡千里外。其工、乐、杂户及官户、奴，并太常音声人，虽移乡，各从本色。疏议曰：杀人应死，会赦免罪，而死家有期以上亲者，移乡千里外为户。
>
> 　　　　　　　　　　　（《唐律疏议·贼盗律》265）
>
> 诸祖父母、父母为人所殴击，子孙即殴击之，非折伤者，勿论；折伤者，减凡斗折伤三等；至死者，依常律。
>
> 　　　　　　　　　　　（《唐律疏议·斗讼律》335）

《贼盗律》260条禁止私和即禁止谈判、私下和解。"受财"包括以授受金钱来对杀人行为进行私下赔偿的情形,而"私和"与被害人的自力救济即复仇相重叠。

《贼盗律》265条是有关"移乡"的规定,本书第二部第二章"从徙迁刑到流刑"对此也有所论述。主要内容是:杀人者被赦免死罪后,为避免被害人对其复仇,让其居住在距离被害人家乡一定距离的地方。

《贼盗律》的这两则条文既在预设复仇的情形,又以禁止或避免复仇为前提,而更加明确表示否定复仇的是《斗讼律》335条。该条是有关正当防卫的规定,但它不认可子孙在父母即将遭受危险时而对加害人实施的杀伤,并以杀人论处之。这表明唐律不认同《礼记》等经典中所主张的复仇义务。

唐律对复仇的态度可谓一以贯之。但是,现实中的唐代社会是否严格依照律对复仇进行限制或禁止的呢?以下先介绍相关事例及对复仇的讨论。

唐朝则天武后时期(684—704),徐元庆之父为县吏所杀。元庆遂改名更姓,委身驿亭从事杂役,等候仇人宿泊该驿站时将其杀死,报仇后遂自首。则天武后主张对其减刑。对此,当时颇受则天武后重用的陈子昂(661—702)发表了如下意见,最终依其意见做出判决。

先王立礼以进人,明罚以齐政。枕干仇敌,人子义也;诛罪禁乱,王政纲也。……元庆为父报仇,束身归罪,虽古烈者何以加?……然杀人者死,画一之制也,法不可二,元庆宜伏辜。……今若释罪以利其生,是夺其德,亏其义,非所谓杀身成仁、全死忘生之节。臣谓宜正国之典,寘之以刑,然后旌闾墓可也。①

　　然而,对该事件的处置在武后与陈子昂去世后受到后人的谴责。著名的唐宋八大家之一的柳宗元(773—819)对陈子昂的批判尤为猛烈。

　　　　诛其可旌,兹谓滥;黩刑甚矣。旌其可诛,兹谓僭;坏礼甚矣。……礼之所谓仇者,盖其冤抑沉痛而号无告也;非谓抵罪触法,陷于大戮。……且夫不忘仇,孝也;不爱死,义也。元庆能不越于礼,服孝死义,是必达理而闻道者也。夫达理闻道之人,岂其以王法为敌仇者哉!议者反以为戮,黩刑坏礼,其不可以为典,明矣。②

①　　武后时,下邽人徐元庆父爽为县尉赵师韫所杀,元庆变姓名为驿家保。久之,师韫以御史舍亭下,元庆手杀之,自囚诣官。后欲赦死,左拾遗陈子昂议曰:
　　　先王立礼以进人,明罚以齐政。枕干仇敌,人子义也;诛罪禁乱,王政纲也。然无义不可训人,乱纲不可明法。圣人修礼治内,饬法防外,使守法者不以礼废刑,居礼者不以法伤义,然后暴乱销,廉耻兴,天下所以直道而行也。元庆报父仇,束身归罪,虽古烈士何以加?然杀人者死,画一之制也,法不可二,元庆宜伏辜。《传》曰:"父仇不同天"。劝人之教也。教之不苟,元庆宜赦。
　　　臣闻刑所以生,遏乱也;仁所以利,崇德也。今报父之仇,非乱也;行子之道,仁也。仁而无利,与同乱诛,是曰能刑,未可以训。然则邪由正生,治必乱作,故礼防不胜,先王以制刑也。今义元庆之节,则废刑也。迹元庆所以能义动天下,以其忘生而及于德也。若释罪以利其生,是夺其德,亏其义,非所谓杀身成仁、全死忘生之节。臣谓宜正国之典,真之以刑,然后旌闾墓可也。
　　　　　　　　　　　　　　　　　　　　　　(《新唐书·孝友传·张琇》)
②　　时韪其言。后礼部员外郎柳宗元驳曰:
　　　礼之大本,以防乱也。若曰:无为贼虐,凡为子者杀无赦。刑之大本,亦以防乱也。若曰:无为贼虐,凡为治者杀无赦。其本则合,其用则异。旌与诛,不得并也。诛其可旌,兹谓滥,黩刑甚矣;旌其可(转下页)

柳宗元的上述意见载于《柳河东集》卷四《驳复仇议》，是一篇评论文。原文以"臣伏见，天后时，有同州下邽人徐元庆者……"开头，比本文所节引的篇幅长。

附带说一下，柳宗元的此番言论是对约一个世纪前发生的事件进行评论，属于旧事重提。陈子昂的意见载于其文集《陈伯玉文集》中的《复仇议状》。就算柳宗元的《驳复仇议》是对该议状的驳论，但为何他偏偏要对此做出回应呢？

原因之一，是关于复仇的礼与法之间的矛盾尚未解决，常常遇到难以处断的复仇案件。

宪宗元和年间（806—819），梁悦之父被杀，他报仇后向县衙门自首。县官不知如何处置，于是朝廷下诏，要求将此案的处理具申朝廷讨论。

> 诏曰："在《礼》父仇不同天，而法杀人必死。礼、法，王教大端也，二说异焉。下尚书省议。"

此案发生于柳宗元的时代，但同为唐宋八大家之一的韩愈（768—824）对此的意见是：

（接上页）诛，兹谓僭，坏礼甚矣。

……

礼之所谓仇者，冤抑沈痛而号无告也，非谓抵罪触法，陷于大戮，而曰彼杀之我乃杀之，不议曲直，暴寡胁弱而已。《春秋传》曰："父不受诛，子复仇可也；父受诛，子复仇，此推刃之道。复仇不除害。"今若取此以断两下相杀，则合于礼矣。

且夫不忘仇，孝也；不爱死，义也。元庆能不越于礼，服孝死义，是必达理而闻道者也。夫达理闻道之人，岂其以王法为敌仇者哉！议者反以为戮，黩刑坏礼，其不可以为典明矣。（《新唐书·孝友传·张琇》）

　　子为父复仇,在《春秋》《礼记》《周礼》等典籍中都有记载,各诸子书、史书中也有数不胜数的事例,但从来没有因此而被治罪的。本来律文应该对此做详细规定,但现行律无相关条文。这并不是因疏忽而造成的阙文。因为若禁止复仇,则伤孝子之心;若允许复仇,则人们将会凭借着此法令擅自杀人,最后肯定就无法控制。之所以经书反复强调义,而律却只字未提,是因为案件最终将由司法官处断,如此安排,可以让经术之士援引儒家经典而加以议论。《周官》曰:"凡杀人而义者,令勿仇",言外之意就是对不合乎义的非人道杀人,允许子复仇。但是,这是普通百姓之间的复仇,若是官吏的诛杀,则另当别论。……又《周官》曰:"凡报仇雠者,书于士,杀之无罪。"意思是若将复仇行为事先书面报告司法官,则不问罪。是否判复仇者为死刑,不可一刀切,而应当由尚书省集议上奏,根据具体情形加以判断,从而处理好经与律之间的冲突。①

　　柳宗元的《驳复仇议》像是对韩愈论说梁悦事件的间接评述。总之,唐代的知识分子对复仇也有各种各样的意见,甚至朝廷对这类案件的处断都会摇摆不定。

　　既然复仇杀了人,那么定杀人罪是理所当然的。若是出于某种动机而杀人,则动机一般是指对对方的怨恨、遭受屈辱等,那么,这种杀人基本上与一般的杀人无异。再有,三国魏时期曾立法规定:"贼斗杀人,以劫而亡,许依古义,听子弟得追杀之",在一定意义上承认自力救济的杀人。而且,这一条文制定于禁止复仇的诏

① 　子复父仇,见于《春秋》、于《礼记》《周官》,若子史,不胜数,未有非而罪者。最宜详于律,而律无条,非阙文也。盖以为不许复仇,则伤孝子之心;许复仇,则人将倚法颛杀,无以禁止。夫律虽本于圣人,然执而行（转下页）

颁布之后,它一改禁止复仇法令,又回到容许复仇的原点。

迨及唐朝,对复仇的态度也在摇摆。可以肯定的是唐律不容许复仇,但为什么会出现皇帝"诏曰:在《礼》父仇不同天,而法杀人必死。礼、法,王教大端也,二说异焉。下尚书省议"的诏令?还有,著名士大夫为什么不彻底否定复仇,而是试图认可礼的规定,避免断罪的论战?作为近代法治国家,不管哪种情形都是难以理解的。实际上,这正好说明中国法律与复仇之间具有特殊的关系。

构成杀人罪的复仇行为原本不被法律认可。诚然,前文复仇谭中列举的郅恽、庞清母娥、王谈、王舜等,都在完成复仇后到县、郡自首认罪,最后因作为一种忠孝行为而被免罪。确切地说,由于复仇是一种基于儒教伦理的礼的行为,虽然在法律上构成犯罪,但是礼的规定可以阻却处罚的落实。在前近代中国,法律通常不容许复仇,一般是通过恩赦等特别程序而使复仇者免受处罚。此外,尽管有时会颁布禁止复仇的诏令,但并未将其规定在律中。

被害人对加害人的自力救济、报复由公权力代行是法律进化论的观点,也是报应成为刑罚目的的一大理由。然而,中国法制并

（接上页）者,有司也。经之所明者,制有司者也。丁宁其义于经而深没其文于律者,将使法吏一断于法,而经术之士得引经以议也。

《周官》曰:"凡杀人而义者,令勿仇,仇之则死。"义者,宜也。明杀人而不得其宜者,子得复仇也。此百姓之相仇者也。公羊子曰:"父不受诛,子复仇可也。"不受诛者,罪不当诛也。诛者,上施下之辞,非百姓相杀也。《周官》曰:"凡报仇雠者,书于士,杀之无罪。"言将复仇,必先言于官,则无罪也。

复仇之名虽同,而其事各异。或百姓相仇,如《周官》所称,可议于今者;或为官吏所诛,如《公羊》所称,不可行于今者。《周官》所称:将复仇先告于士,若孤稚羸弱,抱微志而伺敌人之便,恐不能自言,未可以为断于今也。然则杀之与赦不可一,宜定其制曰:"有复父仇者,事发,具其事下尚书省,集议以闻,酌处之。"则经无失指矣。　　　　（《新唐书·孝友传·张琇》）

未按此路径发展，这是因为礼的行为是个人在自己伦理关系中必须履行的义务，再有，维护脸面也属于个人事务的范畴，国家、公权力不可能去代行个人的这种礼的行为，或者为个人挽回失去的颜面。因此，主张通过国家代替被害人对加害人施加刑罚来替代自力救济（报复）的理论没有成立的空间。这种状况一直持续到儒教与皇帝政治终结的清末，也未曾改变。清律《刑律·斗殴》中"父祖被殴"条规定："若祖父母、父母为人所杀，而子孙擅杀行凶人者，杖六十。其即时杀死者，勿论。（少迟即以擅杀论。）"实际上，这是允许复仇的规定。

小　结

古代中国的法律是把皇帝的命令归为令，并将其整理、编纂而成为律，本书第一部"法典"及第二部"刑罚"对此都有论述。法令是稳定社会秩序的规范，刑罚也是维持秩序的手段，它的作用在于事前预防犯罪和威慑民众不敢犯罪。

法律是立法者与守法人之间的契约，刑罚是对违反契约行为的谴责与报应，这种法治思想在古代中国法律的形成及刑罚的意义中鲜有体现——不，应该说压根儿就没有。

复仇属于个人的自力救济，是对所受伤害的报复，说到底是个人之间的事务。如果国家制定的法律是契约，刑罚是对违反国家法行为的报应的这种思想土壤存在于此的话，那么，个人报复朝着由国家代行的方向发展就相对比较容易。其实，个人与个人、个人与国家，在根本上是相通的，都是主张报复的，区别只是在于对罪犯问责的主体是个人还是国家。

然而，古代中国法律与刑罚的生成缺乏这样的土壤。因此，没有产生由国家制定刑罚代替个人报复的理论；有的只是作为稳定秩序的手段而使用的刑罚，偶尔发布的禁止复仇令，也是出于稳定秩序的需要，并不包含国家以某种方式代替复仇者的报复意识的内容，纯粹是单方的禁令而已。

另一方面，在中国，复仇不仅仅具有报复的性质。在被杀身亡无法亲自复仇的情况下，由子孙、友人、臣下代替被害人对加害人进行报复，这种报复是代替者履行对被害人所负有的孝、忠、信等道德伦理方面的义务——可称之为"义"，也可以说具有礼的行为——是内心伦理思想的具象化——的性质。其实，最重要的是被害人与复仇者之间的私人关系，而对加害人的报复意识在践行礼之大义面前变得无足轻重了。践行礼义是儒教的基本理念，因此，复仇受到礼赞与肯定；相反，不复仇被视为缺乏或丧失伦理道德而受到社会的谴责。

随着时代的变迁，从汉迤逦至唐，法不断受到礼的影响，礼规范也逐渐为律所吸收，在这过程中，律的性质由裁判规范向行为规范变化，这在本书第一部分业已论及。由于中国这种特有的法与刑罚的理念，及其根深蒂固的与礼义紧密联结的复仇观的社会环境，所以，无法通过法律禁止复仇，也无法由国家施行刑罚来代替个人报复。

法若容许复仇杀人，将会导致秩序混乱。按理说，以稳定社会秩序为目的的中国法绝不能承认这种行为。但是，中国法与礼紧密相连，而且实现礼秩序有助于社会秩序稳定是儒教的根本思想。因此，中国法在复仇领域蕴含着杀人行为与礼的实践的内在矛盾。

解决这一矛盾的有效方法是：先由法律规定禁止复仇，然后再认可皇帝适时颁布的超法规措施。《律疏》在对《名例律》进行注释时，将这种做法明文化。

若使普覃惠泽，非涉殊私，雨露平分，自依恒典。如有特奉鸿恩，总蒙原放，非常之断，人主专之。

（《唐律疏议·名例律》18）

"非常之断"并非扬弃矛盾，只是通过认可皇帝颁布的超法规措施来达到解决棘手事情的效果。可是，如此一来，法治还是让步于掌控礼仪的皇帝的权力。

"杀人而义者"表明：在帝政中国或儒教的礼世界，复仇被视为"正义的杀人"。

日语中的"义战"，根据辞典的解释是："为正义而发起的战争"（《広辞苑》）、"为保护正义的战争"（三省堂版《大辞林》）。可是，人们经常反问"战争有何正义可言？"这种质询应当出自《孟子·尽心》的"春秋无义战"之典故，但孟子所说的义战绝非"正义的战争"之义。"杀人而义者"与"义战"之"义"，与本章经常提及的"宜"字通假，指"应当进行的战争"。此"应当"的内容具体指基于忠义、信义、节义等必须履行的责任。

一般而言，正义在日语里可与公平、平等置换，翻译成英文应是 justice、right。表示公平、平等之义的正义，亦被称为分配正义，起源于亚里士多德的"各得其所应得（suum cuique）"理论。但关于其分配方式，迄今为止思想家们进行了各种各样的讨论。时至今日，我仍然不具备论述正义概念多样性的能力，但若从中国学的角度来讲，中国所谓的"正义"与西洋哲学中的"分配正义"不尽相同。甚至"正义"一词在中国古典中是否能作为常用语使用还是一个值得怀疑的问题。至少，在《易》、《尚书》、《诗经》、《礼》、《春秋》这五经中未能见"正义"二字。

若硬要说存在典据的话，应该就是《荀子》，相关记载如下：

> 情然而心为之择,谓之虑。心虑而能为之动,谓之伪。虑
> 积焉、能习焉而后成,谓之伪。正利而为,谓之事;正义而为,
> 谓之行。所以知之在人者,谓之知;知有所合,谓之智。
>
> (《荀子·正名》)

那么,上文的"正义"二字是否属于一个独立的熟语呢?它与我们不太熟识的"正利"相对,应当分别释作"符合道义"、"符合利益",这里"正"字的意思是"一致"、"匹配",① 是"正名"之正,即"使名称与实质相符"之意。如此,上引条文的意思就是"符合利益而为的叫作事业;符合道义而为的叫作德行"。

此外,《荀子·儒行》亦可见"正义"二字。

> 不学问,无正义,以富利为隆,是俗人者也。

其意思并非"没有学问的人就没有正义感"。这一条文以前揭《论语·述而》之"不义而富且贵,于我如浮云"为背景,主要叙述义与利(富贵、富利)的关系,也与前引《荀子·正名》中的"正利"、"正义"相通。②

正义的反义词应是《论语·述而》"不义而富且贵,于我如浮云"中的"不义"吧。所谓不义,是指"不做应当做、应当遵守的事"、"不履行自己所负的义务",本书也多次指出其并非不正义之

---

① 俞樾《荀子平义》卷三注释为:"正,当也。……杨注以正道释之,非是。"

② 《荀子·大略》篇中也载有关于义与利相对的论述:"义与利者,人之所两有也。虽尧舜不能去民之欲利,然而能使其欲利不克其好义也。虽桀纣亦不能去民之好义,然而能使其好义不胜其欲利也。故义胜利者为治世,利克义者为乱世。"

意。如此，"正义"作为"不义"的反义词，应该是指"应当履行的义务"。《荀子·儒行》中的"不学问，无正义"的意思，也应该理解为"没学问的话，就不知道自己的义务是什么"。

中国所谓的正义并不是指公平、平等，而是指符合信义、节义、忠义、孝义。这种信义、节义、忠义、孝义属于主观性的东西，不能与他者共有。也就是说，中国式的正义与"各得其所应得"的客观性分配正义无关，甚至可以说与分配正义相对立，乃至否定真正的正义。

遵从义、基于义的杀人行为，属于中国特有的"正义的杀人"，从而派生出对这种杀人行为的奖励与礼赞。

结　语

1998 年，我出版了《秦汉刑罚制度研究》（同朋舍），在该书"后记"的最后言明："朝着将来出版《魏晋南北朝刑罚制度研究》的目标出发，尽管会稍迟些。"可自那以后，转眼间时光流逝近二十年。本书《汉唐法制史研究》虽在书名上与之不同，但确实是考证从汉到魏晋南北朝直至唐朝法制的成果。

《秦汉刑罚制度研究》是我申请博士学位的论文，或许因为此后新出资料带来的影响，中国古代史领域的法制史研究随之兴盛起来。因为研究者们认为"这是连富谷也能研究的领域"吧。毕竟我的学说受到批判，诸多新学说亦层出不穷。对于这些，我似乎应该做出某些反应才是，但由于我不是太过拘泥自我学说的人，而且我自身学术兴趣的对象也由秦汉转移到魏晋南北朝上，故此作罢。只是，脑海中常常浮现退休之前必须完成的工作，便是前著中曾言明的内容。现在勉勉强强完成，感到很安心。

让我更感到安心的是，由此也完成职务上必须做的工作。

京都大学人文科学研究所的所员被课以个人研究和共同研究的两种工作，我个人研究的主题是"中国古代、中世的法制"，共同研究主要是汉简的研究。其中，有关简牍，今年（2015 年）春季，作为主办方研究班的研究成果报告结集出版为《汉简词汇——中国古代木简辞典》（岩波书店）和《汉简词汇考证》（岩波书店）两册。

而本书，则是个人研究成果的报告。正因为有了在职期间的个人研究和共同研究的两类成果，由此得以完成被赋予的责任。

我在别处也说过，我工作长达三十多年的人文科学研究所拥有理想到无可挑剔的研究环境。因此，就不得不拿出相应的实际成绩。若只是简单地发表一些论文，无法获得外部人员的认可，所以就必须组成研究班，开展大型的国际性项目，发挥其作为共同利用、共同研究的据点的作用。当然，自己的个人研究也必须在保持应有水平的基础上不断有作品问世。

并非特意夸大其词，而是我本来对研究、学习之类就特别喜欢，对书籍也格外痴迷。老实说，这些研究纯粹是在其位而谋其职。只是，之所以磕磕绊绊一路能够走到如今这个位置，大概是因为我不自负、不服输，认为既然已经选择这条路，就必须以最高点为目标这样幼稚的应试观念吧。转念一想，我以为正因为有着这种"取法乎上"的意识，才能够毫无怨言地从事研究、教育工作，如同完成被交付的任务。假如我废寝忘食般地爱好历史学，反而还可能做不出研究报告来。若单单只是出版著作之类的研究成果，会觉得远远不够，还必须抱持在任何虽不完美的时候只要看穿问题就索性发表的想法。因为若是对所做的工作喜欢得不得了，就往往期望达到完美，而这却很难实现。

实际上，我起初就知道自己不是特别喜欢做研究，这是我研究水平的界限，是不可能成为第一的。但即便如此，我还是一步一步走到现在。我一直以为自己百米赛跑只需十秒多，但最近感觉到其实是十五秒左右的惨淡纪录。而且，对收集分析资料、反复思考立论这些也变得越来越没有耐力。"廉颇老矣，尚能饭否？"由此，当觉得不可能、无能无力的时候，就会更多地提醒自己。

谚曰："骐骥盛壮之时，一日而驰千里；至其衰也，驽马先之。"

我绝不是骏马，一开始就是一匹驽马。那么，老了之后会怎样呢？显然不如驽马，甚至已不再是马。

　　一方面不是特别喜欢研究，另一方面由于年岁日增，意志力减退，劣于驽马。此点在拙著各处皆可察焉。这是我对本书的自我评价。

　　我委托创文社出版发行本书。非常感谢欣然同意发行的创文社，以及担任此书编辑的松田真理子。

　　还有，与本书几乎同时出版了其姊妹篇《中华帝国的两难境地——礼的秩序与法的秩序》（筑魔书房）。题为《汉唐法制史研究》的本书纯属学术性的专门著作，是晦涩难懂的小篇实证性论文，而前者是将此书中的部分内容写得更通俗易懂。近年来，一直在呼吁"回归面向一般社会的研究成果"，我想作为其中的一环，这也算完成了工作任务。

二〇一五年　晚秋

冨谷　至

冨谷至《汉唐法制史研究》介评

周东平 薛夷风

笔者有幸先一步拜读并作为译者受领翻译冨谷至先生在 2016 年出版的《汉唐法制史研究》^①。冨谷至是京都大学名誉教授、龙谷大学教授,作为日本研究中国秦汉史、简牍学执牛耳者,其相关业绩在学界影响广泛,于兹不赘。本书除序论、结语之外,由"法典"、"刑罚"、"犯罪"三部分共计九章构成,其中七章首刊于 1998 年同朋舍出版的其博士论文《秦漢刑罰制度の研究》(中译本《秦汉刑罚制度研究》,广西师范大学出版社 2006 年版),修订后收入本书,《从迁徙刑到流刑》、《男女间的性犯罪》两章则系新稿,全书超过 500 页。

一、《汉唐法制史研究》概述

《序论》提纲挈领地申述本书探寻从魏晋南北朝时期在继承汉代法制的基础上有所损益,直至唐代法制形成的发展过程,并阐明

① 本书出版后的相关书评有:1.〔日〕辻正博:《書評 中國法制史と簡牘學との融合、その豐かな稔り》,《季刊 創文》第 23 号(秋号),2016 年 9 月,第 7—9 页;2.〔日〕石野智大:《書評 冨谷至著〈漢唐法制史研究〉》,《唐代史研究》第 20 号,2017 年 8 月,第 157—167 页;3.〔日〕广濑薰雄:《冨谷至著〈漢唐法制史研究〉》,《日本秦汉史研究》第 18 号,2017 年 11 月,第 119—130 页。读者亦可参照。

中国前近代法制度的特征与展开,中国古代法制与中世法制的区别等宗旨,扼要介绍全书的核心内容。

以下依据篇章顺序,简介其内容:

"第一部 法典"由两章构成。第一章《通往晋泰始律令之路》,主要论述秦汉时期不存在按固有篇名顺序整理的典籍性法典(律典、令典);曹魏律十八篇开启了律典的立法化;西晋泰始律令的制定,法典始分为刑罚法典的律典与行政法典(非刑罚法典)的令典两种,并探讨了晋代分化为两种法典的内外两方面原因。由此再至律令成熟的唐代,总结其间近千年律令变迁史及其意义。作者关于秦汉律令性质的上述观点,在思考、理解、继承 20 世纪先行研究的同时,又多有修正。即使对自己的既有研究结论,也作了较大调整。① 同时,还融入作者近年来力倡"视觉简牍"② 的研究体会。

第二章《从汉律到唐律——裁判规范与行为规范》,进一步从法的实效性角度观察、比较汉律与唐律的性质变化,即从汉代的裁判规范(为了解决纷争,审判员必须依据的准则,即"征文主义")到唐代的行为规范(一般社会中规制人类行为的规范,涉及道德规范、习俗、礼仪等行为要求、规则,即"征文主义"淡化)的变化,其原因在于"律的经书化","法适用的潜流",犯罪构成要件的变化,

---

① 例如,作者曾认为:"秦汉的律是以作为正法(基本法)的秦六律或汉九章律为核心的,其内容是刑罚法规。此类法令以盗律为首并继以贼律、网律,因此它们是具有所谓'篇章之义'这种固定顺序的整全性法典。……从所谓刑罚或非刑罚的视角出发,作为正律的九章律是忠实传承刑书这一中国法基本性质的刑事法规。"参见[日]冨谷至:《通往晋泰始律令之路(Ⅱ):魏晋的律与令》,朱腾译,徐世虹校译,载《日本学者中国法论著选译(上册)》,中国政法大学出版社 2012 年版(首刊于 2001 年),第 164 页。

② [日]冨谷至:《文書行政の漢帝国——木簡、竹簡の時代》第二章《視覺簡牘の誕生》,名古屋大学出版会 2010 年版,第 29—49 页。

征文主义从北魏后半期开始变得稀薄。并认为北魏是律性质转变的关键时期。本章既与前一章的内容相呼应,更提纲挈领地论及此后第二、三部的相关内容,特别是在论说儒家思想学说、胡汉法律体系等方面给予中国法以重大影响的观察,颇为深刻。

"第二部 刑罚"由四章构成,考察汉至唐的刑罚制度变迁及其理念。隋唐律规定的"五刑",在秦汉时,流刑、笞刑、杖刑这类刑罚或者未见其名称,或者未被定性为刑罚。只有徒刑(强制劳役刑)从汉至唐一直存在,因作者在此前的《秦漢刑罰制度の研究》中,已经设有《漢代の労役刑——刑期と刑役》一章专论汉文帝刑制改革确立劳役刑刑期及其意义,且未能找到值得论列的重大变化,故不单独设立专章论述之。

第一章《从终极的肉刑到生命刑——汉—唐死刑考》,论述汉唐间死刑的变迁,其核心观点在国内已多有介绍。概言之,从古代至中世甚至近世,中国法定正刑的死刑执行形态大概只有腰斩、斩首与绞首这三种方式,但对"首"的斩断与绞杀,存在着刑罚目的和理念的差别。文中对"活体的处刑"与"尸体的处刑(二次性死刑)"、"殊死"与"弃市"、中国古代死刑的性质和理念、北魏胡汉融合导致绞刑作为法定正刑的出现并固定下来的意义等问题,都不乏深刻认识。

第二章《从迁徙刑到流刑》,作者认为流刑的起点与其聚焦于犯人的家乡或都城,毋宁认为立法者头脑中本来就没有"起点"这一概念。即使起点可能是都城,但立法背后考虑的因素只有"远隔"与"恶劣"。关于流刑执行完毕的情况,作者反对以到达发配地为完成标志,认为"流刑是弃置受刑人于远离都城处并强制其居住在那儿的刑罚。……迁移只是刑罚执行的准备阶段,到达发配地表示刑罚执行才刚开始。"并进一步考察从汉朝开始就存在的"迁徙"、"徙边刑",是如何演变为北魏到北周的三阶段流刑,并被隋唐律改造承袭。可以说,流刑是随着秦律到汉律的变化,肉刑被废止时有期刑的登场、宫刑的废除,乃至北魏时期新刑罚理念的引入这一历史过程发展而来。流刑的变迁,对秦汉至隋唐刑罚体系的历史影响最大。

第三章《笞杖的变迁——从汉的督笞至唐的笞杖刑》,主要是上溯考察唐五刑中的轻刑——笞刑与杖刑自秦汉以来的变迁过程。秦汉的笞刑与作为唐五刑之一的笞刑是有着本质差异的刑罚,魏晋时期虽有若干变化,但本质不变。而迎来转机的是始自北魏的北朝刑罚。北魏、东西魏时代已出现不同于汉晋刑罚的笞杖刑。另外,笞、鞭、杖等刑罚不属于以驱逐流放形式存在且伴有毁损身体之"刑"的范畴,三者之间也没有严格的区分。从刑罚目的的角度来看,笞刑可以说是叱责的具象化,与家庭内家长的教鞭也是共通的。笞杖在北魏时首次成为正刑的刑罚种类,它与被引入死刑的绞刑一样,也从秦汉的刑罚中蜕皮而出,并开启胡汉融合的新刑罚体系。

第四章《腐刑与宫刑》,探讨秦汉时期腐刑与宫刑的主要特征,及其消亡的过程。腐刑是对男女间性犯罪所科处的刑罚的说法,是后来受儒教如"男女不以义交者,其刑宫"等影响而得出的观点,并非基于事实。腐刑与宫刑不是完全相同的刑罚,只适用于男性。宫刑是肉刑腐刑+劳役刑的总称(如"腐为宫隶臣"),是绝对的终身刑。男性是阉割后在宫廷服劳役,女性不存在阉割问题,以女官身份服杂役。"淫刑"则有过度刑罚、酷刑的含义。腐刑与其他肉刑一样,意味着将被毁损身体的受刑人从正常的共同体成员中排除出去。即将对动物实施的阉割措施运用于人体上,以及以切断生殖器官的方式排除出正常人范围,是腐刑固有的背景和效果所在。

　　"第三部　犯罪"由三章构成。犯罪可分为行为自体恶的"绝对性犯罪"（如杀人、窃盗）与无特定被害人之恶的"相对性犯罪"（如贿赂罪、性犯罪等）两种。考察后者不能脱离伦理道德的基准，即这些犯罪是在礼义（伦理道德）与违法犯罪行为（刑罚制度）的交错中展开的"犯罪法制史"。

　　第一章《礼仪与刑罚的夹缝——关于贿赂罪》，是对汉唐间贿赂罪变迁及其所反映的理念的探讨。汉律贿赂罪因立法理念与唐律不同，不是身份犯，受赇枉法属于盗罪范畴，但受赇（包括行赇）不枉法可能不成为处罚对象。发展至唐律，其犯罪性质、构成要件等均有变化。汉唐间的贿赂罪将结果不正（枉法）的可能性扩大至未然的枉法这一变化，正是受中国法和刑罚所具有的预防、威慑理念的影响。这既是对贿赂犯罪作为"相对性犯罪"的一个典型解剖，也揭示了作者历来强调的中国刑罚在威慑、预防观念指导下所带来的包括本论题在内的一系列变化的原理所在。

　　第二章《男女间的性犯罪——关于奸罪》，探讨汉唐间奸罪的演变及其性质变化原理。《唐律·杂律》规定未婚男女间的性交行为亦构成犯罪，这是秦汉以来相关法律规定演变的结果。汉代所谓"男女不以义交者，其刑宫"，强调"男女之别"作为士大夫应当遵守的伦理规范，或者说儒家伦理，逐渐被法律吸收，尤其北魏"男女不以礼交皆死"的规定，并演变成伴随着罚则的唐律条文规定。[①]由此可见，在强化儒家礼教的过程中，一般普遍性的行为也被视为

① 主婢之间的性关系问题似可补充。刘欣宁指出："婚姻与奸以'性'为其共通本质，故当婚姻不被许可时，奸的法规可援引而为刑罚。然而若说性关系非婚即奸，亦过于绝对。主婢之间不存在婚姻名分，社会及法律却默许其性关系，即属灰色地带。"刘欣宁：《秦汉律令中的婚姻与奸》，《"中研院"历史语言研究所集刊》第九十本，第二分，2019 年 6 月。

违法行为而定为奸淫罪,其变化背景不外乎礼秩序与法秩序的交叉、律的裁判规范到行为规范的变化、少数民族王朝对中国法制史的影响等事项,这也与本书整体主旨相通。

第三章《正义的杀人》,从刑罚与礼仪的角度,探讨由自力救济的复仇引发的杀人这种绝对恶,儒教伦理却作为一种礼的行为与实践加以肯定,报应观因此消退。无法调和犯罪行为与礼的实践的中国法治,先由法律规定禁止复仇,然后通过认可由皇帝颁布的超法规措施,意欲回避困扰着历代王朝的这个矛盾。其背后实际上存在着"杀人而义者"的问题。中国的正义不是公平、平等,而是信义、节义、忠义、孝义的结合。遵从义、基于义的杀人行为属于中国特有的"正义的杀人",从而奖励并礼赞这种杀人行为。

二、《汉唐法制史研究》的特色

（一）将中国古代社会礼的规范与法的规范的交叉及作用贯穿全书

早在 2008 年由京都大学学术出版会出版的《東アジアの死刑》一书中,作为主编的冨谷至就提出并探讨规范东亚世界的不外乎礼的规范与法的规范诸问题。本书继续深化该论题。第一章论述汉朝是通过将律置于与儒家经书同等地位来使其获得权威的。[1]

---

[1] 韩树峰认为:"学界所说武帝以后法律儒家化,毋宁视为汉初以来儒学法家化的延续,而其间接渊源则来自秦代乃至战国时期法家在法律上对君权、父权、夫权的固化。"见氏著:《汉魏法律与社会》"后论·从法律、社会的变迁审视法律'儒家化'学说",社会科学文献出版社 2011 年版,第 244—264 页。作者如能就该意见加以阐论,则汉代儒学、儒家经书为何具有崇高地位的观点可能更有说服力。

九章律成立于汉武帝之后的原因之一,是武帝以后儒学盛行之时代潮流所致。与汉律制定时期相比,晋泰始律令制定时期的礼律关系所处的环境完全不同。礼与律两者紧密结合,理念性的礼影响着现实性的法,礼的规定被作为法源而使用。在论及令典起源上,"礼是理想行政状态下的规定,它通过儒教的渗透而被引入现实的行政法规中,由此,礼典作为现实性行政法典的模板,变得更贴近我们了。"并探讨具体记载周的理想行政制度的礼典——《周礼》,在东汉至西晋时作为对现实行政法典所具有的影响。第二章讨论汉唐间裁判规范到行为规范的转变时,凸显儒家学说对于法律的影响,如"律的经书化",又如对源于法家思想的"征文"与儒家春秋学背景的"曲当"之间的矛盾冲突等问题的细致考证,断定"在中国的断狱实践中存在曲当优于征文的传统思想"等,给人深刻印象。第三部对犯罪诸问题的考察,在贿赂罪变迁中,原本合乎礼的行为(如贿赂本为礼物,赠贿是被赞赏的行为,而收贿也不是应被非难的行为,而是礼仪的一个环节。汉代的受赇、行赇不枉法可能不成为处罚对象)转向被非难、被禁止的行为(如官吏接受请托的财物授受行为)而犯罪化;在奸罪变迁中,将未婚男女间的性关系如"男女不以义(或礼)交者"是否视为犯罪;在由自力救济的复仇引发的杀人所带来的礼法交织的困惑,以及在中国的"正义是什么"的思考中,无不贯穿作者考察相对性的恶不能脱离伦理道德基准的主线。即使作者近年来提倡的"犯罪法制史",也是在礼义与违法犯罪行为的交错中展开的对怎样的行为会被认定为犯罪的思考与研究。"礼与法在此寻找到共通之处:两者所依据的都是未然的行为和行为人的心情(动机),两者也可以说是为了形成安定秩序的社会而互为表里的'二柄'。"

（二）强调中国刑罚的本质在于威慑与预防

作者历来认为中国刑罚的基本目的与其说是报应,毋宁说在于预防犯罪,早在《秦漢刑罰制度の研究》的补编《秦漢の刑罰——その性格と特質》中即已指出该观点。中国的被害人虽有报复的意识,但中国刑罚中报应刑的要素颇为缺乏,主要在于威慑和一般预防。在世界的其他地方,一般是国家代行复仇,或者由法典规定的刑罚起着代行被害人复仇的作用。在这个意义上,刑吸收了礼。与此相反,在帝制时代的中国并非如此。仅仅作为威慑手段的刑罚,是无法获得复仇那样被赋予更高道德的资格,故刑罚的目的亦因此而缺乏报应。如作者申明之所以颇费周章地考证汉代称为弃市的一般的死刑就是斩首的意义,"是因为把死刑看成是斩首还是绞杀,事关中国古代死刑原理完全不同的重大问题。""这类磔、车裂、枭首的刑罚目的何在,答案显然是意在'以徇'。""它正是中国自古以来持续的死刑原理和性格的固有表现。"威慑、一般预防为死刑目的的传统中国刑罚原理的根深蒂固,彰显着中国刑罚的特殊性,"它作为中华帝国秩序和安定的稳固器,迄今仍能发挥此种作用。"从威慑与预防是中国刑罚的主要目的来讨论,尽管宫刑实质上从东汉中期开始就不再适用,但"南北朝时期,北方少数民族征服并统治华北后就采用了宫刑。[①] 对于不具有宦官制度的少数民族来说,宫刑仍是一种具有效果性的刑罚。但是,随着少数民族日益汉化,宫刑又名存实亡了。"这对北朝宫刑再现的现象也有一定的说服力。对于贿赂罪,汉唐间将结果不正（枉法）作为可能性,扩大至未然的枉法的这一变化,正是中国法和

---

① 《魏书·刑罚志》关于神䴥四年之律令制定的记载中有:"大逆不道腰斩,诛其同籍,年十四已下腐刑,女子没县官。"

刑罚所具有的预防、威慑理念所带来的。在奸罪等论题上,我们也能够感受到这一观点关照下的论证。

(三)重视北朝胡汉融合体制的重要作用

葛承雍最近著有《胡汉中国与外来文明》(生活·读书·新知三联书店 2020 年版)。他指出:隋唐是经过魏晋南北朝分离动乱后,以亚洲中原内地为根据地,以儒家文明为核心,联合周边少数民族,吸收草原文化与西域文化,最终形成的一个多族群、多民族的"新中国"。其实,日本学术界对胡汉冲突与融合问题一直非常关注。如仁井田陞曾讨论中国刑罚的实刑主义与赔偿主义问题,就是一个范例。[①] 结合布目潮沨所揭示的,[②] 我们在究明隋唐这个"新中国"的性格上,尤应注意礼法结合、胡汉融合、佛教本土化这三条支流最终在隋唐时期汇成高潮,并对中国社会各个层面产生深远影响,法律自不例外。

作者强烈关心胡汉融合与"新中国"的关系,在第一部裁判规范转向行为规范、第二部涉及汉唐刑罚制度变迁及其理念的诸考证中,无不贯穿北朝尤其北魏刑罚制度的重要性。以肉刑为核心的上古刑罚体系,具有从共同体中被驱逐的烙印特征,至中古五刑则淡化乃至消失。引发这一变化的正是北魏汉化进程中新刑罚理念的引入和胡汉融合的新刑罚体系的建立,并被此后各朝所继承。绞刑、流刑的确立,不伴有毁损身体的鞭杖刑进入正刑体系,都离不开北魏刑制的改革。甚至对昭成帝发布"男女不以礼交皆死"

---

① [日]仁井田陞:《補訂　中国法制史研究 刑罰》第三部《中國法と周邊諸民族の古刑法》,东京大学出版会 1981 年补订版,第 301—372 页。

② [日]布目潮沨:《隋開皇律と仏教》,《仏教研究論集——橋本芳契博士退官記念》,日本清文堂 1975 年版,第 365—376 页。

中的"礼"也格外注意,并指出:"北魏律大概是受到礼的规定的影响,男女间的奸罪、官吏的渎职罪都朝着近乎脱离现实的严罚化发展。由此,罚则规定的实效性减弱,也差不多可以预见到唐律的规定。"这对我们认识中古五刑的形成史和隋唐律的渊源,颇有助益。

作者还注意到中国的刑罚与所谓的宗教、神、罪秽、供仪等话语极少缘分,甚至断言中国的法、刑罚是站在无神论的立场上。但死及死后世界的问题,一般与宗教、供给神牺牲的供仪、污秽及其净化等情形密切相连。为此,作者引用北方鲜卑族的刑罚"为蛊毒者,男女皆斩,而焚其家。巫蛊者,负羖羊抱犬沉诸渊"①,这种胡族刑罚是一种带有少数民族巫术性、宗教性仪式的处刑方式,其目的是被除,或者对天供奉,以净化罪恶,但在汉、晋诸律中全然不见。由此增加其论证北魏胡汉融合的死刑制度及其影响的结论的可信度。

(四)善于运用简牍学与法史学相结合的研究手法

法史研究重视传世文献,从作者对"征文"与"曲当"的考释阐论中,我们早已感受到。而借力考古发掘成果,也是当今治法史者不可或缺的手段。正如辻正博指出:"冨谷至的中国法制史研究的特征之一,是斟酌考虑从中国西陲的敦煌、居延等长城沿线的遗迹中出土的简牍,与长江流域坟墓出土的简牍,再作为史料,与典籍

---

① 宫宅洁稍后亦引用该材料,并进一步研究了中国古代对犯罪的忌讳回避心理与对污秽回避心理属于同一范畴的"痕迹",如"汙潴"、"汙池"的处决方式等,意在封闭"垢浊",可知古人将严重触犯禁忌视同具有感染能力的污秽。同时可知古人认为水具有隔离、净化此种污秽的能力。参见氏著:《中国古代"罪"的概念——罪秽、净化、分界》,柳立言主编:《史料与法史学》,《"中研院"历史语言研究所会议论文集》之十七,2016年8月,第69—102页。

史料相结合,从而别开生面。这种方法在旧著(指《秦漢刑罰制度の研究》——引者注)中极为显著,即使对时代稍迟而展开考证的本书,也是有效的功能。第一部第一章中论及汉令文的形式及其编纂样态与当时书写材料的特征密切相关;体现皇帝命令的'制'字抬头的长一尺一寸的文书简的书式,是简牍成为书写材料后才有可能的事。特别是所讨论的西晋泰始律令的成立,从法典成立的外在因素入手的分析具有里程碑意义。"①冨谷至提出该设想后,②滋贺秀三不惜赠以"前人未想"之赞辞,褒扬有加。③汉末到魏晋时期,法律的编纂、典籍的样态与书写材料的关系,即纸的普及与法典编纂时代到来之间的关系,如"由于书写材料的变化,制诏的书式也一定随着书写材料转为纸而发生变化。……经书与律典都载于一般性的一尺长的纸上,而二尺四寸的经书与律典就不复存在了。而且,依书写材料长度而定的经与律的权威也变得薄弱了。"又比如对甲渠候官第九燧出土之简(2000ES9SF4∶7)之考释,认为无法将该简视为证明绞刑是汉代法定刑的资料。对于"刑尽",汉代法定正刑的死刑说起来是终极的肉刑,也可以说是"刑尽"吧。考证秦汉时期作为律令规定处罚的笞仅有两种,即惩罚轻罪的笞(A),多采训诫、叱责形式的"督";笞(B)是笞(A)的特殊转化,是列于死刑之次的重刑,即作为城旦刑等附加刑。冨谷至作

---

① [日]辻正博:《书評　中國法制史と簡牘學との融合、その豊かな稔り》,《季刊　創文》第 23 号(秋号),2016 年 9 月,第 9 页。

②《3 世紀から 4 世紀にかけての書寫材料の變遷——樓蘭出土の文字資料を中心に》,[日]冨谷至编著:《流沙出土の文字資料》,京都大学学术出版会 2001 年版,第 477—526 页。

③ [日]滋贺秀三:《中国法制史論集 法典と刑罰》,创文社 2003 年版,第 70 页,注 21。

为简牍专家的这些探讨,包括其强调的"视觉简牍",是我们法史研究的薄弱环节,值得关注和借鉴。

（五）考证精细,别出心裁

作者继承京都学派优良传统,长于考据,对一些常识能翻出新意。如"著令"的含义是"作为令而被明确化,令人周知";"篇章之义"是指渗透于各篇顺序中的含义、理念,同时是篇章顺序固定,即所谓自身完结、拥有封闭体系的法典。对于"科"的法律形式,认为不仅汉代不存在,而且曹魏也不存在,"在令典尚处于不成熟、未完成的阶段,却另存着有别于律、令的新的法律形式,这是不合情理的。"反对"殊死"是斩刑、"罪非殊死"是弃市刑（绞刑）的意见,根据"殊,绝也,异也"、"殊犹甚也",主张"殊死"具有狭义和广义之分:狭义的限定性意思指"殊死"、"罪非殊死"这两种死刑中的重者,广义是指一般死刑、死罪。"殊"字与一般相对,意指特别、特殊;而特殊的内容因与特殊相对的一般是指"一般死刑"还是"一般刑罚"而发生变化。[1]认为"弃市"非绞刑而是斩首[2]。（尤

---

[1] 宋杰引颜师古《匡谬正俗》卷八"殊死"条,也得出大致相同的结论。但进一步考证了其具体执行方法,尤其连坐特征:"'殊死'既是刑名也是罪名,代表谋反大逆等特殊、尤重的死罪,处决方式主要为腰斩、枭首,间或有弃市、下狱死等;平常少被赦除,并要株连父母妻子,即族、族诛,是其区别于普通死罪判罚的基本特征。"并指出:"北朝以降,学界释'殊'为'斩断'之说占据了主导地位,它对刑名的制订起到了重要的影响。"见氏著:《汉代"弃市"与"殊死"辨析》,《中国史研究》2015年第3期。

[2] 宋杰还对汉代"弃市"执行手段出现差异的情况进行辨析,"在行刑的方式上,狱内诛杀有毒毙、笞死、绞缢、刀裁等诸多种类;在市场公开处决,除了斩首之外,也偶有别的执行手段(笞掠等)。"见氏著:《汉代"弃市"与"殊死"辨析》,《中国史研究》2015年第3期。作者对此如能补充说明则更完美。

其对《隋书·刑法志》记载梁律:"其谋反、降、叛、大逆已上皆斩,父子同产,男无少长,皆弃市"的"斩"之考释)还有对"车裂"的解释等。又如"移乡千里外"的"千里"未必是实数,仅仅是表示远方的惯用句而已;对流刑里数的意义,应从"远隔"与"恶劣"等因素考论流刑里数近、中、远三段的意义;还有"男女不以义交者,其刑宫","强奸"二字未必是惯用熟语,腐刑与宫刑的异同,对"淫"、"淫乱"、"奸淫"的解读等,都颇见功力,有令人耳目一新之感。

三、《汉唐法制史研究》遗留的问题

作为一本跨度如此巨大的著作,难免存在一些遗留问题甚至遗憾。

其一,《九章律》是研究律令法中聚讼纷呈且无法回避的重要问题。作者认为东汉王充、班固所处时代,"九章律"确实存在,它是以"篇章之义"编纂的一部法典。其初始阶段,搜集整理一些篇目置于"九"这个特殊的数字下而制作了"九章律"这个律文集。可成一己之见。如能进一步参考相关研究,如广濑薰雄关于秦汉时期不存在律、令法典的相关研究,尤其关于萧何《九章律》不过是后世(特别是文帝废肉刑后)所为的传说而已,故其原本只是单行法令的集合的研究;[①] 张忠炜关于律令传习中"九章"律本的影响;主观取舍律篇背后,凸显的是"实用理性"精神;"九章"提法被固定而成为不刊之论,约在三国曹魏设律博士及修律之时,[②] 也许

---

① [日]广濑薰雄:《秦漢律令研究》,汲古书院 2010 年版,第 142 页。
② 参见张忠炜:《秦汉律令法系研究初编》,社会科学文献出版社 2012 年版,第 162—169 页。

该问题还能有所深化。

　　与《九章律》相关,作者认为"正律"意味着所谓的基本法,与此相对,追加、单行法一定就是"于旁章科令为省"中的"旁章"……是指位于"正律(九章律)外侧(旁)"的法规。但学者的研究已指出,正律与旁章的概念,与法规的客观内容无关,是著者基于传统认识的价值判断。[①]并且,"律篇地位上的正、旁之分,是否等同于正式法源上的截然二分,还应思考。"[②]可惜作者对此未能有所辨证。

　　其二,关于晋代的律令分野,作者认为有内外两方面的原因,即书写材料由简牍向纸转变的外在因素,和礼法关系中《周礼》在东汉至西晋时作为现实的行政法典的圭臬的内在因素,论说新颖。但其他因素也值得考虑,如学者引用《盐铁论》等资料论证的"对律篇价值重要与否的衡定,也导致了律、令内涵的新界定",可能也是西晋法典始分为刑罚法典的律典与行政法典的理由之一。[③]也有学者重视《晋故事》等敕例集(敕例编纂的立法化)在作为《律》正罪名、《令》定事制体系的重要基石作用,"从而完成了从汉代律令体系向魏晋以来《律》《令》体系的转折"[④]。还有学者认为"当时

① 参见[德]陶安あんど:《漢魏律目考》,《法制史研究》第 52 号,2003 年;徐世虹:《说"正律"与"旁章"》,《出土文献研究》第八辑,上海古籍出版社 2007 年版。

② 徐世虹:《文献解读与秦汉律本体认识》,《"中研院"历史语言研究所集刊》第 86 本,第 2 分,2015 年 6 月。

③ 张忠炜:《秦汉律令法系研究初编》,社会科学文献出版社 2012 年版,第 162—169 页。

④ 楼劲:《魏晋南北朝隋唐立法与法律体系》,中国社会科学出版社 2014 年版,第 40—56 页。

的学风即名理学和玄学的兴起,促成了新体例的确立"①。作者如能将这些先行研究熔于一炉,或使论证更为饱满有力。

其三,作者立足于法的实效性,提出汉律到唐律呈现从裁判规范到行为规范的转变问题,是一个与近年来中国古代司法是否属于卡迪司法有一定关联性的学术争论话题,富有创意和启迪。学界从比较法角度考察中国古代法而得出西方法是规则型法、形式理性、司法型法,中国法是非规则型法——公论型法、实质理性、政法型法,等等。相对于这些宏观比较法而言,中国古代法内部不同阶段是否还有不同特色呢? 作者认为汉律是"征文主义"的裁判规范,到唐律转变为极少征文的行为规范。稍后,国内也有类似的讨论。② 可见,学者们所论秦汉时期的裁判规范、形式主义司法、形式法律观等是有共通之处的,它们更多地显示征文、守文、规则至上的特征,与寺田浩明提出的非规则型法之间究竟是怎样的关系,值得再检讨。

但作者认为征文主义"从今天遗留下来的唐代史料中无法窥见其真实状态,甚至难以查到一个引用律的正文进行论断的案例";又说"唐代的判决文书中,引用唐律条文的征文主义很稀薄"。尽管总趋势可能如此,但征文主义在一定程度上仍然存在,这与作者目前的判断有一定的差距。

首先,对于保存下来的唐判,应注意到实判极为罕见,大部分是官吏为应试即与选举有关的拟判、骈判,它着眼于选取人才,这

① 韩树峰:《汉魏法律与社会》上篇·第四章"魏晋法律体例的名理学化与玄学化",社会科学文献出版社 2011 年版,第 77—92 页,以及第 274—77 页。
② 如周永坤:《〈晋书·刑法志〉中的司法形式主义之辩》,《华东政法大学学报》2017 年第 6 期;周东平:《论汉隋间法律文明的转型》,《法律科学》2021年第 2 期,第 56—68 页。

是唐代判文的特征,与现实的判决文书在史料的本质上有所不同。尽管作者引用大野仁《唐代の判文》也作了一定的说明。但应注意隋唐时期判文的评价标准是"文理优长"①。正如《隋书·高构传》记载隋文帝说:"嫡庶者,礼教之所重。我读卿判数遍,词理惬当,意所不能及也。"所谓"文理优长""词理惬当",都涉及判文背后的儒教伦理影响、情理问题,甚至还应把经书的解释放在唐后期儒学革新运动的背景下来理解。因此,以这种骈判(如所引元稹"错字判"等)来讨论征文主义,恐怕与唐代的现实司法存在隔阂,不是妥当的论据对象。

其次,作者认为唐代"难以查到一个引用律的正文进行论断的案例",如果从《唐大诏令集·大臣·贬降》和《政事·诛戮》等诏令考察,似乎可以获得支持。但唐代诏令仍是骈体文,因此谴责时亦多用典故,或使用政治性污名化言语,如贪官污吏、黩货无厌、赃污狼籍等,自可理解。虽然,该结论仍可能过于绝对。试举开元十年裴景仙乞赃五千匹且事发逃走案件为例,②唐玄宗盛怒之下,对冀州武强县令裴景仙拟超法规集众杀之。但大理卿李朝隐执奏:"裴景仙缘是乞赃,犯不至死","数千匹止当流坐",以"为国惜法,期守律文","法贵有常"的征文主义相劝谏,最终使唐玄宗还是按唐律受所监临财物罪判决。

此外,《通典·刑法七·守正》记载一系列守法案例。其中,

---

① 《通典》卷十五《选举三》。
② 参见《通典·刑法七·守正》《旧唐书·李朝隐传》。《唐会要·臣下守法》以及《册府元龟·刑法部·守法》都将此事归入"守法"类型。《文苑英华》卷618载有李朝隐《执奏裴景仙狱表》《第二表》两奏表。《新唐书·李朝隐传》《资治通鉴》卷212《唐纪二十八》"唐玄宗开元十年"条等亦有类似记载。

作者作为〈例 A〉曾引用到的长孙无忌不解佩刀入东上阁事件,表明其不重视征文主义。但在此案例之前的贞观初年的另一案例,即唐太宗对隋资妄加阶级的情况欲严加处理,但大理少卿戴胄奏:"公法止合徒。"与支持判处死罪的唐太宗争论至于四五,最终赦之。太宗仍谓之曰:"胄但能为我如此守法,岂畏滥有诛夷也。"在此案例之后的另一案例,即戴胄对选举诈伪资荫的处理等案例,与前述长孙无忌的案例有异,表明唐初也存在征文主义。石野智大书评也指出,在近年的研究中,唐代牒文残卷中有引用唐律正文的若干事例。因此,对唐代是否存在征文主义及其程度,仍值得今后继续考察。

其四,关于刑罚方面,作者既已论述儒家经书《周礼》对现实行政法典成立的影响,而于中古五刑之形成,除已论述的胡汉融合影响外,还应该同时考虑也有"经书"的思想或理想对现实的"五刑"在法典中定型的影响问题,如魏晋以降长期执着于"依古义制为五刑"的实践探索就是一例。[①] 这一点也可以弥补前述礼的规范与法的规范的交融问题。作者对《魏书·刑罚志》神麚律"分大辟为二科死斩死入绞"的句读及解读,显然不同于中华书局点校本(按:《魏书》点校本修订版出版时间迟于本书,其句读与前两者都不同)。这是关系中古五刑形成史的重要问题,若能就此再予申

---

① 参见[日]奥村郁三:《日本史上の中国》"第四章 新律綱領と明律",阿吽社 2015 年版,第 167—231 页;陈杰中、周东平译:《〈新律纲领〉与明律》,《法律史译评》(第四卷),中西书局 2017 年版,第 248—280 页。关于上古"五刑"的刑罚体系未必真实存在,至少难以确认,以及中古"五刑"的形成问题,尚可参考笔者:《北朝胡汉融合视域下中古"五刑"刑罚体系形成史新论》,《学术月刊》2021 年第 3 期,第 181—192 页。

论,估计更能引起注意。① 关于十恶,作者认为北周于 563 年、北齐于 564 年,几乎不约而同地制定包含有十恶内容的法典绝非偶然,其基本框架应在于先行律典——北魏宣武帝正始元年(504)最后制定的魏律二十篇,其内容明确包含“内乱”,而与之互为表里的未婚男女之奸,即唐律杂律的“诸奸者,徒一年半”也应已设定了吧。这是过去未曾涉及的富有魅力的设想。尽管作者认为北周律二十五篇明确记载恶逆、不道、大不敬、不孝、不义、内乱为特别重罪,但第 391 页注①“如本文所述,重罪十条也存在于同时期制定的北周律中”,如能补充关于“北齐‘重罪十条’中的罪名,在北周律中全都已经出现了”的既有考证,② 则该判断将更具说服力。

最后,本书行文存在多处文字衍误等问题,前揭广濑薰雄、石野智大的书评已多有指摘,读者可以参看,就不赘述。

---

① 周东平:《〈魏书·刑罚志〉译注札记》,《中国古代法律文献研究》第 14 辑,2020 年,第 62—77 页。
② 叶炜:《北周〈大律〉新探》,《文史》第 54 辑,2001 年。

译后记

  冨谷至先生是驰名中国秦汉史、简牍学和法制史学界的大家。2017年3月，他从工作几十年的京都大学退休。早在2016年年初，我借祝贺新年之便，询问先生关于新著的出版情况，表达"如果允许，我想把新书翻译为中文，在大陆出版"的愿望。先生随即回复"拙著《汉唐法制史研究》下个月将在创文社出版，待出版后再商谈中文版的事宜"。

  3月初，传来冨谷至先生《汉唐法制史研究》一书面世的正式消息。我看到全书目录后，再次请求承担翻译事宜，得到先生首肯。是月15日，收到赠书，当即在微信朋友圈表示"期望尽早让中译本面世共享"，决心尽快将此书翻译出来。此后，顺利联系上中华书局，出版计划得到中华书局的支持，并要求译者"为国内学界提供一个可靠译本，以便学者利用其研究成果"。

  尽早出版中译本是我的美好愿望。无奈这些年各种杂事缠身，手头的教学科研任务重也成为借口，因为疏懒，这个译稿一拖再拖，直到去年九月才最终完成初译稿，实在愧对先生。

  屈指算来，我认识冨谷至先生已近三十年。1995年我到日本后，参加在北白川的京都大学人文科学研究所已故梅原郁教授为班长的每周五上午的读书会，冨谷至先生活跃、敏锐的发言给我深刻印象。当时，冨谷至先生的文库本新著《古代中国的刑罚——髑髑诉说的历史》(《古代中国の刑罰——髑髏が語るもの》,中央公论社 1995 年)刚出版,因为与中国法制史密切相关,我认真拜读,并写下读后感,借周五读书会之机呈交作者。冨谷先生看后,与我约定时间在北白川的人文研其研究室当面交流,其中一个细节是指出我引用《史记·商君列传》关于奖励耕战的某些资料需要注意,并找来相关工具书,征引日本学者认为《商君列传》史料可能存在附会不实的意见,刷新了当时的我对《史记》被赞誉为"史家之绝唱,无韵之离骚"的认识。之后,一直承蒙先生关照,我陆续参加冨谷先生为班长的读书会,以及他主持的日本学术振兴会"东亚的法与习惯"、"东亚的礼仪与刑罚"、"东亚的刑罚与社会"等一系列国际合作项目,以及其他学术活动,开阔了学术视野。其间,先生多次惠赠论著,使我有幸及早寓目,并从中陆续选译了《礼仪与刑罚的夹缝——贿赂罪的变迁》《从终极的肉刑到生命刑——汉—唐死刑考》,以及与薛夷风副教授合作翻译了《从汉律到唐律——裁判规范与行为规范》等,对于先生的基本学术观点、治学风格也比较了解。

在翻译《汉唐法制史研究》的过程中,再次领悟到先生的思想理论深度和学术视野的广阔,全书贯穿着对中国古代社会礼与法这两种规范相互交叉的认识,强调中国刑罚的本质在于威慑与预防,重视北朝胡汉融合体制的重要作用等,以及娴熟的简牍学与法史学相结合的研究手法,令人过目难忘。即使像学术界耳熟能详的直接起源于北周、北齐律的重罪十条问题,先生根据保定三年(563)的北周《大律》和河清三年(564)的北齐律不约而同地先后规定了共通的十恶(指重罪十条)条目,结合北魏"内乱"问题,认为十条重罪已于北魏律设定,然后西魏、东魏继承并实行。这一推断也是合理而有启迪意义的。译者对于本书的评介,已详见附录

"书评：冨谷至《漢唐法制史研究》介评"（原载《唐研究》第26辑，收入本书时略有订正），于兹不赘。

　　本书的翻译工作由周东平、薛夷风合作完成。具体分工如下：周东平负责凡例、序论、第一部第一章、第二部第一章、第三部第一章，以及结语；薛夷风负责中文版前言、第一部第二章、第二部第二三四章、第三部第二三章的初译。原书末所附"索引"、"英文要旨"、"英文目次"，中文版省略。全书的史料核对、译稿统稿由周东平完成。我指导的博士生王舒、刘安迪同学参与校对部分史料和译稿；责任编辑孟庆媛女史认真负责，加班加点，使本书能够早日面世。在此深表谢意！

周东平

2023 年 7 月 22 日